Christina Grof

SEHNSUCHT NACH GANZHEIT

CHRISTINA GROF

SEHNSUCHT NACH GANZHEIT

Der spirituelle Weg aus der Abhängigkeit

KÖSEL

Übersetzung aus dem Amerikanischen: Angela Roethe, Utting.
Die Originalausgabe erschien unter dem Titel »The Thirst for Whole-
ness. Attachment, Addiction, and the Spiritual Path« bei HarperSan-
Francisco, A division of HarperCollinsPublishers, New York.

ISBN 3-466-34305-4

1 2 3 4 5 6 · 99 98 97 96 95 94

*Gedruckt auf umweltfreundlich hergestelltem Werkdruckpapier
(säurefrei und chlorfrei gebleicht)*

Für meinen Mann Stan, mit tiefer Liebe und Dankbarkeit für Deine Liebe, Deine beständige Unterstützung, sanfte Ermutigung und ausdauernde Geduld. Du hast mir von Anfang an Dein Herz und Dein Leben geöffnet, und die daraus erwachsenen Geschenke waren mannigfaltig.

Für meine Tochter Sarah, mit meiner Liebe und Dankbarkeit für Deine Einsicht, Geradheit, Schönheit und für den Moment, in dem Du mir den Weg gewiesen hast. Du hast vom ersten Tage an in inspirierender Weise Anmut und Stärke, Vitalität und Empfindsamkeit in Dir vereint.

Für meinen Sohn Nathaniel, mit meiner Liebe und Wertschätzung für Deine Weisheit, Deine Wahrnehmungskraft, Deine Sanftheit und Dein kreatives Mitgefühl. Deine einzigartige Mischung von Humor und Ernsthaftigkeit, Entschlossenheit und Zartheit hat viel Freude in mein Leben getragen, und dafür bin ich dankbar.

INHALT

Einführung   9

DAS DÜRSTEN NACH GANZHEIT

1 Die Sehnsucht hinter der Sucht 17
2 Das SELBST und die Ganzheit 29

IN DER WÜSTE WANDERN

3 Entfremdung, Mißbrauch und die menschliche Erfahrung . 45
4 Wie überleben wir? 66
5 Die dunkle Nacht der Sucht 97
6 Sich ergeben und ergeben werden 125
7 Sucht und Verhaftet-Sein 149

HEILUNG UND DER WEG ZUM SELBST

8 Das Versprechen von Heilung und spiritueller Reife 175
9 Genesung, Wiederentdeckung und der spirituelle Pfad 200
10 Irrungen und Wirrungen auf dem Weg 231
11 Annehmen und vergeben 260
12 Die göttliche Erfahrung, ein Mensch zu sein 275

Dank 293
Literatur 295

EINFÜHRUNG

Als ich von meinem Alkoholismus zu genesen begann, stieß ich auf einen Brief des berühmten Schweizer Psychiaters Carl Gustav Jung an Bill Wilson, den Mitbegründer der Anonymen Alkoholiker. Jung schrieb darin über einen früheren Patienten: »Seine Sucht nach Alkohol entspricht auf einer niedrigen Stufe dem geistigen Durst des Menschen nach Ganzheit, in mittelalterlicher Sprache: nach der Vereinigung mit Gott.«

Beim Weiterlesen erkannte ich, daß Jung etwas beschreibt, das mir vertraut ist. Ich habe mein ganzes Leben lang eine eigentümliche Sehnsucht gespürt. Das tun viele von uns. Und ich erkenne sie wieder aus meiner Genesung. Sie ist anders und weitreichender als das persönliche Verlangen nach Alkohol. Kein Einkaufsbummel, kein Stück Kuchen, keine Umarmung, keine dieser momentanen Lösungen löscht das tiefe Dürsten.

Ich habe mit unzähligen anderen Menschen gesprochen, sowohl Nicht-Süchtigen wie auch genesenden Süchtigen, und sie alle beschreiben dieses unterschwellige Sehnen in ihrem Leben. Dies ist ein alles durchdringender Aspekt der menschlichen Erfahrung, der mißverstanden, falsch gedeutet und auf fehlerhafte, zuweilen sogar tödliche Weise behandelt wurde. Die einzige Möglichkeit, diese grundlegende Sehnsucht nach Ganzheit oder Gott erfolgreich zu befriedigen, liegt in einer fortlaufenden Beziehung zu einer unermeßlichen inneren spirituellen Quelle.

Dieses Buch ist für diejenigen, die sich ihrer eigenen inneren Sehnsucht nach Ganzheit bewußt sind, manchmal mit ihr ringen müssen und Wege finden möchten, sie zu stillen. Mein Blickwinkel ist weitgehend auf Sucht ausgerichtet, aber ich glaube, daß das Ringen des Süchtigen in vielerei Hinsicht nur der auf die Spitze getriebenen Herausforderung gleicht, vor der wir alle stehen. Die Fragen sind ähnlich, die Lösungen auch. Seien Sie nun ein Vater oder eine Mutter, Student oder Fachmann, aktiv mit der Genesung von einer oder mehreren Süchten beschäftigt oder einfach jemand, der nach einem erfüllteren Leben sucht: Vielleicht erkennen Sie sich hier wieder.

Als ich ein Kind war, hat das Heilige mir zugewunken. Ich fand in der Natur, in der Kirche und bei privaten, inneren Intermezzi göttliches Glimmen. Mitte Zwanzig erlebte ich ein plötzliches und spontanes mystisches Erwachen, das mich Lichtjahre von all dem wegführte, was ich je für wirklich und akzeptabel gehalten hatte – es stellte mein Leben völlig auf den Kopf. Um besser zu verstehen, was mit mir geschah, begann ich zu lesen, zu forschen und Menschen auszufragen, von denen ich dachte, sie könnten mir vielleicht Hinweise liefern. Ich traf auf einen spirituellen Lehrer aus Indien, dessen Lehren und Übungen meine Erfahrungen erklären und unterstützen halfen, wurde seine Schülerin und begann zu meditieren.

Bald darauf lernte ich das relativ neue Gebiet der Transpersonalen Psychologie kennen, die ein breites Verständnis der menschlichen Erfahrung bietet. Die Verfechter der Transpersonalen Psychologie sprachen über den ganzen Menschen, unsere physischen, emotionalen und intellektuellen Möglichkeiten, und schlossen unsere mystische Natur als wesentliches Element unserer körperlichen und seelischen Verfassung ein. Diese Theorie war anders als jeder westliche Ansatz, den ich kannte oder erfahren hatte. Da ich mich immer zu Spiritualität hingezogen gefühlt hatte, war ich erleichtert, einfach zu wissen, daß es überhaupt Leute – ernsthafte Menschen – gab, die so lebten und dachten. Mir begann sich eine ganz neue Welt zu öffnen. Ich suchte immer häufiger transpersonale Denker, spirituelle Lehrer und Praktiker aus verschiedenen psychologischen Richtungen auf.

Ich lernte und lernte und lernte. Ich rang mit meinem eigenen fordernden inneren Prozeß, der sich in eine echte transformative Krise verwandelt hatte. Ich selbst bezeichnete sie als *spiritual emergency* (emergency bezeichnet im Englischen sowohl den Notfall als auch das Auftauchen von etwas aus tieferen Schichten, Anm. d. Übers.). Während ich zu verstehen und integrieren versuchte, was mit mir geschah, fühlte ich mich besonders zu den mystischen Traditionen des Ostens hingezogen. Und ich stellte fest, daß mir transpersonale Psychologen und Theoretiker viele meiner Einsichten und Erfahrungen dadurch verstehen halfen, daß sie sie in eine Sprache übersetzten, die ein Mensch des Westens begreifen konnte.

Unterdessen reiste und arbeitete ich in einem hektischen Tempo. Mit meinem Mann, Stan Grof, begann ich, weltweit Vorträge zu halten, Seminare und Workshops zu organisieren und internationale Konferenzen über Transpersonale Psychologie zu koordinieren. Zugleich kämpfte ich weiter mit den Herausforderungen meines eigenen emotionalen und spirituellen Wachstums sowie mit dem beachtlichen Schmerz über die scheidungsbedingte Trennung von meinen Kindern aus erster Ehe. Irgendwann entdeckte ich dann vorübergehende Entlastung von all dem; ich begann, Alkohol als ungewöhnlich wirksames Beruhigungsmittel einzusetzen.

Ich hatte noch nie eine normale Beziehung zu Alkohol gehabt. Da ich ein kontrollierter Mensch bin, hatte ich Alkohol nur auf kontrollierte Weise verwendet. Damals aber entdeckte ich, daß ein paar Drinks, vielleicht auch noch ein paar mehr, der Sache die Spitze nahmen, die Intensität meiner inneren Welt betäubten, mich entspannten, den Schmerz linderten und mich zeitweilig entlasteten. Daß sich etliche Mitglieder meiner Familie mit Alkohol auseinanderzusetzen gehabt hatten, merkte ich erst später. Meine Biochemie und viele andere Faktoren schufen in mir fruchtbaren Boden für das, was folgen sollte. Die Krankheit fegte durch mich hindurch wie ein Waldbrand, und ich wurde in relativ kurzer Zeit zu einer sehr kranken Alkoholikerin.

Dabei entwickelte sich ein tiefer Konflikt in mir: mein Alkoholismus nahm zu, und zugleich bewahrte ich meine spirituellen und transpersonalen Bestrebungen. Ich erinnere mich daran, daß ich meinem Guru zu Füßen saß und dann nach Hause ging, um zu trinken. Ich fühlte mich elend, schuldig und jämmerlich. Die Misere meines Trinkens schien so weit von meinem Konzept des Göttlichen entfernt, wie das nur möglich war, und die alkoholische Hölle, die ich erlebte, hatte nichts mit den ekstatischen mystischen Zuständen und den auf Erweiterung bedachten Einsichten zu tun, die ich gekannt hatte.

Im Januar 1986 begab ich mich schließlich in ein 28tägiges Behandlungsprogramm für Abhängigkeit von chemischen Substanzen. Am zehnten Tag landete ich ganz unten, was bei mir wirklich sehr tief und äußerst vernichtend war. Bei diesem Prozeß hatte ich das Gefühl, alles, was ich je gewesen oder womit ich je verbunden gewesen wäre, sei zu einem Ende gekommen. Ich meinte, ich sei gestorben.

Erstaunlicherweise erwartete mich auf der anderen Seite dessen, was sich wie die totale Trostlosigkeit anfühlte, eine Zeit tiefgreifender Heilung und Führung. Über viele Monate fühlte ich mich mit der Welt, mit mir selbst und mit einer Quelle innerer Kraft und Inspiration verbunden, die unerschöpflich zu sein schien. Ich spürte, daß ich eine zweite Chance erhalten hatte und die mystische Verbindung zu finden begann, die ich so lange gesucht hatte. Mir wurde bewußt, daß sich bislang ungenutzte Kreativität in mir regte, und ich begann, einen erneuerten Sinn in meinem Dasein zu fühlen. Es war eine wundersame, mystische Zeit.

Am Rande eines neuen Lebens stehend, war ich zunächst traurig, als ich auf das zurückblickte, was sich als endlose Tage, Monate und Jahre verschwendeter Zeit und Produktivität während meiner aktiven Trinkerkarriere darstellte. Aber dann änderte sich langsam meine Blickrichtung, und ich begann zu sehen, daß die dunklen Jahre des Alkoholismus in Wirklichkeit ein wichtiges Stadium meiner spirituellen Reise bildeten. Ich hatte Lektionen, Möglichkeiten und Geschenke erhalten, die mir nur durch diese Erfahrung zuteil werden konnten.

Unterdessen wurde ich auf der ganzen Welt in einer globalen Gemeinschaft von Genesenden willkommen geheißen, die mir die Liebe, das Verständnis und das Annehmen boten, all das, was ich sonst nirgendwo gefunden hatte. Ich lernte die Zwölf-Schritte-Programme kennen und entdeckte, daß sie – in westlicher Umgangssprache – viele der Elemente bargen, die mich zu verschiedenen spirituellen Systemen hingezogen hatten. Genesende Alkoholiker und Süchtige, die aktiv an diesen Zwölf Schritten arbeiteten, waren mit einem geerdeten, praktischen Programm beschäftigt, das in ihrem Leben Wunder bewirkte. Und sie fühlten sich ihrer Spiritualität in anderer Weise verpflichtet, als ich das je zuvor gesehen hatte: Ihre spirituelle Praxis handelte von Leben und Tod, und die meisten von ihnen hatten sich beidem auf einer tiefen Ebene gestellt.

Außerdem bemerkte ich, daß ich mich viel mit der buddhistischen Vorstellung des Verhaftet-Seins beschäftigte. Die Wurzel alles menschlichen Leidens bilden nach der buddhistischen Philosophie das Verhaftet-Sein oder das Verlangen, und der Weg zur Befreiung liegt in einer täglichen Übung, die ein Element des Loslassens oder Sich-Ergebens einschließt. Ich gelangte zu der Ansicht, die erschreckende Unfähigkeit, sich aus dem tödlichen Kreislauf der Sucht zu befreien, sei einfach eine extreme und übertriebene Form der Zwangslage, vor der wir alle stehen, die wir uns an die Rollen, Beziehungen, Handlungen und den materiellen Besitz in unserem Leben klammern. Mir wurde klar, daß die Wirksamkeit der Zwölf-Schritte-Programme auch darin begründet liegt, daß sie durch eine spirituelle Praxis, die bei den ersten drei Schritten die wesentliche Erfahrung des Sich-Ergebens einschließt, einen Weg aus den Verhaftungen bietet. Alles, was ich lernte, fühlte und sah, beeindruckte und freute mich aufrichtig. Ich war mir der Tatsache bewußt, daß es in meiner persönlichen Erfahrung eine wichtige Verbindung zwischen Sucht und Spiritualität gab, und nun traf ich auf viele andere Menschen, für die das auch galt. Ich beteiligte mich an der Koordination eines einmonatigen Seminars und zweier Fachkonferenzen mit Variationen zum Thema »Das Verlangen nach Ganzheit: Sucht, Verhaftet-Sein und die spirituelle Suche«, um diese Gebiete weiter zu erforschen und auch anderen die Möglichkeit dazu zu bieten. Ich fragte mich immer wieder, wie all das zusammenhing, und wie ich es mir selbst und anderen klarmachen könnte.

Dieses Buch stellt einen Versuch dar, genau das zu tun. Es ist in drei Teile gegliedert: Der erste Teil definiert das allgemeine Sehnen nach eigener Ganzheit und stellt es in Beziehung zu Sucht. Ich widme mich Fragen wie: Was ist Spiritualität? Was ist eine spirituelle Erfahrung? Wie definieren und erkennen wir unsere Ganzheit? Was ist die Beziehung zwischen dem individuellen Selbst und einer größeren heiligen Identität?

Im zweiten Teil wird der menschliche Zustand der Entfremdung von der göttlichen Quelle erörtert und die Rolle des Mißbrauchs in der Vertiefung des Gefühls persönlicher Isolation erforscht. Ich beschreibe unsere Überlebensmechanismen in einer nicht-unterstützenden oder feindlichen Welt, unser Bedürfnis, dem Schmerz des Lebens zu entfliehen, und unsere Neigung, in der verlockenden Welt um uns herum Lösungen durch möglicherweise süchtig machende Aktivitäten und Substanzen zu suchen. Außerdem reisen wir durch die dunkle Nacht der Sucht und untersuchen die wesentliche Frage des Sich-Ergebens oder Loslassens im Prozeß der Abhängigkeit und bei der inneren Reise. Schließlich beschreibe ich die Beziehung zwischen dem allgemeinen Problem des Verhaftetseins und dem Zyklus süchtigen Verhaltens.

Der dritte Teil bietet Wege, auf denen wir beginnen können, unser inneres Sehnen zu befriedigen. Ich schildere die Eigenschaften spiritueller Reife und beschreibe die Genesung als einen Pfad zum tieferen SELBST. Ich stelle einige Herausforderungen und Fallgruben auf dem Weg vor und spreche die vielschichtigen Fragen von Annahme und Vergebung an. Am Schluß des Buches wird erörtert, welche Belohnungen die Suche nach Ganzheit birgt und wie wichtig es ist, die heiligen Dimensionen im Alltagsleben zu entdecken.

Die Reise durch dieses Buch ist eine Helden- oder Heldinnenreise durch einige wesentliche Elemente des menschlichen Dilemmas, und ich hoffe zutiefst, daß es anderen einen hilfreichen Weg zu weisen vermag.

DAS DÜRSTEN
NACH GANZHEIT

1 DIE SEHNSUCHT HINTER DER SUCHT

So weit ich auf meine Kindheit zurückblicken kann, war ich immer auf der Suche nach etwas, das ich nicht benennen konnte. Was auch immer es sein mochte, es würde dafür sorgen, daß ich mich gut fühlte, daß ich zu Hause wäre, so, als ob ich dazugehörte. Wenn ich es finden würde, wäre ich nicht länger einsam. Ich würde wissen, wie es ist, geliebt und angenommen zu sein, und ich würde meinerseits auch Liebe geben können. Ich würde glücklich, erfüllt und in Frieden mit mir selbst, meinem Leben und der Welt sein. Ich würde mich frei, unbehindert, offen und voller Freude fühlen.

Diese Möglichkeit habe ich oft und auf unterschiedliche Weise erfahren: als ich voller Ehrfurcht und Staunen auf einem Berg saß und zuschaute, wie sich der Glanz eines Sonnenuntergangs über dem Himmel ausbreitete; als ich winzige Frühlingsblumen fand, die sich einen Weg durch die gefrorene Erde bahnten; als mein Herz durch die Kraft der Gesänge und Stimmen und die Schönheit der bunten Glasfenster bei einem Weihnachtsgottesdienst anschwoll; als ich voll ausgelassener Fröhlichkeit auf meinem Pferd den langen, warmen Sandstrand entlang galoppierte und zum Schwimmen ins Meer planschte; und als ich als junge Mutter in das vollkommene, wunderbare Gesicht meines Neugeborenen sah.

Einen Blick darauf habe ich in jenen, wenn auch reichlich flüchtigen, Augenblicken erhascht, in denen jede Faser meiner Erfahrung plötzlich zusammenzukommen schien; da paßte alles zusammen, alles machte eine Art unausgesprochenen Sinn. Es konnte geschehen, wenn ich im Garten arbeitete, wenn ich betete oder meditierte, wenn ich mit einer Freundin durch Wälder und Wiesen streifte oder einem weisen Alten zu Füßen saß.

Ich erinnere mich auch daran, einen Vorgeschmack dessen erhalten zu haben, was ein Versprechen von Freiheit, Verbundenheit und Liebe war, wenn ich nach Stunden oder Tagen hektischer Bemühungen, mich selbst zu beweisen, von einem verehrten Lehrer, einem Kollegen oder dankbaren Gästen gelobt wurde. Ich dachte, ich würde es spüren, wenn ich mich in den Arm eines Geliebten kuschelte, ein Valium schluckte, einen weiteren Schokoladenkeks verschlang oder viel zu schnell im Auto rumraste. Und ich *wußte*, daß ich es in dem köstlichen Vergessen des Alkohols fand. Meine Grenzen schmolzen dahin, der Schmerz verschwand, und ich dachte, ich wäre frei. Ich fühlte mich in meiner eigenen Haut wohl und meinte, Verbindung zu einer sorglosen Vitalität zu haben, die mir sagte, ich würde alles schaffen. Ich fühlte mich auf eine Weise mit anderen Menschen wohl, die in meinem Alltagsleben unmöglich war: angenommen, geachtet und geschätzt – bis der Alkohol sich gegen mich wandte.

Süchtige als spirituell Suchende

Seit meine Genesung vom Alkoholismus begann, habe ich viele Menschen in ähnlichen Situationen über ihre Suche nach einer unbestimmten Erfahrung von Freiheit und Einheit sprechen und sich an die Gebiete erinnern hören, in die ihr Weg sie geführt hat. Sie haben die klaren, erhebenden und liebevollen Augenblicke in ihrem Leben ebenso beschrieben wie die destruktiven oder selbstzerstörerischen Zeiten, in denen sie sich selbst davon überzeugten, auf dem richtigen Pfad zu sein. In den Beobachtungen und Geschichten anderer Menschen habe ich zahlreiche vertraute Elemente und Themen entdeckt, die wiederholt auch in meiner eigenen Geschichte auftauchen.

Viele Alkoholiker und Süchtige halten sich selbst für Träumer oder Kreative, die für die Intensität und Schönheit des Lebens besonders empfindsam sind. Wir sind Idealisten. In unseren Reihen gibt es Unzählige, die darüber sprechen, anderen helfen oder zur Lösung der Probleme dieser Welt beitragen zu wollen. Manche sind mit spirituellen Erfahrungen beschenkt worden, oft bereits in der Kindheit. Es kann uns schwerfallen, mit der komplexen und fordernden Welt um uns herum sowie mit dem verschlungenen emotionalen, psychischen und spirituellen Mosaik in uns umzugehen. Wir haben darauf so reagiert, daß wir hochentwickelte und erfinderische Mechanismen entwickelt haben, die es uns erlauben, die Herausforderungen unseres Daseins zu überleben oder ihnen zu entfliehen. Die meisten von uns meinen, anders als andere Menschen zu sein, isoliert und einsam, als ob wir draußen stünden und den Rest der Welt da drinnen betrachten würden. Wir erleben uns selbst oft als unzulänglich, schändlich und weniger wichtig, intelligent und leistungsstark als andere. Und wir spüren oft eine alles durchdringende Unruhe, einen Wunsch nach irgendetwas mehr. Diese Sehnsucht führt uns in destruktive oder selbstzerstörerische Beziehungen und Aktivitäten oder zum Gebrauch von Substanzen, die vorübergehend den fehlenden Teil zu ersetzen scheinen. Wir begründen oder verleugnen die Verwicklungen unseres Verhaltens und streben nach immer noch mehr davon. Anfänglich scheinen uns die sexuellen Begegnungen, Freßanfälle, Alkohol und andere Drogen, Glücksspielereien oder weitere möglicherweise süchtigmachende Verhaltensweisen zu befriedigen. Ich habe viele Menschen sagen hören: »Als ich meinen ersten Drink oder meine erste Droge genommen habe, hatte ich das Gefühl, alle meine Probleme hätten sich gelöst. Ich war zu Hause.«

Eine Frau, die in einem Alkoholikerhaushalt aufgewachsen war, berichtet, sie habe sich als Kind geschworen, nie Alkohol zu trinken, da sie dessen zerstörerisches Potential direkt miterlebt hatte. Als junge Braut gab sie schließlich nach, »weil mein Mann trank und ich nicht wollte, daß er einsam war«. Bei ihrem ersten Glas Wein, erzählt sie, »hat sich mir eine ganze neue Welt eröffnet. Ich erkannte, was ich mein ganzes Leben lang vermißt hatte. In dem Augenblick fühlte ich mich vollständig.«

Nach einiger Zeit werden wir zu Gefangenen eines vernichtenden Suchtzyklus, der unser körperliches, emotionales, geistiges und spirituelles Wohlbefinden bedroht. Wir können unseren Umgang mit der von uns als Antwort auf unsere Probleme gewählten Substanz, Aktivität oder Beziehung nicht mehr kontrollieren. Wir denken ununterbrochen darüber nach, planen in diese Richtung und machen sie zur Gewohnheit. Im Angesicht des Objektes unserer Besessenheit werden wir zunehmend hilfloser, bis uns etwas zwingt, uns zu ändern.

Wenn wir ganz unten ankommen, wenn wir mit der Erkenntnis konfrontiert werden, daß wir unsere süchtigen Aktivitäten nicht weiter betreiben können, beginnen viele von uns, zum ersten Mal das zu finden, was wir gesucht haben. Dadurch, daß wir uns ergeben, daß wir unsere alten, unwirksamen Seinsweisen loslassen, entdecken wir langsam Annahme, Liebe, innere Harmonie, Gelassenheit und ein Gefühl von Erfüllung. Diese Eigenschaften entwickeln sich nicht alle ganz plötzlich. Sie erfordern Zeit, Mut, Geduld, Bereitschaft und eine Menge Aufmerksamkeit. Aber wenn wir erst ein Gespür für die Möglichkeiten bekommen, verpflichten wir uns gern einem neuen Leben.

Das allumfassende Dürsten nach Ganzheit

Es gibt zwar viele mit Sucht zusammenhängende Probleme und Symptome, die für diesen Zustand spezifisch sind, aber die tieferen, innersten Merkmale und Antriebe scheinen Teil der allgemeinen menschlichen Erfahrung zu sein. Irgendwann spüren die meisten von uns einen gewissen Grad von Leere, Einsamkeit, Unzulänglichkeit, Idealismus oder spiritueller Sehnsucht. Wir erkennen die Unzufriedenheit, den Wunsch, dem Schmerz zu entfliehen und die Neigung, Antworten in bestimmten Aktivitäten, Substanzen oder Beziehungen zu suchen.

Hier geht es vornehmlich um das vielen von uns bekannte Gefühl der Ruhelosigkeit und spirituellen Sehnsucht. Die Menschen sprechen über einen unbestimmten Hunger nach etwas, das in ihrem Leben zu fehlen scheint. Sie beschreiben eine bohrende Leere in ihrem Innern, die nie gefüllt wird. Manchmal rumort sie so intensiv, daß sie geradezu schmerzhaft sein kann. Sie scheint dem innersten Kern zu entspringen, und einige von uns empfinden sie sogar stärker als den Sexualtrieb oder das Bedürfnis nach Nahrung.

Ich war mir dieses Gefühls schon als Kind bewußt und habe es dadurch zu beschwichtigen versucht, daß ich mich aktiv am Leben der Pfarrgemeinde beteiligte, viel Zeit mit Pferden verbrachte oder mich sportlich betätigte. Auch als unbeholfener Teenager hatte ich damit zu ringen, und es war mächtiger als mein Wunsch, von den anderen Jugendlichen gemocht und akzeptiert oder von dem Jungen in meinem Literaturkurs wahrgenommen zu werden. Ich erinnere mich an diesen Schmerz, wenn ich daran zurückdenke, wie ich im College im abgedunkelten Zimmer saß und Musik hörte. Ich habe ihn als junge Erwachsene gespürt, wenn ich ein besonders prächtiges Bild betrachtete, ein gelungenes Gedicht las oder mir einen schönen Tanz anschaute. Und er offenbarte sich in einer Vielzahl anderer unruhiger Augenblicke.

Meine Magengrube fühlte sich leer an, mein Herz tat weh, und mein ganzes Sein strebte etwas zu, das ich nicht identifizieren konnte. Als ich wuchs, durchdrang der Schmerz in meiner Seele zunehmend alle anderen Aspekte meines Lebens. Ich hatte außerordentlich großes Heimweh nach etwas Unbestimmtem, nach einer namenlosen Wesenheit, einem Ort oder einer Erfahrung. Nichts, was ich unternahm, schien dieses Sehnen in mir zu lindern.

Ich bin sicher, daß es die Glücklichen gibt, die dieses Verlangen spüren, ohne es so stark als Schmerz zu empfinden. Aber viele Menschen bezeichnen das spirituelle Sehnen als beständige Stimme in ihrem Leben – und noch dazu als eine, die sie oft mit ihren Alltagswünschen verwechseln. Zunächst setzen sie es dem Wunsch gleich, auf dem Spielfeld groß rauszukommen, ihren Intellekt zu entwickeln, an die richtige Universität zu kommen, den Mann oder die Frau ihrer Träume zu finden. Vielleicht spüren sie ein überwältigendes Verlangen nach einem bestimmten Auto, neuen Kleidungsstücken oder sexuellen Kontakten.

Dieses grundlegende Begehren kann sich im Umgang mit Essen, Alkohol, Nikotin oder anderen Drogen offenbaren. Manche Menschen spüren eine allgemeine Unzufriedenheit mit ihrer Ehe und stellen fest, daß sie sich nach mehr sehnen: einem neuen Haus, einem bedeutsamen Wandel im Verhalten ihres Partners, einer vollkommen anderen Beziehung. Des Nachbars Henne scheint ihnen eine Gans. Sie sind unbefriedigt, als ob irgend etwas fehlte. Vielleicht würden mehr Geld, eine bessere gesellschaftliche Stellung oder eine andere Arbeit sie glücklicher machen. Tom ist ein wunderbares Beispiel für jemanden, der mit seiner anhaltenden Ruhelosigkeit zu kämpfen hatte. Er ist ein erfolgreicher Geschäftsmann, verheiratet mit seiner Jugendfreundin und Vater zweier Töchter und eines Sohnes, die er innig liebt. Etliche Jahre lang hat er sich bei einer wichtigen kreativen und lohnenden Aufgabe hervorgetan. Er hat hart gearbeitet, um für seine Familie und sich den gewünschten Lebensstil zu sichern. Sein Haus war abbezahlt, und er hatte noch Geld auf der Bank. Trotz all seiner Leistungen fühlte sich Tom unerfüllt und unruhig. Er sagte: »Ich konnte es nicht richtig festmachen. Vom Verstand her wußte ich, daß ich alles hatte, was ich zum Glück brauchte. Ich liebte meine Frau und meine Kinder, war mit meinem Job und dem bisher Erreichten recht zufrieden. Aber irgend etwas fehlte. Ich fing an, darüber nachzudenken, ob ich in einen anderen Staat wechseln oder beruflich eine andere Richtung einschlagen sollte. Ich begann, zuviel zu trinken. Nach einer Weile erkannte ich, daß nichts von all dem meine Gefühle von Leere beseitigen würde, daß es sogar die Gefahr barg, mehr Probleme zu verursachen als zu beseitigen. Ich hatte das Gefühl festzustecken.«

Die Ironie an der Sache ist die, daß keinerlei äußere Aktivitäten und keine der gesuchten Substanzen das ursprüngliche Sehnen oder die Gefühle von Leere befriedigen können. Viele Menschen erlangen das Objekt ihrer Begierde, aber der unaufhörliche Schmerz bleibt. Der eine mag zum Fußballer des Jahres ernannt werden, der andere summa cum laude promovieren, das Herz des perfekten Partners gewinnen oder so viel Geld verdienen, daß er oder sie den schon immer erstrebten Lebensstil finanzieren kann. Doch selbst inmitten all der Fülle, die Befriedigung und Erfüllung bringen soll, bleibt die Sehnsucht bestehen, wird durch die Leistungen, die uns nur an die innere Leere erinnern, vielleicht sogar noch größer.

Im hektischen Bemühen, diese Lücke zu füllen, konsumieren manche Menschen riesige Mengen von Alkohol, rauchen immer mehr Zigaretten, schlucken oder spritzen Drogen in beliebigen Kombinationen; viele genesende Alkoholiker und Süchtige berichten jedoch, daß ein tieferes Verlangen auch dann noch bleibt, wenn das körperliche nach der Droge erfüllt ist.

Im Februar 1991 hat Antonia Novello, Surgeon General der USA, einen Bericht über Alkohol an amerikanischen Colleges und Universitäten herausgegeben. Sie sagt, der durchschnittliche Student nehme jährlich mehr als 125 Liter Alkohol zu sich, das wären insgesamt mehr als 16 Milliarden Liter. Das reicht, um 3500 Schwimmbäder im Olympia-Maß zu füllen, ungefähr eines für jedes College oder jede Universität im Lande. Der Großteil davon ist Bier – knapp unter vier Milliarden Dosen jährlich. College-Studenten geben jedes Jahr fünfeinhalb Milliarden Dollar für Alkohol aus. Das ist wesentlich mehr als ihr Buchetat und ein Betrag, der bei weitem die Betriebskosten der Bibliotheken in Colleges und an Universitäten übersteigt. Der Bericht schildert weiterhin den wachsenden Trend zu trinken, um betrunken zu werden, und einen Anstieg der alkoholbedingten Gewaltbereitschaft und Kriminalitätsrate auf dem Campus. Novello kommt zu folgendem

Ergebnis: »Von den heutigen College-Studenten in den USA werden mehr an Leberzirrhose sterben, als in Betriebswirtschaft, Management und Kommunikation zusammen promovieren.«

Hier wird deutlich, wie der positive, innere Drang nach Ganzheit in die falsche Richtung führen kann. Diese Statistiken weisen weniger auf eine Degeneration unter der Bevölkerung im College-Alter hin, als daß sie eine Gruppe von Menschen zeigen, die intensiv Verbindung zu etwas jenseits des gewöhnlichen, begrenzten Reichs ihres Daseins suchen. Die jungen Leute am College bilden nur einen kleinen Teil ihrer Altersgruppe; der Rest weist dieselben Suchtprobleme auf. In unserer Kultur gibt es keinen bestätigten Rahmen, innerhalb dessen wir die Sehnsucht nach Ganzheit tief erfahren und befriedigen können. Das führt dazu, daß Menschen aller Altersgruppen diesen unerhört starken Impuls so verzerren und umleiten, daß es zu allen möglichen Formen von Sucht kommt, nicht nur nach bestimmten chemischen Substanzen, sondern zu Eßstörungen, sexuellen Abhängigkeiten und der Sucht nach Macht, Geld oder Beziehungen, zu Spielsucht und zahllosen anderen süchtigen Verhaltensweisen. Was ist dieses frei-schwebende Sehnen? Ich glaube, daß Jung recht hatte. Dieses äußerst starke und zuweilen schmerzhafte Verlangen ist ein tiefes Dürsten nach unserer eigenen Ganzheit, unserer spirituellen Identität, unserer himmlischen Quelle oder Gott. Vielleicht waren so inspirierte Künstler wie Rembrandt oder Mozart in einem momentanen Taumel kreativen Ausdrucks fähig, einen Teil dieser Quelle in ihrer Kunst einzufangen, was ich nun beim Betrachten oder Hören erkenne. Selbst bei den großen Künstlern ist das jedoch ein flüchtiger Moment, und da ich das spüre, bleibt in meiner Seele ein nagender, unzufriedener Schmerz darüber, daß ich nicht zu der Erfahrung gelangen und dort bleiben kann.

Dieser von uns gesuchte Ort der Ganzheit ist unser spiritueller Kern, ein wesentlicher Bestandteil unserer Natur. Eine Beziehung zu dieser inneren Quelle zu entwickeln, ist ein üblicher und notwendiger Aspekt des menschlichen Daseins. Die Verbindung zwischen dem Göttlichen und dem Individuum oder der Gemeinschaft ist im Laufe der Geschichte durch vielfältige Formen von spirituellen Praktiken, Ritualen und kreativen Ausdrucksformen unterstützt und gefeiert worden. Ganze Kulturen haben die Bedeutung und den Wert des spirituellen Bestandteils unseres Lebens erkannt und das Auftauchen und die Verfeinerung dieses tiefen und wirksamen göttlichen Aspekts im Menschen aktiv unterstützt. Das, was Jung als unseren geistigen Durst nach Ganzheit, nach der Vereinigung mit Gott bezeichnete, ist ein fundamentaler Trieb, der große Macht in unserem Leben hat. Der Drang, unser wahres Selbst kennenzulernen, löst eine Art göttlicher Unzufriedenheit in uns aus.

In seinem Buch *Natürliche Gesundheit* schreibt der Arzt Andrew Weil über das menschliche Bedürfnis nach veränderten Bewußtseinszuständen. Er sagt:»Ich bin der Überzeugung, daß der Wunsch, gelegentlich das Bewußtsein zu verändern, ein angeborener, normaler Trieb ist, analog zu Hunger oder dem Sexualtrieb.« Er beschreibt weiter die Aktivitäten von Kindern, die mit veränderten Zuständen experimentieren, indem sie sich so lange im Kreis drehen, bis sie wie betäubt hinfallen, die hyperventilieren, die sich von einem Spielkameraden so fest den Brustkorb zusammenquetschen lassen, daß sie in Ohnmacht fallen, oder die die Luft anhalten, bis ihnen schwindlig und schwarz vor Augen wird. Ich glaube, daß dieses tiefe Bedürfnis nach Bewußtseinsveränderung unseren natürlichen Wunsch widerspiegelt, die alltägliche, ichzentrierte Identität zu überschreiten und ein weiteres Gefühl von Selbst zu erleben.

Wie reagieren wir auf unser spirituelles Verlangen?

Manch einer kann das Dürsten nach Ganzheit verhältnismäßig leicht erkennen und zu stillen versuchen. Ruhig und geduldig beschäftigt er sich mit Aktivitäten, die ihn langsam mit seinem tieferen SELBST in Verbindung bringen. Er macht Fortschritte, und die Lektionen, die er lernt, beginnen sich in der Art und Weise zu offenbaren, in der er sein Leben lebt. Viele fühlen sich zu regelmäßigen spirituellen Praktiken wie Gebet und Meditation, oder zur Ausübung heiliger Rituale oder gemeinsamen Andachten hingezogen. Manche entdecken künstlerische Ausdrucksformen als Mittel, ihre Beziehung zur göttlichen Quelle zu entwickeln. Wieder andere finden ihre spirituelle Identität durch Teilnahme an den einfachen Handlungen ihrer Alltagsroutine, sie verrichten Arbeit, die ihnen Spaß macht, sorgen für sich und ihre Lieben oder schaffen sich eine nährende Umgebung.

Und dann gibt es auch diejenigen, die sich ihres spirituellen Potentials nicht bewußt sind, entweder durch einen Mangel an direkter Erfahrung, oder weil sie sich aktiv bemühen, diesen Teil von sich zu verneinen. Wenn wir das Verlangen nach Erfüllung unserer wahren Möglichkeiten zu leugnen oder zu unterdrücken versuchen, liegt das oft daran, daß der Ausdruck unserer göttlichen Natur den Wandel in sich birgt, der mit Wachstum und Erweiterung einhergeht. Wir spüren, daß wir vielleicht die Kontrolle über unser vertrautes, sicheres Glaubenssystem verlieren könnten, wenn wir uns verändern würden. Selbst wenn wir nicht besonders glücklich sind, können wir uns doch zumindest darauf verlassen, daß die von uns wahrgenommene Wirklichkeit sicher ist.

Wenn wir uns plötzlich getrieben fühlen, uns selbst und unsere Existenz neu zu definieren, könnten wir uns auch neuen und schwierigen Aspekten unseres Seins stellen müssen. Für viele von uns ist eine Änderung unserer Selbst-Definition und der Erfahrung der Reiche in uns und um uns erschreckend – unbekannte Territorien *machen* Angst. Also konstruieren wir wir uns selbst eine begrenzte und oft starre Weltsicht, die wir um jeden Preis verteidigen. Aber es liegt in der Natur unseres Lebens, daß wir herausgefordert werden, das loszulassen, wofür wir uns gehalten haben, und uns ins Unbekannte tragen zu lassen.

Von unserem Verlangen nach dem Göttlichen zeugen die Andachtsgedichte der Mystiker aus vielen Traditionen. Die Intensität der Bilder und der drängende Tonfall spiegeln die leidenschaftliche Natur der spirituellen Sehnsucht. Mirabai, ein indischer Heiliger, schreibt dem Herrn des Universums: »Mein Körper ist Schmerz, mein Atem brennt. Komm und lösche das Feuer meiner Trennung. Ich verbringe die Nacht damit, in Tränen herumzuwandern.« Der christliche Theologe Augustinus schreibt in den *Bekenntnissen*: »Du treibst ihn (den Menschen) an, daß er seine Freude daran finde, dich zu loben, denn auf dich hin hast du uns gemacht, und unruhig ist unser Herz, bis es ruht in dir.« Kabir, ein indischer Meister und Dichter des fünfzehnten Jahrhunderts, sagt: »Ich bin daraußen und drinnen ruhelos. Die Braut [der Suchende] will ihren Geliebten [Gott] so wie ein dürstender Mann Wasser.« Im 42. Psalm heißt es: »Wie der Hirsch schreit nach frischem Wasser, so schreit meine Seele, Gott, zu dir. Meine Seele dürstet nach Gott, nach dem lebendigen Gott.« Der verstorbene römisch-katholische Mönch und Dichter Thomas Merton schrieb in den siebziger Jahren über das »lebendige Wasser des Geistigen, nach dem wir dürsten wie ein gejagter Hirsch nach einem Fluß in der Wüste«.

Natürlich möchte ich damit nicht unterstellen, daß die außergewöhnlich spirituellen Menschen, von denen diese Zeilen stammen, Süchtige waren. Sie verstanden und akzeptierten, daß ihre Sehnsucht spirituell war. Ich glaube jedoch, daß dieser brennende Durst nach Ganzheit sowie das damit einhergehende Unbehagen der Antrieb ist, der den verschiedenen Formen von Sucht zugrunde liegt. Dieses tiefe Sehnen reicht über das sehr reale körperliche Verlangen all derer hinaus, die in den Kreislauf der chemischen Abhängigkeit geraten, und es ist etwas anderes, als dem Schmerz durch Suchtverhalten ausweichen zu wollen. Unser angeborener Wunsch, unsere spirituelle Natur wiederzuentdecken, ist eine oft unbewußte Antriebskraft, die viele von uns das ganze Leben hindurch spüren.

Bis wir diesen Wunsch anerkennen und uns seiner vitalen Kraft beugen, werden wir eine beunruhigende Unterströmung von Unzufriedenheit mit unserem Dasein verspüren. Dichter verwenden immer wieder die Metaphern von Hunger und Durst, um die Macht dieser Sehnsucht nach Gott zu beschreiben. Durst, Hunger und der Impuls, unser wahres Selbst kennenzulernen, sind wesentliche Triebe in unserem Inneren. So, wie wir auf die Botschaften unseres Körpers achten müssen, die uns sagen, daß wir Nahrung oder Flüssigkeit brauchen, um unsere Gesundheit aufrechtzuerhalten, müssen wir auf das innere Dürsten reagieren, das uns, wenn es gelöscht ist, spirituelles Wohlbefinden und eine Verbindung zu unserem unbegrenzten Potential bringen wird.

Ich weiß, daß es manchen Menschen schwerfällt, diese Aussage zu akzeptieren. Ich habe gesagt, daß dieses Verlangen nach unserer eigenen Erfahrung von Ganzheit oder Einheit mit Gott die treibende Kraft *hinter* Suchtverhalten ist. Ich könnte sogar sagen, daß es alle all die anderen Elemente des Suchtprozesses einschließt. Dieses Konzept werde ich begründen und in den richtigen Zusammenhang stellen.

Ich möchte betonen, daß ich bei der Erörterung der spirituellen Dimensionen von Sucht keineswegs die anderen Aspekte dieses vielschichtigen Zustands abwerten möchte. Ich bin der festen Überzeugung, daß Sucht alle Ebenen eines Menschen betrifft, und daß wir jeden Aspekt ansprechen müssen, um Menschen zu verstehen und zu behandeln, die unter dieser möglicherweise tödlichen Krankheit leiden: den körperlichen Aspekt, den emotionalen, den kognitiven, den sozialen *und* den spirituellen. Im Laufe der Jahre hat es auf dem Gebiet der Suchtforschung viele wichtige Arbeiten gegeben, die uns geholfen haben, das Verständnis und die Behandlung von chemischer Abhängigkeit und anderen Suchtformen vollkommen zu erneuern und umzugestalten. Dabei lag der Schwerpunkt zumeist auf den körperlichen, seelischen und sozialen Auswirkungen des Suchtprozesses. Fachleute aus den unterschiedlichsten Disziplinen haben zahlreiche scharfsichtige Bücher und Aufsätze auf jedem dieser Gebiete veröffentlicht. Man hat mit großem Erfolg Therapien und andere Formen von Behandlung, die auf diese Ebenen ausgerichtet sind, entwickelt und eingesetzt, was erheblich zur Heilung vieler tausend Menschen beigetragen hat.

Das Mosaik der Sucht hat viele Facetten, die gleichzeitig existieren. Genesende entdecken geradezu regelmäßig, daß ihre Sucht zum Teil mit ihrer genetischen Veranlagung, der gewohnheitsbildenden chemischen Reaktion ihres Körpers auf die Droge oder Drogen ihrer Wahl oder mit ihrer Familiengeschichte zusammenhängen könnte. Sie erkennen ihr Bedürfnis an, der Wirklichkeit zu entfliehen, den Schmerz in ihrem Leben zu betäuben oder unangenehme Gefühle auszulöschen. Viele Süchtige merken außerdem, daß auch der Streß, in einer Kultur zu leben, die einen zwanghaften, selbstbezogenen, gewinnsüchtigen Lebensstil gutheißt, bei ihrem Suchtverhalten eine Rolle spielt. Diejenigen, die die Einsicht haben, daß sie es auch mit einem tiefen spirituellen Verlangen zu tun haben, sagen, diese göttliche Unzufriedenheit bestehe neben und unter allen anderen Elementen. Selbst wenn sie die anderen Aspekte ihrer Sucht anerkennen und behandeln, stellen sie sich ihrer Zwangslage nicht angemessen, wenn sie das spirituelle Verlangen nicht direkt ansprechen.

Es gibt auch Menschen, die der Ansicht sind, das ganze Problem sei spiritueller Natur. Das hängt zu einem großen Teil davon ab, wie wir uns definieren; wenn wir akzeptieren, daß jeder von uns tief im Innern einen göttlichen Kern hat, dann sind wir letzten Endes individuelle Vertreter des Göttlichen. Aus diesem sehr breiten Blickwinkel sind alle Herausforderungen, auf die wir treffen, und alle Ebenen, auf denen wir angegriffen werden oder leiden, heilig.

Der Erfolg der Anonymen Alkoholiker (AA) und der vielen Zwölf-

Schritte-Gruppen, die sich an deren Programm orientiert haben, bezeugt die Kraft und Wichtigkeit der spirituellen Dimension beim Verständnis und der Behandlung von Sucht. Obwohl es andere spirituell orientierte Genesungsprogramme gibt, die ähnliche Erfolge vermelden, werde ich mich auf das Zwölf-Schritte-Modell konzentrieren, da dieses gegenwärtig am bekanntesten ist und sich seit fünfzig Jahren erfolgreich bewährt hat. Zwölf-Schritte-Programme sprechen von der Erfahrung der *Seelenkrankheit* der Süchtigen, wenn er oder sie im Kampf mit dem Verlauf der Sucht stehen. Die Abhängigen stehen vor dem *spirituellen Bankrott*, wenn sie ganz unten landen, wenn sie sich der Zeit nähern, in der sie schließlich selbst von ihrem zerstörerischen und selbstzerstörerischen Verhalten genug haben. Diese Gemeinschaften bieten ein belebendes spirituelles Programm, das es den Mitgliedern nicht nur ermöglicht, ihre Suchtaktivitäten zu beenden, sondern auch die Seelenkrankheit zu heilen und den vernichtenden inneren Bankrott hinter sich zu lassen.

Wenn die Teilnehmer mit der Unterstützung anderer Genesender die ersten Schritte üben, beginnen sie, sich in Richtung einer spirituellen Seinsweise zu bewegen. Die Leere füllt sich langsam; die Sehnsucht läßt allmählich nach. Mit der Zeit entwickeln sie ein Leben, in dem es Glück, Frieden und Mitgefühl gibt.

C.G. Jung schrieb in seinem berühmten Brief an Bill Wilson: »Sehen Sie, auf lateinisch heißt Alkohol ›spiritus‹, und man braucht dasselbe Wort für die höchste religiöse Erfahrung wie für das schädliche Gift. Die hilfreiche Formel lautet darum: spiritus contra spiritum.« Der Geist des Göttlichen heilt die Verwüstungen des Alkohols und der Alkoholgeister. Dieses Rezept spricht sich ausdrücklich für die Entwicklung von Spiritualität als Gegenmittel zu Alkoholismus aus, aber es kann auch bei anderen Suchtgebieten einschließlich Drogen, Essen, Sex, Beziehungen, Macht oder Spielsucht angewandt werden. Wenn wir unser Dürsten statt mit unserer Sucht mit der Erfahrung von Gott zu stillen beginnen, werden wir irgendwann die Befriedigung dessen finden, wonach wir uns so gesehnt haben.

2 DAS SELBST UND DIE GANZHEIT

Bei meiner Beschreibung der Sehnsucht nach Ganzheit habe ich Begriffe wie *Gott, göttlich* oder *Spiritualität* verwendet. Diese Worte haben für manche Menschen positive Anklänge und stehen für etwas sehr Wünschenswertes. Diese Leute haben keine Probleme mit der Vorstellung, es gäbe in ihrem Leben so etwas wie eine heilige Macht. Vielleicht haben sie sogar Erfahrungen gemacht, die deren Existenz und Einfluß bestätigen, versuchen aktiv, eine Beziehung zu dieser Macht zu entwickeln.

Dieselben Begriffe rufen jedoch aus vielerlei Gründen bei anderen Menschen tiefes gefühlsmäßiges Unbehagen hervor. Ich war kürzlich bei einem Symposium, bei dem Politiker, Erzieher, Psychologen, Sozialarbeiter und Anthropologen über die Probleme diskutierten, vor denen die amerikanische Jugend heute steht. Fast alle Teilnehmer waren sich darin einig, daß man die spirituellen Bedürfnisse der Jugendlichen ebenso ansprechen müßte wie seelische, körperliche und soziale Belange, wenn man die Fragen besser verstehen und die Probleme lösen wolle. Aber den meisten Sprechern fiel es schwer, sich diesem Thema zu nähern. Einer meinte, Spiritualität sei häufig ein geradezu verbotenes Thema. Diese oft versteckte, unausgesprochene aber zentrale Qualität des Lebens ist zuweilen durch mehr Tabus belastet als offensichtlichere Streitpunkte wie Sexualität und Geld.

Viele von uns haben ihre Spiritualität geleugnet. So wie wir die schrecklichen Dinge unterdrücken oder zurückweisen, die wir uns selbst und anderen antun, so haben wir uns geweigert, unsere eigenen mystischen Fähigkeiten zu erkennen. Die letzten Jahrzehnte haben ein wiedererwachtes Interesse an spirituellen Systemen, deren Lehren und Praktiken gebracht. Dadurch haben wir begonnen, unser Leugnen aufzugeben und diesen wesentlichen Aspekt der menschlichen Erfahrung zu erkennen. Wieso tun sich so viele von uns schwer damit?

Die Fragen sind verzwickt und zeigen viele Facetten. So wie es zahllose Formen von religiösem Glauben gibt, existieren auch viele unterschiedliche religiöse Einstellungen und Vorlieben. Für manche Menschen war die Erfahrung eines bestimmten theologischen Modells tiefgehend, bewegend und auf bedeutungsvolle und positive Weise einflußreich. Andere sind in Häusern oder Gemeinschaften aufgewachsen, in denen ihnen eine gängige Ideologie und ein religiöses Gefüge aufgezwungen wurden, die möglicherweise bei ihnen persönlich gar keine Wirkung auslösten. Wieder andere haben sich ursprünglich zu einer bestimmten religiösen Institution und deren Lehren hingezogen gefühlt haben, diese aber später in Frage gestellt oder ihre Gebote und Dogmen abgelehnt.

Meine Familie identifizierte sich mit keinem bestimmten Glauben, und ich fand als Neunjährige den Weg zu der Episkopalkirche in unserer Gegend. Vieles von dem, was ich dort lernte, war mir damals sehr wichtig, aber irgendwann entfernte ich mich von der Kirche, um meine Erfüllung anderswo zu finden. Einen entscheidenden Grund für meine Abtrünnigkeit bildete die Exklusivität, die ich dort gelehrt wurde. Ich erinnere mich an einen Pfarrer, der unserer Konfirmandengruppe erklärte, nur diejenigen kämen in den Himmel, die in einer christlichen Kirche getauft worden seien. In dieser Zeit war aber einer der wichtigsten Menschen in meinem Leben eine gütige und großzügige japanische Amerikanerin, eine Buddhistin. Sie war mir wie eine Großmutter, einer der liebevollsten und warmherzigsten Menschen, die ich je kennengelernt habe. Ihr gemütlicher Schoß, ihre schützenden Arme und ihre mitfühlende Art spendeten mir bei vielen Gelegenheiten Trost. Als ich den Pfarrer nach Kayoko fragte, bestätigte er, daß sie nicht dieselbe Erlösung genießen würde wie ich, da sie keine Christin sei. Das fühlte sich für mich einfach falsch an. Es schien mir unfair, daß jemand, der beständig die Liebe lebte, von der Jesus gesprochen hatte, verdammt sein sollte, weil er sich mit einem anderen Glaubenssystem identifizierte. Nach einigen Jahren und etlichen ähnlichen Vorfällen beschloß ich, daß ich mit dem Gott meiner Kirche, der in dieser Weise Unterschiede machte, oder dieser speziellen Lehre nichts mehr zu tun haben wollte.

Manche Kinder bekommen Probleme mit der Religion, wenn die Grundsätze ihrer Glaubensrichtung nicht zu den Handlungen derer passen, die sie vorgeblich ausüben. Sonntags bietet Vater das perfekte Bild eines gottesfürchtigen Kirchgängers. Er dient als aufrechter christlicher Diakon und liest während des Gottesdienstes Passagen über Liebe und Achtung aus der Bibel vor. Aber zu Hause, hinter verschlossenen Türen, betrinkt er sich häufig und schlägt Frau und Kinder. Das, was er predigt, ist nicht das, was er lebt. Das Nebeneinander seines religiösen Gehabes und seines mißbräuchlichen Verhaltens verwirrt das Bild eines Kindes von Gott. Ein kindliches Inzestopfer hört immer wieder Geschichten über einen gütigen Gott und kann sich nicht vorstellen, wieso ein liebevolles, heiliges Wesen solche Gewalt und Verletzungen zulassen kann. Im Gegensatz dazu können Menschen, die lernen, Gott sei urteilend und rachsüchtig und werde uns für scheinbar geringe Verstöße in die Hölle schicken, so ängstlich werden, daß sie sich schließlich ganz von allem lösen, was mit Religion oder spirituellen Praktiken zusammenhängt.

Viele werden durch starre Vorstellungen und Haltungen in puncto Gott sowie durch Handlungen, die in Gottes Namen oder hinter einer religiösen Fassade ausgeführt werden, verwirrt und zornig. Sie entwickeln natürlich negative Reaktionen und Abwehr gegenüber allem Religiösem, wodurch sie sich allerdings auch von der Möglichkeit abkapseln, eine bedeutungsvolle, lebensbereichernde Erfahrung ihrer spirituellen Fähigkeiten zu machen.

Namen und Eigenschaften des Göttlichen

Das Objekt unseres Dürstens hat viele Namen: Das Selbst, die schöpferische Energie, die Kraft der Liebe, die göttliche Mutter, unsere Buddha-Natur, das Tao oder das kosmische Bewußtsein. Gläubige sprechen vom Großen Geist, von Christus, vom Geliebten im Inneren, von der Quelle unserer Inspiration, von unserer höheren Macht oder Gott, um nur einige Bezeichnungen zu nennen. Obwohl dies eine unbeschreibliche Macht jenseits aller möglichen Etikettierungsversuche ist, müssen wir Worte verwenden, wenn wir darüber sprechen wollen.

Wenn ich vom göttlichen Wesen oder Gott spreche, beschreibe ich etwas, das uns allen zugänglich ist. Spiritualität bezeichnet in diesem Zusammenhang kein vages oder exotisches Phänomen oder irgendeine New-Age-Erscheinung. Ebensowenig geht es um das Dogma, die Politik und die in einigen religiösen Arenen vorhandenen Hierarchien. Spiritualität ist ein einfacher aber starker Bestandteil des Daseins, das jedermann zur Verfügung steht. Sie beinhaltet das direkte, persönliche Erfahren von Wirklichkeiten jenseits unserer gewöhnlichen, begrenzten Wahrnehmung dessen, wer wir sind. Diese geweihten Reiche geben unserem Leben durch die Hinzufügung einer heiligen Dimension Bedeutung; sie erweitern unser Gefühl von Identität und davon, wo wir in das Schema der Dinge hineinpassen. Die heilige Kraft ist zugleich transzendent und immanent: Wir können sie sowohl tief in unserem Inneren wie auch außerhalb von uns finden. Ein Freund hat mir von Russell erzählt, einem dreijährigen Nachbarsjungen, der sich dieser göttlichen Zweiteilung offensichtlich bewußt war. Eines Nachmittags überraschte Russell seine Mutter mit den Worten: »Ich habe über Gott nachgedacht. Gott muß sehr, sehr, sehr groß sein.«

Seine Mutter war überrascht und erwiderte sanft: »Warum glaubst du das?«

»Nun, wenn Gott die ganze Schöpfung gemacht hat, muß er sehr, sehr groß sein«, meinte das Kind. »Aber weißt du, was noch?«

»Was denn?« fragte sie.

»Gott muß außerdem ganz, ganz, ganz winzig sein.«

»Wieso meinst du das?«

»Na ja«, antwortete Russell, »Gott muß ganz winzig sein, weil er in mich hineinpassen muß, genau in die Mitte. Und ich bin doch ein sehr kleiner Junge.«

Diese unschuldigen Beobachtungen spiegeln die Schlußfolgerungen vieler religiöser und spiritueller Traditionen. Sie beschreiben einen Aspekt von Gott als erhaben, himmlisch, allgegenwärtig und alle endlichen Formen transzendierend. Zugleich ist Gott in der Schöpfung offenkundig, und er durchdringt den heiligen Geist in uns und um uns herum. Gott ist sowohl unmöglich zu begreifen als auch durch unsere eigene gesteigerte Bewußtheit erfahrbar.

Im Zentrum jeder Religion liegt ihr mystischer Kern. Die Begründer dieser Systeme waren historische Personen, die selbst starke Begegnungen mit dem Göttlichen erlebt hatten. Die mystischen Zweige dieser Traditionen haben über die Jahrhunderte weiterhin an eine spirituelle Wirklichkeit geglaubt, auf die wir durch direkten Kontakt Einfluß nehmen können. Ich werde mich im Laufe dieses Buches auf diesen persönlichen Kontakt zu unseren eigenen heiligen Möglichkeiten beziehen. Wir werden uns über die Vielzahl der Namen und theologischen Systeme hinaus zu einer sehr persönlichen Erfahrung Gottes vorwagen. In diesem Prozeß werden wir die reichen und unterschiedlichen religiösen und philosophischen Ideologien nicht leugnen, uns aber um Vereinfachung bemühen, die Unterschiede zu umschiffen versuchen und unseren Blick auf die mystischen Reiche lenken, die einen gemeinsamen Nenner zu haben scheinen.

Die Mystiker der großen spirituellen Systeme bezeichnen die Höhere Kraft als ewig und immerwährend. Sie verwenden Worte wie *unendlich*, *grenzenlos*, *universell* und *unvergänglich*. Alte indische Texte beschreiben das alles durchdringende SELBST, das jenseits und hinter dem menschlichen Drama von Leben und Tod besteht. Anders als unser Körper, der irgendwann so abgetragen ist wie ein alter Mantel, bleibt das göttliche Wesen unwandelbar, immer gleich.

Der göttliche Geist entzieht sich allen Definitionen, er ist unbeschreibbar. Wenn Menschen ihn erfahren, können sie nur einen Bruchteil dieses Erlebnisses in Worte fassen. Gott zu beschreiben, ist ähnlich schwierig, wie einen sternenübersäten Himmel in einem Satz zu schildern. Wir können uns ihm nur unter Verwendung von Metaphern nähern. Künstler haben sich bemüht, den göttlichen Geist zu malen; Musiker wollten ihn in ihrer Musik erklingen lassen; Architekten haben versucht, ihn in ihren heiligen Baudenkmälern zu beschwören. Und dennoch ist die Weite und alles umfassende Kraft des Göttlichen unmöglich einzufangen. Alan Watts schreibt, das höchste Bild Gottes sei »das Ungesehene hinter den Augen – der leere Raum, das Unbekannte, das Unberührbare und Unsichtbare. Das ist Gott!«

Diese spirituelle Macht stellt das vollständige Einssein dar. Sie bietet uns Ganzheit und ein Gefühl von Verbindung zu uns selbst, zu anderen und zu der Welt um uns herum. Heilige Einheit besteht jenseits der Unterschiede und Gegensätze im Universum. Sie transzendiert die Begrenzungen und webt viele unterschiedliche Fäden zum Gewebe jeglichen Daseins.

Das tiefere SELBST ist in seiner großen Weite wohlwollend, liebevoll und weise. Die Menschen, die es erfahren, beschreiben Gefühle von Gnade, die plötzlich in ihr Leben tritt, eine Art göttliche Intervention und Hilfe. Sie mögen sich von der unendlichen Großzügigkeit und

Güte überwältigt fühlen, die dieser spirituellen Quelle entspringt. Das heißt nicht, daß das Leben immer glücklich oder einfach sein wird; unser Dasein an sich ist voller Veränderungen und Herausforderungen, Höhen und Tiefen. Wir können uns jedoch bei alltäglichen Aktivitäten durch spirituelle Hilfe gesegnet fühlen. Immer wieder ist uns, selbst mitten in Schwierigkeiten, ein allgemeines Gefühl von Frieden, Harmonie und Ausgeglichenheit beschieden.

Außerdem wird dieses Höchste Prinzip in vielen Traditionen als unendlich kreativ beschrieben. Diese Macht ist der Schöpfer des Universums in seiner ganzen Vielfalt und Verflechtung, und die Schöpfung ist stetig fortdauernd, drückt sich durch das Spiel des Daseins und aller Spieler darin aus; wie in einem Orchester entfaltet sie das kosmische Drama und existiert gleichzeitig jenseits der Schöpfung und in ihr. Der Rhythmus dieses göttlichen Dirigenten ist der Rhythmus unseres Lebens.

Einige Musiker und Künstler erkennen die Höhere Macht als die Quelle ihrer Inspiration an. Sportler schreiben ihr ihre außergewöhnlichen Leistungen zu. Heiler sehen ihre besonderen Fähigkeiten in ihr begründet. Wer seine Zeit in der Natur verbringt – am Strand, bei Waldspaziergängen oder auf Bergwanderungen –, spricht von ihr vielleicht als von der Kraft, die hinter Mutter Natur oder dem Mysterium des Lebens steht. Manche definieren diese Höhere Macht als die Liebe, das Mitgefühl und die Stärkung durch einen anderen Menschen oder eine fürsorgliche Gruppe. Wieder andere sagen, sie stellt unser Potential dar, die unbeschränkten Möglichkeiten und Gaben also, die uns über weite Strecken verborgen sein können.

Hier ist der Hinweis wichtig, daß die heilige Kraft zwar unerschöpflich, ewig und allgemein, aber dennoch zugänglich ist. Wir können sie, unabhängig davon, wer wir sind oder wo wir herkommen, anzapfen, denn dieses tiefere SELBST existiert in jedem von uns. Da wir die Fähigkeit haben, Kontakt zu diesem tieferen SELBST aufzunehmen, müssen wir uns nicht auf Vermittler verlassen, um unsere spirituelle Entwicklung sicherzustellen. Unsere direkte Beziehung zum Göttlichen hat nichts mit Politik, Dogma oder persönlicher Größe zu tun. Es geht nicht darum, ausschließlich nach außen auf irgendeine vage, losgelöste Wesenheit zu schauen, die kritisch und urteilend ist. Spiritualität hängt mit unserer privaten und intimen Verbindung zum endlosen und beständigen Wesen zusammen, das im Inneren wohnt. Sie ist das, wonach wir uns sehnen.

Das tiefere SELBST und das kleine Selbst

Mystiker, Philosophen und Dichter schreiben seit Tausenden von Jahren, der Mensch habe zwei wesentliche Bestandteile: wir existieren gleichzeitig als begrenzte Individuen, die sich stark mit ihrem Körper, ihrem Leben und der materiellen Welt identifizieren, und als spirituelle Wesen, die unbegrenzt, allgemein und ewig sind. Wir leben mit einem Widerspruch: Wir sind zugleich menschlich und göttlich, begrenzt und ewig, der Teil und das Ganze. Wir sind sowohl das kleine Selbst wie das tiefere SELBST, das ich bereits beschrieben habe. Lassen Sie uns daher nun einen Blick auf den Aspekt unseres Lebens werfen, den wir gut kennen: das kleine Selbst.

Das kleine Selbst ist unsere ich-bezogene persönliche Identität. Wir sind gebundene, begrenzte Organismen mit klar definierten körperlichen Eigenarten und deutlich unterscheidbaren Charakteristika. Wir leben eingeschlossen in unserem Körper und weisen eine Ansammlung von Eigenschaften auf, die für das einzelne Individuum ebenso bestimmt sind wie es die Struktur einer jeden einzelnen Schneeflocke ist. Jeder von uns hat eine Ich-Identität: ein Gefühl davon, wer *ich* in Beziehung zu anderen Menschen und meiner Umwelt bin. Unser individuelles Ich ist wertvoll und sogar notwendig, wenn wir uns in der materiellen Welt bewegen. Es hilft uns zu bestimmen, was wir leisten müssen, um durchs Leben zu kommen: wie wir planen, überleben und soziale und körperliche Beziehungen zu unserer äußeren Wirklichkeit herstellen können.

Das kleine Selbst ist durch Raum und Zeit beschränkt. Wir verfügen über eine begrenzte Lebensspanne, die von der Empfängnis bis zum Tod reicht. Wenn der Körper stirbt, endet unser Dasein. Wir sind an gewisse räumliche Grenzen gebunden und können nur diejenigen Ereignisse und Objekte erleben, die in unserer unmittelbaren Umgebung in Reichweite unserer Sinne liegen. Die Welt, die wir sehen, schmecken, berühren, hören und riechen können, ist die wirkliche Welt. Alles jenseits davon ist für uns unerreichbar.

Wir können die beiden Aspekte unserer Natur, das tiefere SELBST und das kleine Selbst, direkt erfahren. Meist sind wir uns des kleinen Selbst bewußt. Die Welt, in der wir leben, erfordert von uns, sie und uns selbst als materiell und greifbar zu behandeln, wenn wir in ihr funktionieren wollen. Wir benötigen ein Gefühl von Individualität mit ganz eigenen Grenzen und persönlichen Charakteristika, um erfolgreich unsere alltäglichen Aufgaben zu bewältigen, unsere Beziehungen zu gestalten und in unserer Umwelt zu handeln. Das kleine Selbst ist der Teil von uns, der den Wagen durch den Stoßverkehr lenkt, Geschäftsbesprechungen leitet, über finanzielle Vereinbarungen verhandelt oder zum Gewichtheben ins Fitness-Studio geht.

Es gibt jedoch Zeiten, in denen wir uns selbst von als etwas mehr als unsere tägliche, endliche Identität wahrnehmen. Unser tieferes SELBST bricht durch, und wir transzendieren unsere Begrenzungen. Plötzlich werden wir uns dessen bewußt, daß wir mehr sind, als es unsere übliche Wahrnehmung sagt. Dies ist ein spiritueller oder mystischer Zustand, ein direktes Bewußtsein unseres tieferen SELBST.

Spirituelle Erfahrungen können vielerlei Formen annehmen. Sie sind extrem bedeutsam, da sie auf unsere tiefste Kraftquelle und die Anerkennung unseres Einsseins mit dem Rest der Schöpfung verweisen. Man könnte leicht davon ausgehen, daß mystische Zustände für die meisten von uns außerhalb unserer Reichweite liegen, da sie keinen Teil der Alltagsroutine bilden. Wir denken vielleicht, es handele sich um großartige und prächtige Heimsuchungen, die nur denen zuteil werden, die wir als religiöse Persönlichkeiten, Mystiker oder Heilige bezeichnen. Dabei haben die meisten von uns spirituelle Erfahrungen, ob wir sie nun als solche erkennen oder nicht. Da unsere Vorstellungen über heilige Ereignisse begrenzt sind, erkennen wir sie möglicherweise nicht als das, was sie sind; wir meinen dann, es handle sich dabei um ganz besondere und seltene Zeiten, in denen Gott zu uns spricht, in denen wir von der göttlichen Erleuchtung umfangen werden und im Glanz des kosmischen Bewußtseins schwimmen. Solche Zustände sind natürlich möglich, und es gibt dafür viele bestätigende Beschreibungen. Aber spirituelle Erfahrungen finden auch im Alltagsleben statt. Manchmal nehmen sie die Form einer plötzlichen Eingebung an. Stellen Sie sich vor, daß Sie gewissenhaft eine Lösung für ein bestimmtes

Problem suchen. Nachdem Sie die Frage aus jedem möglichen Blickwinkel betrachtet haben, gestehen Sie sich ein, daß es einfach keine Antwort gibt. Sie geben auf und wenden sich wieder anderen Dingen zu. Sobald Sie aufhören, sich so anzustrengen, schießt Ihnen die Lösung durch den Kopf. Es erwischt Sie sozusagen kalt; Sie haben sich von Ihrer Ich-Verhaftung gelöst und haben vielleicht sogar das Gefühl, die Antwort sei nicht von Ihnen selbst gekommen.

Tänzer und Sportler berichten, daß sie gelegentlich über ihre normalen Leistungen hinauswachsen. Dann scheint etwas anderes zu übernehmen, und sie fühlen sich von einer tiefer reichenden Energie, Kraft und Kreativität getrieben. Eine Tänzerin hat mir erzählt: »Das war nicht mehr ich, die getanzt hat. Der Tanz hat mich getanzt. Irgend etwas anderes hatte die Führung übernommen.« Der Golfer trifft mit einem Schlag in das Loch; der Basketballspieler wirft einen unmöglichen Korb; der Läufer setzt bei dem Rennen einen neuen Rekord. In Zeiten wie diesen, so die Athleten und Künstler, seien sie irgendwie in der Lage gewesen, als Individuen beiseite zu treten, und dann habe das tiefere SELBST sie über ihre üblichen Begrenzungen hinweggetragen.

Außerdem gibt es Zeiten, in denen wir gesegnet zu sein meinen. Eine Weile scheint alles in unserem Leben gut zu laufen. Wir glauben, auf der richtigen Spur zu sein. Die Welt ist im Lot. Das sind die Zeiten, in denen wir uns unbewußt in den Rhythmus des Tages einzustimmen scheinen: Wir finden leichter eine Parklücke; unsere Arbeit ist voller Eingebung; die richtigen Leute tauchen im richtigen Moment auf. Vielleicht öffnen wir uns sogar für einen kurzen Augenblick dem klaren Fluß der Schöpfung.

Die meisten von uns sind mit diesen Spannen vertraut, in denen wir vorübergehend von sinnvollen Zusammentreffen oder, wie C.G. Jung sie nannte, *Synchronizitäten* geleitet werden. So geistert Ihnen beispielsweise schon den ganzen Tag lang ein alter Schulfreund durch den Kopf, den Sie längst aus den Augen verloren haben. Eher widerwillig begleiten Sie abends einen Kollegen auf eine Party, und da entdecken Sie plötzlich am anderen Ende des Zimmers besagten Freund. Auch er hat über Sie nachgedacht, da er an einem neuen kreativen Projekt arbeitet, bei dem er Sie gern als Partner sähe. Sie selbst sind derzeit gerade in einer Umbruchphase und versuchen, Ihrem

Leben eine neue Richtung zu geben; das Unterfangen Ihres Freundes paßt da genau rein. Als Sie nachts zu Bett gehen und die Augen schließen, fühlen Sie sich beschenkt und begnadet.

Außerdem gibt es Zeiten, in denen wir uns sowohl beschützt wie geleitet fühlen. Eine Mutter erwacht in den frühen Morgenstunden ziemlich abrupt aus tiefem Schlaf und fühlt sich vom Zimmer ihres Kindes angezogen. Sie macht die Tür gerade rechtzeitig auf, um die ersten winzigen Flammen nach einem Kurzschluß zu sehen. Ein junger Mann überlebt einen ernsten Autounfall mit Totalschaden, er aber trägt keinerlei Verletzungen davon. Wenn er den Hergang rekapituliert, kann er nicht verstehen, wie er verschont geblieben ist. Seine einzige Erklärung lautet:»Ich muß einen Schutzengel gehabt haben.«

Viele Alkoholiker und Süchtige sprechen von den Zeiten, in denen sie, fest in den Klauen ihrer Abhängigkeit, anderen und auch sich selbst ernsthaften Schaden hätten zufügen können. Da gibt es die drogensüchtigen Eltern, die im Zustand völliger Geistesabwesenheit einen ganzen Wagen voller Kinder sicher durch die Gegend chauffieren, oder die heimliche Trinkerin, die allein zu Hause so viel Alkohol und Beruhigungstabletten zu sich nimmt, bis sie zusammenbricht und dabei die scharfe Tischkante nur um Haaresbreite verfehlt. Ein Sexsüchtiger bringt sich immer wieder durch unangenehme Fremde in Gefahr, eine Bulimikerin mißbraucht sich selbst, indem sie immer wieder Freßorgien veranstaltet, erbricht und große Mengen Abführmittel nimmt. Wenn sie in die Genesungsphase kommen, beginnen solche Menschen oft zu erkennen, daß sie sich selbst sehr stark gefährdet hätten, wenn sie ihre eigenen Praktiken beibehalten hätten. Sie hätten sogar sterben können. Aber es kam anders, und sie schreiben ihre Erlösung von der Zerstörung und den Beginn der Genesung ihrer höheren Kraft oder ihrem tieferen SELBST zu, wobei sie oft tiefe Dankbarkeit dafür empfinden, daß ihnen eine zweite Chance gegeben wurde.

Wir haben bisher spirituelle Erfahrungen betrachtet, die in unserem Alltagsleben auftauchen können – die Gelegenheiten, bei denen wir uns von einer Macht jenseits unserer begrenzten, individuellen Möglichkeiten inspiriert, geleitet oder beschützt fühlen. Daneben gibt es auch mystische Zustände, plötzliche überwältigende Ereignisse, die uns in Reiche weit jenseits unserer üblichen Wirklichkeit befördern. Diese Art von direkter, persönlicher göttlicher Verbindung kann unsere

Weltsicht auf dramatische Weise umwandeln und erweitern und unser Konzept dessen, wer wir sind, vollkommen verändern. Das sind die »Cecil B. deMille«-Formen von spirituellen Erfahrungen: Moses, der verzückt, demütig und wie verwandelt vor dem Glanz des brennenden Busches steht. Sie werden gelegentlich als Erfahrungen des »weißen Lichts« bezeichnet. Diese heiligen Vorkommnisse sind nicht ausschließlich auf Berggipfeln, in Einsiedlerhöhlen oder den Heiligtümern der großen Tempel zugänglich. Sie können auch im Laufe eines normalen Lebens auftreten, unter relativ gewöhnlichen Umständen, bei ganz durchschnittlichen Menschen.

Eine mystische Erfahrung können wir auch bei der Geburt eines Kindes, bei einer liebenden sexuellen Begegnung, in einem privaten Augenblick der Versunkenheit, während der Meditation oder in einer Zeit von besonderem Streß machen. Wenn wir uns an wunderschönen künstlerischen Ausdrucksweisen, Musik oder Bewegung beteiligen oder sie erleben, können wir plötzlich in einen transzendenten Bewußtseinszustand geschleudert werden. Seit das Interesse an Nahtoderfahrungen zugenommen hat und diese immer besser erforscht werden, sind immer mehr Menschen bereit, ihre eigenen kraftvollen, lebensverändernden, mystischen Episoden bei Operationen, Unfällen oder Gesundheitskrisen zu enthüllen. Manch einer hat das tiefere SELBST auch draußen in der freien Natur anzapfen können: bei einem Strandspaziergang, in der Wüste, bei einem herrlichen Tag im eigenen Garten.

Meine Großmutter, die im Alter von dreiundneunzig Jahren starb, hat mir, da sie mein Interesse an diesen Angelegenheiten kannte, wenige Monate vor ihrem Tod von zwei mystischen Erfahrungen erzählt, die sie als junge Frau zwischen zwanzig und dreißig gemacht hatte. An einem strahlend sonnigen Morgen saßen wir dicht beieinander auf ihrer Gartenbank, und sie erzählte mit gedämpfter Stimme ihre Geschichte. Sie war auf einer Lieblingswiese nahe ihrem Haus gewesen, und als sie so lief und die Schönheit des Tages und der Umgebung in sich aufnahm, spürte sie einen starken inneren Drang, sich hinzulegen und und in den klaren, endlosen Himmel hinaufzuschauen. Als sie ins Gras sank, flüsterte sie: »Ich war aus mir selbst hinausgehoben und wurde eins mit allem, das ist. Es war ein wunderbares Gefühl.« Damals waren ihre individuellen Beschränkungen und Unterscheidungen verblaßt, und sie fühlte sich inniglich mit dem gesamten Dasein verbunden. Das widerfuhr ihr auf derselben Wiese noch einmal. Obwohl sie diese Ereignisse niemandem gegenüber je erwähnt hatte, blieben ihr die Erinnerungen ein Leben lang erhalten. Als sie sich sieben Jahrzehnte später auf den Tod vorbereitete, trug ihr Wissen darum, daß sich ihre Identität über ihre körperlichen Begrenzungen hinaus erstreckte, dazu bei, ihr bevorstehendes Hinscheiden mit Würde zu tragen.

Bill Wilson, der Mitbegründer der Anonymen Alkoholiker, hat eine dramatische spirituelle Erfahrung gehabt, als er auf dem Tiefpunkt seiner Trinkerkarriere angelangt war. Er war ein ganz gewöhnlicher Mann, Börsenmakler in New York, dessen Leben und Alkoholkonsum außer Kontrolle geraten waren. Als er wieder einmal zur Behandlung seines Alkoholismus in einem Krankenhausbett lag, betete er verzweifelt zu einem unbekannten Gott um Hilfe. Plötzlich fühlte er sich von weißem Licht umgeben und von mystischer Ekstase, Kraft und Frieden durchströmt. »Ich wurde mir ganz deutlich einer Gegenwart bewußt, die wie ein veritables Meer lebendigen Geistes schien«, schrieb er. »Ich lag an den Küsten einer neuen Welt. ›Dies‹, dachte er, ›muß die große Wirklichkeit sein. Der Gott der Prediger‹.« Dieses Ereignis war so tiefgreifend und bedeutsam, daß es Wilson die Kraft gab, ganz mit dem Trinken aufzuhören, und sein Leben vollkommen veränderte. Während dieser kurzen Episode flutete die heilende Kraft des Göttlichen über das kleine, hilflose Selbst hinweg.

Daneben gibt es eine Form von spiritueller Erfahrung, die die Gemeinschaft der Genesenden in den Worten von William James als die »erzieherische Variante« bezeichnet. Das ist ein inneres Bewußtsein, das sich ganz allmählich im Laufe der Zeit entwickelt, vielleicht sogar, ohne daß man sich dessen gewahr ist. Menschen, die uns nahestehen, machen Bemerkungen über Verhaltensänderungen und positive Qualitäten, die sie bei uns wahrnehmen, und wenn wir auf die vergangenen Monate oder Jahre zurückblicken, erkennen wir, daß wir deutlich gewachsen sind. Diese Veränderungen mögen zum Teil auf unsere eigenen Bemühungen, unsere persönliche Arbeit zurückzuführen sein. Wenn wir jedoch unser altes und unser neues Selbst betrachten und vergleichen, sehen wir, daß eine Quelle jenseits unserer eigenen beschränkten Möglichkeiten unsere Wandlung geleitet hat.

Die Schatzsuche

Wir haben die Anwesenheit der spirituellen Kraft in unserem Leben und ihr Vermögen, unser Verständnis und die Beschreibung von uns selbst zu erweitern, erörtert. Nun stellt sich eine logische Frage: Wenn wir gleichzeitig als das kleine ichbezogene Selbst und als das tiefere SELBST existieren, wieso finden wir dann nicht leichter Zugang zu unserer Quelle von Inspiration, Heilung und Führung? Wenn unsere heilige Identität schon im gegenwärtigen Augenblick in uns ruht, warum können wir sie dann nicht sofort und dauerhaft erkennen? Wieso verspüren wir statt dessen einen unnachgiebigen Drang, eine Suche nach etwas, das wir nicht leicht identifizieren können? Und warum sind sich so viele Menschen überhaupt nicht ihrer Möglichkeiten, ihres Potentials für Ganzheit bewußt? Schon seit Jahrhunderten ringen Suchende mit solchen Fragen.

In Swami Muktanandas Buch *Kundalini: Die Erweckung der geistigen Kraft* gibt es eine Geschichte, an die ich oft gedacht habe, wenn ich mir solche Fragen stellte. Vor der Erschaffung der Welt gab es nur Gott. Nach einiger Zeit wurde es Gott langweilig, ganz allein zu sein, und er wollte einen Spielkameraden. Also schuf Gott die Welt aus sich heraus und formte niedere Götter, die halfen, das Universum am Laufen zu halten. Aber die Geschöpfe in Gottes Schöpfung wußten, daß sie göttlich waren und kannten den Weg zurück zu der Quelle, aus der sie stammten. Schon bald verloren sie das Interesse an der Welt und drängten wieder zu Gott im Himmel zurück. Gottes Spiel war ruiniert. Gott begann, sich wieder zu langweilen. Da berief er alle anderen Götter zu einer Ratssitzung ein und bat um ihre Hilfe. Einer meinte: »Warum schmeißen wir nicht alle aus dem Himmel heraus und verstecken den Schlüssel? Und ziehen den Schleier des Vergessens hoch, damit diese Geschöpfe sich nicht leicht daran erinnern, wo sie herkamen?«

Das schien Gott eine hervorragende Idee zu sein. »Aber wo wollen wir den Schlüssel zum Himmel verstecken?« fragte er.

»In den tiefsten Tiefen des Pazifiks«, schlug ein Gott vor.

»Oder auf dem höchsten Gipfel des Himalaya«. riet ein anderer.

»Nein, nein. Lege ihn auf den Mond. Der ist so weit weg, daß ihn niemand je erreichen wird.«

Gott meditierte, um in die Zukunft zu sehen. Er schien entmutigt und sagte: »Keiner von diesen Vorschlägen wird funktionieren. Menschen werden die Weiten des Universums erforschen, sie werden nicht nur auf den Grund des Ozeans tauchen und den höchsten Berg besteigen, sie werden auch zum Mond fahren, die Planeten erforschen und das Wirken des Kosmos zu entdecken versuchen.«

Die Götter wurden schweigsam. Plötzlich sagte Gott: »Ich weiß die Antwort. Ich kenne den einen Ort, an dem die Menschen nie nach dem Schlüssel zum Himmel suchen werden. Dieser Ort ist in ihnen selbst, ganz im Kern ihres Seins. Sie werden Millionen Meilen in den Weltraum reisen, aber sie werden keine zwei Schritte in sich selbst hinein tun, um den Schlüssel zum Himmel zu finden.«

Alle Götter zollten diesem brillanten Plan Beifall. Und Gott erfreut sich seither damit, uns bei unserer Suche nach dem Heimweg zu beobachten.

Könnte es sein, daß dieses allesumfassende menschliche Drama in Wirklichkeit eine lange und komplexe Schatzsuche nach dem Schlüssel ist, der das Tor zu unserer wahren Natur öffnet? Vielleicht ist jeder Schritt, den wir tun, Teil eines wundersamen göttlichen Spiels, das dafür sorgt, daß wir vital, schwungvoll und engagiert bleiben. Könnte es sein, daß jeder von uns einen Pfad entlangwandert, stapft, hüpft oder tanzt, der ein Pfad des Erinnerns daran ist, wer wir wirklich sind?

Die in unserem Leben verspürte Ruhelosigkeit ist die eingebaute Entschlußkraft, die uns unseren spirituellen Möglichkeiten zutreibt. Unser Dürsten nach Ganzheit ist der dynamische Trieb, der schließlich unser individuelles Selbst mit dem tieferen SELBST vereinigen wird, so wie sich der ans Ufer gespritzte Tropfen schließlich wieder mit dem weiten Meer verbindet.

In Der Wüste
Wandern

3 ENTFREMDUNG, MISSBRAUCH UND DIE MENSCHLICHE ERFAHRUNG

Lassen Sie uns der Vorstellung folgen, wir seien individuelle Einheiten, die vom Meer unserer wahren Natur getrennt sind, und es sei eine wesentliche Antriebskraft in unserer inneren Zusammensetzung, uns mit der Quelle zu vereinen. Bedenken Sie im weiteren stets, daß das, was ich erörtern werde, nur eine Geschichte ist, eine Metapher wie die Schöpfungsgeschichte im vorigen Kapitel. Ich sage nicht, daß die Dinge so sind, sondern daß dies vielleicht eine nützliche Art ist, unsere Erfahrung zu betrachten. Dieses Porträt der Helden- oder Heldinnenreise beschreibt den Pfad, der durch Prüfungen und Herausforderungen führt, der aber denjenigen, die sich für ihn entscheiden, Heilung und Wandlung verspricht.

In diesem Kapitel werden wir die Entfremdung von unserer spirituellen Identität als wesentliches Element unseres Menschseins betrachten. Während wir das tun, werden wir der Reise folgen, die jede und jeder von uns von der Empfängnis und dem pränatalen Leben über die Geburt bis zu unserer Existenz in dieser Welt zurücklegt. Wir werden die Eigenschaften erforschen, die unserem Zustand der Isolation anhaften und untersuchen, wie sie sich in unserem Leben offenbaren. Wie fühlen wir uns, wenn wir von unserem tieferen SELBST abgeschnitten sind? Was tun wir uns selbst und anderen an, das dieses allgemeine Gefühl von fehlender Verbindung zu unserer göttlichen Identität vertieft und verstärkt? Und welche Rolle spielt Mißbrauch in der Geschichte unserer Odyssee?

In diesem Kontext ist unser Getrenntsein keine schlechte oder entmutigende Tatsache des Daseins, aus der es keinen Ausweg gibt. Es ist keine Beschreibung unseres Lebens als Angst produzierendes, ausweg-loses Urteil der Vergeblichkeit und Absurdität, wie es die Existentialisten schildern. Aus der von mir dargestellten Perspektive existieren wir in einem Zustand der kosmischen Erinnerungslosigkeit. Dadurch, daß wir uns von unseren Fähigkeiten gelöst haben, haben wir vergessen, wer wir wirklich sind. Und wir alle sind mit einem verwickelten umfassenden Spiel beschäftigt, bei dem unsere sterbliche Identität genauso göttlich ist wie die Grenzen der Erfahrung überschreitende mystische Reiche. Unsere Begrenzungen, unsere endlichen Wahrnehmungen, unsere Unfähigkeit, uns an unsere wahre Identität zu erinnern: Sie alle sind Teil eines ausgesuchten Dramas, in dem wir eine entscheidende Rolle spielen. Von diesem Blickwinkel aus ist unser Zustand der Trennung ein göttlicher, auch wenn sich seine Tiefen alles andere als erhaben anfühlen. Er ist Teil der einmaligen spirituellen Erfahrung, die wir nur in unserem Menschsein entdecken können. So wie das Dunkel der Nacht für das Licht der Dämmerung unabdingbar ist, so ist das Schicksal unserer kosmischen Einsamkeit notwendig, um den instinkthaften Antrieb zu schaffen, der uns schließlich auf die heilige Quelle zutreiben wird.

Die Lehren aus der Holotropen Atemarbeit

Wir beginnen nun, unsere Entfremdung vom Göttlichen zu erforschen, und dazu werde ich kurz die Arbeit beschreiben, die ich gemacht habe, da manches von dem Kommenden auf meinen Beobachtungen und Erfahrungen bei dieser Tätigkeit beruht. Mein Engagement bei diesem Ansatz hat mich, zusammen mit meiner eigenen spirituellen Reise und persönlichen therapeutischen Bestrebungen, zu der Annahme geleitet, daß viele der großen spirituellen Systeme recht haben, wenn sie sagen, die Entfremdung von unserem tieferen SELBST beginne bereits vor unserer Geburt.

Mein Mann, Stan Grof, und ich begannen 1976 etwas zu entwickeln und anzubieten, das wir jetzt Holotrope Atemarbeit nennen. Dieses Werkzeug zur Selbsterforschung und Selbstheilung ist eine Kombination aus Atemtechniken, Erinnerungen beschwörender Musik und fokussierter Freisetzungsarbeit. Die Holotrope Atemarbeit bietet einen sicheren und unterstützenden Rahmen, innerhalb dessen die Teilnehmer die reiche Bandbreite von Erfahrungen entdecken können, die es in jeder menschlichen Psyche gibt. Wir verwenden bei unseren Workshops und Trainingsseminaren ein sehr breites, umfassendes Modell der Psyche, das sich aus den Berichten von Menschen entwickelt hat, die sich mit tiefer Erfahrungsarbeit beschäftigt haben. Das theoretische Gerüst birgt viele Ähnlichkeiten mit den Beobachtungen von C.G. Jung, Roberto Assagioli und Joseph Campbell und deren inneren Kartographien verschiedener spiritueller Traditionen.

Holotrope Atemarbeit wird gewöhnlich in einer Gruppe gemacht. Wir ermutigen die Teilnehmer, sich nach innen zu wenden und mit unserer Unterstützung ihren inneren Streifzügen zu folgen, ohne diese zu zensieren. Nach entsprechender Vorbereitung und innerhalb eines unterstützenden und liebevollen Umfeldes erlangen die Gruppenmitglieder Zugang zu tieferen Ebenen in sich selbst. In dieser Hinsicht wendet die Holotrope Atemarbeit Prinzipien an, die Jungs aktiver Imagination, Fritz Perls Gestalt-Praxis und anderen Ansätzen ähneln, die den ungehinderten Ausdruck der unbewußten Reiche einschließlich der spirituellen und der archetypischen zulassen. Wer zur Holotropen Atemarbeit kommt, möchte sich oft mit bestimmten emotionalen und psychosomatischen Fragen oder Lebensproblemen wie Eheschwierigkeiten, Suchttendenzen oder Streß beschäftigen. Die meisten von denen, die diese Form der tiefen Selbsterfahrung praktizieren, bewegen sich irgendwann über ihre ursprüngliche Zwangslage hinaus zur Suche nach einer breiteren Selbst-Definition. Sie begeben sich auf eine spirituelle Suche. Jede und jeder von ihnen erkennt, daß sie angeborene Weisheit und Heilungsfähigkeit haben, die wirkungsvoll, vertrauenswürdig und zuweilen auch hartnäckig sind. Sie entdecken, daß der Heiler im Inneren sitzt. Das Material, das regelmäßig bei den Sitzungen mit Holotroper Atemarbeit auftaucht, deckt ein sehr breites Spektrum ab, was den Teilnehmern deutlich macht, daß ihre innere Welt riesig, vielschichtig und voller Möglichkeiten ist. Da tauchen regelmäßig Erinnerungen, Erfahrungen, Gefühle und körperliche Empfindungen aus der früheren Lebensgeschichte auf, aus der Zeit vor, während und gleich nach der biologischen Geburt (sogenannte *perinatale* Erfahrungen). Die Gruppe begegnet dem Zyklus von Tod und Wiedergeburt sowie den ausgedehnten Reichen, die als *transpersonal* bezeichnet werden. Unsere transpersonalen Eigenschaften existieren über das Persönliche hinaus, d.h. über das stoffliche und begrenzte Selbst hinaus im Reich des tieferen SELBST. Zu den transpersonalen Erfahrungen, die bei der Holotropen Atemarbeit auftauchen, gehören unter anderem realistische archetypische oder mythologische Abläufe, übersinnliche Phänomene, Episoden, die aus früheren Leben zu stammen scheinen sowie mystische und andachtsvolle Zustände.

Von den Teilnehmern an der Holotropen Atemarbeit hören wir immer wieder, sie hätten nach der Konfrontation mit einigen problematischen Bereichen ihres Unbewußten erkannt, wie stark diese ihr bisheriges Leben bestimmt oder geleitet hätten. Dabei handelt es sich gewöhnlich um normale, funktionsfähige Individuen, darunter viele Akademiker. Wie viele andere auch, arbeiten sie an Beziehungsstreß, psychosomatischen Krankheiten, emotionalen Spannungen, Suchtverhalten oder Depressionen. Während der Sitzungen entdecken sie mit gewisser Regelmäßigkeit, daß diese Schwierigkeiten in unausgedrückten Gefühlen, unerkannten Erfahrungen aus der Vergangenheit, uneingestandenen archetypischen Einflüssen oder spiritueller Sehnsucht wurzeln. In einer sicheren und unterstützenden Umgebung können sie sich diesen Aspekten ihres Seins stellen, und eine liebevolle Gemeinschaft von Gleichgesinnten mit einem breiten Verständnis des Menschen ermöglicht es ihnen, sich ohne begriffliche Enge selbst zu erforschen. Die Erfahrungen, die ich jetzt beschreiben werde, stammen aus Sitzungen mit Holotroper Atemarbeit. Ich halte mich an diesen Ansatz, weil es der ist, den ich am besten kenne. Dieselbe Art von Zuständen kann spontan oder bei vielen anderen Arten von Selbsterforschung auftreten. Ich habe eine große Zahl von Menschen ihre pränatale Zeit und/oder ihre Geburt wiedererleben sehen, wozu klare Details gehörten, die sie vorher nicht kannten, die sich später aber als wahr herausstellten. Niemand hat sie angeleitet, diese frühen Erinnerungen wiederzuerleben. Die Teilnehmer haben sich einfach den Möglichkeiten in ihnen geöffnet und sind auch durch den Atem und die Musik dorthin gelangt. Manche von ihnen sind sogar recht skeptisch in die Sitzung gegangen. Sie haben zwar nicht geglaubt, sie könnten Zugang zu ihrem pränatalen Leben finden, haben aber dann doch überzeugende Erfahrungen davon gemacht, im Mutterleib zu sein, fötale Bedrohung, eingeleitete Wehentätigkeit, eine Steißgeburt oder die Nabelschnur um den Hals zu spüren.

Während des Wiedererlebens und auch danach sind die Teilnehmer überrascht, welch feine Details ihre Erfahrungen aufweisen. Viele von ihnen haben danach ihre Geburtsaufzeichnungen im Krankenhaus eingesehen oder mit ihren Eltern gesprochen, um ihre Enthüllungen zu verifizieren, und festgestellt, daß sie stimmten. Die Mütter hatten diese entdeckten Informationen oft vergessen, sie für belanglos gehalten oder bestimmte Aspekte als schwierige und schmerzhafte Teile eines ansonsten freudigen Ereignisses verleugnet oder unterdrückt.

Von Zeit zu Zeit beschreiben Menschen, die ihren Geburtskampf oder das Leben als Embryo wiedererleben oder sogar mit dem Verbindung aufnehmen, was sie eine zulluläre Erinnerung an die Zeugung nennen, eine weitere, emotional sehr starke Erfahrung: Sie sprechen von der tiefen, alles durchdringenden Trauer, die damit einhergeht, daß man die menschliche Form annimmt. Sie fühlen sich von ihrer wahren Natur abgeschnitten, als ob die Zeugung sie aus expansiver Freiheit und Einheit herausgerissen und in einen individuellen, stofflichen Körper gesperrt hätte. Auf dem Weg durch den Geburtskanal fühlen sie sich noch stärker beengt und begrenzt – so, als ob die Geburt der Durchgang vom Transpersonalen zum Personalen sei.

Mißbrauch und weitere Entfremdung

Folgt man diesen Berichten, die sich mit den Gedankenspielen der Mystiker decken, dann beginnen wir, uns bei der Zeugung aus dem Meer des Geistigen zu lösen. Unser Wesen wird in Materie gebunden, und wir werden von unseren himmlischen Wurzeln entfremdet. Dieser Zustand der Trennung ist nun Teil unserer Beschaffenheit, ein angeborener Bestandteil unserer menschlichen Natur. Falls wir irgendwann im Laufe dieses Daseins in unserer nun getrennten, individuellen Form mißhandelt werden, vertieft sich unser Gefühl von Isolation und wird festzementiert.

Was ist Mißbrauch? Es ist ein Eindringen in unsere physische, sexuelle, emotionale, intellektuelle oder spirituelle Integrität. Es ist eine Verletzung unserer heiligen Identität als Individuum, ein aktives Durchbrechen der Grenzen, die unsere Einzigartigkeit ausmachen. Gesunde Grenzen bilden eine Frontlinie zwischen uns und dem Rest der Welt. Sie definieren unsere Identität, die Charakteristika, die rechtmäßig zu uns gehören. Meine Grenzen sagen aus, wer ich als von anderen Menschen und den Einflüssen meiner Umgebung getrenntes Wesen bin. Sie sind wesentlich und wichtig, wenn ich die Welt um mich herum wahrnehme und in Wechselwirkung zu ihr trete.

Im weiteren Verlauf werden wir die Rolle des Mißbrauchs in unterschiedlichen Entwicklungsstufen betrachten. Wenn wir systematisch beschämt, verletzt oder betrogen werden, spüren wir nicht nur die Trennung von unserem tieferen SELBST stärker, sondern werden auch von uns selbst, unseren Eltern, anderen Menschen und der Welt im allgemeinen isoliert. Wir fühlen uns von den Elementen in unserem Leben entfremdet, die Quellen von Unterstützung und hegender Stärkung sein sollten. In manchen Fällen kann diese Entfremdung schon vor der Geburt eingesetzt haben.

Pränatale Muster und ihre Auswirkungen auf die Entwicklung

Noch vor einigen Jahrzehnten haben die meisten westlichen Mediziner einen Fötus als unbewußte, gefühllose, minderwertige Materie betrachtet, die erst gewisse Zeit nach der Geburt auf äußere Reize antwortet. Dank der modernen Forschung ist nun bewiesen, was Müttern schon seit Jahrhunderten bekannt war: Ein ungeborenes Kind reagiert sehr empfindsam auf Einflüsse innerhalb des mütterlichen Organismus sowie auf solche aus der äußeren Umgebung.

Die meisten Untersuchungen zum vorgeburtlichen Leben haben sich auf die physiologischen Reaktionen auf die äußere Welt konzentriert. Wir wissen nun, daß laute Geräusche sich auf das Kind im Mutterleib auswirken. Mit Hilfe hochempfindlicher Aufzeichnungsgeräte lassen sich Zeiten fötalen Unbehagens im Mutterleib erfassen. Wir beginnen, darauf zu achten, wie wichtig die Ernährung in der Schwangerschaft ist und welche Auswirkungen Alkohol, Nikotin und andere Drogen auf unsere ungeborenen Kinder haben. Und wir haben die herzzerreissende Tragödie von winzigen Babys gesehen, deren Lebensbeginn durch die quälende Sucht nach Crack, Kokain, Heroin oder anderen Drogen geprägt ist, denen sie im mütterlichen Organismus ausgesetzt waren.

Die medizinische Forschung ist zwar im Verständnis der physiologischen Einflüsse im Mutterleib und während der Geburt weitergekommen, aber die psychologischen Komponenten dieser Zeit sind bisher weitgehend vernachlässigt worden. Eine Ausnahme bildet da die Arbeit des Kinderarztes David Cheek. Dr. Cheek ist Geburtshelfer, und er führt detaillierte Aufzeichnungen über die Umstände der Geburt und alle etwaigen Komplikationen. Außerdem ist Dr. Cheek ausgebildeter Hypnotherapeut. Wenn die von ihm entbundenen Kinder Jahre später zu jungen Erwachsenen geworden sind, hypnotisiert er sie und leitet sie zurück zu ihren perinatalen Erfahrungen. Dabei hat er viele genaue Übereinstimmungen und Beziehungen zwischen der tatsächlichen Geburt und dem Wiedererleben dieses Ereignisses festgestellt. Über seine Ergebnisse hat er manches veröffentlicht, und er hält auch Vorträge zum Thema.

Ich habe viele Menschen dabei beobachten können, wie sie unterschiedliche Aspekte ihres pränatalen Lebens wiedererlebt haben, und bin zu der Überzeugung gelangt, daß dieser Teil unserer Geschichte sehr wichtig ist. Die Beschreibungen der inneren Atmosphäre der vorgeburtlichen Existenz sind recht vielfältig. Viele sprechen von der Zeit im Mutterleib als einer »Erfahrung ozeanischer Glückseligkeit«, einer Zeit des Wohlbefindens, der Freiheit und des Ausgedehntseins. Wenn sie die Details ihrer Erfahrung zu belegen versuchen, entdecken sie zumeist, daß ihre Mütter während der Schwangerschaft relativ glücklich und gesund waren. Oft hatten diese die ausschließlich weibliche Erfahrung der Schwangerschaft genossen, wurden emotional vom Vater des Kinder unterstützt und erwarteten voller Freude die Ankunft des neuen Familienmitglieds.

Aber das ist nicht immer so. Oft haben die schlechte Gesundheit der Mutter, ihr Verhalten, der Druck und die Probleme des täglichen Daseins oder ihrer Ehe das Kind im Mutterleib negativ beeinflußt. Viele Teilnehmer hatten keine Ahnung von diesen Faktoren im Leben ihrer Mutter, bis sie die Erfahrung wiedererlebten. Vielleicht war die Mutter starke Trinkerin oder Raucherin, vielleicht fühlte sie sich von der bevorstehenden Mutterschaft eingeengt, oder sie und ihr Partner, wenn es einen gab, wollten gar kein Kind. Ihr Körper mag mit einer Fehlgeburt gedroht haben. Vielleicht hat ihr Mann sie mißhandelt und sie während der Schwangerschaft unter emotionaler, körperlicher oder sexueller Gewalt leiden lassen. Sie könnte auch sich selbst oder andere mißhandelt haben. All diese Umstände spiegeln sich in dem Kind, mit dem sie neun Monate so eng verbunden war. Eine Frau schreibt über ihre Atemsitzungen:

Gelegentlich führte mich meine Erfahrung an einen Ort, wo ich in einer giftigen, feindlichen Umgebung schwamm. Ich konnte lila und rote Bilder sehen, die synthetisch oder chemisch wirkten. Mir war schlecht und schwindlig, als ob ich vergiftet würde. Das geschah mehrfach, und es schien mit der Zeit um die Geburt herum zusammenzuhängen. Schließlich erkannte ich, daß es sich um die Gebärmutter handeln mußte, und daß meine Mutter vermutlich zu der Zeit, als sie mit mir schwanger war, Probleme hatte.
Als ich meine Mutter nach der Schwangerschaft fragte, sagte ich ihr, ich hätte mehrfach davon geträumt. Zögernd erzählte sie mir nach einiger Zeit etwas von ihren damaligen Umständen. Ich war ihr erstes Kind. Tief in ihrem Inneren wollten weder meine Mutter noch mein Vater ein Kind, obwohl das bei einem jungen Ehepaar den gesellschaftlichen Erwartungen entsprach. Sie waren sehr jung, und in ihrer Ehe gab es aus verschiedenen Gründen erhebliche Spannungen. Meine Mutter reagierte mit starken Anfällen von Angst, wegen derer sie später behandelt wurde. Und sie benutzte Alkohol und Beruhigungsmittel, um mit den Anforderungen klarzukommen. Seit mir ihre Geschichte bekannt ist, habe ich keinerlei Zweifel, daß ihr Dauerstreß sowie die Drogen mein Wohlbefinden vor der Geburt beeinträchtigt haben.

Wenn wir diese Art von Erfahrung ernstnehmen, müssen wir akzeptieren, daß das Verhalten unserer Eltern und ihr körperliches, emotionales und spirituelles Wohlbefinden während unseres pränatalen Lebens wichtige Steinchen in dem Mosaik der Faktoren sind, die unsere Persönlichkeit und unser Verhalten prägen.

Natürlich gibt es auch die weniger idealen Bedingungen, die eine Schwangerschaft bedrohen oder schwieriger machen können, die aber Teil des natürlichen Laufs der Ereignisse sind. Unerwartete körperliche Komplikationen oder Gefühlsreaktionen auf verschiedene Lebenssituationen können Auswirkungen auf das Kind haben. Aber auch wenn sie demjenigen, der sie später wiedererlebt, störend scheinen, weisen sie doch in ihren Auswirkungen eine andere Qualität auf. Diese Schwierigkeiten sind Teil des Lebensprozesses. Sie stellen zwar Herausforderungen dar, aber in solchen Fällen ist die Geburtserfahrung dennoch von der generell positiven, liebevollen Einstellung der Eltern getragen.

Unser Weg durch die Geburt

Wir werden auch während der Geburt und in der Säuglingszeit, in der Kindheit und im späteren Leben weiterhin von äußeren Umständen beeinflußt. Fachleute aus verschiedenen Gebieten beginnen jetzt, die Vorstellung zu erforschen und zu akzeptieren, daß die Art und Weise, in der wir auf die Welt kommen, auch wichtige Auswirkungen auf unsere Entwicklung hat. Dies scheint offensichtlich nicht der einzige Faktor bei der Frage zu sein, wer wir werden, aber doch ein wesentlicher. Menschen, die ihre Geburt wiedererleben, entdecken, daß bestimmte Muster in ihrem Verhalten nur durch die Details ihrer Geburt Sinn machen. Diese Aspekte ihrer selbst hatten sie zuvor verwirrt, und wenn sie sie aus ihrer Kindheit her zu verstehen versuchten, war das so, wie wenn man einen runden Zapfen in ein eckiges Loch steckt – es paßte nicht zusammen. Wenn sie sich dann der Möglichkeit öffnen, daß die Geburtserfahrung an der Wurzel ihrer persönlichen Dynamik liegt, tauchen die Antworten auf ihre Fragen auf. Der Zapfen rutscht plötzlich an seinen Platz.

Bei den meisten von uns war der Kampf darum, geboren zu werden, intensiv und schwierig, manchmal sogar gewalttätig. Unsere Welt hat sich plötzlich und drastisch verändert. Wir sind in engen Räumen gefangen, werden rhythmisch von erbarmungslosen Kontraktionen zerdrückt und oft von der großzügigen Sauerstoffversorgung durch die Nabelschnur abgeschnitten. Das zieht sich manchmal über Stunden oder gar Tage hin. Aber viele Menschen, die als Erwachsene an ihren Erinnerungen an verhältnismäßig unkomplizierte Geburten arbeiten, erleben den Weg durch den Geburtskanal als die erste wesentliche Herausforderung ihres Daseins – eine Herausforderung, aus der sie schließlich siegreich hervorgehen können. Die Geburt ist ein Teil des Lebens, ein natürliches Übergangsritual, dem wir alle begegnen. Sich durch diese Qualen zu bewegen und in eine neue Welt hinauszutreten, ist eine beachtliche Leistung. Wir lernen, daß wir als Menschen zwar auf Schwierigkeiten stoßen, aber auch die Kraft haben, diese zu überwinden.

Unnötiges menschliches Eingreifen, das diese erste Herausforderung der Geburt komplizierter macht, ist Mißbrauch. Es gibt viele mitfühlende, sanfte Geburtshelfer, die solche Praktiken ablehnen und alles tun, um Mutter und Kind den Übergang leichter zu machen. Andere tun das nicht, vielleicht hauptsächlich wegen ihres überholten Vorurteils, das Kind empfinde ohnehin noch nichts. Manchmal werden die Wehen eingeleitet, weil es den Eltern oder dem Arzt dann zeitlich besser paßt, oder man setzt automatisch und unnötigerweise die Geburtszange ein, um das Kind herauszuholen. In einigen Kliniken erhalten Frauen generell starke Schmerzmittel. Das Kind wird möglicherweise direkt nach der Geburt an den Füßen hochgehoben oder bekommt einen Klaps, um die Atmung in Gang zu setzen. Männliche Säuglinge werden in den USA oft routinemäßig, ohne Rücksicht auf den daraus erwachsenden Schmerz, ohne Linderungsmittel beschnitten. Babys werden zum Teil von ihren Müttern getrennt und zwangsweise an feste Fütterungszeiten angepaßt, die nichts mit ihren natürlichen Funktionsweisen und ihren persönlichen Bedürfnissen zu tun haben.

Einige von uns sind noch zu der Zeit auf die Welt gekommen, als diese Maßnahmen allgemein üblich waren. Gottlob hat es in der westlichen Geburtshilfe wichtige Veränderungen gegeben, die eine Rückkehr zu einer menschlicheren Behandlung von Mutter und Kind ermöglicht haben. Aber auch wenn die letzten Jahre zukünftigen Eltern eine wachsende Zahl von freien Entscheidungen in Richtung natürlicher Geburt und Säuglingsversorgung gebracht haben, ist es noch ein weiter Weg, bis das zur Norm werden wird. Im Laufe der Jahre habe ich viele Menschen lebhafte Geburtsabläufe einschließlich winzigster Details und entsprechender Reaktionen der Eingeweide wiedererleben sehen. Außerdem habe ich überzeugende Erfahrungen meiner eigenen Geburt gemacht. In einem Zeitlupenfilm habe ich einmal gesehen, wie die Nabelschnur eines Neugeborenen durchtrennt wurde, bevor diese aufgehört hat zu pulsieren. Der Schmerz verzerrt momentan seine winzigen Züge, und es schreit, um uns seine Not zu zeigen. Viele Mediziner glauben, ein Kind empfinde dabei keinen Schmerz, da die Nabelschnur keine Nervenstränge hat. Die Kamera hat mir etwas anderes erzählt.

Ich habe außerdem das Lächeln und den Ausdruck tiefer Zufriedenheit auf dem Gesicht eines anderen Säuglings gesehen, als erst der Arzt und später sein Vater ihn sanft in warmem Wasser wiegten, wo er sich entfaltete und in seine neue Existenz hinein entspannte. Als Ergebnis von Begegnungen dieser Art mußte ich zögernd zugeben, daß die Art und Weise, in die wir in diese Welt kommen, tatsächlich Auswirkungen auf uns hat – ebenso wie unsere spätere persönliche Geschichte. Verhaltensmuster entwickeln wir nicht nur als Ergebnis unserer Prägungen in der Kindheit, sondern auch aus unseren pränatalen und perinatalen Erfahrungen.

Eine bedeutsame Zahl von genesenden Alkoholikern und anderen Süchtigen hat mir erzählt, sie hätten eine Verbindung zwischen dem Einsatz von allgemeinen Betäubungsmitteln bei der Geburt und der Entwicklung ihrer späteren Sucht entdeckt. Sie sagen, ihre Verwendung diverser Chemikalien hänge nicht nur, aber doch wesentlich mit diesem Faktor zusammen. Wenn die Drogen, die die Mutter bekommt, auch das Kind erreichen, werden die Aussichten auf eine siegreiche Befreiung nach dem Weg des Kindes durch den Geburtskanal geringer. Schwindel, Desorientierung und Gefühle von Übelkeit verderben den Eintritt in diese Welt. Erwachsene mit dieser Vorgeschichte berichten häufig nach dem Wiedererleben ihrer Geburt, sie hätten während dieses Ereignisses die emotionale und psychische Prägung erhalten, Schmerzfreiheit ginge mit chemischen Substanzen einher. Zusätzlich erhalten sie die Botschaft, Drogen seien notwendig, um sich großen Herausforderungen zu stellen, einen neuen Lebensabschnitt zu beginnen oder der persönlichen Befreiung näherzukommen.

Kindheit und die Zeit danach

Wenn wir die Herausforderung der Geburt hinter uns haben, werden wir in unser Leben auf dieser Welt eingeführt. Es kann sogar sein, daß wir in der ersten Zeit noch gewissen Kontakt mit unseren Ursprüngen aufrechterhalten (möglicherweise mit Ausnahme derjenigen, die pränatal und perinatal sehr große Schwierigkeiten überwinden mußten). Bei Menschen, die eine relativ unkomplizierte Geburt wiedererleben, ist dies eine recht häufige Erfahrung. Sie beschreiben ihre Initiation in die Welt als Eintritt in ein Dasein, das Ähnlichkeiten mit dem Zustand der spirituellen Freiheit oder dem Gefühl von Weite und Geborgenheit im amniotischen Meer des Mutterleibes aufweist. Wenn sie von liebevollen, fürsorglichen Eltern willkommen geheißen werden, wenn sie Wärme, Sicherheit und nährenden Körperkontakt erhalten, dann bleibt die Verbindung zu ihrem riesigen Potential stark und vital.

Wenn ich manche Säuglinge in den ersten Lebensmonaten betrachte, sehe ich ihre Offenheit und ihr Vertrauen, ihre langen, interessierten Blicke in die Welt um sie herum und frage mich, was sie wohl wahrnehmen und was sie wissen, das ich nicht weiß. Stehen ihnen Wirklichkeiten offen, die Erwachsenen nicht leicht zugänglich sind? Ich denke an die große Zahl von Eltern, die über die frische, offene, allwissende Art ihres Säuglings sagen: »Mein Baby sieht aus wie ein kleiner Buddha.«

Oder denken Sie an kleine Kinder, die Stunden damit verbringen, mit sogenannten imaginären Freunden zu spielen oder in Tagträumen in phantastischen Abenteuern zu schwelgen. Auch wenn manche Kinder in solche Aktivitäten flüchten, um ernsten Problemen zu entfliehen, betreten die meisten die Welt der Märchen und Phantasien als einen normalen Teil der Kindheit. Stehen sie mit einem Fuß in anderen Reichen, die so viele von uns vergessen, wenn wir erwachsen werden? Das ist kein neuer Gedanke. Wordsworth bringt ihn in seinem klassischen Gedicht »Ode: Intimations of Immortality from Recollections of Early Childhood«. Er beschreibt darin ganz wunderbar den Säugling, der auf die Welt kommt und vielleicht eine schwache Verbindung zur ursprünglichen Quelle aufrechterhält, bis er vollständig auf sein Menschsein eingegrenzt wird.

Fachleute aus verschiedenen Gebieten haben viel wertvolle Arbeit über die Dynamik unseres Familienlebens, Mißbrauch und soziale Einflüsse, die auf unsere Entwicklung einwirken, geleistet. Virginia Satir, Alice Miller, Jane Middleton-Moz, Charles Whitfield, Sharon Wegscheider-Cruse, John Bradshaw und viele andere haben einfühlsam und aufschlußreich über die Ursprungsfamilie geschrieben. Sie haben sowohl funktionales wie dysfunktionales Verhalten und dessen Folgen sowie den Weg zur Heilung des einzelnen und der Familie geschildert. Es ist vollkommen klar, daß die Arten von menschlichen Reaktionen und anderen Reizen, denen wir über viele Jahre Tag für Tag ausgesetzt sind, unser Selbstbild, unsere Werte und unsere Verhaltensweisen tiefgreifend beeinflussen.

Manchen Kindern widerfährt das große Glück, liebevolle, bewußte Eltern zu haben, die die einzigartigen Gaben ihres Kindes feiern und unterstützen können und dabei ihre spirituelle Natur erkennen und fördern. In solchen Familien lieben sowohl Mutter wie Vater ihr Kind wirklich. Sie respektieren seine persönliche Integrität und unterstützen die Entfaltung seiner einzigartigen Persönlichkeit und seines schöpferischen Ausdrucks. Sie nehmen sich die Zeit, ihre Kinder anzuleiten, zu trösten, zu lehren und von ihnen zu lernen. Sie sind für einander und die Familie emotional zugänglich. Und sie sind bescheiden genug, Fehler zuzugeben und aus ihnen zu lernen. Sie diskutieren offen über aufkommende Probleme und achten das ganze Spektrum der Emotionen als Teil der menschlichen Erfahrung. Die häusliche Atmosphäre ist von Liebe, Angenommen-Sein, Zärtlichkeit, Flexibilität und Ehrlichkeit durchdrungen; es gibt ein beständiges Gefühl von positiver, gegenseitiger Achtung.

Wer in einem solchen Haushalt aufwächst, erlebt die Welt im allgemeinen als einladend, kräftigend und aufregend. Es fällt ihm leicht, Kontakt zu der Schönheit und Freude in sich selbst und um ihn herum aufzunehmen. Er empfindet es meist als Segen, lebendig zu sein, und möchte das Leben mit all seinen Unvollkommenheiten möglichst gut ausschöpfen. Fast jeder Tag ist ihm willkommen, verspricht er doch neue Fülle. Schwierige Situationen sieht er nicht als Probleme, sondern als Herausforderungen. Das Glas ist halb voll, nicht halb leer.

Diejenigen, die als Kinder geliebt und unterstützt worden sind, kommen im späteren Leben meist besser zurecht, als die, die das nicht bekommen haben. Sie fühlen sich zuhause. Ihre Anstrengungen werden von mehr Selbstbewußtsein und Kompetenz getragen. Durch liebende und annehmende Eltern erhalten und pflegen sie ihren Kontakt zu den göttlichen Ursprüngen und entwickeln daraus wahrscheinlich ein weiteres Gefühl von sich selbst und der Welt.

Aber wie wir wissen, werden viele Menschen nicht in eine so tragende Umgebung hineingeboren. Viele von uns landen in der Wüste, werden in ein schmerzhaftes Überleben als menschliches Wesen heineingeworfen. Gleich von Anfang an sind wir von körperlichem, emotionalem, intellektuellem, sexuellem oder spirituellem Mißbrauch, von gewalttätigen Emotionen und einer Welt umgeben, die uns nicht nur nicht unterstützt, sondern uns immer wieder sagt, wir seien böse.

Als ich mich der Geschichte meiner eigenen Kindheit zu stellen und an ihr zu arbeiten begann, hatte ich noch eine sehr enge Definition von Mißbrauch. Mein begrenztes Wissen und meine beachtliche Fähigkeit, Dinge zu verleugnen, waren gut festzementiert. Ich dachte, sexueller

Mißbrauch von Kindern hieße, daß ein Erwachsener einem Kind genitalen Kontakt aufzwingt. Inzest hielt ich für denselben deutlichen Akt zwischen Kindern und älteren Familienmitgliedern. Berichte, in denen ich las, jede dritte Frau und jeder fünfte oder sechste Mann seien als Kinder mißbraucht worden, überraschten mich und machten mich mißtrauisch. Wie konnte das möglich sein? Was sagt das über uns als Menschen? Im Falle von Inzest: Wie können Menschen ihren eigenen, kostbaren Kindern so etwas Gräßliches antun? Welche Art von Gott würde solche Schändlichkeiten dulden?

In der Zeit meiner eigenen Genesung von Inzest begann ich das breitere Bild zu sehen. Ich stellte mich der furchtbaren Wahrheit, daß das Phänomen des sexuellen Mißbrauchs viele Gesichter hat. Ich erkannte, daß die sogenannten *verdeckten* sexuellen Handlungen gegenüber Kindern genauso verletzend sein können wie die direkten, *offenen*. Mir wurde klar, daß ich meine Definition von sexuellem Mißbrauch erweitern mußte. Sexueller Mißbrauch besteht darin, daß ein Mensch sich sexuell einem anderen ohne dessen Einwilligung aufdrängt, sei es körperlich, emotional oder in Worten. Zu sexuellem Mißbrauch gehört ein breites Spektrum von Verhaltensweisen, von verdeckten Handlungen wie der Konfrontation mit unangemessener Nacktheit oder dem Zurschaustellen elterlicher Sexualität in der Familienatmosphäre, bis zu offener wie gegenseitiger Masturbation und Vergewaltigung.

Gemäß dieser erweiterten Definition wird ein Kind, dessen Privatsphäre im Badezimmer mißachtet wird, oder das so lange gekitzelt wird, bis es weint, sexuell mißbraucht. Ein Mädchen, das sich Bemerkungen anderer Familienmitglieder über ihren Busen anhören muß, und ein Junge, der unter Witzen über die Länge seines Penis leidet, werden sexuell mißbraucht. Ein Mann oder eine Frau, die vom Partner ohne Einwilligung Pornographie ausgesetzt oder gar zu sexuellen Aktivitäten gezwungen wird, wird sexuell mißbraucht. Und jedes Kind, das dazu benutzt wird, einem Erwachsenen sexuelles Vergnügen zu verschaffen, wird mißbraucht.

So wie meine Definition von sexuellem Mißbrauch sehr umfassend ist, so muß es meiner Meinung nach auch die allgemeine Definition von Mißbrauch sein. Wir haben an anderer Stelle in diesem Kapitel Mißbrauch als aktives und schädigendes Durchbrechen der physischen, sexuellen, emotionalen, intellektuellen oder spirituellen Grenzen beschrieben, die ein Individuum bestimmen. Körperlicher Mißbrauch bedeutet das Verletzen von körperlicher Unversehrtheit ohne zu fragen, sei es als sanfte Berührung oder als Schlag. Emotionaler Mißbrauch ist ein Eindringen in die emotionalen Bereiche. Man leidet unter emotionalem Mißbrauch, wenn die eigene, einzigartige emotionale Wahrheit abgewertet oder abgelehnt wird, wenn man lächerlich gemacht, Zornausbrüchen, urteilenden oder abfälligen Bemerkungen ausgesetzt wird.

Bei intellektuellem Mißbrauch wird der Denkprozeß mißachtet, unterbrochen oder behindert. Wenn beispielsweise die Gedanken und Überlegungen eines Menschen vernichtender Kritik unterzogen werden, wenn er wegen gedanklicher Fehlleistungen zurückgesetzt oder bestraft wird, wenn man ihm sagt, wie und was er denken soll, ohne Raum für Kreativität und Irrtümer zu lassen, dann ist das intellektueller Mißbrauch.

Religiöser Mißbrauch tritt auf, wenn religiöse Vorstellungen, Lehren oder Rituale einem anderen ohne dessen Einwilligung aufgedrängt werden. Kinder, die gezwungen werden, die unwandelbaren und zwingenden Glaubenssysteme ihrer Eltern anzunehmen, während ihre eigene spirituelle Wahrheit unterlaufen oder weggewischt wird, sind religiösem Mißbrauch unterworfen. Das gilt auch für Gemeinschaften, die unter Androhung von Strafe gezwungen werden, bestimmten theologischen Programmen zu folgen.

Spiritueller Mißbrauch ist etwas anderes als religiöser Mißbrauch. Er umfaßt alle anderen Formen von Mißbrauch und mehr. Jeder, der auf irgendeine Weise verletzt wird, wird auch spirituell mißbraucht. Wenn wir die Möglichkeit akzeptieren, daß unsere tiefsten Wurzeln heilig sind, daß wir tatsächlich als »trailing clouds of glory« (dahinziehende Prachtwolke), wie Wordsworth in seinem zuvor erwähnten Gedicht schreibt, in unser Leben treten, dann verletzen wir bei jedem Mißbrauch untereinander auch einen heiligen Teil des Göttlichen. Die Mystiker sagen uns, Gott wohne in jedem von uns. Jeder Mensch ist ein kostbares Teil des inkarnierten tieferen SELBST, ein vorübergehend vom Meer getrennter Tropfen. Wer sich seinen Kindern selbstsüchtig und gewaltsam aufdrängt, dringt unbefugt in das Heiligtum ihrer Besonderheit ein. Wenn wir davon ausgehen, daß jeder von uns ein wunderbarer, einzigartiger Faden im Schöpfungsgewebe ist, dann sind wir alle Teil desselben kosmischen Tuchs. Wenn wir anderen Gewalt antun, handeln wir auch gegen den innersten Kern unseres eigenen Seins, gegen die ewige und schöpferische Quelle unserer Existenz.

Wenn wir jemanden mißbrauchen, fügen wir einem anderen Menschen eine Wunde zu. Wir verursachen Schmerz. Wenn wir jemandem wehtun oder ihn ausbeuten, rufen wir Angst und Wut, Hoffnungslosigkeit und Opferdasein, Verwirrung, Schuld und Scham hervor. Und oft sind diejenigen, die wir mißbrauchen, dieselben, die wir offensichtlich am meisten lieben. Wenn wir anderen Leid zufügen, tragen wir zur Erschaffung von gebrochenen Menschen bei. Sie werden zu Erwachsenen, die unerkannt verletzte Kinder in sich tragen. Es sind hohle Männer und Frauen, die von ihrem inneren Wert und von ihrer Inspirationsquelle abgeschnitten sind. Ihr Gefühl von kosmischer Einsamkeit wird immer tiefer und setzt sich immer mehr fest. Das ist spiritueller Mißbrauch im tieferen Sinn.

Nichts hinterläßt bei einem Kind so tiefe Narben wie Inzest. Auch wenn es sehr hart daran arbeitet, die daraus resultierenden Gefühle von Beschämung, Angst, Verwirrung, Mißtrauen und Wut loszuwerden, dauert das sehr lange. Inzest schneidet bis in die tiefsten Schichten unseres Wesens ein. Sie vermittelt uns bis tief in unsere Zellen eindringende Erniedrigung und Schande. Der Berater John Bradshaw spricht über den Unterschied zwischen Schuld und Beschämung: Wenn wir uns schuldig fühlen, meinen wir einen Fehler gemacht zu haben; wenn wir beschämt sind, meinen wir, ein Fehler zu *sein*.

Wer Inzest oder Mißbrauch in der Kindheit überlebt, läuft mit dem Gefühl durchs Leben, ein einziger Fehler zu sein – wie der Elefantenmann oder die Elefantenfrau unter anderen, die unberührt scheinen, weit weg von unseren Ursprüngen als Wesen, die um ihre Göttlichkeit wissen. Über ihre ursprüngliche göttliche Entfremdung ist eine von Menschen verursachte Verbannung aus einer Wirklichkeit gestülpt worden, in der sie vielleicht eine Chance gehabt hätten, eine – und sei es noch so zarte – Verbindung zu ihren heiligen Ursprüngen zu halten. Man hat sie vollends losgelassen.

Das Thema, das ich am häufigsten von Menschen gehört habe, die sich von einer Sucht befreit hatten, war: »Ich habe immer das Gefühl gehabt, anders zu sein.« – »Ich war immer draußen, und die anderen waren drinnen.« – »Ich habe mich nie zugehörig oder zuhause gefühlt.« – »Ich bin weniger wert als andere Leute.« Oder sogar so: »Ich habe jahrelang gedacht, ich sei adoptiert, weil ich nie das Gefühl hatte, in meine Familie zu passen.« Jemand anders erwähnte, als Kind sei er so davon überzeugt gewesen, irgendwie fremd zu sein, daß er sich eine Zeitlang vorstellte, er sei ein Außerirdischer von einem anderen Planeten, ein Fremder in einem fremden Land.

So viele Süchtige kommen aus süchtigen, mißbrauchenden Familien. Wo es exzessive Verwendung von Alkohol oder Drogen gibt, gibt es auch andere Formen von Mißbrauch. Wo es Manipulation und Kontrolle bei co-abhängigen Familienmitgliedern gibt, gibt es Mißbrauch. Wo es den Schmerz und die Angst gibt, die mit jeder Form von selbstbezogener, unkontrollierter, zwanghafter Aktivität einhergehen, sei es die Besessenheit von Sex, Geld, Macht, Glücksspiel oder Essen, gibt es Mißbrauch.

Mißbrauch von kulturellen oder religiösen Gruppen

Alles, was wir über den Mißbrauch von Individuen gesagt haben, läßt sich auf die Art und Weise übertragen, in der wir andere kulturelle Gruppierungen behandeln. Die Geschichte der Menschheit steckt voller grauenerregender und schändlicher Beispiele für diese Gewalt gegen andere wegen ihres Geschlechts, ihres Alters, rassischer, religiöser, sexueller oder sozialer Andersartigkeit. Diejenigen, die der Illusion verfallen sind, sie seien besser als andere, fügen denjenigen, die sie für minderwertig halten, regelmäßig physischen, emotionalen, intellektuellen, sexuellen, religiösen oder spirituellen Mißbrauch zu.

Das offensichtlichste und augenfälligste Beispiel dafür bildet der Mißbrauch von Eingeborenen-Völkern auf der ganzen Welt. Seit Jahrhunderten wurden immer wieder ganze Gesellschaften oder Teile von ihnen von Nachbargemeinschaften oder Fremden auf der Suche nach Macht, Kontrolle oder materiellem Reichtum aus ihrer Kultur, Tradition und Religion herausgerissen. Die auf Vorherrschaft erpichten Eroberer, Missionare oder Händler erlegten den von ihnen Ausgebeuteten fremdartige, unnatürliche soziale und religiöse Einstellungen und Ideologien auf. Die Besiegten werden ihrer spirituellen Wurzeln, der

Quellen ihrer inneren Inspiration und Stärkung sowie ihrer reichen kulturellen Bezugspunkte beraubt. Sie werden von heiligen Landschaften und bedeutungsvollen Beziehungen zu den natürlichen Elementen, zueinander und zum Heiligen entfremdet. Die Geschichte der afrikanischen Völker, der australischen Aborigines, der Tibeter, der Polynesier, der Ureinwohner von Nord-, Mittel- und Südamerika und vieler anderer ist zutiefst von dieser Art von Mißbrauch verunstaltet.

In ihrem Buch *Children of Trauma* schildert Jane Middleton-Moz einfühlsam und eindringlich die Schwierigkeiten, denen verschiedene Minderheiten begegnen. Sie schreibt über die »ethnische Beschämung«, den Selbsthaß und die »gelernte Hilflosigkeit«, die aus der Diskriminierung gegen jene erwachsen, die als minderwertig definiert werden. Außerdem ist die Art der dominanten Kultur den anderen Gruppierungen fremd, was jedem, der Teil einer benannten Minderheit ist, noch größere Nachteile verschafft, weil es ihn immer weiter von seinen eigenen Werten entfernt. Über die amerikanischen Ureinwohner sagt sie:»Indianerkinder werden mit vielen Erwartungen der Mehrheitskultur konfrontiert werden, wenn sie sich in die weite Welt hinausbegeben. Es ist unwahrscheinlich, daß sie sie werden erfüllen können, ohne ihre eigene Kultur zu leugnen. Wettbewerb, Erfolg und Unabhängigkeit sind bei ihrem Volk keine Werte. In einem traditionellen Indianerhaushalt werden Kinder in Anpassung, Zusammenarbeit, Abhängigkeit voneinander und dem Wert der Stille unterwiesen.« Wenn jemandem Gewalt angetan wird, wird ihre oder seine Identität als Vertreter(in) des Göttlichen bedroht und empfindlich beschädigt. Niemand hat das Recht, anderen eine Eigenart aufzuzwingen, ob einzelnen oder Gruppen. Warum tun wir das? Dies ist zwar eine vielschichtige Angelegenheit, aber einer der zentralen Gründe lautet: Wenn wir an anderen Menschen Fehler finden und sie deretwegen unterjochen, müssen wir uns nicht mit unseren eigenen Unzulänglichkeiten auseinandersetzen. Sam Keen schreibt in seinem Buch *Gesichter des Bösen*: »Tatsächlich lieben oder hassen wir unsere Feinde im gleichen Maß, wie wir uns selber lieben oder hassen. Im Bild des Feindes finden wir den Spiegel, in dem wir unser eigenes Gesicht am deutlichsten erkennen können.« Wir projizieren unsere eigene uneingestandene Wut, Angst, Beschämung und unsere Urteile auf diejenigen, die wir ignorieren, verachten oder ausbeuten.

Was können wir über Liebe und Respekt lernen?

Während ich über diese sehr umfassende Definition von Mißbrauch schreibe, kann ich schon die Antworten darauf hören:»Schon gut, aber das ist Haarspalterei. Vergewaltigung und Sodomie sind viel schlimmer, als wenn ich meine Tochter wegen ihrer gestrigen Verabredung hochnehme.« – »Willst du damit sagen, daß ich meinen Sohn körperlich mißbrauche, wenn ich ihm während des Ballspiels auf den Rücken haue?« – »Wenn das alles stimmt, werden wir schließlich nur noch herumlaufen wie auf Eierschalen. Wir werden genau darauf achten müssen, wie wir miteinander umgehen.«

Genau das. Es geschieht bereits. Manche Formen von Mißbrauch scheinen ernster und schädlicher zu sein als andere. Eine Weile war ich versucht, die Bandbreite der Intensität zu werten, von geringfügigen Grenzüberschreitungen über aktiven Mißbrauch bis hin zu echter Folter. Ich glaube jedoch, daß jede Gewalttat gegen einen anderen Menschen, unabhängig von ihrer graduellen Ausprägung, eine ernste Sache ist. Wir leben in einer Zeit, in der wir häufig das Leben in uns und um uns herum mißachten. Wir haben vergessen, wie wir uns selbst, andere Menschen, andere Lebewesen und unsere Umwelt achten können. Das hat dazu geführt, daß unsere Welt vor einer Krise noch nie dagewesenen Ausmaßes steht. Mit dem wachsenden Interesse an den verschiedensten therapeutischen und spirituellen Richtungen und besonders dank der mutigen Arbeit von Menschen, die von Mißbrauch und Suchtverhalten genesen, hat sich unsere Aufmerksamkeit dem tatsächlichen Mißbrauch zugewandt, den wir an uns selbst und anderen üben. Wir haben begonnen, die dunklen Geheimnisse zu enthüllen, die wir über Generationen verstohlen angeheizt und angepaßt haben. Die derzeitige Beschäftigung mit Fragen wie sexueller Nötigung, Inzest, Vergewaltigungen bei Verabredungen und rassischer, sozialer und geschlechtsbedingter Ungleichheit wirkt auf viele Menschen verunsichernd. Die offensichtliche Wirklichkeit solcher Probleme hat uns aus unseren automatischen, oft unbewußten Verhaltensweisen herausgebrochen. Wir sind aufgerufen zu einer grundlegenden Achtung vor uns selbst, anderen Menschen und unserer Welt zurückzukehren.

Es macht mir große Hoffnung, daß immer mehr Menschen den Mut aufbringen, die Einflüsse in ihrer Entwicklung zu entdecken und zu untersuchen, und bereit sind, die Quellen ihrer Schwierigkeiten sowie die schmerzhaften persönlichen, familiären und sozialen Geheimnisse zu erforschen, die sie zur blinden Wiederholung schädlicher Muster treiben. Wenn wir uns dieser Faktoren in unseren Erfahrungen bewußt werden, beginnen wir zu heilen. Wir ändern unsere Lebensführung, die Art, in der wir mit uns selbst, anderen Menschen und unserer Umwelt umgehen. Es gibt eine viel gesündere und glücklichere Wahl als die, die zerstörerischen Muster, die so viele von uns an sich selbst erlebt haben, weiterzuführen: unseren inneren und äußeren Welten mit Respekt und Sorgfalt zu begegnen; uns gegenseitig eine liebende, hingabevolle Einstellung entgegenzubringen; unsere Brüder und Schwestern nach Jesu Gebot so zu lieben, wie uns selbst; das Selbst im anderen zu ehren, wie es das Siddha-Yoga vorschlägt; unsere eigene Buddha-Natur und die in jedem fühlenden Wesen anzuerkennen; den Christus in jedem einzelnen wahrzunehmen, wie es Mutter Teresa eindringlich erbittet.

Meine liebe Freundin Angeles Arrien ist eine vergleichende Anthropologin, die mit Mythen, Ritualen und Symbolen arbeitet, wundersame Geschichten erzählt und ihren Studenten hilft, ihre natürliche Ethik zu entdecken. Angeles ist eine Baskin, die bikulturell mit einer Familie in den Pyrenäen und einer in der amerikanischen baskischen Gemeinschaft in Idaho aufwuchs. Wenn sie über ihr Erbe und ihre Herkunft spricht, erzählt sie einen alten baskischen Mythos über den Ursprung dieses Volkes und seine möglichen Anfänge. Sie beschreibt eine schöne Meerjungfrau, die immer nur in dem von Sonne beleuchteten Wasser schwamm:

Langsam verliebte sich der Sonnengott in das schöne Geschöpf und streckte seine Zunge, einen leuchtenden Regenbogen, heraus und zog sie zu sich hoch. Sie vereinten sich, und es fielen sieben Freudentränen. Dann spuckte er sie wieder aus. Sie wuchs und wuchs und wurde zum Mond. In der Dämmerung sieht man weder Sonne noch Mond, aber man sieht ihre Kinder, die Sterne, denen die Basken geboren wurden.

Noch heute wird ein Neugeborenes in den weniger modernen Gegenden des Baskenlandes als »Laufender Stern« auf einem riesigen Stern, der Erde, bezeichnet. Kinder stehen bei den Basken in hohem Ansehen. Säuglinge werden als »Lebendige Schätze« betrachtet, und dieses Bild folgt ihnen ein ganzes Leben lang. Jedes Kind erhält einen Namen, der seine Merkmale und seine Abstammung beschreibt. So bedeutet der baskische Name »Mendiola« beispielsweise »Vom Berge«, ein starkes Symbol für bestimmte persönliche Eigenschaften. Jedesmal, wenn ein Mitglied der Familie oder der Gemeinschaft diesen Namen ausspricht, achtet man diesen Menschen sowohl für seine individuelle Einzigartigkeit als auch für seine Ahnen und Herkunft. Die Mitglieder der Gemeinschaft werden in der Kindheit, in der Jugend, im Erwachsenenleben und bis zum Tod wiederholt in verschiedenen größeren und kleineren Ritualen für die ganz eigenen Beiträge geehrt, die sie spirituell für die Familie und die Gemeinschaft leisten.

Können Sie sich vorstellen, wie anders unser Leben als Individuen und als Gemeinschaft aussähe, wenn wir einander als »Lebendige Schätze« oder »Laufende Sterne« betrachten würden, als Verkörperungen des Himmels? Wie wäre es, wenn wir jedesmal, wenn wir nach unseren Kindern, unseren Partnern oder Freunden rufen würden, ihnen dadurch Ehre erwiesen, daß wir ihren Namen wiederholen, ihre eigenen, auf die Person ausgerichteten Sinnbilder, die uns an ihre spirituellen Wurzeln erinnern? Diese Haltung mag weit weg sein von der Alltagswirklichkeit unseres heutigen Lebens, aber sie ist ein inspirierendes Beispiel dafür, was möglich ist.

4 WIE ÜBERLEBEN WIR?

Ich habe die Geschichte damit begonnen, dem Weg von einem ausgedehnten Zustand der Freiheit über die Zeugung, das pränatale Leben und die Geburt zu folgen, bis wir als funktionsfähige Individuen auftauchen. Diese Reise hat uns von den Himmelstoren, wie sie in der Schöpfungsgeschichte im dritten Kapitel beschrieben werden, durch unsere verstärkte Festlegung in menschlicher Form geführt. Wir haben einige Elemente und Einflüsse erforscht, die dazu beitragen, unsere Persönlichkeit und unser Verhalten zu formen, und sowohl die sichere und kräftigende Atmosphäre als auch die mißhandelnde, bedrohliche Umgebung geschildert, der wir ausgesetzt sein können.

Im nun Folgenden werden wir ein Gebiet betrachten, dem Psychologie und Suchtbehandlung viel Aufmerksamkeit geschenkt haben: unsere Überlebensmechanismen, die Art, in der wir lernen, uns an eine unbeständige Welt anzupassen. Im letzten Kapitel habe ich einige Charakteristika von Menschen definiert, deren Geschichte verhältnismäßig unkompliziert ist und die das Verständnis, die Unterstützung und das Nährende bekommen haben, das sie brauchen. Hier richte ich meinen Blick nun auf die anderen, auf die unzähligen Menschen, die nicht auf diese Weise gehegt worden sind. Dafür habe ich einen guten Grund.

Vor einiger Zeit hörte ich einen Vortrag über die verschiedenen Wurzeln von Suchtproblemen, den ein Berater eines Suchtzentrums für ein allgemeines Publikum hielt. Der Redner stellte seinen Zuhörern zu Beginn folgende Frage: »Wie viele von Ihnen kommen aus gestörten Familien?« Er erklärte dann, eine gestörte Familie schaffe eine Verhaltensstruktur, in der ihre Mitglieder Probleme vermeiden, rationalisieren oder zudecken und Geheimnisse sorgfältig hüten oder leugnen. Menschen innerhalb dieses Systems haben zudem die Tendenz, sich in übertriebenen oder zerstörerischen Emotionen zu suhlen, ihre wahren Gefühle zu verbergen oder ihren eigenen Angelegenheiten dadurch auszuweichen, daß sie andere beurteilen, kritisieren, ihnen Schuld zuweisen oder sie zu kontrollieren versuchen. Außerdem verletzen sie regelmäßig gegenseitig die persönlichen Grenzen oder bleiben hinter gut befestigten emotionalen und psychischen Barrikaden überlegen und unerreichbar.

Auf die Frage des Redners hob fast jeder im Saal die Hand. Er sagte weiter, einige Untersuchungen würden darauf hinweisen, daß fast 96 Prozent von uns aus gestörten Familien kämen. Irgendwo hinter mir raunte eine männliche Stimme: »Wohl eher sowas wie 99,9 Prozent.« Als ich damals diese Zahlen hörte, war ich noch damit beschäftigt, die Statistiken zu akzeptieren, die die hohen Zahlen von sexuellem Mißbrauch darstellen, also wehrte sich mein Verstand automatisch gegen diese weitere Analyse. Wie konnten denn 96 Prozent aller Familien gestört sein? Aber im Laufe meiner persönlichen Arbeit und der Erweiterung meiner allgemeinen Definition von Mißbrauch, habe ich oft über diese Zahlen nachgedacht. Dabei bin ich zu der Überzeugung gelangt, daß viele von uns zu Hause, ob absichtlich oder unbewußt, verletzt worden sind oder andere verletzt haben, da unser Verhalten oft Grenzen überschreitet. Unglückseligerweise geschieht das oft in der Familie. Wenn wir die Definition eines gestörten Familiensystems neu fassen, können wir sehen, daß fast alle Familien mehr oder weniger in diese Kategorie gehören.

Eben weil so viele von uns in gestörten Familiensystemen aufgewachsen sind, wiederholen wir bei der Gründung unserer eigenen Haushalte die gleichen Muster, die wir im Heranwachsen gelernt haben. Unseren Eltern ging es vermutlich genauso. Dies ist ein Muster, das sich über viele Generationen hinzieht. Da wir so lange in einem bestimmten emotionalen Klima gelebt haben, haben wir einige Werte und Verhaltensweisen als normal akzeptiert, die in Wirklichkeit destruktiv und selbstzerstörerisch sind. Folgt man dieser Definition, sind wir alle gelegentlich gestört.

Dieses Gestört-Sein zeigt sich in einer großen Bandbreite von Intensität und Verhaltensweisen. Manche Handlungen sind nur ein wenig zudringlich, andere offen gewalttätig und wieder andere schließen gleichermaßen zerstörerische, versteckte Formen von Aufdringlichkeit, Liebesentzug oder Preisgabe ein. Da mag die eine Familie eine kontrollierte, ausdruckslose und unnachgiebige Struktur schaffen, die allem Anschein nach ruhig und fröhlich ist. Sie zeigt ein ganz anderes Profil als eine extrem gewalttätige Familie, in der Partner und Kinder regelmäßig verbalem, körperlichem und sexuellem Mißbrauch ausgesetzt sind. Aber dennoch sind sie beide gestört.

In einer Familie mag der eine oder andere Elternteil wegen weltlicher Verpflichtungen, allgemeiner Unaufmerksamkeit oder durch mit Alkohol oder Drogen ausgelöste Vergessenheit abwesend sein. Sie ist anders als eine Familie, in der die Erwachsenen schweigend unterschwellige Wut ausstrahlen, einander und die Kinder verstohlen kritisieren und dabei starre und unmögliche Erwartungen an alle aufrechterhalten. In wieder einem anderen Familiensystem fühlen sich die Eltern vielleicht von ihren Verantwortungen überfordert und werden unfähig, Richtlinien oder Grenzen zu setzen. Dies unterscheidet sich wieder grundlegend von einer Familie, in der sich die Mutter und/oder der Vater als unangefochtene, standhafte Autoritäten etablieren, die hohe, überlegene Stellungen einnehmen und vom Partner und den Kindern erwarten, daß sie ihre Anweisungen ohne weitere Fragen befolgen.

Vermutlich entdeckt jeder verschiedene Elemente dieser Beschreibungen in seiner eigenen familiären Herkunft, wobei sie sich auf ganz extreme oder recht unterschwellige Weise offenbart haben können. Aber unabhängig von den Unterschieden weist jede dieser Familien in ihrem Charakter gelegentliche oder ständige Mißachtung vor der Einzigartigkeit und der Unversehrtheit der ihr zugehörigen Menschen auf. Diese Haltung unterscheidet sich ganz wesentlich von einem offenen Familiensystem, innerhalb dessen die einzelnen offen über ihre Sorgen und Fragen sprechen, die Erfahrungen, Gefühle und Gedanken der anderen achten und in einer Atmosphäre von gegenseitiger Achtung und Liebe leben.

Unsere fehlende gegenseitige Achtung ist nicht nur für Familiensysteme spezifisch. Wir tragen die Lektionen aus unserem Heim in eine moderne Sozialstruktur hinein, die oft den gleichen Mangel an Achtung für Individuen, Gemeinschaften und die Natur aufweist wie die gestörte Familie für ihre Mitglieder. Wir hören diese Geschichten die ganze Zeit. Wie viele Kinder erhalten Zeugnisse, in denen es darum geht, was sie nach Ansicht und Urteil des Lehrers *werden* können, ohne daß ihre gegenwärtige Einzigartigkeit anerkannt und akzeptiert würde? Meine Beurteilung aus der siebten Klasse zählt meine Verhaltensweisen auf, die in den Augen des Lehrers entweder annehmbar oder unannehmbar waren. Dann wird darin aufgeführt, was passieren muß, damit sich Christina zu einer »hervorragenden Persönlichkeit entwickelt«. Und was ist mit der bereits bestehenden Persönlichkeit? Was ist mit den bereits vorhandenen besonderen Gaben und Beiträgen, die den Erwartungen des Lehrers oder der Schule entsprechen oder auch nicht? Hat das Kind nicht vielleicht einige besondere Qualitäten, die durch seine Schwierigkeiten verdeckt sein könnten?

Es gibt zahllose Beispiele für Situationen, in denen die Unversehrtheit von anderen Menschen ignoriert, abgewertet oder verletzt wird; das geschieht laufend. Wir alle wissen um die Kinder, die in überfüllten Klassenzimmern mit überarbeiteten und verzweifelten Lehrern sitzen und keine Aussicht darauf haben, ihre Talente zu entdecken und zu entwickeln. Viele Schul- und Universitätssysteme reduzieren ihre Kandidaten auf Testergebnisse und machen diese zur Grundlage für die Entscheidung, ob sie sie annehmen oder ablehnen. Zahlreiche Arbeitgeber erwarten eine reglementierte Anpassung, die erfolgreich die Kreativität ihrer Angestellten entmutigt oder verleugnet.

Jeden Tag werden Menschen auf Grund ihrer Rasse, ihres Geschlechts oder Alters, ihres religiösen Glaubens oder ihrer sexuellen Vorlieben diskriminiert. Außerdem haben wir uns in einer kulturellen Einstellung verschanzt, die davon ausgeht, die Menschheit sei allen anderen Lebensformen überlegen. Damit nehmen wir uns das Recht, die natürliche Fülle unserer Welt unbegrenzt auszubeuten. Wir leben in einem weltumspannenden Machtsystem, das die Entwicklung von Waffen gefördert hat, die das vielfache Potential haben, das uns bekannte Leben zu zerstören.

Es ist mir bewußt, daß ich ein ziemlich trostloses Bild gemalt habe. Auch wenn ich weiß, daß dies nur ein Teil der Geschichte ist, so verdienen diese Fragen doch unsere äußerste Aufmerksamkeit und Bemühungen um Abhilfe. Auf der anderen Seite dieses Bildes stehen die vielen sorgenden und mitfühlenden Individuen, die andere Menschen, andere Arten und die Welt respektieren und achten. Diese Art von Bewußtheit scheint sich weiter auszubreiten, und mit ihr auch die Bereitschaft, die Probleme in uns und um uns herum anzuerkennen, anzusprechen und anzugehen. Eine der Möglichkeiten, dies zu tun, sind mutige Bemühungen, uns aus der Nebelbank der Verleugnung von Handlungen zu lösen, die uns selbst und anderen Angst und

Schmerz verursachen. Unser Unbehagen bei der Diskussion solcher Sachen zeigt meist deutlich auf die Fragen, die Aufmerksamkeit verdienen, auf das, was verändert werden muß.

Mit Mißbrauch leben

Lassen Sie uns unsere Aufmerksamkeit wieder auf das Individuum richten, das durchs Leben schreitet. Akzeptieren wir die Realität, daß die meisten von uns Mißbrauch in der einen oder anderen Form kennengelernt haben, und erforschen wir, wie wir damit zu leben lernen. Wie überleben wir in einer Welt, die unsere heilige Einzigartigkeit nicht anerkennt und respektiert? Beginnen wir mit einer Beschreibung der Atmosphäre in einer mißbrauchenden Familie. Auch wenn diese Schilderung extremer wirken mag als das, was die meisten Menschen erfahren haben, werden die darin beschriebenen allgemeinen Einstellungen vielleicht vertraut sein. Wie fühlt es sich an, in einem mißbrauchenden Haushalt zu leben? Erinnern Sie sich daran, wie Sie als Kind vollkommen vom Schutz Ihrer Eltern abhängig waren, großen Wesen, die Quelle von Nahrung, Trost, Führung und Liebe sein sollten. Sie sind beeindruckbar, verletzbar und vertrauensvoll. Sie sind wie ein kleiner Schwamm, der eifrig all das aufsaugt, was Ihre vielschichtige Umgebung bietet. Sie finden es herrlich, zu erforschen, zu experimentieren und zu entdecken.

Aber Ihre Versorger sind unwillig oder unfähig, die Wärme und Fürsorge zu bieten, die Sie brauchen. Sie sind zu sehr in ihre eigenen Probleme verwickelt, zu stark mit ihren eigenen Anliegen beschäftigt. Es kann sein, daß ihre Suche nach Drogen, Alkohol, Macht oder Geld sie ganz in Anspruch nimmt. Vielleicht reagieren sie gemeinsam oder getrennt ihren Zorn oder ihre übertriebenen sexuellen Bedürfnisse an Ihnen ab und richten sie ganz auf Sie und andere Familienmitglieder aus. Möglicherweise setzen sie Sie Gewalttätigkeiten, Zeiten des Schweigens oder Rückzugs, Geheimnistuerei oder übertrieben aufmerksamer Kontrolle aus. Sie können unnachgiebige Erwartungen an Sie richten oder Ihnen sehr wenig Aufmerksamkeit und Anleitung geben. Vielleicht machen sie sich regelmäßig über Sie lustig, setzen Sie herab oder sprechen Ihnen Ihre Gefühle und Ansichten ab. Statt daß Sie die großzügige Liebe, die Aufmerksamkeit und die Unterstützung bekommen, die Ihnen zustehen, werden Sie geschwächt, ignoriert, verletzt oder unnötig eingeschränkt. Wenn es in Ihrem Leben keine Beständigkeit gibt oder Sie regelmäßig von anderen beherrscht werden, kann bei Ihnen leicht das Gefühl entstehen, die Kontrolle zu verlieren, so als hätten Sie keine zuverlässigen Bezugspunkte. Sie lernen vielleicht, daß Sie sich nicht auf andere verlassen können. Das führt dazu, daß Ihr Vertrauen allmählich verschwindet, und inmitten der Disharmonie in Ihrem Leben fühlen Sie sich einsam. Mit der Zeit entwickeln Sie spezifische Ängste oder eine allgemeine Ängstlichkeit. Sie sind darüber verwirrt, wer Sie sind und wo Sie hinpassen, wo Sie enden und wo die Welt beginnt.

Außerdem erleben Sie immer öfter tiefe Schamgefühle. Wenn jemand Sie wiederholt abwertet, beginnen Sie die Botschaften zu glauben, die Sie von ihm erhalten. Wenn Sie körperlich oder sexuell mißbraucht worden sind, fällt es Ihnen möglicherweise leichter zu akzeptieren, daß Sie schuld sind, als schmerzhaft der Wahrheit ins Auge zu blicken: Daß Menschen, die verläßlich sein sollen, zu solch gewalttätigen Handlungen fähig sind. Ihr Vertrauen bricht langsam zusammen, und als Antwort darauf, verunglimpfen Sie sich selbst, betrachten sich selbst als das Problem. Viele nachdenkliche, sprachgewandte Fachleute auf dem Gebiet der Psychologie und der Suchtbehandlung haben in wohlgesetzten Worten und sehr detailliert über die Elemente des Mißbrauchs in unserer Familien- und Sozialgeschichte und unsere Reaktionen darauf geschrieben. Wenn ich nun vorschlage, daß das menschliche Unbewußte viele Schichten jenseits biographischer Erinnerungen enthält, weiß ich, daß ich widersprüchliches Terrain betrete. Es ist jedoch wahr, daß viele Menschen entweder spontan oder im Rahmen der Selbsterforschung andere Ebenen erfahren; ich habe das selbst schon oft miterlebt. Und diese Erfahrungen können wichtige Einsichten, Veränderungen und Wachstum mit sich bringen.

Wer sich mit Selbsterforschung und Therapie beschäftigt, entdeckt oft, daß diese anderen Ebenen von Erfahrung ihrem biographischen Werdegang Stärke und Tiefe verleihen. Dabei können sie auf vertraute Themen und Assoziationen mit Erinnerungen an ihre Geburt oder ihr pränatales Leben stoßen: tiefe Schichten von Einsamkeit, Schuldgefühlen, Wut oder Verwirrung. Auf der transpersonalen Ebene können sie archetypische oder mythologische Elemente und sogar Abläufe finden, die aus anderen kulturellen und historischen Zusammenhängen stammen. Diese liegen unter ihrer eigenen Geschichte von Mißbrauch und verstärken diese. So mag beispielsweise jemand, der die Nachwirkungen körperlicher Mißhandlung durch einen Stiefvater durcharbeitet, auf eine andere innere Ebene stoßen, die eine realistische Identifikation mit dem Leiden der Menschheit enthält. Ein erweitertes Modell der menschlichen Psyche bietet die Möglichkeit, tieferes Verständnis und Unterstützung für diejenigen zu mobilisieren, die sie brauchen.

Viele transpersonale Psychologen haben solide, angesehene und gut dokumentierte Arbeit geleistet, die wertvolle Einsichten in die Zusammensetzung unserer Psyche gibt. Im Rahmen dieses Buches werden wir uns auf unsere biographische Geschichte vor dem Hintergrund unseres unermeßlichen psychischen, emotionalen und spirituellen Potentials konzentrieren. Wir werden nicht versuchen, die vielen Schichten unseres Geistes genauer zu erforschen; das würde ein ganz anderes Buch ergeben – eines, das etliche hervorragend qualifizierte Autoren bereits aus unterschiedlichen Blickwinkeln geschrieben haben. Für unsere Zwecke werden wir uns auf unsere Geschichte, Verhaltensweisen und Reaktionen ausrichten, wohl wissend, daß das Mosaik der Psyche komplex und vielschichtig ist.

Wie überleben wir all dies?

Wie überleben wir? Wie kümmern wir uns um uns selbst? Was tun wir, um unser Leben annehmbar und sicher zu gestalten? Wie findet ein Kind, das Tag für Tag in einer unsicheren oder mißbrauchenden Atmosphäre lebt, das, was es braucht, um sein Dasein zu ertragen? Wie besteht jemand, der die Prägungen eines komplizierten vorgeburtlichen Lebens oder einer schwierigen Geburt in sich trägt oder sich tief von einem starken mythologischen Thema beeinflußt fühlt, in einer Welt, die diese Muster vielleicht auch noch verstärkt?
Wir halten durch, indem wir außerordentlich schöpferisch werden. Da wir uns nicht auf andere verlassen können, lernen wir, auf uns selbst zu bauen. Die beeindruckende Kraft und Erfindungsgabe des menschlichen Geistes hat mich schon oft berührt und sogar in Ehrfurcht

versetzt. Er ist es, der uns hilft, vollkommen unvorstellbare Situationen und die häufigeren kleineren Vergehen zu ertragen. Unsere Fähigkeit, uns angesichts unserer Prüfungen zu retten, ist wahrhaft beeindruckend. Da Kreativität aus Spiritualität entspringt oder nach Ansicht mancher Leute das gleiche ist wie Spiritualität, verwenden wir das tiefere SELBST, wenn wir lernen, unser Leben einzurichten und damit umzugehen.

Die traditionelle Psychiatrie definiert *Abwehrmechanismus* als einen oft unbewußten psychischen Prozeß, der das Ich in die Lage versetzt, Kompromißlösungen für Probleme zu finden. Wir alle schaffen Abwehrmechanismen, ob wir nun auf relativ geringe oder sehr ernste Schwierigkeiten treffen. Nach dieser Definition ist unsere Abwehr ausschließlich eine Funktion des Ichs. In jüngerer Zeit haben jedoch einige psychologische Richtungen ihr Verständnis der Sache dahingehend erweitert, daß sie neben den psychischen auch physische und spirituelle Mechanismen einschließen.

Lassen Sie uns einige vertrautere Abwehrmechanismen betrachten. Wir setzen jeden Teil von uns ein, um sie zu errichten: den Geist, den Verstand, die Emotionen und den Körper. Wir mobilisieren automatisch all unsere Reserven, um uns selbst mit Sicherheit und Behagen zu versorgen. Da viele von diesen Überlebensstrategien letzten Endes vom tieferen SELBST inspiriert sind, sind sie auch der Definition nach spirituell. Zum Zwecke der Verdeutlichung werde ich sie aber in drei allgemeine Kategorien aufteilen, die sich notwendigerweise überschneiden werden. Die erste bilden die Strategien, die speziell unsere spirituellen Möglichkeiten einsetzen; die zweite die der psychischen (emotionalen und mentalen); die dritte und letzte die der physischen. Wie wir sehen werden, haben diese einfallsreichen Entwürfe zur Selbsterhaltung zwei Seiten. Zunächst bringen sie uns wertvolle und notwendige Gaben, wenden sich aber oft gegen uns, wenn wir sie durch unser weiteres Leben schleppen und in unsere Beziehungen hineintragen. Wir beginnen damit, daß wir schnell und geschickt Überlebensstrategien produzieren, die unseren Schmerz entfernen, betäuben oder umgehen, um uns gegen die äußeren Quellen unserer Schwierigkeiten zu verteidigen. Diese neuen Entwürfe testen wir und stellen fest, daß viele von ihnen gut funktionieren. Also wiederholen wir sie. Schließlich werden sie so vertraut, daß wir unser neues Betragen mit dem verwechseln, was wir wirklich sind. Außerdem kann unser Verhalten die Beziehungen zu anderen Menschen behindern, dazu führen, daß wir Suchteigenschaften entwickeln oder uns irgendwann auf andere Weise schaden.

Spirituelle Überlebensstrategien

Kinder verlassen sich in bedrohlichen Situationen oft auf Fähigkeiten, die innerhalb unserer begrenzten Selbstdefinition als Menschen nicht immer erkannt und akzeptiert werden. Eine sehr weit verbreitete Reaktion bei mißbrauchten Kindern ist die Entwicklung von *Intuition*. Viele von ihnen entwickeln einen gut eingestimmten Radar, einen intuitiven oder übersinnlichen Scanner, der ihnen hilft, Bedrohungen vorauszuahnen, zu durchschauen und auszumanövrieren. Die Intuition kommt aus unserem tieferen SELBST, aus den spirituellen Quellen, die jenseits unserer gewöhnlichen Fähigkeiten liegen. Robert, ein Mann Ende Dreißig, ist in einem Alkoholiker-Haushalt aufgewachsen. Er beschreibt sein Leben als ein »Erwachsenes Kind von Alkoholikern (ACOA)«:

Sowohl mein Vater als auch meine Mutter waren Trinker. Mein Vater wurde still und gemein, wenn er trank, und machte über jeden in Hörweite schneidende Bemerkungen. Meine Mutter wurde gewalttätig, schlug oft uns Kinder oder schmiß Sachen im Haus herum. Sie haben viel gestritten. Es war wie das Leben in einem ständigen Kampfgebiet; man wußte nie, wann der nächste Vorfall beginnen würde. Ich war immer in Alarmbereitschaft und lernte ziemlich schnell, die Signale zu lesen, die meine Eltern gaben. Ich war bald in der Lage, vorauszuahnen, was sie tun würden, und mir entweder etwas auszudenken, was sie beruhigte, oder meine Schwestern und mich aus dem Weg zu schaffen. Ich wußte aus dem Blick meines Vaters oder durch bestimmte winzige Gesten meiner Mutter, wann es Ärger geben würde. Selbst heute als Erwachsener habe ich eine sehr starke Intuition. Das Problem ist, daß ich so sehr auf andere Menschen und deren Bedürfnisse eingestimmt bin, daß ich meine eigenen vernachlässige. Ich war so lange für die Welt um mich herum empfindsam, daß ich die Verbindung zu mir selbst verloren habe.

Robert hat im Angesicht der Gefahr seine intuitiven Fertigkeiten entwickelt und sie zum Überleben eingesetzt. Diese ungewöhnliche Intuition blieb ihm auch als Erwachsener erhalten. Dies ist ein Beispiel für eine hoch entwickelte Fähigkeit, die letzten Endes eine Gabe oder ein Hindernis werden kann. Selbst jetzt liefert Roberts Intuition ihm wertvolle Einsichten in die ihn umgebende Wirklichkeit. Er ist sehr gut darin geworden, die Dynamik einer Situation zu spüren, und er kann im Berufsleben Vorteile aus seinen Vorahnungen ziehen. Wenn er sich aber, wie er sagt, ausschließlich auf die äußere Welt ausrichtet, entfernt er sich letzten Endes von seinen eigenen Bedürfnissen. Wenn das geschieht, verliert er das Gleichgewicht, bleibt ständig wachsam und achtet auf den nächsten möglichen Übergriff. Das Verhalten und die Anforderungen der anderen absorbieren ihn so sehr, daß es ihm schwerfällt, sich auf sich selbst zu konzentrieren.

Eine andere, weit verbreitete Überlebensstrategie besteht darin, »abzuheben«, wenn man mit einer hoch traumatischen Situation konfrontiert wird. Wir entfliehen dem Schmerz um uns herum, indem wir uns in einen sicheren Hafen der Phantasie, in Illusionen oder in die transpersonalen Reiche zurückziehen. Durch den vorübergehenden Rückzug vom täglichen Leben verteidigen, erhalten und stärken sich verwundete Kinder. Sie schützen sich dadurch, daß sie ihr Bewußtsein vom Rest ihres Seins trennen, so daß sie ihre tatsächlichen Umstände nicht zur Kenntnis nehmen oder sich damit auseinandersetzen müssen. Ein junges Mädchen, das sexuell mißbraucht wird, lernt schnell und instinktiv, sich emotional und psychisch zu lösen. Es zieht sich in eine andere Welt zurück, damit es die Gewalt gegen seinen Körper und seine Seele nicht erfahren muß. Auf diese Weise schützt es sich nicht nur vor der Tragweite des Ereignisses, sondern erhält auch eine Identität aufrecht, die niemandem außer ihm zugänglich ist. Im Angesicht einer gewalttätigen Bedrohung seines gesamten Seins kann es ein Stück seines Selbst retten, das unverletzbar ist.

Diese innere Zuflucht bietet dem Kind Sicherheit und Trost. Sie spiegelt seinen unbewußten Versuch, für sich selbst zu sorgen. Das Mädchen wird einfach empfindungslos, blendet seine Erfahrung aus oder schützt sich so eifrig, daß es keine bewußte Erinnerung an das Ereignis hat. Oder es treibt sich selbst in eine erweiterte Erfahrung seines tieferen SELBST, an einen Ort jenseits der verabscheuungswürdigen Aktivität, der es unterworfen wird. In diesem Reich kann es eine Art göttlicher Unterstützung spüren, eine mystische Obhut, die bedingungslosen Trost und Verbindung liefert, wie es sie in ihrer äußeren Welt gar nicht bekommen kann. Dies kann sogar seine erste mystische Erfahrung sein.

Mich aus der jeweiligen Wirklichkeit zu lösen, war eine meiner liebsten Überlebensstrategien, und ich glaube jetzt, daß mir das früh eine Einführung in die spirituellen Reiche gegeben hat. Es begann während der Qualen des sexuellen Mißbrauchs und wurde dann zu etwas, das auch in vielen anderen Situationen funktionierte. Ich verzog mich in ein Heiligtum, in dem mich unsichtbare Arme umschlossen, mich willkommen hießen, umarmten und beschützten. Manchmal erschien Jesus, streckte mir die Hände entgegen, um mir zu helfen und mich zu trösten. Meine Zuflucht war ein träumerischer, lichtvoller Ort der Freiheit und Ausdehnung. Wenn ich dort war, ging es mir gut. Niemand konnte mir wehtun. Ich war sicher.

Einige Forscher haben politische Gefangene untersucht, die nach ihrer Gefangennahme durch den Gegner gefoltert wurden. Sie haben festgestellt, daß es einen Mechanismus gibt, durch den sich das Bewußtsein des Opfers von seinem furchtbaren Zustand löst, wenn der Schmerz einen bestimmten Punkt erreicht. Er wechselt plötzlich in einen Bewußtseinszustand, der jenseits des Schmerzes existiert. Der Gefangene transzendiert die Qual und erlebt oft mitten im Chaos einen ekstatischen Zustand.

Es gibt in vielen Kulturen Rituale wie den Sun Dance der amerikanischen Indianer, die Elemente des physischen oder emotionalen Leidens enthalten. Diese Riten, die innerhalb eines zeremoniellen Rahmens stattfinden, bezeichnen oft wichtige Übergänge im Leben der Teilnehmer. An einem bestimmten Punkt dieser Vorgänge verwandelt sich die Qual des Initianden in spirituelle Verzückung, und er oder sie überschreitet die üblichen Beschränkungen des Bewußtseins.

Bei solchen Zeremonien entscheiden sich die Teilnehmer, das Leiden als Tor zur Transformation zu nutzen. Obwohl Kinder, die mißbraucht oder auf andere Weise traumatisiert werden, keine Wahl haben, glaube ich, daß es dort einen ähnlichen Mechanismus gibt. Ich will damit nicht sagen, daß es an einem traumatischen Ereignis irgend etwas Positives oder Wünschenswertes gibt, weil es die Möglichkeit eines mystischen Schimmers birgt. Noch meine ich, daß Inzest, wie einige Leute nahelegen, eine Initiationserfahrung für ein Kind ist – diese Vorstellung ist beleidigend und gefühllos. Wenn ich die Beispiele von den Gefangenen und den Ritualen mit den Qualen eines Kindes vergleiche, will ich damit ein Gefühl des Staunens und der Bewunderung für die weise Kraft in uns enthüllen; sie ist automatisch in der Lage, uns unter vernichtenden, schmerzhaften Bedingungen Stärkung zukommen zu lassen. Nicht nur Inzestopfer lernen, sich so abzuspalten, um sich zu schützen. Das geschieht Kindern bei jeder Form von Trauma, sei es verbaler, emotionaler oder physischer Mißbrauch, ein Unfall, Krieg oder Hungersnot. Der Mechanismus des Sich-Lossagens funktioniert bei milderen Formen des Mißbrauchs genauso, wie wenn ein Kind extremen Traumen ausgesetzt ist. Wenn wir darin immer geübter werden, lernen wir, ihn regelmäßig einzusetzen. Wir entdecken, daß wir aus der gegenwärtigen Wirklichkeit heraustreten können, wann immer Schmerz auftritt. Wir entfernen uns selbst, wenn unsere sozialen oder sexuellen Beziehungen zu Handlungspartnern schwierig sind, wenn Gespräche unangenehme Informationen beinhalten oder wenn wir einen Ort besuchen, an dem wir nicht sein wollen.

Nehmen wir das Kind, in dessen Schulzeugnis steht: »Clara ist eine gute Schülerin, aber sie könnte noch besser sein, wenn sie nicht so viel zum Fenster hinausschauen würde.« Meine Frage lautet: Wann hat dieses Kind gelernt, sich loszusagen und warum? Was steckt in dieser Situation, das sie motiviert, sich zu lösen? Sitzt sie ohne die richtige Anregung in der Klasse? Ist sie so voller Schamgefühle, daß sie dem Lehrer keine angemessene Leistung bieten kann, so unfähig, den Schmerz ihrer Erniedrigung zu tragen? Oder wappnet sie sich gegen die Realität ihres häuslichen Lebens, zu dem sie am Nachmittag wieder zurückkehren muß?

Vor kurzem baten mein Mann und ich einen Rechtsanwalt, uns dabei zu helfen, unsere Testamente zu verfassen. Er saß uns hinter einem schweren Schreibtisch gegenüber und rezitierte eine Litanei von möglichen Todesursachen. Mitten in seinen Worten merkte ich abrupt, daß ich einen wesentlichen Teil seines Rates verpaßt hatte. Ich war automatisch in irgendeine Ecke der Realität entflohen, statt mich der harten Tatsache unseres irgendwann eintretenden Todes zu stellen. Mein einst nützlicher und schöpferischer Bewältigungsmechanismus kam dazwischen, wo doch hier meine Aufmerksamkeit gefordert war.

Es scheint eine Beziehung zwischen diesem *Absplitten* und dem Phänomen der sogenannten *spirituellen Krise*, einem plötzlichen, oft dramatischen Durchbruch von mystischen oder transformativen Erfahrungen zu geben. Diese spirituellen Krisen interessieren mich schon seit vielen Jahren: Ich habe Vorträge darüber gehalten, Veröffentlichungen zum Thema gemacht und sie selbst erlebt. Offenbar widerfahren die extremeren Formen von spirituellen Krisen besonders denjenigen, die an einer Geschichte schweren Mißbrauchs tragen.

Solche Menschen leben mit der geschwächten oder zerstörten Selbstdefinition von jemandem, dem wiederholt Gewalt angetan worden ist. Ihr kleines Selbst ist eine lose konstruierte Struktur, und sie sind durch Sich-Lossagen bereits mit der spirituellen Arena vertraut. Das macht sie zu perfekten Kandidaten für die starke transformative Kraft des tieferen SELBST. Sie werden zu offenen Kanälen für Erfahrungen aus tieferen Reichen, aber es fehlt ihnen an Grenzen, um diese einzuschließen. Oft haben sie dann Schwierigkeiten, mit den Aufgaben des Alltags zurechtzukommen, und sie finden auch nicht immer eine mitfühlende und unterstützende Umgebung, in der Fachleute sie ermutigen, diese Erfahrungen zuzulassen und mit ihnen zu wachsen. Allzuoft werden sie mißverstanden und mit ungerechtfertigten psychiatrischen Etiketten und Behandlungen versehen.

Kenneth Ring, ein bekannter Forscher auf dem Gebiet der Nah-Todeserfahrungen, ist zu einer ähnlichen Schlußfolgerung gelangt. Ring und andere haben festgestellt, daß Menschen, die von Nah-Todeserfahrungen berichten, oft eine Begegnung mit außergewöhnlichen Wirklichkeiten einschließlich mystischer Zustände beschreiben. In einer Studie mit dem Titel *The Omega Project* setzten er und sein Kollege Christopher J. Rosing einen Fragebogen (Home Environment Inventory, Bestandsaufnahme der häuslichen Umgebung) ein, mit dem sie die Beziehung zwischen Mißbrauch in der Kindheit, Trauma und Empfänglichkeit für Nah-Todeserfahrungen maßen. Sie entdeckten eine hochgradige Beziehung zwischen diesen beiden Faktoren und folgerten daraus, daß »eine Geschichte von Mißbrauch und Trauma in der Kindheit eine zentrale ursächliche Rolle bei der Förderung der Empfindsamkeit für Nah-Todeserfahrungen spielt«. Außerdem bestätigten sie, welche Bedeutung das Sich-Lossagen, die Dissoziation, dabei hat, jemanden mit alternativen Reichen vertraut zu machen.

Menschen, die dissoziieren, werden oft so losgelöst und isoliert, daß sie die Reichtümer nicht genießen können, die das Leben ihnen bietet. Sie verpassen die Schönheit der Welt und die Freude, daran teilzuhaben. Und sie geben das Potential einer liebevollen Verbindung zu anderen und zu sich selbst auf. Auf der positiven Seite steht, daß sie vielleicht die mystischen Reiche entdecken und sich dort wohlfühlen oder leichten Zugang zu spirituellen Erfahrungen entwickeln – etwas, das sich einige von uns nur wünschen können.

Bevor wir die Überlebensstrategien verlassen, die direkt mit unseren spirituellen Ressourcen zu tun haben, möchte ich noch ein weitverbreitetes Verhalten erwähnen: *den Wunsch, die Welt zu retten.* Dabei handelt es sich weniger um einen Überlebensmechanismus als um eine Reaktion, aber es ist etwas, von dem ich immer wieder höre. Viele Menschen, die von einer Sucht genesen, sprechen über ihren lebenslangen Wunsch, die Welt zu retten, sich irgendeiner Aktivität zu widmen, die Gerechtigkeit, Liebe und Harmonie herbeiführen würde. Oft lächeln sie dabei entschuldigend und sagen, sie wüßten, daß es sich dabei um einen Ausdruck ihres Größenwahns handle, einen aufgeblähten Charakterfehler.

Ich sehe das anders. Viele von denen, die später unter Suchtverhalten zu leiden haben, stammen aus mißbrauchenden Umgebungen. Außerdem haben sie gute Herzen und tragen ein Reservoir an Güte und Mitgefühl in sich. Während sie die zerrüttende Unbeständigkeit ihrer Kindheit durchlebten, haben sie die ungesprochene Stimme unterdrückt, die sagte: »Irgend jemand *muß* doch mal was tun! Irgend jemand muß dafür sorgen, daß das aufhört! Bitte macht, daß das aufhört!« Sie hatten das dringende Bedürfnis nach einer stärkeren Macht, einem älteren und größeren Menschen, der das Chaos in ihnen und um sie herum durch Frieden, Kontrolle und Liebe ersetzen sollte. Als sie heranwuchsen, haben sie vielleicht sogar diese Rolle in der Familie oder ihrer Gemeinschaft übernommen; sie können zum ausgemachten Friedensstifter werden, zu dem, der eingreift und andere zu beruhigen oder angespannte Situationen zu entschärfen versucht. Von dort ist es nur ein kleiner Schritt auf eine größere Bühne. Aus dem vertrauten Auftritt als Familienpazifist, angetrieben von dem intensiven Verlangen nach Liebe und Ruhe, können sich solche Menschen leicht Projekten oder Kreuzzügen widmen, die den ersehnten Frieden und Einheit versprechen. Wenn ihre bisherigen begrenzten

Bemühungen immer wieder frustrierend waren, wächst die Leidenschaft, es in ihrer äußeren Wirklichkeit »gut zu machen«. Je mehr es ihnen an Friedfertigkeit und Ordnung in sich selbst mangelt, desto stärker werden ihre Bemühungen, sie anderswo herbeizuführen. Es fällt nicht schwer, diesen gutmotivierten Eifer auf eine sehr tiefgründige und wohlwollende Vision von Frieden auf der Erde und von Wohlbefinden zu erweitern, die sich nicht wesentlich von den Formulierungen der Mystiker und Pazifisten im Laufe der Geschichte unterscheidet.

Auch diese Reaktion hat sowohl positive wie negative Seiten. Die Fähigkeit, sich Möglichkeiten auszudenken, wie wir in dieser Welt zu mehr Harmonie und Mitgefühl gelangen können, ist eine dringend benötigte Gabe. Unsere Bemühungen, solchen Wandel zu bewirken, können viele gute Ergebnisse herbeiführen. Und selbst wenn nicht, bringen uns unsere Aktivitäten mit unserer Möglichkeit zu lieben und mitzuempfinden in Berührung, und das sind Eigenschaften, die uns die spirituellen Traditionen zu entwickeln ermuntern.

Unsere Bemühungen um Harmonie können jedoch vollkommen nach außen gerichtet sein. Wir richten uns dann so intensiv auf die globalen Bedürfnisse und Schwierigkeiten aus, daß wir unsere eigenen vernachlässigen. Mit ausgestreckten Armen und weit offenen Herzen greifen wir so heftig nach dem Leid der Welt, daß wir das Gleichgewicht verlieren. Außerdem können die positiven Gefühle, die uns antreiben, mit unserem Zorn, unseren Schamgefühlen und unserer Angst durchsetzt werden. Wenn das geschieht, wird aus einer möglicherweise humanitären Aktivität ein Vehikel für unsere persönlichen Obliegenheiten, das sich oft gegen uns selbst wendet und genau das bewirkt, wogegen wir protestieren. Wer wütend gegen irgendein Anliegen demonstriert, erhält irgendwann eine wütende Antwort. Diejenigen, die sich aus ihrer eigenen Angst heraus getrieben fühlen, uns zu helfen, tun letzten Endes vielleicht nichts anderes, als auch anderen Angst zu machen.

Psychologische Überlebensstrategien

Ein verletztes Kind meint oft, überhaupt keine Kontrolle über den Lauf der Dinge zu haben. Es fühlt sich überwältigt, von einer unerwarteten Situation in die nächste geschleudert. Ein kleiner Junge weiß vielleicht nie, ob jemand zu Hause sein wird, wenn er mittags aus der Schule kommt, ob jemand Zeit oder Lust hatte, ein Essen zu kochen, oder ob Vater oder Mutter getrunken haben. Ein junges Mädchen ist vielleicht unsicher, ob es zuviel oder zuwenig Aufmerksamkeit erhalten wird, ob es bei Tisch Streit geben wird, oder ob Papa nachts in sein Zimmer geschlichen kommen wird, um es an den falschen Stellen zu berühren. Manchmal sind die Angst, die Wut und die Scham überwältigend. »Wenn ich es rauslasse, werde ich explodieren. Wenn ich es auch nur zugebe, werde ich verrückt.«

Was tun also solche Kinder? Wir schaffen psychische Abwehrmechanismen, die auf den mentalen und emotionalen Reaktionen auf unsere Lage beruhen. Um uns gegen die Bedrohungen in unserem Umfeld zu schützen, entwickeln wir abwehrendes Verhalten. Wir konstruieren Sicherheitsmaßnahmen, die im wesentlichen Antworten auf unsere Angst, Wut und Scham sind. Wir wappnen uns selbst gegen unsere Gefühle von Schuld, Trauer und Verletztheit.

Eine weit verbreitete Methode der Selbstverteidigung ist die *Unterdrückung*. Haben sie je eine Frau getroffen, die Ihnen sagt, sie könne sich wirklich nicht an sehr viel aus ihrer Kindheit erinnern? Vielleicht sagt sie sogar: »Sie muß glücklich gewesen sein oder zumindest recht ereignislos, sonst würde ich mich daran erinnern.« Nicht unbedingt. Oft haben diejenigen, die große Teile ihrer persönlichen Geschichte vergessen haben, erfolgreich psychische Abwehrmechanismen entwickelt, um traumatische Erinnerungen sicher und unerreichbar irgendwo in ihrem inneren Speicher zu lagern. In der Zeit, in der sich das Trauma ereignete, war das Kind nicht stark genug, seiner vollen Auswirkung zu widerstehen und die vernichtenden Effekte wirklich zu absorbieren; statt dessen hat es alle Bilder und Erinnerungen irgendwo unzugänglich versteckt. Zu der gleichen Zeit, zu der wir ein Ereignis unterdrücken, können wir uns auch abspalten, d.h., unser Bewußtsein ganz aus der Situation herauslenken.

Einige Kinder, die wiederholt Mißbrauch oder andere Formen von

Trauma erleben, lernen, dem äußeren Chaos durch geordnetes und logisches Denken zu entfliehen, besonders die intelligenteren unter ihnen. Durch den Rückzug in die geschützten Nischen ihres Geistes schaffen sie sich nicht nur ein Gefühl von Kontrolle über unkontrollierbare Situationen, sondern entfernen sich selbst wirksam von ihrer physischen und emotionalen Wirklichkeit. Diese Kinder entdecken, daß die Kraft des Geistes so groß ist, daß er sie erfolgreich von körperlichen Schmerzen und der Intensität ihrer Angst, Wut, Traurigkeit und Verwirrung wegführen kann. Häufig schließen sie ihre Emotionen und körperlichen Bedürfnisse sicher außer Reichweite weg – zugunsten eines überaktiven Intellekts.

Verleugnung (denial) ist ein sehr weit verbreiteter, vieldiskutierter Abwehrmechanismus. Nicht umsonst sieht man viele Genesende in den USA in einem T-Shirt mit dem Aufdruck »Denial is not a river in Egypt«. Wenn wir vor uns selbst oder anderen die Realität unserer Erfahrung leugnen, müssen wir sie nicht in ihrem ganzen Ausmaß spüren. Wenn wir glauben, daß es nicht passiert ist, daß es nicht so war, wie andere es wahrgenommen haben, können wir uns selbst schützen. Wenn wir leugnen, daß im Wohnzimmer ein Elefant ist, haben wir gute Chancen, für seine Existenz blind zu bleiben.

Der Verleugnung verwandt sind die psychischen Abwehrmechanismen des Minimalisierens, des Idealisierens und des Rationalisierens. Wir *minimalisieren*, wenn wir uns sagen, daß es wirklich nicht *so* schlimm war: »Vielleicht habe ich es mir alles nur eingebildet.« – »Vielleicht hatte es letzten Endes doch gar keine Auswirkungen.« – »Ach, sowas kommt in jeder Familie vor.« Wir minimalisieren, wenn wir uns selbst sagen, das, was uns widerfahren sei, sei viel weniger schlimm als das Dilemma, vor dem andere stünden; schließlich gibt es Menschen, deren Leben viel härter ist. Wir können immer jemanden finden, dessen Geschichte viel dramatischer und zerstörerischer zu sein scheint als unsere eigene. Wenn wir minimalisieren, schützen wir unsere emotionale Realität und halten uns selbst davon ab, die schmerzhafte Wahrheit zu erkennen und aufzunehmen.

Rationalisieren ist ein weiterer Abwehrmechanismus. Wenn wir rationalisieren, suchen wir nach Entschuldigungen. Wenn unsere Eltern uns ohne viel Kontakt zu ihnen alleinlassen, erklären wir uns selbst, daß Vater oder Mutter sehr wichtige berufliche Aufgaben haben. Sie müssen hart arbeiten; wir kommen schon allein zurecht. Wenn wir verbalem oder körperlichem Mißbrauch ausgesetzt sind, rechtfertigen wir dieses Verhalten durch Gedanken wie:»Sie hat mich angebrüllt, weil sie einen schlechten Tag im Büro hatte«, oder»Er wollte mich nicht schlagen. Er hat sich heute einfach nicht wohl gefühlt.« Mitten in einer scheinbar irrationalen Situation suchen wir nach logischen Gründen für ihr Verhalten.

Wenn wir unsere Lebensbedingungen *idealisieren*, wird unser Kopf zum Geschichtenerzähler. Ein Kind in einer gestörten Familie mag sich dann erzählen, seine Familie sei wunderbar und glücklich, vielleicht sogar besser als andere. Es idealisiert Mutter und Vater, sieht sie als perfekte Eltern, die immer das Richtige tun. Jeder kommt prima zurecht, und sie haben alle viel Spaß miteinander. Es hält die angenehmen Erinnerungen fest und bläht sie zu völlig übertriebenen Dimensionen auf, verallgemeinert sie so, daß sie seine gesamte Wirklichkeit darstellen. Dies ist ein bemerkenswert schöpferisches Unterfangen, das ihm überleben hilft. Es führt jedoch außerdem zu einem Muster von falschem Optimismus, Vermeidung oder unrealistischem Idealismus, das sich früher oder später in Beziehungen und im alltäglichen Funktionieren zur Last auswachsen wird.

Ein anderer häufiger und scheinbar wirksamer Mechanismus, der einen Anflug von Ordnung in unser Leben bringt, ist der Versuch, eine Situation und die Menschen darin zu *manipulieren* oder zu *kontrollieren*. Als verletzte Kinder, die von anderen beherrscht oder zu Opfern gemacht werden, sammeln wir unsere Kräfte, um irgendwie aus unserer unterlegenen Rolle herauszustrampeln und einen gewissen Eindruck von Stärke zu erringen. Dies Bemühen kann unterschiedliche Formen annehmen. Manche von uns reagieren so, daß sie die Wirklichkeit krampfhaft festhalten, verzweifelt versuchen, so viel wie möglich davon unter Kontrolle zu halten. Ich kenne Kinder, deren aufrechte, angespannte Körper und gut gemeisterte Kontrolle ihren Schmerz und ihr inneres Chaos Lügen strafen. Es ist, als ob sie zu sich selbst sagen würden:»Halt durch. Setz ein fröhliches Gesicht auf. Beweg dich nicht. Atme nicht zu fest, sonst fällt alles auseinander.«

Manche Kinder werden anmaßend und fordernd, um ein Gefühl von Macht über ihr Leben zu erlangen. Sie setzen jeden Druck ein, den sie mobilisieren können, um andere dazu zu zwingen, sich ihren Forderungen entsprechend zu verhalten. Freundschaft wird zu einem Vehikel für die Demonstration von Stärke. Diese jungen Menschen schüchtern jüngere Geschwister oder schwächere Mitschüler ein und kommen damit wegen ihrer Größe durch.

Wenn wir uns nicht in einer anerkannten Machtposition befinden, können wir immer noch auf weniger offene Weise Kontrolle ausüben. Wir lernen vielleicht, niedlich, kokett, verspielt oder sogar verführerisch zu sein, um zu bekommen, was wir wollen. Wir setzen unseren Charme ein. Wir werden besonders verträglich, tugendhaft oder erfüllen gezielt die Bedürfnisse des anderen, um ihn dahin zu kriegen, daß er reagiert. Bald will er von uns das, was nur wir ihm geben können: unsere Aufmerksamkeit und Unterstützung oder unsere Gunst.

Wenn wir ein gewisses Maß an Beherrschung über die Situation erlangt haben, fühlen wir uns sicherer. Wir haben das Sagen. Das ist der kleine Junge, der knifflige Methoden entwickelt, seinen Charme herauszukehren oder zu übertreiben, um ältere Menschen in seinem Leben zu verlocken, ihm das zu geben, was er will. Das sind die Kinder, die zum Familienmaskottchen werden. Sie sind Meister darin, positive Reaktionen als Mittel der Kontrolle über andere auszustrahlen. Dadurch, daß sie sich besonders niedlich geben oder den Clown herauskehren, lenken sie außerdem die Aufmerksamkeit weg von Streß und Schmerz im System.

Vielleicht mobilisieren wir unsere Reserven, um uns zum perfekten Menschen zu formen, zum »braven Mädchen« oder »lieben Jungen«, zu Mamis oder Papis Augapfel. Wir tun alles, um anderen zu gefallen. Wir ahnen ihre Erwartungen voraus, handeln entsprechend und strengen uns enorm an, eine Fassade von hervorragenden Leistungen und Fähigkeiten aufrechtzuerhalten. Wir arbeiten in der Schule gut mit, präsentieren uns als Musterschüler, bemühen uns darum, makelloses Verhalten an den Tag zu legen. Dies ist eine sehr einsame Stellung. Irgendwo tief drinnen sind wir uns dessen bewußt, daß es einen großen Unterschied zwischen unserem wohlpolierten Image und der Wirklichkeit unseres inneren Aufruhrs gibt. Wir haben uns abseits von anderen, weniger herausragenden Persönlichkeiten gestellt und uns vermutlich selbst extrem schwierige Erwartungen geschaffen, die unmöglich zu erfüllen sind. Eine weitere Form des kontrollierenden Verhaltens ist der beständige Versuch, uns um andere zu kümmern. Wir ahnen jede ihrer Launen voraus und stellen sicher, daß wir da sind, um ihnen zu helfen, wann immer nötig. Wir brauchen es, gebraucht zu werden und machen uns unabkömmlich, damit wir uns dominant fühlen können. Vielleicht glauben wir auch, wir könnten die Menschen, denen wir helfen, gemäß unseren Erwartungen ändern. Diese Rolle mag schmerzhaft und wenig lohnend sein, aber sie wird für den Kümmerer genauso notwendig wie für denjenigen, um den er sich kümmert. Unsere Schützlinge bedürfen unserer Aufsicht. Wo wären sie ohne uns? Für eine Weile sorgen wir so gut wie möglich dafür, daß sie von uns abhängig bleiben, denn ohne sie hätten wir keine Funktion. Unsere Welt würde auseinanderfallen. Wir würden unser Gefühl von Macht verlieren.

Kinder sind oft durch die Umstände in diese Rolle gezwungen. Sie leben mit einem Elternteil, das eine schwere Krankheit oder Behinderung hat, ein Alkoholiker oder Süchtiger ist. Sie werden dafür verantwortlich, hinter dieser Mutter aufzuräumen oder jenen Vater ins Bett zu bringen. Wenn diese Kinder einspringen, um zu helfen, fühlen sie sich, im Gegensatz zu dem wirren Süchtigen oder dem schwachen Patienten, stark und wichtig. Als Erwachsene neigen viele von ihnen zu helfenden Berufen, z.B. in der Krankenpflege, der Sozialarbeit oder im Bereich der Psychologie, um ihr Helfer-Bedürfnis auszuspielen.

Wir wissen, daß viele Kinder von Alkoholikern, Süchtigen oder anderen abhängigen Eltern irgendwann den Punkt erreichen, an dem sie die schmerzhafte und trügerische Situation, in der sie sich befinden, nicht mehr ertragen können. Wenn der oder die Süchtige dann allerdings dieser Abhängigkeit ein Ende setzt und sich auf den Weg der Genesung begibt, steht der Kümmerer plötzlich ohne seinen Job da. Er wird nicht mehr gebraucht, hat keine scheinbare Kontrolle mehr über den unkontrollierbaren Zustand. Inmitten der Freude und Feier über den Heilungsprozeß des geliebten Menschen spürt er Angst und Kummer. Die bekannte Wirklichkeit, so furchtbar sie gewesen sein mag, hat sich plötzlich verschoben.

Wir können andere auch dadurch zu kontrollieren versuchen, daß wir zu *Märtyrern* oder *Opfern* werden. Wahre historische Märtyrer sind diejenigen, die selbstlos um einer Überzeugung oder eines Glaubens willen ihr Leben oder ihren Besitz aufgeben. Sie tun das aus einem Gefühl von ethischer Verpflichtung und Güte heraus. Auch die Art von Märtyrern, über die ich hier spreche, bringt Opfer, manchmal große, aber sie ist durch Angst, Scham und Wut motiviert. Diese Märtyrer identifizieren sich tief mit ihrem Leiden und nutzen ihren erbärmlichen Zustand, um Aufmerksamkeit und Liebe von anderen zu bekommen.

Ein Märtyrer ist jemand, der sagt: »Macht euch um mich nur keine Sorgen. Ich bin nicht so wichtig. Wenn ihr anderen nur alle glücklich seid.« Das ist die Mutter, die den anderen Familienmitgliedern bei Tisch die Teller vollpackt und sich selbst betont wenig nimmt. Oder der Vater, der seine Kinder immerzu daran erinnert, welche Opfer er bringen muß, damit sie weiterhin zur Schule gehen können. Menschen wie diese geben anderen, aber die Sache hat meist eine Menge Widerhaken.

Das Verhalten eines Märtyrers dient oft als schlechte Karikatur seiner niedrigen Selbstachtung. Da er selbst nicht in der Lage ist, Respekt für sich zu empfinden, und ihn auch nicht zu verdienen meint, erzwingt er sich diese Dankbarkeit gewaltsam von anderen. Irgendwann ganz früh hat er gelernt, daß er viel Aufmerksamkeit bekommt, wenn er sich wie ein Märtyrer benimmt. Voll gewichtiger Erwartungen übt er eine Menge Macht und Einfluß aus, wenn er die Menschen in seiner Umgebung dazu zwingt, mit Bestätigung und Verpflichtung in der Stimme zu antworten: »Aber du *bist* mir sehr wichtig.« – »Vielen Dank für deine Großzügigkeit. Ich hoffe, ich kann sie eines Tages wieder gutmachen.« Märtyrer rufen die Bestätigungen der Liebe, Anteilnahme und Wertschätzung hervor, die sie ersehnen, die aber die innere Leere nie ausfüllen. Dieses Loch stammt aus einer Zeit, die ihnen ihr Selbstgefühl geraubt hat oder ihnen nicht geben konnte, was sie brauchten.

Ein Märtyrer kann auch ein Opfer sein. Opfer betrachten sich selbst als diejenigen, denen großes Unrecht widerfahren ist. Die Welt verschwört sich gegen sie. Sie fühlen sich den Absichten der Menschen in ihrer Umgebung ausgeliefert. Auf diese Weise entledigen sie sich der Verantwortung für ihre Probleme. An den Schwierigkeiten ist immer jemand anderes schuld, und das Opfer leidet und erträgt sie nur. Für ein Opfer ist es leicht, innerhalb einer Beziehung in eine Haltung der Unterlegenheit zu geraten. Es macht ihnen Sinn, daß jemand anderes dominant ist. Wie bei anderen Überlebensmechanismen, ist das Opfertum oft eine Übertreibung der Geschichte dieses Menschen; er oder sie ist vermutlich so umfassend zum Opfer gemacht worden, daß diese Rolle nun vertraut ist.

Der Tendenz mancher Leute, sich selbst und andere zu kontrollieren, ist ein Bedürfnis verwandt, ihre unmittelbare Umgebung fest im Griff zu haben. Wir entwickeln unverrückbare Vorstellungen davon, wie unsere Welt laufen sollte. Wir entdecken, daß wir uns sicher und geordnet fühlen, wenn wir Dinge auf eine bestimmte Weise tun. Wir entwickeln eine Routine, und so lange wir uns an die halten, bewahren wir ein gewisses Gefühl von Sicherheit. Spüren wir diese Beständigkeit jedoch schwinden, überkommt uns oft Angst und Sorge. Wenn wir es beispielsweise gewohnt sind, unseren Morgen auf immer gleichbleibende Weise zu beginnen, und eine Änderung in unserem Stundenplan unser tägliches Ritual durcheinanderbringt, wirkt das sofort beunruhigend. Oder wir fühlen uns merkwürdig unsicher und ohne Kontrolle, wenn jemand daherkommt und die Arbeit, die wir immer auf eine bestimmte Weise verrichten, ganz anders anpackt.

Zuhause halten wir unsere Besitztümer gern in einem bestimmten Zustand von Ordnung oder Unordnung – sie sollen so im Zimmer stehen, wie *wir* das wollen. Das gibt uns das Gefühl, es handle sich dabei wirklich um unseren Platz, um einen vertrauten Schutzraum. Jede Einmischung wird abgelehnt, selbst das wohlmeinende Angebot, uns beim Aufräumen zu helfen. Menschen, die beruflich viel unterwegs sein müssen, kommen regelmäßig in neue Situationen, fremde Hotelzimmer oder Häuser. Sie entdecken, daß sie sich gleich viel mehr zu Hause fühlen, wenn sie erstmal auspacken, die Kleider in den Schrank hängen, Bücher und Reisewecker auf den Nachttisch und die Zahnbürste ins Badezimmer stellen. Sie machen sich diesen Platz zueigen und fühlen sich dadurch sicherer.

Dieses Bedürfnis nach Sicherheit und Struktur kann natürlich ausarten, was zu zwanghaftem Verhalten führt. Aber selbst in den weniger schwerwiegenden Fällen, denen im Westentaschenformat, kann unser Drang nach Sicherheit und Unverletzbarkeit zu Starre und dem Bedürfnis, autoritär zu sein, führen. Eine unflexible Haltung kann uns Probleme mit uns selbst und den Menschen bescheren, mit denen wir Beziehungen aufbauen wollen.

Es gibt noch eine andere Möglichkeit, mit unserer Angst und Scham, unserer Wut sowie unseren Gefühlen fehlender Kontrolle umzugehen:

Wir können lernen, das alles *auszuagieren.* Wir reagieren auf die Wut und Urteile und Verletzungen, die auf uns zukommen, dadurch, daß wir selber sehr wütend, verstimmt, urteilend und verletzend werden. Wir »kriegen« die anderen, bevor sie uns erwischen. Wir geben ihnen die Schuld, bevor sie sie uns zuweisen. Angriff ist die beste Verteidigung. Wir errichten eine Mauer aus aggressiven Emotionen, die uns vor möglichem Schaden schützt. Das ist der Rowdy auf dem Spielplatz, der sagt: »Kommt mir bloß nicht in die Quere.« Das ist das innerlich verletzte Kind, das den zähen Burschen mimt und sich entsprechend herausputzt. In einer weniger offensichtlichen Form können solche Menschen stur und halsstarrig, herrisch oder äußerst fordernd sein. Wenn wir urteilend und selbstgerecht werden, distanzieren und verteidigen wir uns erfolgreich und bauen dabei die Illusion von Selbstwert und Wichtigkeit auf. Durch unser Urteilen trennen wir uns selbst von der Person oder Situation, über die wir richten, und nehmen eine überlegene Rolle ein. Wenn wir uns selbst davon überzeugen können, daß wir richtig urteilen, verdecken wir unsere Scham oder Unsicherheit vielleicht mit einer selbstgerechten Fassade.

Diese Art von Verhalten kann in der frühen Kindheit beginnen. Sie scheint sich dann ab der siebten Klasse, wenn wir den Übergang vom Kind zum Erwachsenen zurücklegen, im großen Stil zu offenbaren. Dies ist die Zeit, in der wir grausame Witze über Menschen prägen, die nicht unseren Standards entsprechen: Computer-Freaks, Leute, die aus dem falschen Stadtteil stammen oder sich nicht nach der gängigen Mode richten. Viele von uns haben auf dem Schulhof schon Bemerkungen dieser Art gemacht oder gehört: »Hast du Lena gesehen? Ihr Kleid sieht aus wie ein Duschvorhang.«, oder: »Wie kann sich Ralf bloß mit solchen Typen abgeben? Die sehen doch aus, als wären sie irgendwo aus einer Höhle gekrochen.« Oder: »Wie kann man bloß bei einem Spielmannszug mitmachen? Das ist doch was für Deppen.«

Urteile halten andere Menschen fern. Sie nähren unsere Illusion von Überlegenheit und Vollkommenheit. Durch Urteile über andere verstecken wir unsere Angst; wir geben unserer Wut und unserem Empfinden von Ungerechtigkeit Ausdruck; wir maskieren unsere Scham, unsere Gefühle von Unzulänglichkeit. Ich glaube, daß Urteile auch dazu dienen zu verbergen, daß wir uns zu der beurteilten Person oder Situation hingezogen fühlen – vielleicht so stark, daß wir es uns selbst nicht eingestehen mögen. Wenn wir das, was uns anzieht, ablehnen, schaffen wir Distanz dazu. Eine Schar Mädchen, die sich über den kurzen Rock einer Mitschülerin ereifert, bringt vielleicht nur Eifersucht und den Wunsch zum Ausdruck, genauso toll auszusehen wie ihre Feindin. Die abfällige Bemerkung über den Spielmannszug mag dem gut verborgenen Wunsch entspringen, Trompete zu spielen, auch wenn das in der tonangebenden Gruppe derzeit gar nicht akzeptabel ist.

Einige Menschen halten ihre Abwehr und das Gefühl von Kontrolle durch Wut und Urteile aufrecht, andere durch Weinen und wieder andere durch zwanghaftes Scherzen. Der eine sichert sich durch häufige Tränen Aufmerksamkeit und Mitgefühl, der andere sucht durch seine Fähigkeit, Gelächter hervorzurufen, Anerkennung. Das melancholische Kind hält die Distanz dadurch aufrecht, daß es andere ermutigt, es behutsam und mitleidsvoll zu behandeln; der Klassenclown versteckt sich hinter der Illusion von Fröhlichkeit.

Eine weitere Überlebensstrategie ist der *Rückzug* aus gefährlichen oder schmerzhaften Umständen. Wir können uns emotional oder körperlich entfernen. Wir können weglaufen, uns von anderen Menschen isolieren oder in Schweigen verfallen. Wir weigern uns, unsere Gefühle zuzugeben. Wir unterdrücken sie, speichern sie irgendwo tief in den verborgenen Nischen unseres Seins. So schützen wir uns. Wir weichen der Wirklichkeit des Schmerzes in uns und um uns herum aus und verstecken unsere Antworten. Wir verweigern denen, die uns mißbrauchen, die Befriedigung einer Reaktion. Und wir geben uns selbst ein Gefühl der Beherrschung: Es hängt von *uns* ab, ob wir an der Welt um uns herum und den gegebenen Beziehungen teilnehmen oder nicht. Wir haben die Macht zu entscheiden, wie weit wir andere mit unserer physischen oder emotionalen Anwesenheit beglücken wollen. Jeder, der schon mal die »Schweigebehandlung« bekommen hat oder aus dem Zimmer und den Gedanken eines anderen verbannt wurde, kennt die Art von Macht, die der Abwesende in dem Moment hat.

Obwohl wir die Findigkeit bewundern können, die diese Überlebensmechanismen ursprünglich geschaffen hat, müssen wir auch die Schattenseite sehen, die uns irgendwann einholt. Ob wir nun jeden in Reichweite wütend anblaffen, eine außerordentlich urteilende Haltung einnehmen oder uns in Schweigen und Isolation zurückziehen, immer trennen wir uns von anderen. Wir richten es uns selbst so ein, daß wir unmöglich den liebevollen Kontakt zu anderen finden können, den wir so verzweifelt ersehnen; wir haben zu viele Barrieren zwischen uns selbst und den uns Nahestehenden errichtet.

Ebenso wie wir unserer Angst, Scham und Wut dadurch Herr werden können, daß wir sie ausagieren, können wir auch nach innen handeln, sie gegen uns selbst wenden. Alles auf uns selbst abzuladen, ist oft viel einfacher, als es auf andere zu projizieren. Es scheint nicht so riskant zu sein. Wenn wir jemanden wissen lassen, wie wir uns wirklich fühlen, tut er oder sie uns vielleicht weh. Wenn es uns wichtig ist, daß dieser Mensch uns mag und akzeptiert, fahren wir besser damit, unerwünschte Emotionen zu verinnerlichen, auch wenn sie selbstzerstörerisch sind. Wenn wir von unserem Bild als braves Mädchen, Kirchgänger oder tüchtiger Angestellten abhängig sind, paßt es nicht, sogenannte »negative« Emotionen auszudrücken.

Statt die Wut rauszulassen, werden wir böse auf uns selbst oder verwandeln sie in Depression. Aus der Angst vor bestimmten Situationen wird eine allgemeine Furchtsamkeit, und die Scham, die ihren Ursprung in den Handlungen eines anderen hatte, ruht in uns. Wir ziehen es vor, Urteile, Kritik und Haß gegen uns selbst zu richten, statt nach außen. Wenn wir mißbraucht worden sind, lernen wir, unseren eigenen Körper und Geist, unsere eigenen Emotionen und unsere Seele zu mißbrauchen, statt zurückzuschlagen. Bevor wir einen Freund oder ein Familienmitglied für seine eigenen Handlungen zur Verantwortung ziehen, geben wir uns selbst die Schuld. Um unserer geistigen Gesundheit willen verurteilen wir eher unsere eigenen Wahrnehmungen als zu glauben, daß diejenigen, die uns lieben und beschützen sollen, im Unrecht sind.

Auch wenn ein solcher Ansatz zunächst ein gewisses Maß an Sicherheit und Schutz bieten mag, bringt er doch vielfältige Nachteile mit sich. Wir sind gegen uns selbst härter als gegen andere und im Laufe dieses Prozesses schaden wir unserer eigenen Unbescholtenheit. Durch das beständige Verinnerlichen unverdienter Emotionen und Meinungen verringern wir unsere Selbstachtung und unser Selbstwertgefühl. Das kann zu weiterer Isolation oder Selbstzerstörung durch Streß, Sucht, Krankheit oder Selbstmord führen.

Körperliche Überlebensstrategien

Der Körper leistet gewöhnlich einen wesentlichen Beitrag dazu, daß wir schwierige oder bedrohliche Zustände ertragen können. Er produziert nicht nur die Muskelkraft, die Reflexe und das Adrenalin, um möglicherweise schädlichen Bedingungen zu entfliehen oder sie zu bekämpfen, sondern er ist auch gut in der Lage, uns in der gefährlichen Situation zu versorgen. Statt uns der ganzen Macht eines schmerzhaften Ereignisses zu stellen oder uns dadurch weiter zu gefährden, daß wir spontan darauf reagieren, lernen wir meist die Erfahrungen und die damit verbunden Emotionen zu *somatisieren*. Jeder Massage-Therapeut weiß, daß diese Schutzfunktion dem Körper mit der Zeit einen hohen Preis abverlangt.

Soma ist das griechische Wort für Körper. Viele traumatische Ereignisse wie Operationen, Verletzungen, die Geburt oder sexueller und körperlicher Mißbrauch haben starke *somatische* oder körperliche Anteile. Einige Aspekte dieser Ereignisse können in unseren Muskeln, unserem Gewebe, vielleicht sogar in unseren Zellen festgeschrieben werden. Wir können außerdem Erfahrungen somatisieren, die nicht ausgesprochen körperlich sind, etwa indem wir unsere Wut, Angst, Scham oder Schuldgefühle über verbale Erniedrigung in unseren Körper einsperren, statt sie nach außen zu tragen. Daß wir diese Erinnerungen und Emotionen in uns herumtragen, wird uns erst bewußt, wenn sie sich als Muskelspannung, Kopfschmerzen, Verdauungsprobleme, Hautausschläge, Durchblutungsstörung oder erhöhter Blutdruck bemerkbar machen. Wenn wir uns von einer mißbräuchlichen Begegnung loslösen, sind die Chancen groß, daß das Ereignis Spuren im Körper hinterläßt – auch wenn wir unser Bewußtsein davon getrennt haben.

Die Verbindung zwischen dem Körper, der Geschichte und dem emotionalen Zustand eines Menschen war für die Fachleute, die im Rahmen ihrer therapeutischen Arbeit mit Klienten erfahrende Methoden der Selbsterforschung einsetzten, zunächst eine ziemliche Überraschung. Anerkannt war zuvor bereits, daß traumatische Erinnerungen im Unbewußten vergraben sein konnten. Man wußte, daß Klienten spontan oder durch Therapie versteckte Erfahrungen und Ereignisse als Teil des Heilungsprozesses freisetzen konnten. Aber nur wenige hielten es für möglich, daß auch ein physisches oder psychisches

Trauma im Körper gespeichert sein könnte. Als Methoden wie die Reichsche Körperarbeit, Bioenergetik und Gestalt-Praxis zum allgemeinen therapeutischen Rüstzeug wurden, begannen die Psychologen zu erkennen, daß sie sich sowohl an die physischen wie an die emotionalen Bedürfnisse der Klienten wenden mußten.

Diese Entdeckung wird bei meiner Holotropen Atemarbeit immer wieder deutlich sichtbar. Ungezählte Male habe ich Menschen ganze Jahre von Spannung lösen sehen, wenn sie sich nach innen richteten und Einsicht in verschiedene Erfahrungen gewannen, die sie somatisiert hatten. Die Freiheit, die sie verspüren, wenn sie sich selbst erlauben, traumatische Erinnerungen aus der Vergangenheit wiederzuerleben, hat mich beeindruckt und bewegt. In diesem Rahmen drücken sie Emotionen und körperliche Reaktionen aus, die sie in der ursprünglichen Situationen unmöglich zeigen konnten.

Da möchte beispielsweise ein kleiner Junge, dessen betrunkener Vater immer wieder auf ihn einschlägt, sich gerne wehren, kann es aber nicht. Sein Vater ist größer und stärker. Wenn er zurückschlägt, wird er sich vermutlich noch mehr Gewalt einhandeln. Statt also gegen den Mißbrauch zu kämpfen, hält das Kind seine Impulse zurück, beißt die Zähne zusammen, schluckt die Wut runter, spannt den Kiefer an und macht die Fäuste zu festen kleinen Bällen. Immer wieder hat es das Bedürfnis, sich schlagend zu wehren, und immer wieder unterdrückt es seine Reflexe.

Wo gehen diese Reaktionen hin? Zum Teil verinnerlicht der Junge die Emotionen und Erfahrungen, indem er sie mental unterdrückt. Aber er schließt sie auch fest in seinen Körper ein. Das kann dazu führen, daß er physische Symptome wie Verdauungsprobleme oder Spannung in den Armen und im Kiefer entwickelt. Vielleicht knirscht er mit den Zähnen oder hat Schwierigkeiten, sich mit den Händen auszudrücken. Dieser Symptome kann er sich vielleicht nicht entledigen, bis er im Rahmen einer unterstützenden und therapeutischen Situation all die gespeicherte emotionale *und* physische Spannung zum Ausdruck bringen kann.

Dieses Kind hat seinen Körper zum Überleben benutzt, indem es einen Teil seiner Antwort auf verstörende Umstände somatisiert hat. Das gab ihm die Möglichkeit, das Ereignis zu durchleben, ohne ganz und gar seine Unbescholtenheit zu verlieren. So wie andere Überlebensstrategien auch, war dieses Vorgehen damals notwendig und äußerst hilfreich. Aber im Laufe der Jahre wird die ursprünglich kreative und ergiebige Reaktion des Jungen hinderlich und schadet womöglich sogar seinem Wohlbefinden.

Bei der Holotropen Atemarbeit habe ich außerdem eine Anzahl von Menschen gesehen, die verschiedene medizinische Probleme mit wichtigen psychologischen Fragen in Verbindung brachten. Sie haben jahrelang mit einer Vielfalt von streßverwandten körperlichen Leiden wie häufigen Erkältungen und Grippen, Infektionen oder chronischer Erschöpfung gerungen. Durch die Therapie oder andere Formen von Selbsterforschung erkennen sie, daß ihre Schwierigkeiten auch eine psychosomatische Komponente beinhalten. Sie entdecken außerdem, daß sie irgendwann im Laufe ihres Lebens gelernt haben, emotionalen Schmerz in ihren Körper abzuleiten, und daß die Somatisierung für sie zu einem wichtigen Fluchtmechanismus geworden ist.

Eine Frau sagte:»Ich erkannte, daß ich mit einem Fuß im Freien stand. Das Leben war für mich äußerst schwierig geworden. Ich wollte gar nicht hier sein. Es tat viel zu weh. Wie hätte ich mich leichter dem Schmerz und der Verantwortung des Lebens entziehen können, als dadurch, krank zu werden? Ich begann mich zu fragen, ob ich sterben würde, wenn ich dauernd krank würde. In gewisser Weise wäre der Tod die letzte Rettung vor meinem Schmerz. Ich spüre, daß mich meine unbehandelten Krankheiten in die Richtung geführt haben.« Wieder einmal war eine ursprünglich nützliche und listige Überlebensmethode zu einem Problem geworden.

Kulturelle und soziale Überlebensstrategien

Ganze Bevölkerungsteile können kreativ einige Abwehrmechanismen einsetzen, wie sie von Individuen benutzt werden. Um sich selbst zu erhalten und einen gewissen Grad von geistiger Gesundheit zu wahren, konstruieren sie Verhaltensabwehr gegen Bedrohungen von außen und als Antwort auf ihre Angst, Scham und Wut, auf ihren Schmerz und Kummer. Sie können die Situation, in der sie sich befinden, unterdrücken, leugnen oder vereinfachen oder ihre Unterdrückung zu Selbstgerechtigkeit und Verurteilungen werden lassen. Sie können ihre

Emotionen gegen einander, gegen andere Gruppen oder gegen sich selbst wenden. Jane Middleton-Moz schreibt und spricht in bewegenden Worten über den »kulturellen Selbst-Ekel«, der sich in entmutigenden und erniedrigten Bevölkerungsgruppen findet. Diese sozialen Gruppen können auch, ebenso wie Individuen, ihre Gefühle verbergen oder ihnen durch Humor Raum verschaffen. Ein Beispiel: Während der kommunistischen Besetzung in der früheren Tschechoslowakei haben die politischen Zustände jeden kreativen persönlichen und sozialen Ausdruck unmöglich gemacht. Diese Unterdrückung verhinderte auch jede offene Reaktion auf den von Millionen von Menschen empfundenen Zorn, ihr Verletztsein, ihre Angst und Schmach. Statt dessen erzählten viele tschechoslowakische Bürger im Schonraum ihrer Privatwohnungen sarkastische Witze über das Regime und betteten ihre Emotionen in bitteren Humor. Unter der kommunistischen Herrschaft war dieses angestrengte Scherzen viele Jahre lang die einzige Äußerungsmöglichkeit. Einige Naturvölker haben ihren Glauben oder ihre spirituellen Traditionen mit denen der Unterdrücker verschmolzen oder zusammengefügt und damit *synkretistische* Systeme geschaffen. Synkretistische Religionen sind Kombinationen von Glaubensvorstellungen oder -praktiken, und es gibt zahlreiche Beispiele für diese Misch-Religionen. Afrikanische Sklaven, die aus ihrer Heimat entführt und nach Brasilien verschifft wurden, nahmen ihre heiligen Glaubenssätze mit in die Ferne. In einem von der römisch- katholischen Kirche dominierten Leben erhielten sie Teile ihres eigenen Glaubens und ihrer alten Gebräuche dadurch aufrecht, daß sie diese in die Praktiken ihrer neuen Herren eingliederten. Im Laufe der Jahre kamen noch einige Elemente aus den Traditionen der brasilianischen Indianer hinzu, und es entstand eine einzigartige Form von Religion mit verschiedenen Variationen: Condomblé, Umbanda und Macumba. Diese neuen Systeme spiegeln die Kreativität des Überlebens, stehen aber auch für einen traurigen Kompromiß.

In der Kathedrale von Mexico City hängt ein Gemälde der vielgeliebten Jungfrau von Guadalupe. Dieses Porträt zeigt die Jungfrau Maria betend auf einer Mondsichel. Hinter ihr leuchten die goldenen Strahlen der Sonne. Die Führer in der Kathedrale erklären stolz, sie verdunkle die Sonne und stampfe den Mond aus, was die Kirche als »heidnischen« Symbolismus bezeichnet. Sie erzählen weiter, daß die spanischen Eroberer die Kathedrale genau dort errichteten, wo einst ein mächtiger Sonnentempel stand, und führen aus, wie viele Tausende von Indianern diesem Prozeß zum Opfer fielen. Trotz der offensichtlichen Gewalt gegen die reiche und vitale Kultur ihrer Ahnen haben viele indianische Pilger eine Beziehung zur Jungfrau, wenn auch auf etwas andere Weise als die christlichen Gläubigen. Sie übersetzen einfach die Symbole von Sonne und Mond sowie die wunderbare Darstellung der weiblichen Göttin als bedeutungsvolle Vertreter ihrer eigenen spirituellen und kulturellen Traditionen. Dies sind Belege für die Kreativität und Seelenkraft des menschlichen Geistes. Wann immer wir als Individuen oder als Gruppe einer Form von Gewalt ausgesetzt werden, mobilisieren wir auf wundersame Weise unsere Ressourcen und sorgen für uns selbst.

Überleben und Entfremdung vom Göttlichen

Es ist eine Tatsache, daß die meisten von uns schon irgendeiner Form von Gestörtheit ausgesetzt gewesen sind. Wir alle haben einen gewissen Grad von Gewalt oder Mißachtung unserer Unbescholtenheit als einzigartige und begabte Individuen erfahren, ob durch unsere Eltern oder die Welt im allgemeinen. Und wir haben bestimmte kreative Antworten darauf entwickelt. So nützlich und wichtig diese Überlebensstrategien auch gewesen sein mögen, irgendwann stehen sie unserem Leben als gesunde Individuen oder Gruppen im Wege. Was hat das mit unserer Sehnsucht nach Ganzheit zu tun?
Lassen Sie uns zu dem Thema unserer Geschichte zurückkommen: Wir sind von unserer Quelle abgeschnittene individuelle Vertreter des göttlichen Wesens. Einfach durch unser Menschsein existieren wir bereits getrennt von unserem Wahren Selbst. Dieses Gefühl von Isolation wächst weiter, wenn wir Mißbrauch erleiden. Und durch die Abwehr, die Fluchtstrategien und Verleugnungen, die wir schaffen, um uns zu schützen und zu versorgen, werden wir noch weiter von unserer inneren Quelle der Ganzheit entfremdet.
Wenn wir einen Überlebensmechanismus entdecken, der funktioniert, wiederholen wir ihn. Bald beginnen wir, uns auf ihn als eine Methode zu verlassen, mit der wir mit dem Streß und Schmerz in unserem Leben

umgehen können. Wir fügen sie in unsere Lebensweise ein und glauben, wir gewönnen damit Kontrolle über unser Selbst, andere Menschen oder den Prozeß des Lebens. Mit der Zeit werden die ursprünglich so originellen, so erfinderischen, nützlichen und notwendigen Überlebensstrategien zur Last. Wir beginnen, uns allmählich mit unserem Verhalten, unserer Abwehr, unseren Reaktionen und Verleugnungen zu identifizieren.

Schließlich basteln wir uns eine überzeugende soziale Maske zusammen, hüllen uns in die Schleier der Illusion und bauen schützende Verhaltenswälle. Stück für Stück, Schicht für Schicht konstruieren wir ein falsches Selbst, das uns erfolgreich von der Welt abschirmt, damit wir überleben können, das uns aber auch immer weiter vom tieferen SELBST oder Gott entfernt. Und mit jedem weiteren Schritt weg von den Himmelstoren wird das ursprüngliche Dürsten nach Vereinigung mit unserer Ganzheit intensiver. Je einsamer wir werden, desto mehr sehnen wir uns, bewußt oder unbewußt, nach unseren göttlichen Wurzeln.

5 DIE DUNKLE NACHT DER SUCHT

D a sind wir nun, die meisten von uns, in der Wüste. Angetrieben
von unserem bemerkenswerten Erfindungsreichtum und vielfältigen Hilfsmitteln tun wir, was wir nur können, um in unserer unvorhersagbaren Welt Stabilität zu schaffen und allzu großen Schmerz zu
verhindern. Trotz der Herausforderungen in unserem Leben können
wir Zeiten echter Zufriedenheit und Wohlbefindens genießen. Manchmal füllen sich unsere Herzen mit Freude, wenn wir einen klaren
Frühlingstag begrüßen oder einem Freund von guten Neuigkeiten erzählen. Wir erleben Wellen von Aufregung, wenn die Mannschaft
unseres Kindes das Spiel gewinnt oder wir beruflich interessante Perspektiven entdecken. Wir freuen uns, wenn wir jemandem in Not
helfen können. Wir entwickeln vielleicht Leidenschaft für eine bestimmte Aufgabe oder geraten in Hochstimmung, wenn wir uns in
jemanden verlieben, der vollkommen zu sein scheint.
Außerdem genießen wir Augenblicke, in denen wir unsere Quelle von
Inspiration und Führung anzapfen, Zeiten, in denen wir mit dem Wirken der Schöpfung tief verbunden zu sein scheinen. Wir können von
einem sternenübersäten Himmel erbaut sein oder uns hinausgetragen
fühlen, wenn wir bei hingebungsvollem Tanz oder bei unserem Lieb-
lingssport vorübergehend die gewöhnlichen Zurückhaltungen verlieren. Es kann Augenblicke geben, in denen alles zu gehen scheint oder
wir weit über unsere üblichen Grenzen hinausstoßen. Vielleicht fühlen
wir uns auf einem ungewöhnlichen Kreativitätsschwall durch ein Projekt getragen, das unser alltägliches Fassungsvermögen zu sprengen
scheint.
Aber wir haben gemerkt, daß die guten Zeiten nicht anhalten und daß
wir früher oder später zu einem allgemeinen Unwohlsein oder dem ve-
trauten Schmerz zurückkehren. Wir können uns noch so viel Mühe geben, die angenehmen Gefühle festzuhalten – sie verändern sich immer.
Allein diese Tatsache, das Faktum, daß unsere Realität beständig in Bewegung und unzuverlässig ist, verstärkt jede Unsicherheit und Angst.

Unsere Wahrnehmung der Wirklichkeit kann, je nachdem, wieviel Mißbrauch wir ertragen haben, von einem Schleier des Unglücklichseins verhängt sein. Viele von uns sehen die Welt durch einen auswählenden negativen Filter, oft ohne daß wir uns dessen bewußt wären. Einen Großteil der Zeit sind wir, ohne es zu wissen, von einem unbewußten Vorrat an nicht in Besitz genommenen Emotionen und Erfahrungen beeinträchtigt. Wir mögen noch so sehr mit einzigartigen Talenten oder Möglichkeiten für Harmonie in unserem Leben gesegnet sein, meist können wir sie doch nicht sehen oder fühlen. Noch können wir sie als lohnend und zuverlässig einstufen und ihnen vertrauen.

Wir verbringen einen Großteil unseres Lebens unter dem Einfluß unserer unterdrückten, verleugneten oder unkontrollierten Gefühle. Wir können uns von Wellen der Einsamkeit oder einer intensiven Gewißheit eigener Unzulänglichkeit überspült fühlen. Irgendwo tief drinnen erkennen wir, daß wir uns verstecken, daß wir hinter der von uns geschaffenen falschen Identität eine Lüge leben. Durch unsere eigene Scham geleitet, halten wir uns mehr oder weniger isoliert und geschützt. Wir hüten uns vor dem Schmerz, der aus Beziehungen zu anderen Menschen entsteht. Wir verstecken uns, damit niemand die blanke Wahrheit über unsere Unzulänglichkeiten erfährt.

Einige von uns mögen von uneingestandener Wut regiert werden, die dann in unsere Beziehungen einfließt. Einige lassen ihren offensichtlichen Zorn an jedem aus, der ihren Weg kreuzt. Zuweilen gleiten wir vielleicht kurz in einen Zustand der Verwirrung, während dessen unsere Gedanken, Emotionen und Reaktionen durcheinander und kaum entschlüsselbar erscheinen. Immer wieder können wir routinemäßig das unablässige Gefühl von Trauer, Kummer oder Schmerz spüren. Wir weinen leicht, sind voll tiefen Bedauerns über den Zustand dieser Welt oder fühlen uns deprimiert.

Die hervorstechendste Antriebskraft im Leben zahlreicher Menschen ist die Angst. Viele von uns spüren sie täglich. Sie kann sich in kleinen Teilladungen in unserem Alltag offenbaren: Wir haben Angst, beruflich zu versagen oder in einer Beziehung verlassen zu werden. Oder wir sind von überwältigender Angst gelähmt, wenn wir unsere Sterblichkeit anerkennen oder uns vor dem möglichen Schaden fürchten, den wir durch Gewalt erleiden könnten; wir spüren vielleicht einen frei flottierenden Terror, der aus einer unbekannten Quelle steigt. So wie Scham das Mißtrauen in uns selbst weckt, so nährt Angst unser Mißtrauen in andere, in den Lebensprozeß und sogar in Gott.

Doch trotz unseres Leids werden wir von einem intensiven, tiefen inneren Drang angeschubst. Wir spüren das Dürsten nach unserer eigenen Ganzheit, ohne genau zu wissen, was das ist. Laut der Geschichte, die ich hier erzähle, sind wir bei der Reise ins Leben Schritt für Schritt zu unserer eigenen Individualität vorgedrungen. Wir sind von einem spirituellen Zustand der undifferenzierten Einheit durch immer entfremdendere Zustände gereist, die das Bedürfnis nach Bewältigungsmechanismen geweckt haben, bis wir keine Berührung mit der beständigen Erfahrung unserer göttlichen Identität mehr hatten. Und dennoch verspüren wir den hartnäckigen und unausgesprochenen Drang, uns mit unserem tieferen SELBST zu vereinigen. Es ist sogar so, daß dieses Sehnen immer ausgesprochener wird, je weiter wir uns von diesem Versprechen der Ganzheit entfernen. Diese motivierende Kraft oder dieser kosmische Antrieb drängt uns auf unsere spirituelle Heimat zu, zu unserer eigenen inneren Oase von Wohlbefinden, Gelassenheit, Leichtigkeit, Freiheit und Liebe.

Wir wünschen uns nicht nur, als Menschen zu unserer unmittelbaren Welt zu gehören, von den anderen berührt und geschätzt zu werden, sondern wir bergen in unseren Seelen auch eine eindringliche Ruhelosigkeit. Viele von uns spüren bereits ein tiefes Verlangen nach der Liebe und dem Angenommen-Sein, die wir als Kinder nicht gekannt haben. Wenn das abgelehnte, unerfüllte Kind in uns die Hand ausstreckt, verstärkt ein tiefer Strudel des Sehnens den wehmütigen Hunger aus unserer Vergangenheit. Aus den Tiefen unseres Seins spüren wir eine gewaltige Nostalgie oder Heimweh nach etwas, das wir nicht einmal benennen können. Wir fühlen uns unvollständig und unzulänglich und suchen dringend nach etwas, das uns vollständig machen wird. Wir sind ruhelos, leer, unzufrieden. Was tun wir mit diesem Impuls?

Was tun wir mit unserem spirituellen Dürsten?

Wenn wir eine traditionelle Kirche oder Synagoge besuchen, können wir eine bewegende Reaktion auf das Ritual, die Musik oder die Schönheit der bunten Glasfenster verspüren. Die spirituellen Tiefen in uns rühren sich, und wir empfinden eine echte Verbundenheit mit etwas Größerem. Aber irgend etwas verwirrt uns. Vermutlich ist da ein Priester, der Erlösung durch irgendeine vage, äußere Gottheit predigt, oder ein Rabbiner, der über einen entfernten und unzugänglichen Gott und dessen Großartigkeit im Vergleich zu uns elenden Menschen spricht. In manchen Darstellungen ist der Schöpfer allgegenwärtig und richtend, beobachtet jede unserer Handlungen und straft uns, wenn wir uns falsch verhalten.

Selbst wenn Gott als ein liebender Gott präsentiert wird, ist er fast ausschließlich männlich und existiert von uns getrennt. Alle Liebe und Gnade, die in unserem Leben aufscheinen, entstammen dieser äußeren Quelle. Er ist das Bild, das Michelangelo auf die Decke der Sixtinischen Kapelle gemalt hat: ein gütiger aber eindringlicher alter Mann, der mit wallendem weißen Bart in der Gesellschaft der himmlischen Heerscharen nach oben schwebt – getrennt von der Menschheit. Als Kind habe ich immer den lieben Gott und den Weihnachtsmann verwechselt. Sie sahen einander ähnlich, und die Worte eines alten amerikanischen Weihnachtsliedes galten für beide gleichermaßen: Ich sollte mich besser zusammenreißen, denn er wird wissen, ob ich brav war oder nicht.

Unser Dasein wird in religiösen Texten manchmal als Tal der Tränen oder Ebene der Dunkelheit beschrieben. Die Menschen gelten darin gern als Sünder, verlorene Seelen, die Erlösung brauchen. Wir sind Straftäter, die mit Schimpf und Schande von Gott aus dem Garten Eden getrieben wurden: »Verflucht sei der Acker um deinetwillen … Denn du bist Erde, und du sollst zu Erde werden« (1. Mose 3: 17 – 19). Die Massen der Menschheit lebt in Sünde und plagt sich einem namenlosen Ziel entgegen. Sie wartet auf den Augenblick, in dem sie von einer fernen Kraft gerettet wird. Manchmal sind wir Hiob auf dem Misthaufen und jammern zu einem achtlosen Gott über unseren Zustand. Die ordinierten Vertreter der Kirche oder Synagoge sind da, um unseren Kontakt zu dieser äußeren Gottheit herzustellen, sie zu beschreiben und uns zu ihrer erlösenden Macht zu geleiten. Wir können nicht allein eine Beziehung zu Gott aufnehmen.

Diese Art von spiritueller Vorstellung ist ein perfekter Rahmen für einen Menschen, dessen Selbstgefühl auf Scham beruht, der sich bereits unterlegen oder sündig fühlt. Wer schon wiederholt durch verbalen Mißbrauch beschämt, durch körperliche Gewalt gedemütigt oder durch Inzest erniedrigt wurde, der fühlt sich bereits unrein und moralisch verdorben. Da er sich so zutiefst verseucht vorkommt, wäre sein eigenes Inneres der letzte Ort, an dem er Führung, Liebe oder Stärkung suchen würde. Dann trifft er auf eine religiöse Umgebung, die ihm sagt, er sei wertlos und müsse irgendein unsichtbares Wesen um göttliche Führung bitten. Diese Haltung entspricht seiner Erfahrung mit sich selbst. Einige Überlebende von Inzest haben den verwirrten Drang, von einem männlichen Täter geliebt und akzeptiert zu werden. Der richtet sich oft auf eine väterliche Gottheit, was die Möglichkeit einer wahrhaft liebenden Erfahrung Gottes verschleiert oder vergiftet.

Ich war in meiner Jugend eine gläubige Episkopalin und wurde für die letzten zwei Schuljahre in ein episkopalisches Internat geschickt. Ich kniete auf den harten Holzbänken und wiederholte leidenschaftlich die Gebete: »Wir maßen uns nicht an, im Vertrauen auf unsere Rechtschaffenheit an deinen Tisch zu kommen, oh Herr, sondern im Glauben an deine vielfältige und große Gnade. Wir sind es nicht wert, auch nur die Krumen unter deinem Tisch aufzulesen.« Tag für Tag stand ich in der spärlich beleuchteten Kapelle, beichtete aus ganzem Herzen: »Allmächtiger und gnadenreichster Vater; wir haben geirrt und sind wie verlorene Schafe vom Weg abgekommen … Und wir haben Dinge getan, die wir nicht hätten tun sollen; und in uns ist keine Gesundheit. Aber du, o Herr, erweise uns elenden Missetätern Gnade.«

Ich fühlte mich im Vergleich zum allmächtigen Gott im Himmel wertlos und schändlich. Wiederholt sagte ich mir selbst, daß es mir in meiner Unwürdigkeit an jedem bißchen Gesundheit mangele, wodurch ich das versteckte Heilungspotential in mir leugnete. Und all das fühlte sich genau richtig an. Alles fand einen Widerhall und verstärkte die tiefe Scham und das Gefühl von Unreinheit, das ich als Inzestopfer ohnehin in mir trug. Kirchenlieder, in denen Gott als Tröster auftauchte, sagten mir nichts. Da ich schon früh gelernt hatte, daß ich mich nicht auf die Liebe derjenigen verlassen konnte, die in meinem Leben stark und allmächtig waren, konnte ich die Möglichkeit, daß Liebe aus einer vagen und unsichtbaren fremden Quelle kommen sollte, nicht annehmen. Noch konnte ich die Worte Jesu hören: »Das Königreich Gottes ist in uns.« Wenn jemand, so wie Jahre später mein Lehrer aus Indien, zu mir gesagt hätte »Gott wohnt als Du in dir«, hätte ich diesen

Vorschlag nicht annehmen können. Ich war dem positiven Kern meines eigenen Wesens viel zu sehr entfremdet.

Einige religiöse Einstellungen des Westens nähren und unterstützen eine negative, ungesunde Sicht von uns selbst als unwerten und sogar bösen Geschöpfen. Theologen wie Bruder David Steindl-Rast haben darauf hingewiesen, daß jeder wesentlichen Religion echte mystische Erfahrungen zugrundeliegen, Zustände der Erleuchtung, in denen den spirituellen Persönlichkeiten die volle Kraft der göttlichen Liebe, Akzeptanz, Einheit und Offenheit enthüllt werden. Dieser innere Zustand transformiert den Menschen, der ihn erlebt, vollkommen. Aus diesem Grund weisen die Wurzeln vieler Traditionen untereinander große Ähnlichkeit auf. Jesus lebte in einem Zustand des inneren Friedens, der Vergebung und der Liebe. Buddha fand die Erleuchtung unterm Bodhi-Baum und hat Gleichmut, Mitgefühl und Freiheit von Leid erreicht. Mohammed empfing ekstatisch göttliche Enthüllungen, die ihn in Gottes Macht und Liebe unterwiesen.

Die späteren Ausführungen und Interpretationen dieser ursprünglichen mystischen Zustände und die ersten Lehren, die aus solchen Enthüllungen erwuchsen, haben Glaubenssätze und Dogmen geschaffen, die oft zu Trennungen und Aufspaltungen führten. Die daraus entstandenen Kirchenspaltungen und das Parteigängertum stehen im Gegensatz zum höchsten Mitgefühl, zur Einheit und Ewigkeit, die für das ursprüngliche Ereignis charakteristisch waren. Der Brennpunkt, ausgerichtet auf das Göttliche als äußere Kraft, die von der Menschheit getrennt und entfernt ist, paßt nicht zu den Erfahrungen der Propheten und Heiligen, die ihre Begrenzungen transzendierten und Zugang zu ihren unerschöpflichen inneren Fähigkeiten fanden.

Wenn jemand von einem intensiven spirituellen Dürsten angetrieben ist, ist der Eintritt in eine religiöse Arena, die auf ein teilendes Dogma und das Bild einer äußeren Gottheit ausgerichtet ist, nicht der richtige Weg, den Durst zu löschen. Bestimmte religiöse Gerüste könnten sogar dazu beitragen, die Schwierigkeiten und das bereits bestehende kaputte Selbstbild zu verstärken. Innere Erfüllung kann man nicht durch äußere Quellen erlangen. Auch wenn einzelne Menschen, Gemeinschaften, Gedanken und Aktivitäten uns Führung bieten können, sind sie letztlich nicht in der Lage, uns die spirituelle Einheit zu verschaffen, die wir so sehr herbeisehnen. Die müssen wir in uns selbst finden.

Botschaften unserer Gesellschaft

Wir leben in einer Gesellschaft, die uns ermuntert, dadurch nach Glück zu suchen, daß wir unsere Energien nach außen richten. Da die meisten von uns sich nie auf ihre eigenen inneren Ressourcen verlassen würden, um ein Gefühl von Ganzheit zu erlangen, suchen wir diese Vervollkommnung und Zufriedenheit in der breiten Palette der weltlichen Verführungen. Unsere Gesellschaft quält uns auf vielerlei Weise mit ausgesprochenen und versteckten Versprechungen. Sie umgarnt uns mit Werbung, sozialen und intellektuellen Erwartungen, allgemein anerkannten Werten und einer generellen Wettbewerbsatmosphäre: Du wirst glücklich und zufrieden sein, wenn du ein bestimmtes Aussehen hast; einen Hochschulabschluß machst; den Mann oder die Frau deiner Träume heiratest; zwei Kinder hast; ein starkes Auto oder zwei als Sexsymbole und noch ein Haus kaufst; Hunderttausend, Zweihunderttausend, eine Million oder zwei Millionen verdienst.« Und so geht es immer weiter.

Alles in unserer Umgebung sagt uns, die einzige Art, unser Gefühl von Unvollständigkeit und Mangelhaftigkeit zu befriedigen, sei durch verschiedene äußere Aktivitäten oder materielle Dinge. Seit ich mich von meinen Süchten erhole, denke ich oft an eine Geschichte, die von dem Schriftsteller und Philosophen Aldous Huxley stammt. Er hat einmal gehört, wie ein Kind seine Mutter fragte: »Mami, warum sind kostbare Steine kostbar?« Die Mutter wußte darauf keine Antwort. Aber Huxley dachte weiter über die Frage nach. Er hatte verschiedentlich mit mystischen Zuständen experimentiert und erkannte schließlich, daß Gold und Juwelen mit ihrem Farbreichtum und leuchtenden Glanz diejenigen Dinge in der materiellen Welt sind, die der mystischen Vorstellung am nächsten kommen. Irgendwie merken die Menschen das unbewußt und fühlen sich auf irrationale Weise zu den Kostbarkeiten hingezogen. Sie verspüren ein überwältigendes Bedürfnis, sie zu besitzen und sind bereit, dafür horrende Preise zu zahlen.

Diese Geschichte hatte ich im Hinterkopf, als ich mir die Werbung betrachtete, die uns in Versuchung bringt, unsere Sehnsüchte auf die eine oder andere Weise zu befriedigen. Ich war davon überrascht, wie viele deutlich spirituelle Bilder verwendet werden. Sie suggerieren, daß uns ein bestimmtes Produkt die heilige Verbindung verschaffen würde, nach der wir suchen. Werbung spricht nicht nur unsere Eitelkeit oder unser sexuelles Verlangen an, sondern auch unsere mystischen Wünsche. Auch wenn die Werbeindustrie nicht allein an unserer Tendenz schuld ist, Lösungen außerhalb von uns zu suchen, so verstärkt sie diese doch und gibt ein gutes Beispiel für eine weit verbreitete Einstellung in unserer Gesellschaft.

Lassen Sie uns ein paar von diesen Anzeigen genauer betrachten. Denken Sie bei der Beschreibung an einige der spirituellen und religiösen Bilder, die dieselben ästhetischen Bestandteile aufweisen. Wunderbare russische Ikonen, heilige Objekte von Juden und Christen oder hinduistische Skulpturen sind oft aus kostbaren Metallen gefertigt und mit Diamanten, Saphiren und Smaragden verziert. Die amerikanischen Ureinwohner und die Tibeter schufen sakrale Ornamente und Skulpturen aus Silber, Türkis und Korallen. Goldene Buddhas lächeln in den Tempeln und Heiligtümern auf der ganzen Welt friedlich vor sich hin. Aztekische und ägyptische Kunsthandwerker gestalteten aus Gold und Juwelen leuchtende Bilder ihrer Götter. Auf den persischen Miniaturen verneigt sich der vom goldenen Glanz des Göttlichen umhüllte Mohammed vor Allahs Füßen und reist in ein himmlisches Reich, in dem ein herrlicher juwelenbestückter, wunscherfüllender Baum wächst. Fra Angelico und andere Künstler malten die Mutter Gottes und das Jesuskind inmitten goldenen Lichtes. Diese heilige Kunst spiegelte die höchste spirituelle Vision.

Die Leuchtkraft der unbezahlbaren Metalle und Juwelen erscheint auch häufig in der Reklame für diverse verkäufliche Produkte, von denen viele möglicherweise süchtigmachend sind: Eiswürfel glitzern in Alkoholreklamen wie Diamanten. Kristallgläser werden mit Wodka und blendendem Eis gefüllt und vor einem strahlend silbernen Hintergrund gezeigt. Cognac- und Whiskyflaschen stehen mit üppig vergoldeten Etiketten anmutig in der warmen Sonne des Spätnachmittags. Manche menschliche Figuren in der Zigaretten- oder Alkoholwerbung sind in flüssiges Gold getaucht. Ein Bild zeigt ein Glas goldenen Bourbon-Whiskys, das neben einem kleinen Berg kostbarer Goldbarren auf einem opulenten Holztisch steht. Ein anderes zeigt einfach eine Flasche Wodka aus massivem Gold. Oder einen Schuß Gin, der sich in Saphire verwandelt, wenn er von der Flasche in ein Glas fließt.

Die Vertriebsspezialisten verwenden immer wieder auch andere spirituelle oder religiöse Symbole, um uns zu ihren Produkten hinzulocken. Dichter und Mystiker sprechen vom Bild eines Berges, der für die spirituelle Reise steht, und von seinem Gipfel als der letztendlichen Belohnung; Berge erscheinen auf dem Bildschirm oder in Zeitschriften häufig als Kaufanreize für Zigaretten oder Bier. In vielen heiligen Schriften wird der Zustand der Vollkommenheit als ein Ziel des inneren Lebens erörtert. Ein vollkommenes Paar mit vollkommenen Körpern sitzt an einem vollkommen wolkenlosen Tag an einem vollkommen ruhigen Schwimmbad und raucht Zigaretten. Der Text ist ein Wortspiel: »The Perfect Recess« – Die vollkommene Pause, aber auch: Das vollkommene geheime Innere. Ein größerer Wodka-Hersteller verwendet in seinen Anzeigen immer das Versprechen der »Vollkommenheit«; in einer setzt der Künstler einen wolkenähnlichen Heiligenschein über die Wodkaflasche. Darunter steht: Absolute Perfektion. Schon der Name des Produkts wiederholt einen Namen, der oft für das Göttliche verwendet wird: das Absolute.

In der spirituellen Kunst werden die Ewigkeit, die höheren Gefilde und das Geheimnis des Universums oft als endloser blauer oder sternenübersäter Himmel dargestellt. Dieselben Bilder erscheinen in einer Zeitschrift, wo ein weiblicher Körper voller Hautcreme in den Himmel schwebt. Ein Mann mit einer Marken-Sonnenbrille und eine Frau in einem beliebten Sportbadeanzug verschmelzen mit dem Kosmos. Eine Anzeige für Reifen zeigt eine endlose Straße vor einer dramatischen Anordnung von Wolken in einem dunkelblauen Himmel: »Sie sehen die Inspiration, die hinter unseren Reifen steckt«. Ein Automobilhersteller zeigt den Himmel in einem von weiteren Figuren – außer ihren Autos – unbehelligten Bild. Der Name des Produkts streckt sich einfach unten über die Seite: »Infiniti«, unendlich. Andere Autos werden so dargestellt, daß sie Lichtstrahlen wie mystische Heiligenscheine oder eine Aura ausstrahlen.

Der Pfau, ein multikulturelles Symbol der spirituellen Wiedergeburt, steht stolz hinter einer Likörflasche. Ein glänzender Goldadler, ein mächtiger geistiger Führer in vielen Traditionen der Naturvölker, taucht seine Flügel in tiefblaue Gewässer, die das Leuchten hinter der funkelnden Zigarettenschachtel reflektieren. Eine Parfümmarke verspricht ihren Käuferinnen, sie würden damit »die Macht des Mondes besitzen«, der in vielen Traditionen eine Göttin oder das Weibliche repräsentiert. Eine andere Duftnote schwört, sie würde »Ihre Herrlich-keit freisetzen«, und nutzt einen fliegenden Schwan, im Hinduismus ein Bild für die Oberste Gottheit, als Symbol. Diese Art von Bildern springen uns aus allen Ecken entgegen, aus den wöchentlichen Zeit-schriften in unserem Briefkasten, den Magazinen im Wartezimmer, abendlichen Fernsehprogrammen und den Postern in den Kaufhäusern. Sie alle drängen uns, uns selbst, unsere Identität, unsere Größe, unsere Schönheit, unsere Vollkommenheit und unseren Trost in der materiel-len Welt zu suchen.

Die fehlgeleitete innere Suche

Wir haben hier die Tendenz betrachtet, die äußere Welt als Quelle der Befriedigung anzusehen. Wir können unser Dürsten nach Ganzheit aber auch falsch nach innen lenken, zu bestimmten Arten, in denen wir unseren Kopf oder unsere Fähigkeiten nutzen. Familienmitglieder, Lehrer und die allgemeine Stimmung in unserer Gesellschaft ermuti-gen uns, Hervorragendes zu leisten, Erfolg zu haben, unsere Kompe-tenz in einer Welt des Wettbewerbs zu beweisen. Diese leistungsorien-tierte Haltung habe ich während meines ersten Jahrs als Lehrerin bei einer Reihe deutlicher und aufrüttelnder Ereignisse beobachten kön-nen. Gleich nach Ende meiner Ausbildung arbeitete ich als Hilfsleh-rerin in der Vorschule mit vier- und fünfjährigen Kindern. Irgendwann im Frühjahr informierte uns der Direktor, wir würden in den nächsten paar Wochen Überstunden einlegen, um mögliche Kandidaten für die nächstjährige Klasse auszusuchen. Zu den verabredeten Zeiten brach-ten Eltern ihre Dreijährigen zum Kennenlernen und Spielen zu uns, damit wir uns einen Eindruck von den Kindern sowie von den Erwach-senen in der Familie machen konnten. Die Entdeckung, wie viele Eltern ihre Kinder angespornt hatten, uns etwas vorzumachen, betrübte und enttäuschte mich. Winzige Mädchen und Jungen, ordentlich an-gezogen, mit frisch gestärkten Kragen und blitzblanken Schuhen, sag-ten automatisch Zahlen, Buchstabenfolgen und auswendig gelernte Fakten auf, ohne daß wir sie darum baten. Unterdessen erzählten uns Mütter und Väter die gesamte Ausbildungs- und Karriereplanung von Klein Fritzchen oder Lieschen. Mit vier Jahren in einen guten Kindergarten zu kommen, würde sicherstellen, daß das Kind in die richtige Grundschule käme, die wiederum zum besten Gymnasium, einer hervorragenden Universität und schließlich einer angesehenen, gut bezahlten Stelle und Erfolg in der Welt führen würde. Mit drei Jahren wurden diese einzigartigen, vitalen und schöpferischen Wesen bereits ohne sehr viel sichtbare Rücksichtnahme auf ihre eigenen Bedürfnisse, Motivationen oder Interessen dazu gedrängt, anderer Leute Vorstellungen davon, wer sie sein sollten, zu erfüllen. Ähnliches widerfährt oft Kindern, die von Eltern, Lehrern oder Trainern zu sportlichen, schulischen oder künstlerischen Hochleistungen getrieben werden. Schon in ganz jungen Jahren übernimmt das Kind die Wertdefinition eines anderen Menschen und arbeitet dann gewissenhaft daran, dieser gerecht zu werden – um Liebe und Anerkennung zu gewinnen. Der Prozeß, bei anderen Akzeptanz zu finden, ist endlos. Die gewünschte Wertschätzung bleibt immer gerade außer Reichweite.

Je mehr das Kind sich müht, desto mehr Druck spürt es. Und dieses einmalige, erfinderische Geschöpf entfernt sich immer weiter von der Möglichkeit, seine eigene Quelle von Inspiration und ureigener Ausdrucksform anzuzapfen. Der Wunsch, das Unerreichbare zu erlangen, sich schließlich in dem letzten Ziel zu entspannen, das am Ende planmäßiger Bemühungen liegt, kann durch das bereits bestehende spirituelle Sehnen vergrößert werden. Aber solange die Bestrebungen, bestimmte Fähigkeiten zu entwickeln, auf einem fehlgeleiteten Drang nach Anerkennung beruhen, wird es keine Erfüllung geben.

Das soll nicht heißen, daß sich Eltern oder andere Erwachsene jeder Verantwortung für die Entwicklung der kindlichen Fähigkeiten entziehen sollen, oder herausragende Leistungen seien nicht wünschenswert. Die Rolle des Erwachsenen heißt jedoch zum Teil, ein Kind bei der Entdeckung seiner ganz besonderen Talente und Leidenschaften zu führen und zu unterstützen, statt einem beeindruckbaren und abhängigen Wesen die eigenen Erwartungen, Unsicherheiten und versteckten Wünsche aufzudrücken. Hervorragende Leistungen werden sich ganz automatisch ergeben, wenn sie echter Leidenschaft und Kreativität entspringen. Unser Dürsten nach Ganzheit können wir auch dadurch in die falsche Richtung lenken, daß wir es mit dem Wunsch verwechseln, mehr zu wissen, unsere intellektuellen Fähigkeiten zu üben und unsere Neugier zu entwickeln. Diese Fertigkeiten braucht man gewöhnlich, um in der Welt richtig zu funktionieren. Aber auch geistige Aktivitäten können, wie alles andere, mißbraucht werden. Der Denkprozeß und intellektuelle Entwicklung können zwanghaft werden; wenn dazu die Neigung kommt, Schmerz auszuweichen oder ihn zu vermeiden, sogar schädlich. Wenn Menschen, die zwanghaft geistige Aktivität nutzen, in die wettbewerbsorientierte Atmosphäre unserer Gesellschaft einsteigen, fühlen sie sich ermuntert, ihre rationalen Fähigkeiten zu nutzen, um in Ausbildung und Beruf weiterzukommen. Aber solange sie in ausschweifender intellektueller Aktivität und Verleugnung gefangen sind, bleiben sie von der wahren Quelle ihres Glücks abgeschnitten.

Sich in falsche Richtungen strecken

Wir haben das Dürsten nach Ganzheit und seine Macht in unserem Leben beschrieben. Außerdem haben wir gesehen, daß viele von uns durch die verschiedenen Schichten von Schutz und Verleugnung, die wir uns zum Überleben aufbauen, sowie durch unser Bedürfnis, dem Schmerz der Wirklichkeit zu entfliehen, Verbindung zu unseren spirituellen Ressourcen verloren haben. Viele von uns fühlen sich so voller Narben, so unwert und so selbst-entfremdet, daß wir uns bei der Suche nach Führung oder Stärkung nie auf unsere eigenen Ressourcen verlassen würden. Angetrieben von einem unerkannten Dürsten nach Rückkehr zu unserer göttlichen Natur und von vielen Botschaften in unserer Kultur ermutigt, werden wir instinktiv von den vielschichtigen Versuchungen in uns und um uns herum angezogen. Schon in relativ jungen Jahren unternehmen wir tapfere Anstrengungen, irgendwie aus verschiedenen inneren und äußeren Aktivitäten, Beziehungen und Substanzen Befriedigung zu ziehen. Diese wohlgemeinte, aber in die falsche Richtung zielende, Suche ist jedoch fruchtlos; sie kann mit der Zeit zu Sucht, übergroßem Leid und in vielen Fällen zur Selbstzerstörung führen.

Mit ständig wachsender Intensität greifen wir über unsere beschränkten Möglichkeiten hinaus, um Glück und Zufriedenheit zu finden. Wenn wir uns ihnen mit Mäßigung nähern würden, böten viele von uns erstrebten Dinge die Möglichkeit, vergnüglich, lebensverbessernd und sogar gesund zu sein. Unsere Bemühungen strotzen jedoch oft vor Dringlichkeit und Besessenheit. Unsere Intensität und Zwanghaftigkeit bergen den Samen der Sucht, und wenn wir sie ausleben, treffen wir auf immer mehr Schmerz und Enttäuschung.

Vergeblich versuchen wir, die nagenden Gefühle zu befriedigen, und füllen unsere innere Leere mit Essen oder Sexualpartnern. Wir stopfen uns buchstäblich mit Keksen, Kartoffelchips oder Hamburgern voll; als Dreingabe dient das zusätzliche Gewicht als Stoßpolster gegen unsere Emotionen und mögliche äußere Bedrohungen. Vielleicht versuchen wir auch, durch wiederholte erotische Begegnungen die innere Entfremdung aufzuheben und Einheit zu finden, uns sozusagen durch Intimität mit einem anderen Menschen satt zu machen. Wir trinken Alkohol, paffen Zigaretten, schnupfen Kokain, rauchen Crack oder spritzen, trinken, inhalieren oder schlucken eine ganze Anzahl von anderen Drogen. Vielleicht finden wir ja die genau richtige Menge oder Kombination, und dann wird unsere Suche vorbei sein, und wir werden zufriedengestellt sein. Die perfekte Beziehung wird dazu beitragen, das Unwohlsein zu beenden. Wenn wir unsere »andere Hälfte«, unseren »Seelenverwandten«, den Mann oder die Frau unserer Träume finden, werden wir vollständig sein. Romantische Bilder spuken uns im Kopf herum, und wir träumen von der höchsten Verbindung, der Hochzeit des Jahrhunderts, der idealen Familie. Die Worte von Liebesliedern klingen wahr: »Mit dir fühle ich mich ganz«, »Ohne dich kann ich nicht leben«. Angespornt von unseren aus dem Herzen stammenden Hoffnungen, jagen wir einem möglichen Partner nach dem anderen hinterher.

Wir geben uns selbst zugunsten unserer Karriere auf. Wir verbringen die meiste Zeit damit zu arbeiten, werfen uns in einer Aufgabe ohne Ende einem unerreichbaren Ziel entgegen. Wenn wir nur den perfekten Kunden gewinnen, den großen Vertrag an Land ziehen oder das Geschäft des Jahrhunderts machen können, dann haben wir es vielleicht geschafft. Wir werden glücklich sein, wenn wir nur den perfekten Job haben. Unsere Arbeit ist unser Leben.

Wir sammeln Geld, Macht oder Besitztümer an. Je mehr wir haben, desto glücklicher werden wir sein. Ein Haus voll kostbarer Gegenstände, ein beachtliches Bankkonto, ein dickes Aktienpaket oder die ersehnte Beförderung im Berufsleben sind vielleicht unser Versuch, nach

Erfüllung zu streben. Wir erreichen einen gehobenen gesellschaftlichen, geschäftlichen oder politischen Rang. In unseren endlosen Bemühungen, Größe zu erzielen, erobern, manipulieren, kontrollieren oder beeinflussen wir unsere Mitmenschen. Vielleicht werden wir dank unseres beständigen Einsatzes gewöhnliche Begrenzungen überschreiten und etwas wirklich Außergewöhnliches erreichen.

Je mehr wir tun, desto glücklicher werden wir sein. Erregt knien wir uns in eine nie endende Weiterbildung. Wir werden zu ewigen Studenten und versuchen völlig unwirksam, unser Dürsten durch angehäuftes Wissen oder Abschlüsse zu löschen. Wir ziehen uns in unseren Kopf zurück, beschäftigen uns mit immer komplexer werdender geistiger Gymnastik und zielen auf eine beeindruckende Sammlung von intellektuellen Leistungen ab. Wir interpretieren oder diagnostizieren die Welt und ihre Bewohner, finden logische Lösungen für unsere Probleme, schaffen Theorien und sinnieren über philosophische und politische Beurteilungen. Wir möchten Experten auf unserem Gebiet werden. Wir lesen, sammeln und schreiben Bücher. Je anspruchsvoller und umfassender unser Denken, desto zufriedener werden wir sein.

Wir lassen uns auf Glücksspiele ein. Wenn wir nur beim Lotto, Toto oder dem freitäglichen Pokerspiel gewinnen. Wenn wir uns genug anstrengen und nur noch ein bißchen mehr investieren, wird das Wunder geschehen; unsere Chancen stehen gut. Oder wir reisen ununterbrochen herum. Wir laufen, wandern, fahren, fliegen oder segeln durch die ganze Welt, immer auf der Suche nach Abenteuern oder neuen Horizonten, in der Hoffnung, Vollkommenheit zu finden: am Strand, in der Stadt, im Hotel oder Restaurant, in einem anderen Land.

Wir beschließen, daß unsere Sehnsüchte befriedigt sein werden, wenn wir richtig aussehen. Das Einkaufszentrum zieht uns magisch an, und wir kleiden uns geradezu zwanghaft nach der aktuellen Mode. Vielleicht bringt es das ideale Outfit mit den richtigen Accessoires oder ein Schrank voll teurer Designer-Klamotten. Wir suchen endlos nach der Aufmachung, in der wir uns annehmbar, schön und cool finden. Wenn wir uns mit makelloser Kleidung behängen, fühlen wir uns vielleicht vollständig.

Aber die Kleider kommen nur richtig zur Wirkung, wenn unser Körper makellos ist. Wir müssen aussehen wie die Supermodels in den Modemagazinen oder die Rockstars im Fernsehen. Also verbringen wir jeden Tag Stunden damit, unseren Körper zu formen, und Jahre unseres Lebens auf der Suche nach der perfekten Diät. Wir rennen, joggen, klettern, rudern und stemmen uns zur Vollkommenheit. Wir schwitzen und marschieren, dehnen und strecken uns. Wir versagen uns bestimmte Nahrungsmittel, schränken andere ein und fühlen uns dabei die ganze Zeit selbstgerecht, aufopfernd und mies. Wir füllen unsere Küchenschränke mit gesunden Alternativen, vergessen sie und entdecken sie nach Monaten wieder. Wir entschlacken unsere Körper, bauen die Darmflora auf, stopfen uns mit Vitaminen voll und wenden uns der nächsten Kur für das zu, was uns quält.

Und all das können wir noch überbieten, wenn wir uns an einen plastischen Chirurgen wenden. Vielleicht bringt uns eine neue Nase das Glück. Was wir brauchen, das sind ein Gesichts-Lifting, ein stärkeres Kinn, andere Augen, weniger Falten oder vollere Lippen. Wir ordnen unseren Körper neu durch Bauchstraffung oder Lipoplastenabsaugung, verringern die Größe unserer Brüste oder pumpen sie mit Silikon auf. Wir unterziehen uns Haartransplantationen, um Kahlheit zu verdecken. Wir zahlen Tausende dafür, daß wir bei unserer vergeblichen Suche nach Perfektion zerschnitten, gedehnt, genäht und neu zusammengesetzt werden.

Oder wir suchen nach Fachleuten, die uns die gewünschte Ganzheit liefern sollen, so wie wir uns auf den Mechaniker oder Elektriker verlassen, wenn das Auto oder der Fernseher repariert werden müssen. Da sitzen wir im Büro eines Therapeuten mit dem Versprechen, er könne uns in Ordnung bringen, wir gehen zum EST-Training, um »den Durchbruch zu schaffen«, oder werden Workshop-Junkies. Vielleicht hält der richtige Spezialist den Schlüssel in Händen, der unsere Möglichkeiten erschließen wird. Blindlings legen wir unser Schicksal in fremde Hände. Wie unter Zwang suchen wir erfahrene Ratgeber auf, die uns sagen können, was mit uns nicht stimmt, was wir brauchen und was wir tun sollen. Mit ihrem gesammelten Wissen können sie uns das Geheimnis unseres Glücks weisen. Wir suchen nach dem Seminar, der Konferenz oder dem Workshop, die die Formel oder Technik enthüllen, durch die unsere Probleme verschwinden. Wenn wir die richtigen Selbsthilfe-Bücher lesen oder der idealen Männer-, Frauen- oder Paargruppe beitreten, werden wir erfüllt sein.

Vielleicht landen wir zu Füßen eines spirituellen Lehrers, eines Schamanen oder Priesters, der verspricht, uns zu lieben. Wenn wir uns dem erwählten Guru ganz hingeben und gute Anhänger werden, wenn wir die Regeln befolgen und die richtigen Übungen machen, vielleicht finden wir dann Befreiung und Frieden. Wir konzentrieren uns darauf, jedes Wort von fremden Gebeten und Liedern zu lernen. Sorgfältig prägen wir uns die Prinzipien ein, die man uns lehrt, tragen die passende spirituelle Kleidung, schmücken uns mit bedeutungsvollen Symbolen und erwerben die angemessene heilige Ausstaffierung. Unsere weltlichen Verpflichtungen geraten oft in Vergessenheit, während wir gewissenhaft und gehorsam dem vorgeschriebenen Weg zum Glück folgen.

Wieder gilt, daß viele dieser Aktivitäten, Beziehungen und Substanzen wertvoll sein, Spaß machen oder lebensverbessernd wirken können. Die Schwierigkeiten erwachsen aus unserem blinden Zwang und unserem Klammern. Mein Freund Jack Kornfield, ein sanfter, geschickter buddhistischer Lehrer und Psychologe, gab mir vor ein paar Jahren einen Artikel, der auf der ersten Seite unserer örtlichen Zeitung erschienen war. Ich mußte lachen, als ich ihn las, denn er zeigt, wie weit wir Menschen zu gehen bereit sind, um unsere Sehnsucht zu befriedigen und unsere Begrenzungen zu transzendieren. In großen, schwarzen Buchstaben prangte da der Titel: »KRÖTENLECKEN AUF EIGENES RISIKO«, darunter: »Das neueste ›High‹ kann fatale Wirkungen haben.« Im Text hieß es dann: »Es geht wieder los. Nach billigen Highs wie Klebstoff-Schnüffeln und Pilztrips ist die neueste Art, drauf zu kommen, eine Kröte zu lecken. Ja, Sie haben richtig gelesen. ›Wenn Sie aber‹, so ein Reptilien-Experte, ›die falsche Kröte erwischen, werden sie nicht nur high werden, sondern auch sterben‹.«

In dem Artikel wird weiter erklärt, daß eine bestimmte Art von Kröte im Zustand der Erregung eine halluzinogene Chemikalie namens *Bufotenin* über die Haut absondert. Der Reporter erklärt ganz ernst, daß mehrere Leute gelernt hätten, diese Kröten zu schütteln und ihnen dann die Chemikalie vom Rücken zu lecken, oder diese Reptilien zu kochen und dann die bufoteninhaltige Flüssigkeit zu trinken. Der Bericht weist warnend darauf hin, daß nur eine bestimmte Krötenart sicher ist, eine, die leicht mit den giftigen Exemplaren verwechselt werden kann. Daher sei Krötenlecken eine sehr gefährliche Unternehmung.

Ich wußte aus der Geschichte, daß Krötenhaut ein wichtiger Bestandteil der mittelalterlichen Hexentrünke war, und daß Wissenschaftler die halluzinogenen Eigenschaften bestätigt hatten. Aber ich fragte mich, *wer* wohl der erste Mensch war, der eine Kröte geleckt hat, und wie er oder sie wohl auf die Idee gekommen sein mag. Welche Umstände trieben dieses wagemutige Individuum dazu, eine Kröte zu ergreifen? Und gab es keine andere Möglichkeit, die gleiche Wirkung zu erzielen? Als ehemalige Alkoholikerin kann ich die unglaubliche Anziehung von allem verstehen, das den Schmerz des Daseins lindern und vielleicht einen Pfad zu einem mystischen Zustand bieten könnte – aber Kröten?

Pseudomystische Zustände

Alles, wonach wir als Schlüssel zur Weiterentwicklung unserer Vervollkommnung greifen, scheint uns vorübergehend die Lösungen zu bieten, die wir gesucht haben. Der erste Ansturm von Macht, Nikotin oder Kokain, das erste High eines guten Orgasmus, eines Amphetamins, eines großen Kuchenstücks oder eines weiteren Auslandsabenteuers macht uns Mut. Wir sind voller Hoffnung, während wir die langsame Wärme, das Schmelzen der Grenzen und das Abklingen der Angst nach ein oder zwei Cognac oder ein paar Valium genießen. Vielleicht haben wie *es* gefunden, wenn wir uns in unserem Partner verlieren, oder den Schmerz verschwinden fühlen, wenn wir uns ganz dem Fernsehen hingeben. Mit der ersten Gehaltserhöhung, dem wachsenden Bankkonto, dem Gewinn beim Kartenspielen sind wir sicher, daß wir die Lösung für unsere Probleme entdecken konnten. Vielleicht haben wir den Weg zum Glück durch dieses fabelhafte neue Outfit, zehn Pfund Gewichtsabnahme oder das Gesichts-Lifting gefunden.
Die von uns gewählte Aktivität, Substanz oder Beziehung kann sogar den mystischen Zustand, nach dem wir uns sehnen, vortäuschen. Unser Schmerz scheint vorübergehend gelindert. Wir sind von einem neuen Freiheitsgefühl durchdrungen, und viel von unserem Selbst-Bewußtsein und unserer Getrenntheit verschwindet. Wir sind entspannter mit uns selbst. Andere scheinen uns leichter anzunehmen und teilhaben zu lassen. Voller Vertrauen sind wir gewiß, daß wir das Unmögliche erreichen können. Ein neues Gefühl von Kraft und Sinn pulsiert in

uns; wir spüren den Schmerz in unserem Leben und die Fesseln unserer Begrenzungen nicht mehr. Wir scheinen aus uns heraus getragen, weg von den alltäglichen Ängsten und Beschränkungen. Wir fühlen uns frei.

Der Gelehrte und Psychologe William James erkannte die Rolle an, die Alkohol bei der Erschaffung dessen spielen kann, was einem wie eine spirituelle Erfahrung vorkommt. In *Die Vielfalt religiöser Erfahrung* schrieb er:»Die Macht des Alkohols über die Menschheit ist ohne Frage in seiner Kraft begründet, die mystischen Fähigkeiten der menschlichen Natur zu stimulieren, die gewöhnlich von den kalten Fakten und dem trockenen Kritizismus der nüchternen Stunden zu Boden getreten werden. Nüchternheit verkleinert, unterscheidet und sagt Nein; Trunkenheit erweitert, schafft Einheit und sagt Ja.« Hier verwendet James das Wort *Nüchternheit* um das »Alltagsbewußtsein« zu beschreiben, nicht die Art von Nüchternheit, die Alkoholiker und Süchtige bei der Genesung entdecken.

In einem Brief von Bill Wilson heißt es:

Alkoholiker möchten wissen, wer sie sind, worum es im Leben geht, ob sie göttlichen Ursprung haben, und ob es ein System kosmischer Gerechtigkeit und Liebe gibt … Viele von uns meinen in den frühen Stadien der Trinkerei, wir hätten kurze Blicke auf das Absolute erhascht, und erleben ein verstärktes Gefühl von Identifikation mit dem Kosmos. Diese Blicke und Gefühle haben gewiß Gültigkeit, aber sie werden letztlich von dem chemischen, spirituellen und emotionalen Schaden deformiert und weggefegt, den der Alkohol anrichtet.

Die Aussagen von James und Wilson gelten nicht nur für Alkohol, sondern auch für andere Substanzen, manche Beziehungen und ein breites Spektrum von Aktivitäten. Sie verschaffen uns erfolgreich die Illusion, daß wir mit ihrer Hilfe mehr Bewußtheit, eine erweiterte Identität und ein Gefühl von Einheit, Kraft und innerem Frieden erreichen.

Ich habe viele Süchtige sagen hören, daß sie sich in dem Augenblick, in dem sie die Quelle ihrer Sucht entdeckten, so fühlten, als seien sie nach Hause gekommen. Sie hatten die Lösung zu ihren Problemen entdeckt, die eine Sache, die ihnen einen Sinn gab und Meisterschaft über ihr Leben bot. Es war eine breite Straße zu Glück und Frieden, das Beste, das ihnen je widerfahren war. Außerdem bot es ihnen einen Puffer zu der schmerzhaften Welt, in der sie lebten. Es diente dazu, schwierige Emotionen und Erfahrungen zu unterdrücken. Ihre erste Einführung in ihre Sucht erlaubte ihnen eine kurze Zeit lang, aus ihrem Zustand der Entfremdung und des Unwohlseins in ein Fenster der Weite und Befreiung zu treten.

Aber so wunderbar das auch sein mag, so verblaßt dieser Zustand von Pseudofreiheit doch unvermeidlich, und wir stehen wieder mit demselben unaufhörlichen Verlangen da, das befriedigt werden will. Oder wir entdecken, daß uns unsere endlose Aktivität nicht mehr die Belohnungen bringt, die wir ursprünglich gesucht haben, so daß wir uns an immer entfernteren und gehobeneren Zielen ausrichten. Und wir gehen zurück, um mehr und mehr davon zu bekommen.

Das Dunkel der Sucht

Wir stürzen sehr schnell in eine verzweifelte Suche nach unserer ursprünglichen Erfahrung des Wohlbefindens und der Einheit. Sie war einmal zugänglich; sie sollte sich irgendwann wiederholen, wenn wir es nur weiter versuchen. Vielleicht nehmen wir nicht genug von der richtigen Art von Substanz. Wenn eine Pille oder Zigarette oder ein Sexualpartner nicht ausreichen, dann vielleicht zwei. Wenn es zwei nicht bringen, dann vielleicht drei oder vier oder fünf. Wenn der neue Anzug, der flachgezogene Bauch oder die Hunderttausend auf der Bank nicht zum versprochenen Glück führen, dann brauchen wir vielleicht ein anderes Outfit, einen anderen chirurgischen Eingriff oder noch mehr Geld. Wenn Joggen uns nicht das ersehnte Wohlbefinden verschafft, sollten wir vielleicht zu Tennis, Gewichtheben oder Aerobics wechseln. Wenn unser Therapeut oder Heiler nicht Frieden und Freude liefert, brauchen wir vielleicht einen anderen erfahrenen Helfer, der uns einer psychischen und religiösen Generalüberholung unterzieht.

Je mehr uns das Objekt unserer Suche ausweicht, desto verbissener suchen wir diesen Schlüssel zur Erfüllung und Befreiung vom Leiden. Je verzweifelter wir werden, desto ausschließlicher richten wir uns auf unser Ziel aus. Unsere Gedanken und Handlungen drehen sich zunehmend um den Versuch, diesen ursprünglichen Geschmack von Freiheit und Freude wiederherzustellen. Wir beschäftigen uns immer mehr mit der ausweichenden Quelle unserer Zufriedenheit. Wir denken ununterbrochen darüber nach. Und wir beginnen, unser Leben so umzumodeln, daß unsere Suche nach dem »High«, der Befreiung oder dem Gefühl der Zugehörigkeit ausreichend Raum hat. Die Gedanken daran, was der finanzielle Schachzug, der Mann oder die Frau, die Flasche, die Droge, das Machtspiel oder das neue Kleid für uns tun werden, begleitet uns beim Einschlafen wie beim Aufwachen. Wir beginnen unseren Tag danach zu planen, wie wir das Objekt unseres Verlangens verfolgen werden, wie wir die Nahrung, den Alkohol oder die Droge zu uns nehmen werden, wie wir diesen Gegenstand kaufen, die Aufgabe bewältigen oder mit dem Menschen unserer Träume handeln werden.

Wir entdecken, daß das, was wir suchen, immer schwieriger zu greifen ist. Bald sind wir in einer hektischen Aktivitätsschlaufe gefangen: Das Angstniveau steigt, und damit wird auch die Sehnsucht immer stärker, uns davon zu befreien. Die Verzweiflung baut sich auf, und wir verstärken unsere Suche nach dem Schlüssel, der die ständig wachsenden inneren Spannungen aufheben wird. Das ursprüngliche Dürsten nach der eigenen Ganzheit begann als gesunder und natürlicher Impuls in Richtung persönlichen Wachstums, Erweiterung und Einheit mit unserem tieferen SELBST. Nun ist unser göttliches Ziel durch eine wachsende selbstzerstörerische und fehlgeleitete Besessenheit mit einem Ersatz verdeckt. Wir stecken in einem entsetzlichen Dilemma. Wir sind hoffnungslos irgendeiner Aktivität, einer Person oder einer materiellen Substanz, die uns nicht die ersehnte Befriedigung bringen, verfallen.

Ein Nebenprodukt dieses hektischen Treibens sind das momentane High, die Energiewelle oder das Gefühl von Erleichterung, die aus der Suche selbst erwachsen. Außerdem haben wir unterwegs gelernt, durch zwanghaftes Denken unsere Erfahrung zu ändern und den Schmerz zu lindern. Wir verlassen die zunehmend unangenehme Wirklichkeit und begeben uns in unseren Kopf, in dem die Gedanken sich drehen und in sich ständig wiederholenden Bahnen kreisen. Das klingt dann etwa so:

Heute Vormittag werde ich ihn anrufen. Aber ich frage mich, ob er zu Hause sein wird. Vielleicht wäre heute Nachmittag besser. Aber wenn ich abends anrufe, wird er denken, ich wolle irgendetwas anfangen. Andererseits ist er vielleicht erst abends zu Hause. Aber was ist, wenn er mich zurückweist? Wahrscheinlich bin ich nicht gut genug für ihn. Wenn ich ihn in meinem Leben haben könnte, dann wäre alles geritzt. Ich kann mir eigentlich gar nicht vorstellen, ohne ihn zu leben. Was er wohl heute trägt? Vielleicht hat er keine Freundin. Vielleicht ist er nicht mein Typ. Was ist, wenn ich diejenige bin, auf die er gewartet hat? Wenn er die ganze Zeit jemanden genau wie mich gesucht hat? Ich glaube, ich werde ihn heute vormittag anrufen. Gleich jetzt. Aber was ist, wenn er nicht mit mir sprechen will? Was ist, wenn ...?

Oder so:

Vor heute Nachmittag um fünf trinke ich nichts. Bis dann ist Anna zu Hause, und wir können zusammen einen Aperitif nehmen. Vielleicht hätte sie gerne einen trockenen Martini. Ich frage mich, ob wir genug Gin haben. Ich gehe besser auf alle Fälle in den Laden und hole noch welchen. Ich gehe besser bald, denn ich weiß jetzt schon, daß ich müde sein werde, wenn ich zurückkomme. Da ich gerade eine Grippe hatte, werde ich ein Nickerchen brauchen. Vielleicht bringe ich auch etwas Orangensaft mit. Ich habe gelesen, daß Orangensaft viel Vitamin C hat, was gut gegen Grippe sein soll. Wenn ich einen Schuß Wodka hinein tue, kann ich besser schlafen, und das würde mir gut tun. Das habe ich verdient. Ich war krank. Ob wir wohl genug Wodka haben? Ich geh besser mal nachsehen ...

Diese Art von gedankenverändernder Aktivität führt zu zu einem quasi hypnotischen, trance-ähnlichen Zustand, der uns vor der Wirklichkeit unseres selbstzerstörerischen Verhaltens beschützt. Sie erhebt uns aus dem Alltagsstreß in unserem Leben in den sicheren Bereich unseres Kopfes, wo wir durch unsere gewundenen Gedanken schwimmen, ohne von den Auswirkungen unserer Handlungen oder unserer Umgebung berührt zu werden.

Außerdem entdecken wir, daß die Jagd nach unserem Suchtobjekt uns einen Adrenalinstoß versetzt. Die Aufregung, uns in eine gefährliche Situation zu begeben oder etwas gesellschaftlich nicht Akzeptiertes zu tun, versetzt uns in ein sekundäres High. Wenn wir hart an der Grenze leben, fahren wir vielleicht unverantwortlich schnell Auto oder wandern auf der Suche nach Drogen oder einem Sexualpartner in dunkle Hinterhöfe. Die Vorbereitung für die eigentliche Suchthandlung wird

Teil des Suchtverhaltens. All diese Aktivitäten können seelische Erregung, ein Gefühl von »verdrehter« Hochstimmung liefern: versessen, einem Geschäftskunden nachzujagen; ängstlich den Ausgang einer Wette abzuwarten; im Einkaufszentrum von einem Laden zum nächsten zu rasen; uns an dem großen, intellektuellen Plan des Jahrhunderts zu beteiligen; oder Flaschen mit Alkoholischem so gut zu verstecken, daß sie keiner in der Familie findet, und dann heimlich einen Schluck zu nehmen.

Genesende Alkoholiker sprechen oft davon, sie seien »Drama-Königinnen« oder »Drama-Könige« gewesen, dem Rührstück ihres Lebens, der Erregung und Bedeutsamkeit der Dinge verpflichtet, die ihnen geschehen. Sie erfahren eine Art verzerrter Aufregung, wenn sie ihr Leben als eine Reihe von theatralischen Ereignissen gestalten. Einer von ihnen sagte: »Wenn es irgendeine Art von Problem gab, machte ich davon so viel Aufhebens, daß es zu einer Krise wurde. Ich glaubte, nur ich hätte eine Lösung. Es war, als ob ich dauernd am Feuerlöschen gewesen wäre. Und wenn es kein Feuer gab, dann habe ich eben eins gemacht, damit ich es löschen konnte.« Die Sucht bereitet ein momentanes Gefühl der Erleichterung, die Emotionen des Süchtigen fließen frei, steigen in große Höhen und stürzen in Abgründe. Von Größenwahn ermutigt und Scham angetrieben, machen wir theatralische Anrufe, schaffen immer wieder Krisen in unseren Beziehungen, schreiben dramatische Gedichte oder verlieren uns in Fernseh- oder Filmdramen, die, wenn auch unzureichend, das Spektakel unseres Daseins wiederzugeben scheinen.

Zudem wenden sich unsere ursprünglich kreativen Überlebensstrategien gegen uns; unsere Mechanismen für die Kontrolle unseres Lebens werden zu verzweifelten Versuchen, uns selbst, andere Menschen oder unsere Umwelt zu kontrollieren. Aber die Sucht tyrannisiert unsere Wirklichkeit wie ein grausamer Gewaltherrscher. Wir ringen darum, irgendeinen Anschein von Ordnung in unserem Leben aufrechtzuerhalten, und geraten dabei immer mehr außer Kontrolle, bis wir völlig unserem Suchtverhalten ausgeliefert sind. Immer stärker unterwirft uns unsere unnachgiebige Lust auf Macht, Geld, Nahrung, Besitz oder sexuelle Begegnungen. Wir geben dem beständigen Drang nach physischer, intellektueller oder beruflicher Vollkommenheit nach. Das entsetzliche Verlangen nach einer Prise des weißen Pulvers, einer winzigen blauen Pille, einer Zigarette oder einer Flasche hat die absolute Herrschaft über uns.

Im Laufe der Zeit rutschen wir auf einen Abgrund von Scham, Angst und Hoffnungslosigkeit zu. Wir werden von Depressionen überwältigt oder versinken in von uns selbst empfundener Schande. Obwohl wir schon oft versucht haben, unser Suchtverhalten zu bremsen, können wir es nicht. Und mit jedem Mal, das wir zu unserer zwanghaften Aktivität zurückkehren, fühlen wir uns zunehmend entwürdigt. Wir haben nicht nur wieder gegenüber unserer Familie, Freunden oder Kollegen versagt, sondern auch uns selbst einmal mehr betrogen.

Geld, Macht, Sex, andere Menschen, Alkohol, Drogen oder Besitztümer sind zu unseren Göttern geworden, zum höchsten Einfluß in unserem Leben. Und unsere Tage kreisen um die immer waghalsigere Suche nach dieser letzten Quelle der Erfüllung. Wir werden zu tragischen Karikaturen des spirituellen Asketen, der sich von den Forderungen des Alltags abwendet, um sich ganz dem Dienst am Höheren zu widmen. In unserer Besessenheit vernachlässigen wir unsere Familie, unseren Beruf, unsere Verantwortungen, unsere Gesundheit und uns selbst im Ringen um unsere Substanz, die Beziehung oder die Aktivität, die wir zu unserer Höheren Macht ernannt haben.

Hinter unseren Fassaden sind Körper und Gemüt krank. Wir fühlen uns bruchstückhaft, gefangen in den Fallen unserer Illusionen und Verleugnungen. Unsere Vision ist strikt auf das Objekt unserer Sucht fixiert. Unsere Wirklichkeit enthält nun nur noch zwei wesentliche Elemente: uns selbst und die Substanz, Beziehung oder Aktivität, die unser Dasein beherrscht. Wir sind schichtweise in komplexen Verleugnungen, Rationalisierungen und Illusionen verhangen und stehen abwechselnd vor einer riesigen Grube aus Scham, Selbsterniedrigung und Selbstmitleid oder einem wundersamen Strom von Großartigkeit. Unsere Gefühle sagen: »Ich bin der Verlierer in der Mitte des Universums. Alles dreht sich um mich und meine Sucht. Nichts anderes ist wichtig.«

Wir werden dem Leben gegenüber appetitlos; so wie sich Magersüchtige die Stärkung durch Nahrung verweigern, so werden wir derart eng, daß wir unfähig sind, die Fülle unseres Daseins aufzunehmen. Wir können die Menschen nicht mehr lieben, die unserem Leben einst Bedeutung gaben; wir können die Natur in unserer Umgebung nicht mehr schätzen; wir können keine Beziehung zu den Aktivitäten herstellen, die früher unsere Vorstellungskraft, unsere Körper und unseren Geist stimuliert haben. In den letzten Jahren meiner Karriere als Trinkerin fuhr mein Mann Stan mich oft an der wunderbaren kalifornischen Küste nahe unserem Haus entlang. Ich saß im Wagen und starrte wehleidig auf die Menschen, die da wanderten, Fahrrad fuhren oder Picknick machten. Sie genossen ihre Freundschaft, den spektakulären Blick und die warme Sonne, ich aber fühlte mich ausgeschlossen und bemitleidete mich selbst. Ich sagte mir, daß mich irgendeine mysteriöse und dramatische Krankheit davon abhielt, so an der Welt teilzuhaben, wie es die anderen taten. Ich erdachte mir die Geschichte, daß ich wirklich unter irgend etwas Obskurem litt, und fühlte mich dann tatsächlich sehr bedrückt; daher war ich sowohl jemand Besonderer wie auch besonders Unglücklicher. Ich spürte, daß ich nie das haben würde, was die anderen hatten, und wenn diese Erkenntnis mit einem gewissen Anflug von innerer Bewegtheit einsank, fiel ich tiefer in den Sumpf des Selbstmitleids.

Viele von uns entwickeln körperliche Probleme. Von chemischen Substanzen Abhängige erfahren eine Vielzahl von Leiden: Gewichtsverlust, Austrocknung, hohen Blutdruck, Mangelernährung, Leber- und Nierenkrankheiten, um nur ein paar zu nennen. Diejenigen mit Ernährungsstörungen wie Bulimie (Eß-Brechsucht), Anorexie (Magersucht) oder zwanghaftem Überessen zeigen sichtbare Symptome von Fettleibigkeit, Appetitverlust, Herz- und Kreislaufprobleme oder Zahnverfall. Andere Formen wie Co-Abhängigkeit oder Arbeitssucht, die nicht notwendigerweise mit dem Mißbrauch von Substanzen einhergehen, können unter anderem zu mangelhaftem Interesse an der eigenen Gesundheit und der Vernachlässigung von körperlicher Betätigung, vernünftiger Ernährung und ausreichend Schlaf führen. Der Streß dieser Art von süchtigem Lebenswandel kann gesundheitliche Probleme nach sich ziehen.

So wie Körper und Geist unsere Sucht teuer bezahlen, so sind auch unsere Seelen betroffen. Wir haben uns zunehmend stärker auf das Objekt unserer Sucht konzentriert und uns dabei immer mehr von dem ursprünglichen Ziel unseres Dürstens entfernt. Wir sind durch unser Menschsein, durch die mißbrauchenden Bedingungen in unserer Umgebung und durch die Masken und Illusionen, die wir geschaffen haben, um zu überleben, immer mehr unserem tieferen SELBST entfremdet worden. Nun leiten wir unsere Sehnsucht danach, uns mit unserem spirituellen Selbst wiederzuvereinigen, völlig fehl, nämlich in unser Suchtverhalten. Damit durchtrennen wir alle restlichen Fäden von bewußtem Kontakt zu unserem göttlichen Kern. Wir können die Quelle unserer Inspiration und Kreativität, den Frieden, die Freude und die Liebe, die uns einst von innen her zugänglich waren, nicht mehr erreichen. Wenn wir in die Tiefen unserer Sucht gelangen, stecken wir in der Hölle.

Alle möglichen religiösen Traditionen beschreiben die Hölle nicht nur als einen Ort unglaublichen Leids, sondern auch als Zustand der ewigen Verdammnis, vollkommen abgeschnitten von jedem göttlichen Einfluß. Diese beiden Merkmale, die Ewigkeit dieses Zustandes und die totale Trennung vom Einfluß einer riesigen Quelle der Güte, tauchen in vielen Kulturen auf. Wenn die Hölle auch vielleicht nicht als konkreter, geographischer Ort existiert, dann bestimmt als psychischer und spiritueller Bewußtseinszustand. In den Tiefen unserer Sucht haben wir überhaupt keine Kontrolle mehr. Wir sind hinter unseren Abwehrbarrieren versteckt und unfähig, Liebe zu geben oder zu nehmen. Unsere Sucht hat uns in einen endgültigen und hochgradigen Zustand der Isolation eingemauert. Ganz egal, was wir tun: Wir können die Belohnungen des tieferen SELBST nicht erreichen. Wir sind von unserem Potential für Ganzheit entfremdet. Gott bleibt hinter der Wolke unseres süchtigen Verhaltens und den Schichten unserer falschen Identität verborgen.

Wir haben das Gefühl, diese Erfahrung würde nie enden; sie wird sich ewig hinziehen. Es gibt keinen Ausweg. Wir sind verdammt. Wir stecken in einer hoffnungslosen, hilflosen Spirale zur Zerstörung. Für uns Menschen, die wir das Leben in dem Bemühen verbracht haben, wenigstens ein geringes Maß an Kontrolle zu behalten, ist ein Teil der Hölle am Tiefpunkt unserer Sucht die Erfahrung, uns so vollkommen und verzweifelt ohne jede Kontrolle zu fühlen – und oft genug auch zu sein. Wir haben keine Macht mehr über die Menschen und Aktivitäten in unserem Leben, und wir können uns noch so viel Mühe geben, wir können nicht einmal uns selbst kontrollieren. Obwohl wir damals wußten, wie man angesichts von Mißbrauch oder schwierigen äußeren Umständen überlebt, haben wir jetzt so wenig Verbindung zu unseren eigenen Ressourcen und sind so sehr Opfer des unbarmherzigen Kreislaufs unserer Sucht, daß wir zunehmend in den Treibsand der Hilflosigkeit fallen.

Viele Süchtige verlieren bei ihrem Abstieg tatsächlich fast alles, was sie im Leben haben. Unsere verzweifelten und erschöpften Familien und Freunde haben uns aufgegeben, oder wir haben ihnen den Rücken zugekehrt. Wir sind aufgefordert worden, unser Heim zu verlassen, sind aus unseren Stellungen geflogen und haben kein Geld mehr. Unsere Gesundheit ist bedroht, und wir können nicht mehr so funktionieren wie früher. Wir sind schließlich innerlich wie äußerlich entblößt und hilflos.

Einigen von uns gelingt es, die äußere Welt relativ intakt zu halten, irgendwie den Anschein eines Familienlebens, einer Karriere oder eines erfolgreichen Lebensstils zu wahren. Aber was auch immer die Bedingungen sein mögen, jeder, der in einem hilflosen, hoffnungslosen Suchtmuster gefangen ist, fühlt sich innerlich verwüstet. Das ist der »spirituelle Bankrott«, den die Zwölf-Schritte-Programme beschreiben, ein Zustand ernsthafter, innerer Verarmung. Das ist die »Seelenkrankheit«, die bei einer hochgradigen Isolierung vom tieferen SELBST auftritt. Wir fühlen uns von Gott verlassen. Gott hat uns vergessen. Wir sind in die dunkle Nacht der Sucht eingebrochen.

Wenn wir auf die vollständige physische, emotionale, mentale und spirituelle Vernichtung zuschreiten, fühlen wir uns oft so, als würden wir sterben. Wenn unsere Welt den Bach runter geht und unsere Gesundheit sich verschlechtert, verblassen unsere vertrauten Verhaltensweisen und Identifikationsformen. In der scheinbaren Ewigkeit unserer Sucht gefangen, meinen einige von uns, der nächste Schritt sei der, über Selbstmord nachzudenken, oder ihn zu versuchen. Wir erwischen uns vielleicht bei dem Gedanken: »Wenn das immer so weitergeht, dann will ich nicht mehr da sein. Wenn das alles ist, was am Leben dran ist, dann will ich sterben.« Wir übersetzen die unleugbare Tatsache unseres inneren und äußeren Bankrotts in den Impuls, unsere vollständige Zerstörung auszuagieren. Manche Süchtige bringen sich tatsächlich selbst um, ob Sexsüchtige, die ihrer gefährlichen Aktivität ausgeliefert sind, Spieler oder Kaufsüchtige, die hoffnungslos verschuldet sind, zurückgewiesene Co-Abhängige, Drogen- oder Alkoholsüchtige, die eine Überdosis Chemikalien nehmen oder sich und andere bei Autounfällen töten. Viele von uns sterben nicht körperlich, bleiben aber zwischen der gewaltigen Verzweiflung, die uns sagt, wir sollten sterben, und der riesigen Angst vorm Tod gefangen.

Sucht und Kultur

Wieder gilt das, was wir über die Sucht im einzelnen gelernt haben, auch für verschiedene Kulturen und soziale Gruppen. Menschen, denen ihr kulturelles Erbe und ihre spirituellen Wurzeln durch Unterdrückung oder Eroberung genommen worden sind, spüren eine tiefere Entfremdung von sich selbst, anderen, der Welt und Gott. Sie erfahren das, was Angeles Arrien den *Verlust der Seele* nennt, der dem individuellen Zustand des *spirituellen Bankrotts* ähnelt.

Wenn sie mißbraucht worden sind, lernen sie, sich selbst, Mitglieder ihrer Familie oder Gemeinschaft und andere zu verletzen. Inmitten dieser schädigenden Umstände spüren sie dennoch den Druck des inneren spirituellen Dürstens, und viele versuchen, den Verlust der Seele mit Alkohol, Drogen und materiellem Besitz zu heilen. Das führt dazu, daß Alkoholismus und Drogensucht bei unterdrückten Gruppen florieren. Junge Menschen verlassen ihre Familien und Gemeinschaften auf der Suche nach Antworten in der kommerziellen Welt, und ihre Unversehrtheit wird zunehmend bruchstückhafter. Da das Verlangen nach dem Göttlichen ein wesentlicher Faktor bei Sucht ist, könnte eine Rückkehr zu den reichen spirituellen Wurzeln ein wesentliches Gegenmittel für die ernsten Drogenprobleme in diesen Gruppen sein.

Die Samen der Transformation

Dies war ein trübes Kapitel unserer Geschichte. Unglückseligerweise stellt es das dar, was für viele, viele Menschen die bittere Wahrheit ist. Aber das Bild hat auch eine helle Seite. Die Tiefen des spirituellen Bankrotts enthalten das Potential für eine gewaltige Transformation. Gleich auf der anderen Seite dieser Hölle ruht das Versprechen eines neuen Lebens. Die dunkle Nacht der Sucht ist häufig ein notwendiges Vorspiel für die Morgendämmerung der Heilung. Die Erfahrungen des innerlichen Sterbens, des bedingungslosen Aufgebens, der äußersten Hilflosigkeit und Hoffnungslosigkeit sind wesentliche Schritte auf das Versprechen der Wiedergeburt zu. Ganz unten haben wir, ahnungslos, den möglichen Wendepunkt erreicht. Wir sind an der Schwelle zu einer freieren, glücklicheren und liebevolleren Seinsweise gelandet.

6 SICH ERGEBEN UND ERGEBEN WERDEN

An dem Tag, an dem ich mit meinem Alkoholismus ganz unten anlangte, bin ich auf die Knie getrieben worden. Ich tat es nicht willentlich. Ich wollte nicht, daß es geschah. Ich bin nicht morgens aufgewacht und habe zu mir selbst gesagt: »Heute werde ich mich ergeben.« Die Erfahrung der absoluten, schieren Machtlosigkeit kam in mein Leben gestürmt und legte mich flach. Ich *wurde ergeben*, durch eine Macht, die größer war als der Teil von mir, der seit Jahren festgehalten wurde. An dem Tag, in dem schummrigen, rosenfarbigen Zimmer des Behandlungszentrums für chemische Abhängigkeiten, ließ ich los. Draußen heulte ein Wintersturm, und drinnen gab ich die Illusion auf, mit mir sei alles in Ordnung, ich sei anders, ich hätte nicht dieselbe Art von Problemen wie all die anderen um mich herum, die mit ihrer Sucht rangen. Ich ließ das Trugbild los, ich hätte kein Problem mit Alkohol, obwohl jeder Aspekt meines Lebens auseinanderfiel.

Mein Alkoholismus starrte mir direkt ins Gesicht. *Ich bin Alkoholikerin.* Ich hatte meine schlimmsten Ängste erkannt: *Ich bin wie sie.* Ich spürte, wie sich mein Magen zusammenkrampfte. *Ich bin wie diese widerlichen, stinkigen, lauten, schlampigen Leute, die ich immer verachtet habe. Ich bin nicht anders als die Alkoholiker in meinem Leben, in den Filmen und auf der Straße, die ich seit Jahren verurteilt und gehaßt habe.* Als ich in den Tiefen meiner starken Erniedrigung deutlicher denn je zuvor die Wirklichkeit meiner Situation erblickte, spürte ich meine Widerstände, meine Mißbilligung und meine Abwehr zerbröseln. *Ich bin völlig und gänzlich ohne Kontrolle. Ich habe mein Leben vermurkst. Ich bin müde und krank. Ich kann so nicht weitermachen. Ich gebe auf.*

Als ich mit angezogenen Knien schluchzend auf meinem Bett saß, schien mir mein Leben zu entgleiten. Mit deutlichen geistigen Bildern in Farbe und einem starken Ausbruch von flüssigen Emotionen sah und spürte ich, wie ich verschwand. Alles auf einmal: Die Rollen, die ich in der Welt spielte, meine Arbeit, die Illusionen, Spiele und Verleugnungen, die meinen süchtigen Wahn im Zaum gehalten hatten, rutschten außer Reichweite, tief hinunter in ein grundloses schwarzes Loch. Die Hülse dessen, wer ich war, starb, glitt weg. Ich konnte mich an nichts mehr festklammern. Ich war vollkommen und unwiderruflich geschlagen. Ich weinte angesichts dieses ehrfurchtgebietenden Augenblicks. Ich schluchzte aus Angst und Verwirrung darüber, was als nächstes kommen würde. Ich betrauerte den Verlust einer Identität, die vertraut war, des Selbst, das mich charakterisiert hatte. Und bald wurden die Tränen der Angst und Trauer zu einer Flut der Erleichterung, Erleichterung darüber, daß ich all das nicht mehr festhalten mußte. Ich mußte das Alkoholikerspiel nicht mehr spielen. Ich mußte nicht mehr so tun als ob.

Innerhalb weniger Minuten erschien eine Krankenschwester an der Tür, um mir zu sagen, mein Mann sei mit einer wichtigen Nachricht am Telefon. Schniefend und mit rotem Gesicht nahm ich den Anruf an. Die warme, liebevolle Stimme am anderen Ende sagte mir, daß ein guter Freund von uns an dem Tag gestorben war, und noch bevor Stan mir die Details schildern konnte, wußte ich Bescheid: Es lag an Alkohol und Drogen. Er war durch eine versehentliche Überdosis gestorben. Dieser junge Mann in den Mittdreißigern war einer meiner Saufkumpane gewesen, und er hatte den tragischen Fehler gemacht, der mir so leicht selbst hätte passieren können. Im Nebel seiner Sucht hatte er falsche Mengen von falschen Substanzen kombiniert. Sein Herz hatte aufgegeben.

Die tiefe Erfahrung der Niederlage, der Kapitulation, war der erste Schritt in meinem Heilungsprozeß. Dieser Anruf im richtigen Moment war der zweite. In einem langen Moment kristalliner Klarheit erkannte ich, daß ich gesegnet war. Im Tod meines Freundes sah ich die Richtung, in die ich so unbesonnen gedriftet war. Ich wußte, daß ich dasselbe Schicksal hätte erleiden können: durch eine zufällige oder dumme Handlung, oder einfach dadurch, daß ich auf der immer unbewußteren, zerstörerischen Spirale meines eigenen Ablebens geblieben wäre. War ich aber nicht. Ich begann, die stille Gegenwart einer Macht zu spüren, die größer war als ich selbst, und ich wußte, daß sie mich durch das Elend und die Bedrohung meiner Sucht hindurchgebracht hatte. Ich erkannte, daß ich mich wahrscheinlich mit Alkohol getötet

hätte, wenn es meinen eigenen ichbezogenen Mitteln überlassen geblieben wäre, daß ich aber nun eine zweite Chance bekam. Die liebevolle und erreichbare spirituelle Quelle, nach der ich ein Leben lang
blind gesucht hatte, durchbrach meine Abwehr und enthüllte sich mir
– nicht auf einem Berggipfel oder in einem Tempel, sondern in einer
Entgiftungsklinik. Meine Genesung hatte begonnen.

Dieser Prozeß, ganz unten anzukommen, die Illusion von Kontrolle
über die Situation aufzugeben, ist ein zwingender Schritt aus dem
Schmerz der Sucht heraus. Die Erfahrung des Sich-Ergebens ist der
Schlüssel zur Erlösung, das Tor zu Genesung, Heilung und der Entdeckung unseres spirituellen Potentials. Sie kennzeichnet den Übergang von einem beschränkten Erleben dessen, was wir sind, zu einer
erweiterten Wahrnehmung, und sie kann einem auf unterschiedliche
Weise widerfahren. Manchmal ist sie dramatisch, manchmal verläuft
sie eher unterschwellig. In der dunklen Nacht unserer Sucht werden
unsere Seelen arm, auch wenn wir äußerlich keine Not leiden. Wir
geraten in den Zustand einer spirituellen Krise, die uns auf jeder Ebene
unseres Seins berührt. Wie auch immer unsere persönlichen Bedingungen sein mögen, wenn wir ganz unten ankommen, sind wir ohne
jede Kontrolle. Gefangen in dem ruinösen Zyklus unseres Suchtverhaltens, kommen wir an einer Kreuzung an, an der wir mit unserem
ganzen Wesen wissen, daß unser Leben nicht funktioniert. Wir sind
einer destruktiven und selbstzerstörerischen Kraft ausgeliefert, die größer ist als wir. Und gegen sie sind wir vollkommen machtlos.

Wenn wir uns ergeben, »lassen wir absolut los«, wie es die Anonymen
Alkoholiker formulieren. Alles, was wir zu sein meinten – alle Beziehungen und Bezugspunkte, Ego-Spiele, Abwehrhaltungen, Widerstände und Verleugnungen – bricht zusammen. Was bleibt, ist die wesentliche Natur dessen, wer wir sind. Die überwältigende Macht unserer
Sucht, die Personen, Orte, Dinge oder Aktivitäten, die wir zu unseren
Göttern gemacht haben, weichen der heilenden Anwesenheit unserer
wahren göttlichen Quelle, unserem tieferen SELBST.

Ein Süchtiger auf dem Weg der Genesung beschreibt seine Erfahrung
des Sich-Ergebens so:

Ich fühlte mich, als sei ich in einem Ringkampf mit einem starken, ungeheu-
erlichen und brutalen Gegner. Ich hatte überhaupt keine Chance. Ich war auf

der Matte, und er saß auf meinem Rücken, hämmerte auf mich ein und schrie. »Gibst du auf? Gibst du auf?« Ich war zerschlagen und zerstoßen, und jeder Teil von mir tat weh. Ich war vollkommen fertig, aber ich mühte mich weiter. Bis ich keine Kraft mehr hatte weiterzumachen. Schließlich gab ich auf und rief nach Hilfe. Und von dem Augenblick an begann sich mein Leben zu ändern.

Angesichts der überwältigenden Größe unserer Sucht halten uns unsere Sturheit, unsere Angst und unsere Täuschungen am Kämpfen, bis nichts bleibt, als die Niederlage zuzugeben.

Die Kapitulation geschieht oft an unerwarteten Orten und zu unvorhersagbaren Zeiten. Dieser Moment des Resignierens kann zu Hause, mitten auf der Kellertreppe kommen, in einer Bar, in einer Gefängniszelle oder in dem Augenblick, in dem wir nach dem Objekt unserer Sucht greifen. Eines Morgens oder mitten in der Nacht erreichen wir den Punkt, wo wir es nicht mehr ertragen können, und irgend etwas in uns sagt: *Genug! Ich kann das nicht mehr! Irgend etwas muß sich ändern!*

Vielleicht haben wir gerade unsere dritte unglückliche Ehe beendet oder das tausendste fremde Schlafzimmer verlassen. Vielleicht sitzen wir Heiligabend allein in unserem luxuriösen Haus, umgeben von materieller Fülle und innerlich ganz leer. Vielleicht haben wir vom endlosen Kokainschnupfen ein Loch in der Nase und Angst im Bauch, oder vielleicht haben wir nach einer Nacht schweren Trinkens oder eines Nachmittags mit Eiscreme-Orgien gerade in eine Kloschüssel zu viel geschaut. Möglicherweise gelangen wir, wie Joseph Campbell zu sagen pflegte, auf die oberste Sprosse der Leiter und stellen fest, daß sie an der falschen Wand steht. Oder wir sitzen wieder an irgendeinem exotischen Ort in einem Hotelzimmer, das sich nicht sehr von allen anderen unterscheidet, und sind des Rennens müde.

Und irgendwo tief innen flüstert eine kleine Stimme: »Ich gebe auf …« Und verzweifelt fügt sie hinzu: »Bitte hilf mir … Ich tue alles.«

Jeder genesende Süchtige kennt diesen Augenblick. Das sind die Abgründe des spirituellen Bankrotts. Manche sagen, sie hätten sich ergeben. Andere gestehen, daß sie den selbstzerstörerischen Suchtzyklus, der sie in den Zustand der absoluten Niederlage führte, nur auf eine Weise loslassen konnten. Sie sagen: »Ich *wurde* ergeben.«

Die ersten drei Schritte der Anonymen Alkoholiker sprechen diese

Erfahrung des vollständigen Aufgebens der Ich-Kontrolle und das Annehmen von Hilfe seitens einer höheren Macht an:

1. Wir gaben zu, daß wir dem Alkohol gegenüber machtlos sind – und unser Leben nicht mehr meistern konnten.
2. Wir kamen zu dem Glauben, daß eine Macht, größer als wir selbst, uns unsere geistige Gesundheit wiedergeben kann.
3. Wir faßten den Entschluß, unseren Willen und unser Leben der Sorge Gottes – wie wir ihn verstanden – anzuvertrauen.

Wer in dieses Genesungsprogramm eintritt, muß den ersten Schritt durchmachen; das ist die Initiation in den Heilungsprozeß. Dieser Vorgang, die persönliche Machtlosigkeit einzugestehen und uns unseren persönlichen Ressourcen zu öffnen, gilt nicht nur für Alkoholismus, sondern auch für jede andere Form von Sucht. Außerdem betrifft er jeden Menschen, der sich an einen anderen, an ein Objekt, eine Aktivität, eine Vorstellung oder einen Ort klammert, die effektives und schöpferisches Wirken behindern. Viele Leute, die sich selbst nicht als Süchtige bezeichnen würden, haben diese Erfahrung, diesen Augenblick der Wahrheit, der Unterwerfung kennengelernt.

Sich-Ergeben als Ich-Tod

Es gibt viele Möglichkeiten, das Aufgeben zu beschreiben: »Niederlage eingestehen«, »kapitulieren«, »machtlos werden«, »loslassen«, »auf Grund stoßen«, »lebendig sterben«, »Ich-Tod«. Bill Wilson nannte es »das Zerschmettern des Ich«. Diese Erfahrung des *Ich-Todes* ist einer der tiefsten, schwierigsten, aber transformativsten Zustände überhaupt. Es ist die Zerstörung und Verwandlung des beschränkten Ich oder begrenzter Selbstdefinitionen; sie muß eintreten, um dem tieferen SELBST Raum zu schaffen, in dem es sich ausdrücken kann. Sich-Ergeben öffnet unserer höheren Macht, *Gott, wie wir ihn verstehen*, die Tür, um die Abwehr und Verleugnungen zu durchbrechen, die sie verdeckt gehalten haben.

Der Philosoph und Psychotherapeut Karlfried Graf Dürckheim hat geschrieben: »Das Lassen des Ichs meint auch das Einklammern des ganzen Koordinatensystems, das um seine ›Positionen‹ kreist … Es bedeutet das Loslassen einer Einstellung, in der wir uns allein auf das verlassen, was wir fest haben, wissen und können, und es bedeutet das Aufgehen einer Bewußtseinsform, in der das Leben inständlich in seiner schöpferischen Dynamik gewahrt bleibt.«

Der Tod alter Persönlichkeitsstrukturen und erfolgloser Lebensweisen ist notwendig, um zu einer freieren, glücklicheren und liebevolleren Existenz zu gelangen. Der Ich-Tod bedeutet keine Zerstörung des gesunden Ich, das wir brauchen, um uns im Alltagsleben zu bewähren. In diesem Prozeß stirbt der Teil von uns, der an der Illusion von Kontrolle festhält, der Teil von uns, der denkt, wir hätten alles im Griff, wir hätten das Sagen. Was auseinander fällt, das ist die falsche Identität, die sich so gebärdet, als seien wir das Zentrum des Universums.

Die Erfahrung des Ich-Todes ist das erste Stadium in einem Prozeß von Tod und Wiedergeburt. Bill Wilson schrieb:»Nur durch die vollkommene Niederlage sind wir fähig, unsere ersten Schritte in Richtung Befreiung und Kraft zu tun.« Wir entziehen uns damit unseren Begrenzungen, unseren ungesunden, zerstörerischen Einstellungen und Handlungen, und öffnen den Weg zu persönlichem Wachstum, Gesundheit und Kreativität. Wenn wir unsere Niederlage zugeben, gehen wir als Sieger daraus hervor. Auf der anderen Seite der Machtlosigkeit steht die unbegrenzte Gewalt unserer Höheren Macht. Wenn wir loslassen, erhalten wir oft viel mehr, als wir uns je hätten träumen lassen. Dadurch, daß wir die Kontrolle aufgeben, sei sie echt oder eingebildet, erkennen wir, wieviel Energie wir darauf verschwendet haben, etwas Unbeeinflußbares festzuhalten. Wenn wir ganz unten ankommen, geht es nur noch aufwärts. Wir können innerlich sterben und dennoch am Leben bleiben; wenn wir emotional, psychisch und spirituell sterben, werden wir in ein neues Dasein wiedergeboren. Und da beginnt sowohl die Arbeit wie die Freude der Genesung.

Der Dichter und Schriftsteller D.H. Lawrence hat die Erfahrung von Tod und Wiedergeburt sowohl in Prosa wie in Gedichten, beispielsweise»New Heaven and Earth«, präzise eingefangen.

Wenn wir uns ergeben, fühlen wir uns vielleicht so, als sei jedes letzte Überbleibsel von uns verschwunden, und wenn wir dann in unserem neuen Leben auftauchen, ist das wie ein Schritt in eine frische Welt.

Wir bewohnen denselben Körper, sind aber »unaccountably new«
(unerklärlicherweise neu).

Ich-Tod, nicht Selbstmord

Es ist allgemein bekannt, daß Suchtverhalten irgendwann zum physischen Tod führen kann. Die Zeitungen drucken täglich die trostlosen
Statistiken, und die Fernsehanstalten senden Geschichten über Menschen mit Suchtproblemen und diejenigen, die davon betroffen sind.
Süchtige kann man auf jeder Ebene der selbstzerstörerischen Bahn
zum völligen Verfall antreffen. Wenn sie im Laufe dieses Prozesses
ihre Erfahrung der inneren und äußeren Vernichtung nach außen projizieren und auf die Menschen in ihrer unmittelbaren Umgebung abladen, können sie anderen Menschen ernsthaften Schaden zufügen oder
sie ganz zerstören.

Mit veränderter Wahrnehmung vermögen wir dieses alarmierende und
weit verbreitete Phänomen in hoffnungsvollem Licht zu sehen. In den
letzten Absätzen des vorigen Kapitels habe ich das Abgleiten, unseren
Untergang in der dunklen Nacht der Sucht, sowie den möglichen
Verlust von Gesundheit, Familie, Arbeitsplatz, Besitz und Selbstrespekt beschrieben. In diesem Zustand des spirituellen Bankrotts fühlen
wir uns oft so, als ob alles stürbe. Unsere Erfahrung scheint sehr real
zu sein, so, als ob wir tatsächlich vor der biologischen Vernichtung
stünden. Menschen, die zuviel Alkohol trinken, verwenden Worte wie
»zerschmettert«, »zerbombt«, »verschmutzt«, »ausgebrannt« oder
»völlig zu«, um sich zu beschreiben, wenn sie betrunken sind. Dieselben Worte kennzeichnen unseren physischen, emotionalen, geistigen
und spirituellen Verfall durch jede Art von Suchtverhalten. Wenn wir
nicht wissen, daß es einen sicheren Weg heraus aus dieser erschrek-
kenden Erfahrung der persönlichen Auslöschung gibt, könnten wir
leicht den tragischen Fehler machen, sie durch Selbstmord zu vollen-
den. In manchen Fällen ist der Schmerz unseres Zerfalls so groß, daß
wir ihn durch Gewalt gegen einen anderen Menschen oder sogar Mord
auszuagieren versuchen.

Die gute Nachricht ist die, daß dieser Prozeß des Sterbens, wenn man
im Würgegriff der Sucht gefesselt ist, vollkommen sicher sein, und

zuträgliche Konsequenzen haben kann, *wenn* er als subjektive Erfahrung durchlebt wird. Süchtige können der Gefahr des physischen Todes entgehen, wenn sie sich nach innen wenden und ihrem alten Selbst entsterben. Die Auflösung des ungesunden Ichs ist ein entscheidender Schritt zu tiefgründiger Transformation, größerer Gesundheit und Ganzheit. Statt diesen wesentlichen Ich-Tod nach außen in physische Zerstörung zu übersetzen, kann er, ohne dem Körper weiter zu schaden, verinnerlicht werden. Wir können die Süchtigen so vertrauten *Selbstmord*-Impulse in einen *Ich-Tod* verwandeln. Einer der Gründe dafür, daß spirituell orientierte Genesungsprogramme so gut funktionieren, ist der, daß sie die transformative Kraft des Sich-Ergebens erkennen; sie sind in der Lage, Menschen, die den Ich-Tod erfahren, die notwendige Unterstützung und Führung zu bieten.

Das Element der Gnade

Wie geht dieses Sich-Ergeben vor sich? Wenn ich einen genesenden Süchtigen frage, was geschehen ist, warum er oder sie sich ergeben hat, lautet die Antwort oft:»Ich weiß es nicht. Jedenfalls ist es ohne mein Zutun geschehen.« Viele Menschen behaupten, ganz unten anzukommen, sei eine Spiegelung des Wirkens ihrer Höheren Macht. Manche sagen einfach, sie seien gesegnet worden. Ein genesender Alkoholiker erklärte:»Ich wurde von Gott nüchtern geschlagen. So wie wenn einer kurz vorm Tod sein ganzes Leben schnell an sich vorüberziehen sieht … So ist es mir ergangen, als ich erkannte, daß ich nicht mehr trinken konnte.«

Warum kommt jemand an einem bestimmten Tag ganz unten an? Manche Menschen ringen mit ihrer Abhängigkeit, treten immer wieder Genesungsprogrammen bei und ziehen sie dann nicht durch, bis sich plötzlich etwas ändert, so daß sie nicht mehr das Bedürfnis spüren, ihr Suchtverhalten fortzusetzen. Was führt diese Veränderung herbei? Etliche genesende Süchtige berichten»Aus einem Grund, den ich nicht verstehe, wurde der Zwang, Drogen zu nehmen (oder mich auf Glücksspiele einzulassen, zu trinken, zuviel zu essen) von mir genommen. Über Nacht war er weg. Diese Besessenheit, die Jahre angedauert hatte, ist nicht zurückgekommen.«

Viele Menschen, die sich Genesungsprogrammen oder anderen Formen spirituellen oder religiösen Lebens zuwenden, nennen diese Erfahrung *Gnade*. Wie bei anderen heiligen Phänomenen, sind wir unfähig, den Zustand der Gnade zu erklären. Gelehrte, Theologen und Mystiker versuchen ihn schon seit Jahrhunderten zu beschreiben und zu interpretieren. Meyers Lexikon definiert Gnade als »die Hilfe Gottes ... vornehmlich als unverdiente Vergebung menschlicher Sünden«. Der Psychiater und Autor Gerald May nennt sie »den aktiven Ausdruck von Gottes Liebe«. Die Erfahrung der Gnade ist zum Teil deswegen so schwierig zu beschreiben, weil unsere Definition des Göttlichen so stark variiert. Lassen Sie uns für unsere Zwecke hier das Konzept aus den Zwölf-Schritte-Programmen verwenden: »Gott, wie wir Ihn verstehen«. Das erlaubt uns, unsere eigene einzigartige Erfahrung des tieferen SELBST aufrechtzuerhalten.

Unabhängig davon, welche Sprache und Vorstellungen wir wählen, hat fast jeder von uns Augenblicke gekannt, in denen wir unerwartet von irgendeiner unsichtbaren Kraft in unserem Leben Hilfe oder ein Eingreifen erlebt haben. Diese göttliche Unterstützung kann in Form einer plötzlichen Erkenntnis, einer Befreiung von einem Problem oder des Gefühls innerer Freisprechung nach einem Fehler auftreten. Vielleicht arbeiten wir an einer kniffligen persönlichen Situation, und plötzlich streift uns aus dem Nichts ein Hauch von Klarheit und Weisheit, der eine Lösung sichtbar macht. Bei manchen Menschen, die in ihrem Suchtmuster feststecken, greift etwas Mysteriöses, ganz und gar Unfaßbares ein. Das ist die Kraft, die uns an den Punkt bringt, an dem bestimmten Tag zu sagen *Genug!* Dies ist die liebevolle Erscheinung, die uns den Weg aus unserem Schmerz und Zwang öffnet.

Wenn wir im Kampf mit unserer Sucht gefangen sind, entwürdigen wir uns durch unser Verhalten. Unser ungesundes Ich wird zunehmend zertrümmert, und wir bewegen uns auf eine Erfahrung der Kapitulation zu. An diesem Punkt sind wir so schwach und erschöpft, daß wir für ein Eingreifen durch unser tieferes SELBST offen werden. Unsere höhere Macht, die durch unsere eigene Abwehr und Verleugnungen so lange verborgen war, fließt in uns ein und bietet uns Befreiung. Das ist ein Zustand der Gnade.

Gnade ist nichts, was wir durch Tugendhaftigkeit oder gute Taten anstreben können. Wir erreichen sie nicht dadurch, daß wir die richtigen spirituellen Praktiken verfeinern. Der Ausdruck von Gnade ist kein gleichbleibendes Phänomen, eines von Ursache und Wirkung. Noch handelt es sich um etwas, das getrennt von unserem tagtäglichen Dasein besteht. Diese göttliche Aktivität steckt voller Geheimnisse und tritt unter ganz gewöhnlichen Bedingungen auf. Gnade geschieht einfach, und auch wenn wir sie nicht erarbeiten können, haben wir sie verdient. Wenn wir, wie es unsere Geschichte sagt, sowohl aus einem kleinen Selbst wie aus einem tieferen SELBST bestehen, ist es unser angeborenes Recht, mit diesem tieferen SELBST vertraut zu werden.

Beim Schreiben dieser Zeilen bin ich mir dessen bewußt, daß eine Erörterung der erlösenden Natur von Sucht und Genesung entweder verherrlichend wirken kann oder so, als werde Suchtverhalten damit entschuldigt. Das Gegenteil ist richtig. Sucht und alles, was damit einhergeht, ist erschreckend, bedrohlich und möglicherweise tödlich. Ich würde keinem Menschen die Hölle dieser Seelenkrankheit wünschen. Ganz unten anzukommen und in die Genesung wieder aufzutauchen, kann eine zutiefst transformierende Erfahrung von Tod und Wiedergeburt mit lebensveränderndem Potential sein, aber sie ist gefährlich. Es gibt viel weniger gewagte Wege, dasselbe zu erreichen. Zu viele von uns schaffen es nicht durch die Todesphase dieser Reise des Helden oder der Heldin. Aber für diejenigen unter uns, die sich in den Fängen einer Sucht befinden, gibt es die Hoffnung und die Möglichkeit einer physischen, emotionalen, geistigen und spirituellen Erneuerung mit weitreichenden Konsequenzen.

Sich zu ergeben hat Vorzüge

Warum sollten wir diese Erfahrung durchmachen, uns zu ergeben? Warum das loslassen, wofür wir uns halten? Aus einer bestimmten Sichtweise denken wir vielleicht, wir hätten viel zu verlieren. Aus einem etwas anderen Blickwinkel können wir jedoch durch die Trennung von unseren Begrenzungen alles gewinnen.

Sucht ist eine spirituelle Krise, die den Samen der Transformation in sich birgt. Spirituelle Krisen können in vielen unterschiedlichen Formen auftreten, und eine davon ist eben Sucht. Als mein Mann und ich den Begriff der spirituellen Krise prägten, war das ein Wortspiel. Im

Englischen bezeichnet *spiritual emergency* sowohl die *Krise*, die mit einer Zeit jäher Veränderung einhergehen kann, als auch das *Auftauchen*, was auf die unglaublichen Möglichkeiten hinweist, die solche Erfahrungen für persönliches Wachstum und Verständnis bieten können. Der Prozeß, ganz unten anzukommen und in die Genesung von der Sucht zu gelangen, ist eine Form der spirituellen Krise; sie weist viele Elemente anderer psychospiritueller Krisen auf.

Ein zentraler Faktor bei allen Formen von spirituellen Krisen ist der, daß in der Erfahrung des Ich-Todes der Schlüssel zu Heilung und Transformation liegt. Während der Zeit unserer Sucht haben wir der Flasche, anderen Menschen, Essen, Zigaretten oder Drogen nachgegeben. Dadurch, daß wir uns ganz unserer persönlichen Machtlosigkeit hingeben, empfehlen wir uns der Fürsorge unseres tieferen SELBST an. Dadurch, daß wir uns ergeben, schreiten wir von der Hoffnungslosigkeit zur Hoffnung. Wir wechseln von der Zerstörung zum Versprechen der Kreativität, von der Depression zur Inspiration. Von ganz unten beginnen wir, auf die Möglichkeit eines gesunden, erfüllten Lebens zuzuschreiten.

Manche Menschen erleben in diesem Augenblick der Niederlage und völligen Entmutigung ein dramatisches spirituelles Erwachen. Während sie auf dem Küchenboden sitzen, in der Gefängniszelle auf und ab schreiten oder zum ersten Mal die Sorge ihrer Familie und Freunde hören, geben sie die Kontrolle auf und erbitten dabei oft Hilfe von einer unbekannten Macht. Ohne Vorwarnung können sie eine Erfahrung machen, die wie eine Beschreibung aus dem Leben der Mystiker klingt. Manche haben Visionen von Licht oder der Gestalt eines wohlwollenden Wesens. Andere hören vielleicht eine Stimme, die Trost, Anleitung und Führung anbietet. Wieder andere spüren ganz deutlich die starke und liebevolle Anwesenheit einer beschützenden Macht. Diese Arten von verblüffenden spirituellen Episoden können jedem widerfahren, auch dem, der sich zuvor als Agnostiker oder Atheist bezeichnet hat. Wenn solche Menschen ihre Geschichte erzählen, bezeichnen sie jenen bedeutsamen Augenblick als den, der sie aus ihrer Suchthölle hinaus und in die Genesung hinein geleitet hat.

Wir wir schon früher festgestellt haben, erleben die meisten Menschen nicht diese kraftvolle, offensichtliche Form von Gnade. Für viele von uns gibt es kein Feuerwerk, keine Visionen, keine göttlichen Worte der Führung. Im Laufe der Zeit und des Genesungsprozesses verändern wir uns und stellen fest, daß unser Leben zunehmend glücklich, ehrlich, liebevoll und bewußt geworden ist. Wir machen unsere Genesungsarbeit, und dabei wächst allmählich unsere Erfahrung des tieferen SELBST. Unser Vertrauen und unser Glauben an diese leitende Kraft entwickeln sich langsam. Aber jeder, der sich wirklich ganz auf dem Grund einer Suchtkarriere ergeben hat, weiß, daß diese Erfahrung bedeutsam und tiefgründig war. Es ist ein Zustand der Gnade, der uns zuvor unberührten Möglichkeiten im Inneren öffnet.

Die Herausforderungen des Sich-Ergebens

Ich habe einmal eine genesende Süchtige sagen hören: »Ich fühle mich wie ein Kind, das laufen lernt. Ich lasse gleichzeitig los und halte mich fest. Warum kann ich nicht einfach loslassen und mir erlauben loszugehen?« Ihre Bemerkung hat mich an eine Geschichte über das Sich-Ergeben aus dem Hinduismus erinnert. Sie beschreibt ein Methode, die in Indien benutzt wurde, um Affen zu fangen. Die Jäger höhlten eine Kokosnuß aus und schnitzten ein Loch hinein, das gerade so groß war, daß der Affe seine Hand hineinstecken konnte. Dann machten sie die Kokosnuß an der Erde fest und füllten sie mit einem Leckerbissen. Wenn er sein Abendbrot entdeckte, griff der Affe in die Öffnung und langte danach. Aber sobald das ahnungslose Opfer die Nahrung umklammerte, wurde seine Hand zur Faust und diese zu groß für die Öffnung. Statt die unerwartete Köstlichkeit loszulassen, blieb der Affe mit seiner Faust in der Nuß gefangen und wurde den Jägern zur leichten Beute.

Manche Menschen würden, wie der Affe, lieber sterben als loslassen. Warum ist diese Erfahrung des Sich-Ergebens für uns so schwierig? Warum müssen so viele von uns mit dem Rücken an der Wand stehen, von unserem Suchtverhalten vollkommen zerstört sein, bevor wir loslassen? Ein Grund ist der, daß es oft einen Identitätswechsel erfordert, sich zu ergeben. Wir müssen die Vorstellung davon, wer wir seien, aufgeben. Als Menschen identifizieren sich die meisten von uns fest mit dem kleinen Selbst, mit unserer Ich-Existenz als Individuum, mit einem starken Gefühl dafür, wer »Ich« bin. Wir sehen uns selbst als materielle Wesen, die innerhalb einer begrenzten Wirklichkeit leben. Das ist der Aspekt von uns, der für wirksames Funktionieren in unserer Welt notwendig ist.

Über diese enge Selbst-Definition hinauszugehen, kann erschreckend sein. Es fühlt sich so an, als bäte man uns, unsere Identität ganz und gar aufzugeben. Auch wenn das Aufgeben das Potential für spirituelle Erweiterung birgt, sind doch viele von uns so von unserem tieferen SELBST abgeschnitten, daß Loslassen wie ein Sturz ins Unbekannte klingt. Was wird uns bleiben, wenn wir uns ergeben? Ironischerweise ist das Loslassen dessen, wofür wir uns halten, entscheidend, wenn wir uns verändern wollen. So wie es notwendig ist, eine Aktivität loszulassen, damit etwas Neues geschehen kann, so müssen wir das kleine Selbst aufgeben, um das tiefere SELBST kennenzulernen und es in unsere Lebenserfahrung einzugliedern.

Darüber hinaus bauen viele von uns darauf, immer über die Kontrolle zu verfügen. Wir haben uns Überlebensstrategien in einer instabilen Welt geschaffen, eine »Über«-Struktur von Abwehrtechniken, Verleugnungen und schöpferischen Möglichkeiten, mit allem fertig zu werden, das uns die Illusion von Macht gibt. Dadurch haben wir ein Gefühl von Meisterschaft über unser Leben gewonnen, aber unsere Bemühungen sind allmählich starr geworden. Aus unserer Position als individuelles Ich heraus beginnen wir anzunehmen, wir könnten jeden Aspekts unseres Lebens, einschließlich anderer Menschen, ordnen und lenken.

Wie wir gesehen haben, vermindert oder beschneidet die Konstruktion unserer falschen Identität und unser Verhaftet-Sein an unser Suchtverhalten die Verbindung zu der kreativen Kraft, die letztlich Regie führt. Nach einiger Zeit bleiben wir mit der Illusion zurück, wir hätten das Sagen, und oft genug auch noch, die Welt drehe sich um uns und unsere Bedürfnisse. Es endet damit, daß wir ganz allein versuchen, unsere Wirklichkeit zu steuern, so als ob wir auf dem Fahrersitz eines Wagens säßen. Unterwegs entwickeln die meisten von uns einen gewissen Grad von Arroganz, Stolz oder Größenwahn, um das vorherrschende Gefühl von Scham, Angst und Selbstbewußtheit zu maskieren. Unsere spirituelle Quelle bleibt verborgen, und wir sind zu sehr mit uns selbst beschäftigt, um ihre Existenz oder ihre Kraft zu erkennen. Bis zu einem gewissen Grad geschieht das uns allen. Unser Leben ist von Haus aus unvorhersagbar und unbeständig. Irgend jemand hat gesagt: »Das einzige, worauf wir uns verlassen können, ist Wandel.« Jede Sekunde vergeht, und die nächste ist voll der Ungewißheit unbegrenzter Möglichkeiten. Diese Wirklichkeit kann sowohl aufregend wie bedrohlich sein. Da viele von uns Angst vor Veränderung haben, halten wir an dem fest, was wir kennen. Die uns bekannte Wirklichkeit bietet, auch wenn sie unangenehm oder schwierig ist, einen gewissen Grad von so wahrgenommener Sicherheit und persönlicher Bestimmung. Wenn wir mit einer Alternative zu unserer gewohnten Vorgehensweise konfrontiert werden, sperren sich viele von uns. Wir fühlen uns sicherer, wenn wir innerhalb der Mauern unseres bekannten Gefängnisses bleiben, als wenn wir das Risiko eines Ausbruchs eingehen.

Die natürliche Neigung, an etwas festzuhalten, wird bei jemandem, dessen Leben voller Unordnung, Instabilität, Gewalt oder Mißbrauch war, sehr viel größer. Im Angesicht bedrohlicher Situationen schöpfen wir aus unseren unendlichen Ressourcen und übernehmen in einem Versuch, einen Anschein von Sicherheit und psychischer Gesundheit zu finden, die Kontrolle. Wenn wir in unserer Welt keine Ordnung sehen, fühlen wir uns verrückt; die Kontrolle zu übernehmen, gibt uns die Illusion von Normalität, sie loszulassen, scheint eine Katastrophe zu sein. Nachdem wir Jahre damit verbracht haben, eine Festung (illusorischer) Kraft und Sicherheit aufzubauen, ist das Aufgeben unserer falschen Identität schreckenerregend. Wenn wir die Kontrolle loslassen, spüren wir vielleicht Schmerz und Angst.

Für jemanden mit einem Hintergrund von physischem, verbalem oder sexuellem Mißbrauch ist Sich-Ergeben oft auf einer Stufe mit Gewalt. Machtlos zu sein bedeutet, daß man schutzlos überrannt oder verletzt wird. Die Kontrolle aufzugeben heißt, von einer starken, brutalen Kraft kontrolliert *zu werden*. Die Vorstellung, daß das Aufgeben einen Zugang zu Güte, Liebe und wachsender spiritueller Kraft bedeutet, scheint fremd; es ist schwer zu verstehen, daß Loslassen transformativ und wachstumsfördernd ist. Die Erfahrung hat uns gelehrt, daß die Verteidigungsmechanismen um jeden Preis aufrechtzuerhalten sind; alles andere bedeutet, daß wir überwältigt werden.

Außerdem erfordert das Sich-Ergeben Bescheidenheit. Es bedeutet, daß man die Fassade des falschen Stolzes und der Arroganz aufgeben und zulassen muß, daß die Schwächen sichtbar werden. Auch dies kann für denjenigen, der sich auf seine Abwehr als Schutz gegen mögliche Verletzungen verlassen hat, sehr beängstigend sein. In Genesungsgruppen hört man oft den Satz:»Durch Erniedrigung erwächst Bescheidenheit.« Das ist für viele von uns wahr. Wir müssen uns so fühlen, als seien wir auf nichts reduziert, bevor wir unsere Verteidigungsmechanismen aufgeben. Wir lernen Bescheidenheit ausschließlich durch unser gewagtes, unkontrolliertes, verrücktes Suchtverhalten, das uns nach ganz unten treibt und unseren Selbstrespekt zerstört.

Auch kulturelle Rollen können Hindernisse bei unserer Erfahrung des Sich-Ergebens sein. So werden beispielsweise viele männliche Mitglieder unserer Gesellschaft mit der Erwartung großgezogen, daß sie immer stark, effektiv und kontrolliert sein müssen. Familien und Kollegen verlassen sich darauf, daß sie immer den Anschein von Stabilität wahren. Die unterschwellige Richtlinie heißt *echte Männer weinen nicht.* »Echte Männer« machen ihren Panzer nicht durchlässig, lassen ihre Gefühle nicht heraus und zeigen nicht, daß sie verletzbar sind. Historisch hing das Sich-Ergeben immer damit zusammen, in einem Krieg alles an den siegreichen Gegner zu verlieren. Es bedeutet, die eigene Macht, den Besitz und die Würde an einen Feind abzugeben; wahrhaft heldenhafte Krieger geben nie auf. Die eigene Machtlosigkeit einzugestehen, bedeutet den Verlust der Illusion von Potenz. Wenn Männer das tun sollten, würden sie einen Teil der Identität verlieren, die unsere Kultur ihnen zugeschrieben hat.

Bei rassischen oder kulturellen Minderheiten, bei Menschen mit nicht akzeptierten sexuellen Orientierungen, Frauen und anderen, die die Gesellschaft für weniger stark hält, sieht das Problem deutlich anders aus. Viele von diesen Menschen sind bereits demoralisiert oder haben kein Gespür mehr für ihre eigene Kraft. Andere sehen Machtlosigkeit als etwas, dem es zu entwachsen gilt; in dem Ringen um Anerkennung und gleiche Rechte streben sie nach Stärke und Meisterschaft. Sich zu ergeben hieße, das aufzugeben, wofür sie gekämpft haben, und in die Unterwürfigkeit und Willfährigkeit zurückzugleiten, die sie bereits so gut kennen. Macht kennzeichnet die überwältigende politische, soziale und individuelle Autorität, die sie in ihre unbillige Position gedrängt hat. Selbst die Bezeichnung »Höhere Macht« kann Bilder von unterdrückenden Formen wie diesen hervorrufen.

Wir gewinnen aber dadurch, daß wir machtlos werden, mehr Macht.

Durch die Erfahrung des Ich-Todes geben wir unsere unwirksamen und nicht echten Seinsweisen auf und öffnen uns den Ressourcen des tieferen SELBST. Dieser Zustand kann in uns, unabhängig von unserer Rolle in der Öffentlichkeit, eine tiefe Kraft erschließen, die unendlich stärker und ausdauernder ist als die wahrgenommene Macht unserer sozialen Identität. Anders als die brüchige Gewißheit, die mit Kontrolle und Einflußmöglichkeiten einhergeht, ist diese tiefere Kraft lebhaft, zuverlässig und üppig.

Zu heftig versuchen loszulassen

Es gibt einen Unterschied zwischen Sich-Ergeben und »ergeben werden«. Wenn das Loslassen zu sehr Absicht ist, funktioniert es nicht. Unsere zielorientierte Einstellung steht dem im Wege. Sich zu ergeben ist ein Prozeß, kein Ereignis, und der Zeitplan sieht bei verschiedenen Menschen unterschiedlich aus. Er hat oft nichts mit unseren rationalen Erwartungen oder Terminvorstellungen zu tun. Das zentrale Thema eines meiner spirituellen Lehrer war dieses Sich-Ergeben gegenüber dem Inneren Selbst oder Gott. Er sagte: »Es gibt nur zwei Arten zu leben: Die eine ist voll beständiger Konflikte, die andere heißt, sich zu ergeben … Wenn sich jemand ergibt … werden sein Haus, seine Hände und sein Herz voll. Sein früheres Gefühl von Leere und Mangel verschwindet.«

Das klingt wie ein wunderbares Ziel. Angeregt durch die Worte unseres Lehrers, strengten sich viele seiner Schüler an, sich in ganz zielorientierter Weise zu ergeben. Wenn ich mich zur Meditation setzte oder vor einer Herausforderung in meinem Leben stand, sagte ich zu mir selbst: »Jetzt werde ich loslassen. Gut. Jetzt ergebe ich mich. Nimm mich.« Ich saß da und wartete und war stolz darauf, daß ich, so dachte ich, meinen Wunsch erreicht hatte. Aber unweigerlich tauchte irgend etwas auf, das mir zeigte, daß ich nicht losgelassen hatte. Ich klammerte immer noch wie verrückt an der Vorstellung, der selbstgerechten Position, dem Menschen oder der Aktivität, die ich freizugeben versucht hatte.

Dann sagte ich mir selbst: »Okay. Diesmal werde ich *wirklich* loslassen. Ganz und gar.« Und ich versuchte noch heftiger, mich zu ergeben.

Aber je mehr ich mich darauf ausrichtete, desto tiefer versank ich in der Vorstellung. Je besessener ich von diesen Gedanken wurde, desto schwieriger wurde es auch, mich von ihnen zu lösen. Je mehr ich mich zu ergeben versuchte, desto wichtiger wurde mein Ziel. Je größer das Ziel wurde, desto mehr reckte ich mich einem zukünftigen Versprechen entgegen. Das führte dazu, daß ich meine Erfahrung in der Gegenwart vollkommen versäumte, an dem einzigen Ort also, an dem das Loslassen stattfinden konnte.

Wenn wir zu stark versuchen loszulassen, werden wir darin so verwickelt, daß wir gegen uns selbst arbeiten. Ironischerweise versuchen wir eine Erfahrung zu kontrollieren, die den *Verlust* von Kontrolle erfordert. Wenn wir von einer Kraft jenseits unseres Einflusses »ergeben werden«, sei es von der Quelle unserer Sucht oder von herausfordernden Lebensumständen, sind wir gezwungen loszulassen. Für einige von uns ist das die einzige Art, auf die wir uns bedingungslos ergeben können.

Landkarten von Tod und Wiedergeburt

Den Prozeß des Sich-Ergebens und der Erneuerung finden wir nicht ausschließlich bei den Erfahrungen von Sucht und Genesung. Wir erleben ihn mit dem Lauf der Jahreszeiten: Wir schreiten von der Fülle des Sommers durch herbstliches Welken und den tiefen Winterschlaf zur Erneuerung im Frühling. Im Laufe der Geschichte haben viele verschiedene Traditionen diesen Zyklus von Tod und Wiedergeburt anerkannt und gefeiert. Zu unserem Glück haben unsere Vorfahren Landkarten geschaffen, die diesen Prozeß beschreiben und uns im Auf und Ab unseres Lebens als Führer dienen können. Dieses Modell von zyklischem Tod und Wiedergeburt ist ein sehr hoffnungsfrohes, besonders für Menschen, die selektiv ganz auf die dunkle Nacht des inneren Sterbens eingestimmt sind; es bietet das Versprechen der Erneuerung auf der anderen Seite der Tiefen und Schwierigkeiten.

Der Mythologe Joseph Campbell hat Mythen und Religionen aus aller Welt untersucht und festgestellt, daß sie mehrheitlich eine universelle Formel in sich bergen, die seiner Meinung nach einen tiefen Aspekt der kollektiven menschlichen Psyche spiegelt. Die Themen in diesen multikulturellen Systemen sind uns vertraut und stehen für Muster, die uns allen bekannt sind. Campbell hat herausgefunden, daß das Motiv von Tod und Wiedergeburt sowohl im Mythos wie in der Religion das zentrale Leitmodell bildet.

Die christliche Geschichte von der Kreuzigung und Auferstehung Jesu bietet eine starke und leidenschaftliche Beschreibung von Tod und Erneuerung. Bei den Osterfeiern gibt es reichlich Bilder von Wiedergeburt, wenn winzige Küken aus Eiern schlüpfen und Mutter Häsin kleine Häschen wirft – Symbole für Fruchtbarkeit und Überfluß. Im alten Ägypten wurde der Gott Osiris von seinem bösen Bruder Bruder Seth enthauptet und durch die Intervention seiner Schwester Isis wieder zum Leben erweckt. Die Kulturen der Naturvölker aus aller Welt kennen Geschichten von heroischen männlichen und weiblichen Gestalten, die in die Tiefen hinabgestiegen sind, Hindernisse überwunden haben und transformiert zurückgekehrt sind.

In seinem wunderbar geschriebenen Buch *Der Heros in tausend Gestalten* beschreibt Campbell eine Form des Mythos von Tod und Erneuerung die Heldenreise. Der Held oder die Heldin verlassen ihre gewohnte Umgebung entweder aus eigenem Antrieb oder erhalten durch irgendeine äußere Macht den »Ruf zum Abenteuer«. Diesem Ruf folgend betreten sie das Reich des Unbekannten und der schwierigen Herausforderungen. Dort werden sie mit überwältigenden Kräften und Prüfungen konfrontiert und stehen schließlich vor einer höchsten Feuerprobe. Aus der treten sie als Sieger hervor, und Held oder Heldin treffen das Spirituelle Selbst. Diese Begegnung kann viele verschiedene Formen annehmen. Die letzte und oft schwierigste Aufgabe ist es dann, transformiert und mit neuen Gaben, die sie mit den anderen teilen können, nach Hause zurückkehren.

Der griechische Mythos von Odysseus, der sich in unbekannte Reiche hinauswagt und lebensbedrohenden Herausforderungen stellt, spiegelt die Begegnung mit dem Tod und die Erneuerung des Helden. In einem Mythos, der eine Allegorie für die Bewegung der Jahreszeiten bietet, wird die griechische Göttin Persephone in die Unterwelt entführt und, durch das Eingreifen von Zeus, jeweils für einen Teil des Jahres wieder nach Hause entlassen.

Die drei Stadien der Heldenreise – *Trennung, Initiation, Rückkehr* – charakterisieren auch die Stadien von Sucht und Genesung. Wir lösen uns mit dem ersten Verkosten unserer Sucht von den uns bekannten, wenn auch unglücklichen Welten. Das erste Glas, die erste Droge oder sexuelle Begegnung, der erste Freßanfall oder Geschmack von Macht, ist unser Ruf zum Abenteuer. Es ist ein verführerisches Raunen oder ein tönender Widerhall, der uns in unbekannte, wundersame und erschreckende Gebiete bittet. Wenn wir immer tiefer in die Verstrickung mit unserer Substanz, Beziehung oder Aktivität geraten, nehmen die Herausforderungen zu, bis wir vor der letzten Prüfung stehen uns zu ergeben. Das ist unsere Initiation. Wenn wir vollkommen loslassen, wenn wir unsere Ich-Kontrolle aufgeben, tauchen wir aus der Unterwelt auf und treten unsere Heimreise an. Wir kehren zu dem uns bekannten Ausgangsgebiet zurück, aber wir sind anders. Wir haben so viele Lektionen durchlaufen und sind transformiert. Und wir können die durch unsere Erfahrungen gewonnene Weisheit auch anderen anbieten, die Hilfe brauchen.

Bei seiner Erörterung der Heldenreise bezieht sich Joseph Campbell teilweise auf die Formel von Trennung, Initiation und Rückkehr, die ein entscheidendes Kriterium für die Übergangsrituale in vielen Kulturen bildet. Unser eigenes Leben ist eine Heldenreise, die sich aus einer Serie von Zyklen zusammensetzt. Wir wachsen aus der äußersten Abhängigkeit der Säuglingszeit in die Kindheit hinein, von der Kindheit über die Jugend ins Erwachsenenalter, vom Leben als junge Erwachsene oft in die Ehe und dann ins mittlere Alter, vom mittleren Alter in die späteren Jahre, vom Alter in den Tod. Wir entsterben einer Periode unseres Lebens und tauchen in eine neue ein. Jeder dieser Übergänge bringt bedeutende innere Veränderungen mit sich und produziert seine eigenen physischen, emotionalen, geistigen und spirituellen Herausforderungen.

Zahlreiche Kulturen haben diesem Wechsel von einer Lebensphase in eine andere so viel Bedeutung beigemessen, daß sie Übergangsrituale erschufen, die das Voranschreiten eines Menschen von einem Stadium des Lebenszyklus zum nächsten markieren. Diese Rituale erleichtern den Prozeß des Sich-Ergebens und der Erneuerung. Sie bieten eine Möglichkeit, sich den emotionalen und den Erfahrungsbegrenzungen zu stellen und weiterzuschreiten. Die Teilnehmer durchlaufen oft eine »zweite Geburt«: Sie entsterben einer Phase ihres Lebens und den mit ihr verbundenen Rollen, Einstellungen und Mustern und lassen sie für ein neues Stadium mit einer neuen Identität zurück.

Die Initianten werden von ihrer Gemeinschaft unterstützt und von denen geleitet, die vor ihnen gegangen sind. Durch die zeremonielle Form wird den Menschen im Übergang eine bestimmte Stellung innerhalb der Gemeinschaft gewährt. Sie gewinnen eine feste und klare Definition ihrer eigenen Identität, ihrer sozialen Rollen und persönlichen Grenzen. Sie wissen, wo sie hinpassen. Außerdem stehen weise Mitglieder der Gruppe allen Initianten darin bei, die Veränderungen in ihr Wesen zu integrieren.

Initianten haben zudem durch die kraftvollen transformativen Methoden innerhalb des Rituals die Gelegenheit, ihre eigene Kreativität, die Quelle innerer Kraft und Liebe oder ihr spirituelles Potential zu erfahren. Oft werden sie durch eine symbolische Begegnung mit Tod und Wiedergeburt über ihre sterblichen Grenzen hinausgetrieben. Sie erfahren die mystischen und spirituellen Reiche, die Führung, Inspiration und ein erweitertes Gefühl vom Selbst bieten. Der Kontakt mit diesen spirituellen Zuständen ist notwendig, damit eine Heilung stattfinden kann.

Wenn wir den Mut haben, uns sowohl dem Dunkel wie dem Licht in unserer Psyche zu stellen, fühlen wir uns nicht mehr unbewußt motiviert, sie auf schädliche Weise gegen uns selbst zu wenden oder sie auf andere und unsere Umgebung zu projizieren. Statt dessen haben wir die Möglichkeit, uns selbst zu transformieren und ohne den Einfluß störenden unbewußten Materials etwas zur Welt beizutragen.

Unglückseligerweise hat unsere moderne Kultur dadurch, daß sie solche anerkannten Übergangsrituale abgelegt hat, ein wichtiges Werkzeug für Transformation verloren. Die bekannte Anthropologin Margaret Mead hielt die Tatsache, daß die moderne Gesellschaft diese Form von Ritualen aufgegeben hat, für einen entscheidenden Faktor beim Anwachsen verschiedener Formen von sozialer Fehlentwicklung. Auf der Grundlage ihrer interkulturellen Untersuchungen schloß sie, daß unsere Persönlichkeitsstruktur intensive Emotionen und Impulse birgt, die wir in unser Alltagsleben übertragen, wenn wir uns nicht innerlich mit ihnen auseinandersetzen. Wir erschaffen uns unsere eigenen Pseudo-Rituale und wissen das meist nicht einmal.

Ein bestechendes Beispiel dafür bieten die Aktivitäten der Jugendbanden, die sich in den amerikanischen Städten gebildet haben. Die *New York Times* beschrieb bereits 1991 in einem Artikel die ritualähnlichen Komponenten einer Bande, zu deren Aufnahme-Initiation gehörte, daß mögliche Mitglieder jemanden erschießen mußten, um zu zeigen, was sie wert seien. Diese Forderung weist eine offensichtliche und grauenerregende Ähnlichkeit zu der an den jungen Afrikaner auf, seinen ersten Löwen zu erlegen, oder an den jungen Eskimo, seinen ersten Seehund zu schießen, um Männlichkeit zu beweisen. Bandenaktivitäten und Übergangsrituale weisen weitere ähnliche Elemente auf: das Tragen bestimmter symbolischer Kleider, Haartrachten oder anderer Staffage; Gefahr und Wettbewerb; Konfrontation mit Angst und anderen Begrenzungen; die Begegnung mit dem Tod; Trennung vom Alltagsleben ihrer Kultur und das Erfahren veränderter Bewußtseinszustände. Keines dieser Elemente an sich ist schädlich; jedes läßt sich auf positive Weise nutzen. Von herausragender Bedeutung sind vielmehr der Zusammenhang, in dem sie stattfinden, und die Absicht, die sie motiviert. Wenn wir einen liebevollen und akzeptierenden Rahmen bieten würden, in dem Menschen sich ihren inneren Antrieben und Gefühlen stellen und sie integrieren könnten, würde das vielleicht einiges destruktive und selbstzerstörerische Ausagieren, einschließlich des Suchtverhaltens, verhindern.

Ein gutes Suchtbehandlungszentrum ist in unserer Kultur einer der wenigen bestätigten Rahmen, in dem eine starke Form von Übergangsritual stattfinden kann. Dort darf ein Mensch in einer liebevollen und unterstützenden Atmosphäre in der Sterbephase des tiefgehenden, lebenstransformierenden Prozesses von Tod und Wiedergeburt nach ganz unten fallen und sich auf Regeneration und Heilung zubewegen. Die Therapeuten sind wie Hebammen, die wissen, daß sie keine Kontrolle über den Prozeß haben, die aber über die notwendigen Fertigkeiten und Einsichten verfügen, ihn anzuschubsen, wenn er steckenbleibt. Viele Mitarbeiter haben ihre eigene Initiation in die Genesung durchlaufen; man weiß, daß jemand, der durch seine eigenen Erfahrungen stabil und seinem eigenen Genesen von Sucht verpflichtet ist, zu den wirksamsten Helfern in der Behandlungswelt gehört.

Wenn der Übergang stattgefunden hat, erhalten die Initianten Unterweisungen und praktische Hilfsmittel, die es ihnen erlauben, zarte, knospende Bewußtheit zu entwickeln und in eine neue, spirituelle Seinsweise zu integrieren. Und sie erhalten Anleitung darin, einen regelmäßigen Kontakt zu einer persönlichen Höheren Macht, dem Selbst oder Gott aufzubauen.

Wenn du glaubst, du seiest ganz unten gelandet, schau einfach hinab

In den ersten paar Wochen meiner Genesung vom Alkoholismus dachte ich, ich sei vielleicht endlich mit der Erfahrung des Mich-Ergebens gesegnet worden. Mein Leben veränderte sich, gleich nachdem ich ganz unten angelangt war, erheblich, und als mein Kopf klarer wurde, wurde die Welt plötzlich lebendig. Nach etlichen Jahren fehlender Verbindung zu allem außer der öden Wirklichkeit meiner Sucht, begannen die Reichtümer um mich herum und in mir ins Bewußtsein zu fluten. Die natürliche Welt funkelte mir ein Willkommen, das Essen schmeckte wunderbar, und das warme Wasser in meiner Badewanne hüllte mich ein und nährte mich. Ich verspürte lange Zeiten von Frieden, und in mir brodelte ein neuer kristalliner Strom von Gnade und Kreativität. »Ob es das wohl war?« wagte ich mich selbst zu fragen. »War dies die Erfahrung des Ich-Todes, auf die ich gewartet hatte?« Und dann sagte jemand: »Wenn du glaubst, du seiest ganz unten angelangt, dann schau hinab.«

Seither habe ich gelernt, was viele genesende Süchtige bereits wissen: Die Erfahrung, mit unserer primären Sucht ganz unten zu landen, ist nur der Anfang. Im Laufe des Erholungsprozesses und des Lebens selbst gelangt man noch öfter so auf den Grund. Die ursprüngliche Erfahrung, sich zu ergeben, ist ein entscheidender Wendepunkt, der sich oft dramatisch, mystisch und revolutionär anfühlt. Aber dieser wichtige Augenblick kennzeichnet auch den Beginn umfangreicher, harter aber lohnender Arbeit. Ganz egal wie tief und erleuchtend dieses Erlebnis war: wenn wir auf diesen Schritt des Loslassens nicht anhaltende Bemühungen um Genesung folgen lassen, wird es nur eine von vielen vergessenen Erfahrungen sein.

Der Prozeß des Sich-Ergebens liefert eine Blaupause, die sowohl als Übung wie als Lebensstrategie dienlich ist. Unser Leben zu leben ist, wie auf einem Surfbrett die Wellen abzureiten. Wir stehen beständig vor Höhen und Tiefen, Zeiten, in denen wir uns herausgefordert fühlen, und solchen, in denen alles wie geschmiert zu laufen scheint. Im Verlauf unseres Lebens kommt es zu vielen Toden und Wiedergeburten, zum Ende von alten Phasen, Beziehungen, Projekten oder Rollen und den Anfängen von neuen. Wandel ist unserem Dasein innewohnend, und wir haben wenig Kontrolle darüber. Das heißt, daß wir unweigerlich mit vielen kleinen und großen Situationen konfrontiert werden, in denen wir uns entscheiden müssen zu kämpfen, festzuhalten oder loszulassen.

In manchen Fällen können wir uns durch eigene Bemühungen verändern. Aber oft entdecken wir, daß unsere Fähigkeit, die Ereignisse und Menschen in unserem Leben zu beeinflussen, begrenzt ist. Viele Umstände befinden sich jenseits unserer Kontrolle; wir können uns noch so anstrengen, sie zu modifizieren, es gelingt uns nicht. Diejenigen unter uns, die immer versucht haben, Kontrolle aufrechtzuerhalten, erkennen, daß dies die falsche Strategie war. Unser fester Glaube an die Illusion, die Ereignisse in dieser Welt sollten sich gemäß unserem Plan entfalten, läßt uns erschöpft und elend zurück. Wir haben uns in einem reißenden Fluß stromaufwärts gekämpft. Allmählich lernen wir, nicht mehr zu strampeln und uns vom Strom tragen zu lassen. Letzten Endes können nur wir uns selbst transformieren, und diese Transformation ist für unsere Kraft und unser Wohlergehen notwendig. Am Anfang unserer Genesung stellen wir fest, daß das Leben uns oft eine Wahl bietet: Wir können den Schmerz des Festhaltens erleiden oder die Erleichterung und den Gleichmut des Loslassens. Wir können uns an etwas festklammern oder uns darin üben, uns zu ergeben. Die Worte des Gelassenheits-Gebetes liefern dafür eine nützliche Formel:

Gott gebe mir die Gelassenheit,
Dinge hinzunehmen, die ich nicht ändern kann,
den Mut, Dinge zu ändern, die ich ändern kann,
und die Weisheit, das eine vom anderen zu unterscheiden.

Wir können uns den Dingen in unserem Leben, die wir nicht ändern können, ergeben, die verändern, die wir verändern können und auf die Weisheit hinarbeiten, sie unterscheiden zu können. Die Praxis des Loslassens wird zu einem Weg, uns Herausforderungen zu stellen. Wir lernen, einen Schritt zurückzutreten und uns von unseren tieferen Ressourcen leiten zu lassen, auch wenn wir das nicht jedes Mal vollständig und perfekt tun. Wir beginnen zu erkennen, wann es Zeit ist, huldvoll zuzustimmen. Und wenn wir damit weitermachen, erkennen wir, daß es viele Schichten des Ergebens gibt, die in unterschiedlichen

Stadien auftreten. Vielleicht trennen wir uns von etwas, was sich wie eine bedeutende Menge Ich-Kontrolle anfühlt, nur um zu entdecken, daß es noch viele, mehr oder weniger subtile, Schichten derselben Erfahrung gibt. Mit der Anleitung von anderen, die vor uns gewandert sind, üben wir weiter das Loslassen, bis wir uns immer mehr vom Fluß des Lebens tragen lassen können.

7 SUCHT UND VERHAFTET-SEIN

Im ersten Genesungstaumel habe ich unglaubliche Erleichterung verspürt. Von Jahren schmerzhafter, rücksichtsloser Besessenheit mit Alkohol befreit, entdeckte ich ein neues Gefühl von Freiheit. Ich dachte, daß ich nun, da ich nicht mehr trank, mit Hilfe meines fortlaufenden Genesungsprogrammes frei sein würde, ein ungebundenes Leben zu führen. Ich hatte in mir Ordnung geschaffen und war dadurch von meiner Sucht befreit worden. Dann stellte ich allerdings sehr schnell fest, daß ich nicht so emanzipiert war, wie ich zu sein glaubte. Das körperliche Verlangen verschwand zwar langsam, aber ich merkte, daß das vertraute innere Dürsten blieb. Und da ich mich in einem neuen, fast noch rohen Zustand befand, spürte ich dieses elementare Sehnen in einer reineren Form als je zuvor.

Ich wurde mir der Zeiten bewußt, in denen ich die wohlbekannte innere Ruhelosigkeit spürte, und ich lernte, meine Reaktion darauf zu beobachten. Sie trat oft gleichzeitig mit einer ungemütlichen oder schmerzhaften Situation in meinem Leben auf. Beim Schreiben am Computer fühlte ich mich manchmal blockiert; die Ideen hörten auf zu fließen, und die Worte klangen gespreizt. Plötzlich erwischte ich mich dabei, wie ich an die knackigen Brezeln im Küchenschrank, an einen neuen Rock in der örtlichen Boutique oder die Blumen dachte, die ich im Garten pflanzen wollte. Wenn ich mit jemandem etwas Schwieriges zu regeln hatte, lenkte mich die Vorfreude auf ein freundliches Telefongespräch ab, rief der Kühlschrank vernehmlich nach mir, beherrschte plötzlich das Bild von neuen Ohrringen meine Gedanken, oder fesselten mich Pläne für den nächsten Tag. Während ich meinen täglichen Aktivitäten nachging, verlangte die Unerfülltheit in meiner Seele nach Befriedigung durch mehr Umarmungen, einen Besuch in einem nahen Restaurant oder etwas Neues für unser Haus.

Unabhängig davon, ob ich diesen verführerischen Gedanken und Bildern nachgab oder nicht, erkannte ich bald, daß sie sowohl das Versprechen in sich bargen, mir innere Befriedigung zu verschaffen, als auch eine Flucht vor dem von mir verspürten Unbehagen. Wenn ich mich den fast unwiderstehlichen Möglichkeiten hingeben würde, könnte sich die innere Leere vielleicht füllen, und dann wäre ich endlich glücklich und schmerzfrei. So entdeckte ich bald, daß die verschiedenen Versuchungen dieselbe Rolle einzunehmen drohten, die einst der Alkohol hatte, wenn auch in geringerem Umfang und mit ganz anderen Konsequenzen.

Ich begann zu sehen, daß ich es mit zwei verschiedenen Phänomenen zu tun hatte: Ich tue meinem Leben einige Dinge an, die endgültig süchtig machen und schwerwiegende Folgen haben, wenn ich sie nicht unterbinde, und dann andere mit ähnlichen Merkmalen, die aber mir und anderen keinen offensichtlichen Schaden zufügen. Manche von diesen verschaffen sogar echte Freude und viel Vergnügen. Aber genau wie Alkohol, bringen diese Aktivitäten, Substanzen und Beziehungen doch Schmerz mit sich, wie milde dieser auch ausfallen mag. Wenn ich sie nicht habe, fühle ich Schmerz. Wenn ich sie will, aber nicht erreichen kann, fühle ich Schmerz. Wenn ich sie bekomme und merke, daß sie nicht lange halten werden, fühle ich Schmerz. Wenn ich sie gehabt habe und wiederhaben will, fühle ich Schmerz.

Zuerst dachte ich, ich sei einfach hoffnungslos süchtig und würde von allem abhängig werden, was mir begegnete. Dann erkannte ich jedoch, daß ich mich zwar von vielen Angeboten dieser Welt gereizt fühlte, daß sie aber nicht die vollkommen unkontrollierbare Macht von echter Sucht hatten. Was also waren diese Verlockungen? Ich erinnerte mich an ein zentrales Thema der buddhistischen Lehren: Die Wurzel allen Leids ist das Verhaftet-Sein, das Festklammern an anderen Menschen, Orten, Objekten oder Verhaltensweisen. Die vier edlen Wahrheiten, ein wichtiger Bestandteil des Theravada-Buddhismus sagt, in einfachen Worten zusammengefaßt, daß das Leben Leid enthält; Ursache des Leids ist Verhaftet-Sein oder Be-gehren; es ist möglich, das Verhaftet-Sein zu lockern; es gibt Mittel, das Verhaftet-Sein zu beenden.

Vielleicht, so meine Überlegungen, sind Verhaftet-Sein und Sucht zwei Aspekte derselben Erscheinung. Könnte es sein, daß viel von dem, was wir über Sucht wissen, auch für das Problem des Verhaftet-Seins gilt und umgekehrt? Obwohl ich aufgehört hatte zu trinken, versuchte ich immer noch fälschlicherweise, die vertraute spirituelle

Sehnsucht durch innere oder äußere Ersatzmittel für die gewünschte spirituelle Vollständigkeit auszudrücken. Die Versuchungen um mich herum stellten den Reiz der vielfältigen Formen von Verhaftet-Sein dar, die es in unserer Welt gibt. Wir werden sehen, daß diese das Potential haben, süchtig zu machen, es aber nicht unweigerlich tun. Lassen Sie uns diesen Gedankengang weiter erforschen.

Spirituelle und religiöse Traditionen sprechen das Thema des *Verhaftet-Seins* auf verschiedene Weise an. Wegen ihrer unterschiedlichen Einstellungen und Umgangsweisen gibt es keine einheitliche Definition. *Festhalten, Begehren, Packen, Kleben, Klammern* und *Wollen* sind andere Worte für diese allgemeine menschliche Erfahrung. Wir können fast allem verhaftet sein: den Rollen, die wir in unserem Leben spielen, unseren Einstellungen und Vorurteilen, den Zielen, die wir uns setzen. Viele von uns sind hartnäckig unseren Verleugnungs-Systemen verhaftet.

Wir können an unseren wesentlichen Beziehungen festhalten, an unseren Kindern, Partnern, Freunden oder Kollegen. Wir können an unserer Rolle kleben, einflußreiche Beiträge zu unserer Gesellschaft zu leisten, Eltern oder Mitglieder einer exklusiven Gruppe zu sein. Wir können uns noch so elend fühlen, wir klammern dennoch an unseren vertrauten Identitäten als Überlegene oder Beladene, als Opfer oder Täter. Wir greifen nach Intensität und Dramatik in unserem Leben, nach Leid und Freude, Schmerz oder Vergnügen. Wir packen fest zu, wo es um unseren materiellen Reichtum, Besitztümer, Vergnügungen, Ausflüchte, persönliche oder berufliche Anerkennung oder Erfolg geht.

Diese Tendenz zum Verhaftet-Sein ist nicht ausschließlich individuell. Ganze rassische, religiöse oder nationale Gruppierungen haben daran festgehalten, ihre Identität sei exklusiv und anderen überlegen. Die gesamte Geschichte hindurch haben sich verschiedene Gemeinschaften erbitterte Kriege um Land, Grenzen und Ideologien geliefert, die sie für die ihren hielten. Religiöse Gruppen haben einander wüst bekämpft, angetrieben von der Überzeugung, Gott sei auf ihrer Seite, denn sie seien die Rechtschaffenen. Innerhalb der religiösen Institutionen sind unterschiedliche Parteien heftig aneinandergeraten. Die menschliche Rasse hat sich sogar vom restlichen Tierreich abgesetzt und klammert sich an ein Gefühl von Überlegenheit über andere Lebensformen.

151

Unterschiedliche spirituelle und religiöse Traditionen verstehen unter Verhaftet-Sein jeweils etwas anderes. Viele östliche Traditionen behandeln es als etwas, das besiegt, überwunden, aufgelöst oder transzendiert werden muß. Spirituell Suchende müssen sich ihr Festhalten abtrainieren, es ausschließen oder sich davon lösen, da es als Quelle von Schmerz, Kummer, Gebundenheit, Angst und Haß gesehen wird. Ein buddhistischer Aphorismus sagt, die Schlingpflanze des Sehnens wachse überall, und in der spirituellen Praxis müsse der Suchende ihre Wurzeln durch die Macht der Weisheit kappen. Wenn wir loslassen, finden wir Glück und Freiheit. Dadurch, daß wir unser Verhaftet-Sein abschaffen, löschen wir das Leid aus und stärken die Gelassenheit. Das Sehnen ist die Kehrseite der Liebe. Wenn wir die negativen Begrenzungen des Sehnens ausschließen können, entdecken wir die großzügige Fülle der Liebe in uns.

Abendländische Religionen betrachten Verhaftet-Sein oft als etwas, das Suchende zügeln, transformieren, kanalisieren und in ihr Leben eingliedern können. Wenn wir uns an niedere, erdgebundene Versuchungen klammern, unterwerfen wir uns den Fallen und Vergehen dieser Welt. Das Sehnen nach sexuellem Vergnügen kann zu sündhafter Lüsternheit werden. Nach materiellem Reichtum zu greifen, führt oft zu Gier. Wenn wir an Ich-Befriedigung oder einem Bedürfnis nach Ruhm hängen, werden wir von unserem Stolz gefangen. Wenn wir aber unser Verhaftet-Sein statt dessen auf Gott ausrichten, zeigen wir unsere Hingabe an das Göttliche und werden offen für dessen Einfluß und Macht. Unser Wunsch, glücklich und frei zu sein oder zu Gott zu gehören, ist ein natürlicher Bestandteil des menschlichen Lebens. Unser Verhaftet-Sein an das Göttliche kultiviert unsere Liebe und Güte. Durch Glauben und spirituelle Praxis lernen wir, es in ein vitales und produktives Verlangen nach spiritueller Gesundheit zu lenken.

Sowohl die östlichen wie die abendländischen Systeme sehen nicht jede Form von Verhaftet-Sein als negativ oder potentiell schädlich an. Es gibt sowohl in unserem Alltagsleben als auch in unserer Beziehung zu den göttlichen oder transpersonalen Reichen positive und nützliche Wünsche. Über gesundes Verlangen werden wir in einem anderen Kapitel ausführlicher sprechen. Im weitesten Sinne können wir sagen, daß die östliche Sicht des Verhaftet-Seins nützlich ist, um die Mißlichkeiten von Sucht und Verhaftet-Sein zu beschreiben, und daß sowohl die östlichen Einsichten zum Sich-Ergeben wie die abendländischen Vorstellungen, man könne es transformieren, für den Prozeß der Genesung und spirituelles Wachstum nützlich sind.

Die Beziehung von Sucht und Verhaftet-Sein

Lassen Sie uns die Weisheit aus vielen Traditionen zusammenfassen und die allgemeine menschliche Wirklichkeit des Verhaftet-Seins und seine Beziehung zu Sucht betrachten. Hier werden wir dem Gedanken nachgehen, die Wurzel des Leidens sei das Verhaftet-Sein. Im nächsten Teil des Buches, »Heilung und der Pfad zum Selbst«, werden wir erforschen, wie wir mit unseren Wünschen arbeiten und sie transformieren können. Sucht und Verhaftet-Sein sind im selben Kontinuum angesiedelt. An einem Ende stehen milde Formen, kurzfristige Ablenkungen, die uns nur ein schwaches Gefühl von Unbehagen bescheren, wenn sie aus unserem Leben entfernt werden. Am anderen Ende liegt die echte Sucht. Und zwischen den beiden Extremen der schweren Sucht und des geringen Verhaftet-Seins liegen viele Zustände, die für beide charakteristisch sind.

Aus einer erfahrenden Perspektive haben die Unterschiede zwischen Sucht und Verhaftet-Sein nur mit Qualität und Intensität zu tun. Wir alle sind irgend etwas verhaftet, aber nicht jeder kann als echter Süchtiger bezeichnet werden. Zentrale Bestandteile von *Sucht* sind die absolute persönliche Machtlosigkeit und Kontrollmangel. Echte Süchtige unterwerfen sich völlig einer Substanz, Aktivität oder Beziehung. Sucht ist von Natur aus fortschreitend; sie gewinnt zunehmend an Schwung.

Bei zunehmender Sucht werden die Süchtigen zwanghaft an das Suchtobjekt sowie an das damit einhergehende destruktive und selbstzerstörerische Verhalten gekettet. Gestärkt von einem irreführenden Verleugnungs-System gehen sie trotz immer schlimmer werdender Konsequenzen ihrer Suchtaktivität nach. Im Laufe der Zeit entwickeln Süchtige eine Toleranz gegenüber ihrem Suchtobjekt, so daß sie mehr davon brauchen, um die gleiche Wirkung zu erreichen, und ernsthafte Entzugserscheinungen erleben, wenn sie es nicht bekommen.

Verhaftungen haben das Potential, zu Süchten zu werden, wenn wir ihnen zu weit folgen, aber nicht alle sind es bereits. Wir können an einem Standpunkt oder an unseren Rollen in der Welt festhalten und als Ergebnis unserer unnachgiebigen Einstellungen Schmerz verspüren; die Qualität dieser Erfahrung ist jedoch weniger intensiv als die totale Hingabe an Drogen, Alkohol, Essen, Sex, Macht oder eine andere Suchtform. Süchte nehmen Vorrang vor allem anderen ein, sogar vor dem Leben selbst. Verhaftet-Sein und das damit verbundene Leiden sind Teil des menschlichen Dilemmas. Aber Süchtige erfahren einen qualitativen Unterschied zwischen dem Sehnen, das sich als Verhaftung offenbart, und dem, das zur Sucht wird. Verhaftungen sind ein Teil des Lebens, eine schwere Sucht ist dagegen meist lebensbedrohend.

Wenn wir alle Probleme mit Verhaftungen haben, können wir Sucht als eine extreme Version von Verhaftet-Sein sehen. Wir werden süchtig, wenn wir die Kontrolle über unsere Verhaftungen verlieren. Ein Vater, der seinem Sohn verhaftet ist, steht vor der Zwangslage, die allen Eltern bis zu einem gewissen Grad gemeinsam ist: Wo liegt die feine Linie, wenn wir unsere Kinder lieben und anleiten und ihnen ohne Einmischung erlauben wollen, sich als einzigartige Individuen zu entwickeln? Wann schreiten wir ein und weisen sie in die richtige Richtung, wann lassen wir sie laufen? Wie und wann geben wir sie frei und lassen sie ohne uns allein in der Welt zurechtkommen? Wenn derselbe Vater jedoch so mit seinem Sohn verstrickt ist, daß er seine eigene Identität verliert, rutscht das Verhaftet-Sein über die feine Linie zur Sucht. Wenn er sich nicht aus den Angelegenheiten des Sohnes heraushalten kann, ihn wegen seiner eigenen Bedürfnisse kontrolliert und manipuliert oder sich für sein eigenes Wohlbefinden auf dessen Schmeicheleinheiten verläßt, dann entwickelt seine Verhaftung eine zwanghafte Qualität.

Sucht ist stärkeres Verhaftet-Sein, und Süchtige sind einfach Karikaturen der restlichen Menschheit, die mit ihren Verhaftungen ringt. Sucht und Verhaftet-Sein verursachen einen unterschiedlichen Grad von Leiden. Die von Süchtigen erlittenen extremen physischen, emotionalen, mentalen und spirituellen Qualen sind eine vergrößerte Version des Unbehagens und Schmerzes, die jemand erlebt, der etwas verhaftet ist. Die Menge des Leides, das wir uns selbst und anderen zufügen, ist ebenso groß wie die Kraft, mit der wir an unseren Verhaftungen oder Süchten kleben. Abhängigkeit von chemischen Substanzen und andere Formen von zwanghafter Sucht führen zu einem erzwungenen Leiden, von dem man sich nur schwer lösen kann.

Im tibetischen Buddhismus gibt es ein besonders eindringliches Bildnis: das Reich der hungrigen Geister oder *pretas*. Wunderbare tibetische Bilder des Lebensrades zeigen die verschiedenen inneren Himmel und Höllen, die wir während unseres Lebens oder im Sterben erfahren können. Eine der Höllen ist von hungrigen Geistern bewohnt, Wesen mit Bäuchen so groß wie Berge, Mündern, so klein wie Nadelösen, ungewöhnlich dünnen Hälsen und unersättlichem Appetit. Sie sind nie zufrieden. Die Festtafel ist immer gerade außer Reichweite, Obstbäume verwandeln sich in dornige Hölzer, und ihre Umwelt scheint öde. Diese nicht zu befriedigenden Kreaturen sind wunderbar passende Vertreter für unseren Kampf mit Verhaftungen und Sucht. Auch wir sind oft unersättlich, wenn wir unser Verlangen ausleben. Wir wollen etwas oder jemanden, und wenn wir ihn oder sie haben, verlieren sie ihren Reiz, so wie sich das Prickeln einer neuen Romanze mit der Zeit verliert. Die eigentliche Energie der Jagd birgt Spannung und Freude, aber wenn wir schließlich im Besitz unseres Objektes der Begierde sind, freuen wir uns nicht mehr darüber. Dennoch haben wir Schwierigkeiten, es einfach loszulassen. Also halten wir es fest und suchen weiter nach etwas Befriedigenderem. Dieser Prozeß wiederholt sich immer wieder, ob er nun mit Sex, Essen, Macht, Geld, Alkohol, Drogen, Menschen oder den Myriaden von anderen Möglichkeiten zusammenhängt. Wenn die Wiederholung über einen bestimmten Punkt hinausgeht, erhält das ursprüngliche Verhaftet-Sein die zwanghafte Eigenschaft einer Sucht. Im Falle der Abhängigkeit von chemischen Substanzen und Alkoholikern gibt es kein Zurück, wenn wir einmal die Grenze zur Sucht überschritten haben.

Eine Freundin hat mir einmal erzählt:

Mein Mann und ich lebten früher auf dem Land, in einem großen Haus mit viel Grund drumherum, Gärten und Wiese. Schließlich beschlossen wir, es sei uns zu groß, und wir verbrächten zu viel Zeit damit, uns um alles zu kümmern. Also zogen wir in eine schöne, kleine Eigentumswohnung in Stadtnähe, und zuerst war ich entzückt. Sie war für uns beide genau richtig. Wir hatten den Vorteil, die Bäume sehen zu können, ohne uns um ihre Pflege sorgen zu müssen, und wir hatten Zeit, uns anderen Dingen zu widmen. Aber nach ein paar Monaten stellte ich fest, daß ich immer öfter an das Haus auf dem Land dachte. Ich begann mir zu wünschen, daß ich auf den Wiesen laufen und im Garten arbeiten könnte. Das Merkwürdige ist, daß ich genau weiß, daß ich auch nicht glücklich wäre, wenn wir wieder zurückziehen würden. Es läuft alles darauf hinaus, daß es mir schwerfällt, mich zu entspannen und zu genießen, wo ich bin.

Diese Art von geistigen Mäandern und das Gefühl der Unzufriedenheit sind recht typische Reaktionen auf unsere Verhaftungen. Wer kennt es nicht, das Gefühl, es sei überall schöner als da, wo man gerade ist? Ein anderer Job wäre besser als der jetzige. Vielleicht würde uns ein neues Auto die gesuchte Befriedigung verschaffen? Oder wer hat in Zeiten ehelicher Konflikte nie darüber nachgedacht, daß es irgendwo irgend jemanden geben müßte, der uns besser verstehen und behandeln würde? Ganz egal, was wir schaffen oder ansammeln, irgendwann läßt die ursprüngliche Begeisterung nach, und wir werden wieder unzufrieden. Wir können das, was wir haben, nicht genießen, also halten wir nach etwas anderem Ausschau.

Die Anerkennung der Tatsache, daß das Verhaftet-Sein ein Problem in unserem Leben ist, kommt nicht ausschließlich aus dem Osten. George Bernard Shaw schrieb in *Mensch und Übermensch*: »Es gibt zwei Tragödien im Leben. Die eine ist, seinen Herzenswunsch unerfüllt zu sehen. Die andere ist, ihn erfüllt zu sehen.« Samuel Johnson hat es so gesagt: »Das Leben ist ein Weg von Mangel zu Mangel, nicht von Genuß zu Genuß.« Und Benjamin Franklin meinte: »Wenn du viele Dinge begehrst, werden dir die vielen wie wenige erscheinen.« All diese Überlegungen weisen auf das menschliche Dilemma des Verhaftet-Seins und die unserer Natur eigenen hungrigen Geister hin. Wir werden oft so von unseren Wünschen beherrscht, daß wir die Fähigkeit verlieren, im gegenwärtigen Augenblick glücklich zu sein.

Wie entseht dieses Verhaftet-Sein?

Wenn Sucht und Verhaftungen zwei äußere Punkte desselben Kontinuums sind, leuchtet es ein, daß auch einige ihrer tieferen Wurzeln ähnlich sind. Wir klammern uns aus vielerlei Gründen an Beziehungen, Rollen, Aktivitäten oder materielle Dinge. Manchmal halten wir aus

Angst fest oder versuchen, dem Schmerz in unserem Leben zu entfliehen. Aus dem Bemühen heraus, unser echtes, unerfülltes Bedürfnis zu befriedigen, geliebt und akzeptiert zu werden, entsteht unser Verhaftet-Sein an andere Menschen, Tiere oder gesellschaftliche und berufliche Rollen, die uns das zu versprechen scheinen, wonach wir uns sehnen. Vielleicht sind wir voller Scham und suchen immerzu außerhalb von uns etwas, durch das wir uns besser fühlen könnten. Oder wir versuchen, ein Gefühl von Sicherheit und Sinn zu schaffen, indem wir uns selbst über unsere Ansichten oder Meinungen definieren. Unser spirituelles Dürsten treibt uns dazu, Erfüllung zu suchen, und wir machen den Fehler, es auf die falsche Weise zu stillen.

Das Verhaftet-Sein ist außerdem sehr eng mit unseren Bestrebungen verbunden, eine vergängliche und unvorhersagbare Welt zu kontrollieren. Haben Sie schon einmal ein Eis gegessen und sind sich dabei unterschwelliger zwiespältiger Gefühle bewußt geworden? An einem heißen Nachmittag mundet eine Kugel kühler Süße beim ersten Schlecken ganz köstlich. Dann beginnt das Eis zu schmelzen, und Sie erkennen, daß das Vergnügen zeitlich begrenzt ist. Die Natur des Eises und das Ticken der Uhr machen es Ihnen unmöglich, den Genuß festzuhalten. Ein sanfter Schimmer von Trauer und Unzufriedenheit beginnt einen Schatten auf Ihr Entzücken zu werfen. Das Eis wird immer weicher, Sie lecken immer energischer, und es verschwindet noch schneller. Sie betrauern das Ende der Erfahrung, bevor sie überhaupt vorbei ist.

Innerhalb von Sekunden beginnen Sie, darüber nachzudenken, ob Sie dieses Eis durch ein Neues ersetzen sollten. Sie stellen sich vor, daß Sie es kaufen, und können fast schon schmecken, welche Sorte es sein wird. Sie vertiefen sich so in die Phantasie vom nächsten Genuß, daß Sie das Ende des ersten Vergnügens vollkommen verpassen. Und dann ist, bevor Sie es überhaupt richtig gemerkt haben, das Eis alle, und Sie fühlen sich wieder unzufrieden. Es ist alles zu schnell geschehen und hat Ihnen nicht die erwartete Freude gebracht. Zugleich sagt Ihnen Ihr Magen, daß Sie satt sind.

Nun versucht Ihr Kopf, Sie zu einem weiteren Eis zu überreden. Entweder wissen Sie, daß Sie es nicht genießen würden, und entscheiden sich dagegen, oder Sie holen sich tatsächlich noch eins. Sie stürzen sich darauf, aber es entspricht nicht Ihren Erwartungen. Es gibt eine gute Chance, daß der erste Happen Ihr Verlangen stillt, aber es kommt fast augenblicklich wieder. Auf jeden Fall sind Sie danach verärgert und unzufrieden.

Das mit einem Eis einhergehende Unbehagen ist zwar im Vergleich zum intensiven Leiden eines von chemischen Substanzen Abhängigen minimal, aber es verdeutlicht den beständigen Einfluß unseres Verlangens und die Macht unserer Angst vor Veränderung. Wir stehen jeden Tag vor Myriaden von möglichen Verhaftungen. Wir wir schon gesagt haben, ist Veränderung das einzige, auf das wir uns verlassen können. Unser Verlangen führt zusammen mit der vorübergehenden Natur unseres Lebens zu Schmerz. Dadurch, daß wir uns nach etwas sehnen, das in der Zukunft liegt, verlieren wir die Erfahrung der Gegenwart. Wenn wir es fassen und festhalten, verändert es sich. Wenn wir uns in die Zukunft versetzen oder in der Vergangenheit verweilen, geben wir die einzige echte Erfahrung auf, auf die wir uns verlassen können: den gegenwärtigen Augenblick.

Außerdem hält unsere Zufriedenheit nicht an. Wir gewinnen das Objekt unserer Begierde und den Geschmack eines flüchtigen Augenblicks von Genuß und Freiheit von Verlangen, aber schon nach kurzer Zeit setzt das Dürsten wieder ein. Freude ergibt sich nicht daraus, daß wir endlich die Erfahrung machen oder das Objekt gewinnen, das wir gesucht haben, sondern aus dem Nachlassen der Begierde, diesem kurzen Zeitabschnitt vor dem nächsten Verlangen. Während dieser Moment verblaßt, versuchen wir ihn festzuhalten oder zu wiederholen. Wenn wir das Bedürfnis haben, unsere Wirklichkeit zu kontrollieren, wachsen unsere Anstrengungen. Schließlich sind wir so stark darauf fixiert, diesen Geschmack von Befriedigung zu wiederholen, daß wir davon besessen werden. Unser Verhaftet-Sein gleitet in Richtung Sucht.

Zwar genießen wir Zeiten des Glücks, aber wir spüren auch unterschiedlich starkes Unbehagen, das durch unser beständiges Verlangen und unsere Unfähigkeit herbeigeführt wird, das zu schätzen, was wir bekommen. Angesichts der flüchtigen Natur unseres Daseins versuchen wir, die Kontrolle zu behalten. Wir haben Erwartungen bezüglich unseres Lebens, unserer Ziele und unserer Wünsche. Wenn wir ein Ziel erreichen oder ein Verlangen erfüllen, verändert es sich. Der Wandel verursacht Angst und Schmerz, und wir halten bei unserer weiteren Suche nach Befriedigung noch stärker an dem fest, was wir bisher angesammelt haben. Einige von uns werden bei der immer heftigeren Suche nach sofortigem Vergnügen starr oder sogar geizig. Es gibt Zeiten, in denen wir unser Leben nicht fließen lassen können. Vorübergehend verwehren wir uns den Genuß des gegenwärtigen Augenblicks, weil wir das zu verlieren befürchten, was wir gewonnen haben. Wir können sogar Schuldgefühle über das entwickeln, was wir erreichen – vielleicht, weil wir meinen, wir hätten es nicht verdient. Wir wollen uns nicht aus den Begrenzungen hinausbewegen, die wir für uns selbst aufgestellt haben. Unser eingeschränktes und schmerzhaftes Leben ist das, was wir kennen, und wir haben Angst, es loszulassen. Wir klammern uns an unsere bekannte Identität und entfernen uns damit immer weiter vom Kontakt zum tieferen SELBST.

Klingt das bekannt? Auch hier ähnelt die Dynamik des Verhaftet-Seins der dunklen Nacht der Sucht, auch wenn sie unterschiedliche Ebenen von Intensität spiegeln. Versehentlich leiten wir die zugrundeliegende Suche nach Ganzheit auf innere und äußere Aktivitäten, Substanzen und Beziehungen um, die uns weder die ersehnten Antworten geben, noch unsere spirituelle Leere füllen. Das anhaltende Problem des Verhaftet-Seins und der daraus entstehende Schmerz trennen uns von möglicher Freude und Freiheit.

Der gegenwärtige Augenblick ist ein Fenster zum Göttlichen. Die Mystiker sagen uns, das Objekt unserer spirituellen Suche sei genau hier, gerade jetzt, wir könnten es aber meist wegen innerer Barrieren nicht sehen. Manche von diesen Barrieren hängen mit unseren Verhaftungen und der mit ihnen verbundenen Starre und Angst zusammen. Da wir die Gegenwart nicht aus ganzem Herzen genießen können, können wir keine volle Verbindung zu unserer lebendigen, kreativen, liebevollen und inspirativen Quelle aufnehmen. Unser Verhaftet-Sein hält uns vom Göttlichen fern.

Wir alle haben mit echten Süchtigen etwas gemeinsam

Diese Aussage, »Wir alle haben mit echten Süchtigen etwas gemeinsam«, mag für jemanden, der sich noch nie als Süchtiger gesehen hat, überraschend sein. Aber wenn wir über das menschliche Dilemma des

Verhaftet-Seins und des Leidens nachdenken, werden wir sehen, daß wir alle mit irgendeiner Version konfrontiert sind, ob wir uns nun als Süchtige bezeichnen oder nicht. Die Erörterungen über Verlangen, das kleine Selbst und das tiefere SELBST, Entfremdung und Mißbrauch, Überlebensmechanismen, die dunkle Nacht der Sucht und das Sich-Ergeben, gelten nicht nur für Süchtige, sondern mehr oder weniger für uns alle, wenn wir unseren Verhaftungen begegnen.

Diese Vorstellung paßt gewiß nicht zu dem Bild des Abhängigen oder Süchtigen, das die meisten von uns gewohnt sind. Als ich heranwuchs, gab es ein Standardbild von Alkoholikern, über das Erwachsene mit gönnerhaften Worten und gedämpften Stimmen sprachen, wenn wir auf der Straße an einem Penner vorbeikamen, der mit der Flasche in der Hand über die Straße schwankte. Süchtige waren dünne, hagere Gestalten mit durchsichtiger Haut und strähnigem Haar, die auf Hintergassen herumhingen. Ihre Arme waren von den Einstichen häufiger Heroinspritzen vernarbt. Um sie herum war alles dreckig und schmierig, und sie lagen zwischen ihren alten Spritzen. Diese Menschen waren anders als wir und von uns getrennt. Wir hielten sie auf Armeslänge fern, da sie böse und moralisch verdorben waren. Sie hatten keine Selbstkontrolle, und sie waren gemein und weniger ehrenwert als wir.

Hollywood hat dieses Bild von Süchtigen gefördert: Im Kino sahen wir beispielsweise Jack Lemon in *Stärker als alle Vernunft* schielend, unrasiert und wegen seines alkoholischen Verhaltens in eine Zwangsjacke gebunden in einer Irrenanstalt sitzen. Es war vollkommen unmöglich, daß diese Menschen mit einem lösbaren Problem rangen. Es gab kein Verständnis dafür, daß Alkoholiker und Süchtige stark Suchende sind, die den Fehler gemacht haben, an den falschen Stellen nach Antworten zu suchen. Süchtige spürten die unbändige Angst und die Scham, die mit dem kulturellen Stigma von Sucht verbunden waren.

Dieses Suchtkonzept begann sich in den fünfziger Jahren zu ändern, nachdem die amerikanische Ärztevereinigung (American Medical Association) Alkoholismus als Krankheit anerkannt hatte. Aber es war immer noch annehmbarer, die schon lange leidende Frau oder das Kind desjenigen zu sein, der ein Problem mit Alkohol oder Drogen hatte, als selbst als Alkoholiker oder Abhängiger gesehen zu werden. Wenn sie vor der Herausforderung standen, fiel es den Familienmitgliedern oft schwer, die Verhaftungen und das Suchtverhalten einzugestehen, die im Wirrwarr eines abhängigen Familiensystems natürlich vorkommen. Vielleicht ist die Tatsache, daß wir historisch diejenigen, die wir Süchtige nennen, immer abseits der restlichen Gesellschaft anordnen, darin begründet, daß sie Karikaturen unserer eigenen Zwangslage des Verhaftet-Seins sind. Es könnte sein, daß wir ihnen deswegen Tabus auferlegt, sie in geschlossene Institutionen eingesperrt, sie als »schlechte Menschen« bezeichnet und sogar erwogen haben, sie zu sterilisieren, weil ihr Zustand uns an unser schmerzhaftes Verlangen erinnert. Wenn wir auf der Straße an haltlos Betrunkenen oder Fixern vorbeigehen, konfrontiert uns ihr schieres Dasein rücksichtlos mit unseren eigenen Tendenzen zu Verhaftungen und Sucht. Wir wollen nicht zugeben, daß es in unserem Leben so viel Leiden gibt; es fällt uns viel leichter, über einen Süchtigen zu urteilen und ihn zu hassen, als zu erkennen, daß wir bis zu einem gewissen Umfang alle im selben Boot sitzen.

Ernstlich Süchtige können uns etwas über uns selbst lehren. Wenn wir anerkennen, daß uns als Menschen das Dilemma des Verhaftet-Seins gemeinsam ist, wenn auch in unterschiedlichem Ausmaß, dann öffnen wir den Weg zu Verständnis und Mitgefühl für uns selbst und andere. Wir können sogar eine gewisse Erleichterung und Befreiung entdekken, wenn wir die Wirklichkeit unserer gemeinsamen Zwangslage entdecken. Wenn wir das Problem ehrlich benennen, können wir darauf einwirken.

Die Vier Edlen Weisheiten im Buddhismus definieren nicht nur den Zustand des Verhaftet-Seins und seine Symptome, sondern geben uns auch ein Rezept dafür, wie wir ihn behandeln und uns von ihm befreien können. Sie sagen uns, daß es möglich ist, das durch Verhaftungen verursachte Leiden zu lindern, und daß es Werkzeuge gibt, mit denen wir diese Aufgabe bewältigen können. Die Erkenntnis, daß wir es mit einem allen Menschen gemeinsamen Schicksal zu tun haben, ändert unsere Sichtweise in bezug auf diejenigen, die Suchtprobleme haben. Wir können mehr Güte und Liebe spüren, nicht nur gegenüber schwer Abhängigen, sondern auch gegenüber denen, die weniger extremen Formen von Verhaftet-Sein unterworfen sind. Das erhöht unsere Bereitschaft, das durch Verhaftungen verursachte Leiden ehrlicher zu betrachten und gemeinsam daran zu arbeiten, sie aufzulösen.

Auch wenn es auf der Welt noch viele Orte gibt, an denen Süchtige wie Kriminelle behandelt werden, haben sich die kulturellen Einstellungen gegenüber Abhängigen in den letzten paar Jahren gewaltig verändert. Es liegt auch an der mutigen Arbeit derjenigen, die von ihrer Sucht genesen, daß unsere Gesellschaft weniger Vorurteile und mehr Akzeptanz bietet. Immer mehr Menschen gehen die Süchte und Verhaftungen an, die sie in unglücklichen Lebensumständen gefangen halten, und sprechen ehrlich über ihr Suchtverhalten. Und damit ist auch die Zahl der Genesungsprogramme gewachsen. Es gibt mittlerweile weit mehr als hundert Zwölf-Schritte-Gemeinschaften, die auf dem Programm der Anonymen Alkoholiker beruhen und alle Sorten von Fragen ansprechen. Dort können wir an unserer Spielsucht, unseren Beziehungen, unserem Konsum von Nikotin und anderen Drogen, an unserem Umgang mit Nahrung, Sex, romantischer Liebe, Inzest, Schulden und vielem mehr arbeiten.

Mit dem Wuchern dieser Genesungsprogramme ist auch die Kritik gekommen, sie repräsentierten nur eine Mode oder eine narzißtische Besessenheit, sie seien einfach eine amerikanische Form von Pop-Psychologie, die ausschließlich dafür erfunden wurde, die Taschen der Schreiber und Seminarleiter zu füllen, die die Probleme artikulieren und Lösungen vorschlagen. Vielleicht ist diese Beschreibung in einigen Fällen richtig. Aber ich ziehe es vor, das Phänomen anders zu sehen. Ich glaube, daß wir für die Wirklichkeit unseres Verhaftet-Seins und den damit einhergehenden Schmerz wach werden und versuchen, etwas daran zu ändern. Wir wir alle wissen, ringt unsere Welt mit dem durch unser Verhaftet-Sein an Macht, Territorialismus, Geld und Prestige geschaffenen Leiden – um nur ein paar Faktoren zu nennen. Gleichzeitig sitzen auf dem ganzen Globus Menschen in Kirchenräumen und Gemeindesälen und gehen im Rahmen eines spirituellen Zwölf-Schritte-Programmes ihr Verlangen, ihre Verhaftungen und Süchte an.

Diese Programme beweisen schon länger als ein halbes Jahrhundert, daß sie bei Menschen, die Probleme mit Abhängigkeit von chemischen Substanzen haben, gut wirken. Es ist daher gar nicht überraschend, daß diese Struktur nun auf die breitgestreuten und vielfältigen Formen von Sucht *und* Verhaftet-Sein übertragen wird. Mir macht es Mut, daß neben anderem auch dieses wirksame Werkzeug denjenigen zur Verfügung steht, die sich entscheiden, es zu verwenden.

Verhaftet-Sein und die Lehren der Sterblichkeit

Wir haben die Möglichkeit, viele wertvolle Lektionen über das Verhaftet-Sein zu lernen, wenn wir es vor dem Hintergrund unseres späteren Todes betrachten. Statt unseren unvermeidlichen körperlichen Abgang als krankhafte Aussicht zu behandeln, können wir uns ihm als wichtigem Lehrer nähern. Die Tatsache des Todes umgibt uns immerzu. Als ich 1989 das Erdbeben von San Francisco miterlebte, lernte ich wieder einmal, daß die Zukunft nur ein Versprechen ist, das vielleicht nicht eingehalten werden wird. An einem warmen, strahlenden Nachmittag begann die Erde plötzlich ohne jede Vorwarnung zu beben. Innerhalb von fünfzehn Sekunden hatte sich alles verändert. Unser Haus erlitt keinen Schaden, und ich zitterte zwar innerlich, trug aber äußerlich keine Verletzungen davon. In den Nachbarvierteln starben jedoch einige Leute. Ihre Namen und Berichte über ihr Mißgeschick tauchten verschiedentlich in den Zeitungen und Nachrichtensendungen auf. Wie viele von ihnen wußten morgens beim Aufwachen, daß dies ihr letzter Tag sein würde?

An dem Tag, an dem John F. Kennedy ermordet wurde, und in den Wochen danach, standen die Bürger der USA sowie viele andere Menschen aus aller Welt vor einer aufrüttelnden Konfrontation mit der Realität des Todes. Die Würde seiner Frau und die Kraft der Beerdigungs- und Gedächtniszeremonien versahen die Angelegenheit der menschlichen Sterblichkeit mit der archetypischen Atmosphäre einer griechischen Tragödie. In unserer Traurigkeit fragten wir »Warum?« und »Was, wenn…?« oder jammerten: »Wenn er doch nur an dem Tag nicht nach Dallas gekommen wäre.« Aber der Augenblick war gekommen und vergangen. Die Tat war geschehen. Es gab kein Zurück; es war unmöglich, die Vergangenheit zurückzuholen.

Irgendwann lernen wir alle die Lektionen der Sterblichkeit, der Wahrheit, daß wir eines Tages sterben werden. Über den Tod lernen wir auf vielerlei Arten. Manch einer begegnet unserer Zerbrechlichkeit als menschliche Wesen, wenn er noch ein Kind ist, und sein Lieblingstier stirbt. Andere trifft der Verlust eines nahestehenden Menschen Mutter, Vater, Oma, Opa, eine Freundin oder der Nachbar. Die Möglichkeit, kein unsterbliches Wesen zu sein, beginnt sich in unser Bewußtsein zu schleichen und entwickelt sich in irgendeiner Form weiter, wenn wir älter werden. Viele Menschen bekommen durch beinahe tödliche Unfälle, Krankheiten, Gewalteinwirkung oder Suchthandlungen einen Vorgeschmack auf ihren eigenen Tod. Wenn wir vor dem letzten Tor stehen, lernen wir, daß wir, mit Ausnahme von Selbstmord, keine Kontrolle darüber haben, wann und wo der Tod eintreten wird.

Viele Naturvölker behandeln den Tod als Teil des Lebenszyklus. Sie erkennen ihn als Übergang von einem Zustand zu einem anderen an. Wenn Menschen sterben, sind sie weiterhin in das tägliche Leben der Familie und der Gemeinschaft eingebunden. Die Familien isolieren Kranke und Alte nicht, stecken sie nicht in unfreundliche Einrichtungen mit anderen Gebrechlichen; statt dessen behalten sie sie bei sich. Alte Menschen werden wegen ihrer Lebensweisheit verehrt und geachtet, und der Tod wird als heilige Zeit betrachtet. Wer stirbt, wird von den anderen geführt und unterstützt, wenn er seine Reise durch die materielle Welt beendet und in die Reiche des Nachlebens eintritt. Spirituelle Traditionen wie die der Ägypter, der mittelalterlichen Christen und der Azteken schufen außerdem ausführliche »Totenbücher«, die dazu dienten, bei diesem wichtigen Übergang zu helfen.

Die Realität, daß man irgendwann sterben wird, kann jedoch für jemanden, der mit dem Tod als einem Kapitel des Lebens noch nicht zurechtgekommen ist, extrem erschreckend sein. Ein Großteil unserer Gesellschaft hat, weitgehend wegen unseres eigenen Unwillens, unsere Sterblichkeit zu akzeptieren, die Vorstellung vom Tod hygienisch verpackt und versteckt. Viele Menschen sterben in Einrichtungen, in denen sie von den Lebenden getrennt und vor ihnen verborgen sind. Beerdigungsunternehmer schaffen schnell die Leichen weg und richten sie kosmetisch so her, daß sie wieder Ähnlichkeit mit ihrem früheren Aussehen haben. Diese kulturelle Leugnung des Todes hat dazu geführt, daß viele von uns mit großer Angst vorm Sterben heranwuchsen. Tod war der böse Schnitter, ein großes Rätsel, eine gräßliche Aussicht. Durch die Glorifizierung von Gewalt haben Film und Fernsehen dieses Bild des Sterbens als erschreckende Perspektive noch besonders betont.

In den letzten Jahrzehnten hat uns die Arbeit von Elisabeth Kübler-Ross, Steven und Ondrea Levine, Ram Dass und anderen wieder einen ehrlicheren Zugang zu dieser unvermeidlichen Tatsache unseres Daseins geboten. Mitfühlende Menschen erkannten, daß wir eine Alternative zum Sterben in Krankenhaus-Atmosphäre brauchen. Sie begannen, Hospize zu bauen und zu betreiben – angenehme Einrichtungen, in denen man sich fast wie zuhause fühlen kann. Dort wird medizinische Versorgung angeboten, wo diese nötig ist, der Tod aber nicht als pathologischer Zustand behandelt. Überzeugende Untersuchungen von Nah-Todeserfahrungen und die zahlreichen Bücher zu diesem Thema haben uns von der auf Angst beruhenden Verleugnung des Todes hinweggeführt und Raum für Neugier und sogar gewissen Trost geschaffen. Durch diese erweiterte Akzeptanz und das gleichzeitig wiedererwachte Interesse an spirituellen Systemen, haben sich viele Menschen zum ersten Mal mit der Möglichkeit beschäftigt, der Tod bedeute vielleicht keine völlige Auslöschung.

Diese allgemein menschliche Erfahrung bildet, was auch immer wir persönlich über die Fortdauer des Bewußtseins nach dem Tode denken mögen, einen starken Bezugspunkt, von dem aus wir unsere Verhaftungen anerkennen können. Wenn wir akzeptieren, daß unsere physischen Körper sterben werden, dann erkennen wir an einem bestimmten Punkt, daß wir nicht in alle Ewigkeit an unseren Besitztümern, Rollen oder Beziehungen werden festhalten können. Wir sind vielleicht von der Einsicht schockiert, daß wir unsere Kinder nicht *haben*; sie sind uns nur geliehen. Die Hochzeitsschwüre, in denen wir versprechen, einander zu lieben, zu ehren und zu achten, beinhalten auch den Hinweis darauf, daß uns eines Tages der Tod scheiden wird. Jede Beziehung, die wir eingehen, wird irgendwann spätestens dann enden, wenn einer von uns beiden stirbt. Wir besetzen unsere Ecke der Welt nur vorübergehend. Das Stück Land, das wir besitzen, und die Grundstücksgrenze, die eine Quelle von Konflikten mit unseren Nachbarn ist, wird uns überleben. Unsere Körper werden letztlich alt werden und sterben. Die gesellschaftlichen und sozialen Rollen, mit denen wir uns identifizieren, werden veralten, und andere werden uns ersetzen.

All das zu erkennen, kann für Menschen, die ihrer Identität als Vater, Partnerin, Landbesitzer, Dame der Gesellschaft oder Karrierehengst verhaftet sind, vernichtend wirken. Wer viel Zeit, Mühe und Geld in sein berufliches Image, seine athletischen Leistungen oder seinen materiellen Besitz investiert, der richtet sich oft so intensiv auf seine Ziele aus, daß er die Tatsache aus dem Auge verliert, daß dies schließlich alles nur vorübergehend ist. Wer Jahre damit verbringt, Reichtümer zu sammeln oder Macht aufzubauen, erkennt erschreckt, daß er sie nicht mit sich nehmen kann, wenn er durch die Tore des Todes schreitet. Unsere Verhaftungen sind, wenn wir Angst haben, sie zu verlieren, Einschränkungen.

Die Angst vor dem Tod und unser Unwillen, ihn anzuerkennen und zu akzeptieren, sind oft motivierende Faktoren für unser Verhaftet-Sein und unsere Süchte. Wenn wir bereits deswegen unruhig sind, weil unser Leben Veränderungen mit sich bringt, ist die Tatsache, daß es eines Tages enden wird, die entscheidende Lektion über die vorübergehende Natur unseres Daseins. Das tiefliegende Wissen um unsere sterblichen Begrenzungen und die durch den Tod hervorgerufene Angst geben unserem Leben, ob wir uns gestatten, diese Realität bewußt anzunehmen oder nicht, einen stürmischen, begierigen Beigeschmack. Wir fühlen uns dazu getrieben, etwas zu schaffen, zu leisten oder zu erwerben, bevor es zu spät ist. Wenn wir ein Ziel erreicht haben, gehen wir auf das nächste los.

An unserem Reichtum, Status, unseren Familien oder Besitztümern festzuhalten, gibt uns die Illusion, wir seien unsterblich und dieses Gefühl von Sicherheit werde immer anhalten. Aber irgendwo darunter rührt sich in unserer Vorstellungskraft das unsichere Gefühl, nichts sei von Dauer. Das ruft noch mehr Schmerz in uns hervor, und um dem zu entfliehen, fühlen wir uns getrieben, immer noch mehr und noch mehr zu erreichen oder anzuhäufen. Wenn unser Trugbild schließlich vor dem Tod oder während unseres letzten Atemzuges verblaßt, müssen wir schmerzhaft die Identität loslassen, die wir für uns selbst erschaffen haben. Wer mit Sterbenden arbeitet, weiß, daß sehr oft die Menschen mit den stärksten Verhaftungen die größten Schwierigkeiten haben, sich in den Tod hineingleiten zu lassen.

Aus dieser mißlichen Lage führt nur ein Weg hinaus: anzuerkennen, daß wir letztlich nichts besitzen. Alles, was mit unserer Identität und unserem kleinen Selbst zusammenhängt, ist nur vorübergehender Art. Das einzige beständige Element in unserem Leben ist das tiefere SELBST, der Teil von uns, der nach Ansicht vieler Religionen und spirituellen Traditionen über den physischen Tod hinaus weiterbesteht. Viele Menschen, die im Verlaufe einer Krankheit, bei Unfällen oder Selbstmordversuchen mit dem Tod konfrontiert waren, berichten von Erfahrungen, die sie davon überzeugt haben, daß irgendein immaterieller Aspekt von ihnen auch nach ihrem körperlichen Abgang weiter existiert. Sie nennen es vielleicht ihren *Geist* oder ihre *Seele*. Die altindische Bhagavad Gita sagt:

Gleichwie ein Mann die alten Kleider ablegt und andere neue anzieht, so legt der Träger des Leibes (die Seele) die alten Leiber ab und geht in andere neue hinein. Ihn verwunden nicht Schwerter, ihn brennt nicht das Feuer, ihn netzen nicht die Wasser, ihn trocknet nicht der Wind. Unverwundbar ist er und unverbrennbar, nicht benetzbar und nicht zu trocknen, ewig ist er und allgegenwärtig, beständig, unbeweglich und immerwährend.

Die Begegnung mit dem Tod und die Entdeckung des tieferen SELBST öffnet uns oft den mystischen Dimensionen unseres Lebens. Wer sich bisher nicht als spirituell oder religiös bezeichnet hat, stellt fest, daß er es mehr ist, als er bisher dachte. Viele Menschen, die sich stark mit ihrem kleinen Selbst, ihrem physischen Körper und ihren ich-bezogenen Aktivitäten identifiziert hatten, erhaschen nun einen Blick auf eine größere Wirklichkeit und machen sich auf den Pfad zu weiterer Selbst-Erforschung. Außerdem erkennen viele, die dem biologischen Tod nahegekommen sind, nicht nur die vergängliche Natur ihres Lebens, sondern auch, wie wertvoll es ist. Sie merken, wie viele seiner Qualitäten sie als selbstverständlich hingenommen haben, und ihre Dankbarkeit wächst.

Wenn wir uns erst mit der Unbeständigkeit der Welt ausgesöhnt haben, können wir frei sein, das zu genießen, was wir haben, ohne in der Angst zu ersticken, wir könnten es verlieren. Wenn wir die Arbeit tun, die notwendig ist, um unsere Beziehungen, Rollen und Besitztümer emotional loszulassen, können wir uns in der Gegenwart entspannen und uns an der Vielfalt erfreuen. Dieser Ansatz heißt nicht, wir sollten die Haltung von »Iß, trink und sei fröhlich, denn morgen sterben wir« annehmen. Statt rücksichtslos und gleichgültig zu werden, gehen wir jeden Tag mit schärferem Bewußtsein und gestiegener Wertschätzung an. Wenn wir jeden Augenblick so zu leben versuchen, als sei es unser letzter, dann nicht deswegen, weil wir den Tod fürchten. Unsere Bewußtheit der Unbeständigkeit unseres beschränkten Daseins liefert vielmehr einen Hintergrund, vor dem die Schätze unseres Lebens wertvoller erscheinen.

Die folgende Übung ist sehr enthüllend und darauf ausgelegt, uns etwas über unsere Verhaftungen und darüber zu sagen, wie wichtig es ist, diese loszulassen. Zugleich verstärkt sie die Wertschätzung für unsere Beziehungen, Rollen und Besitztümer. Nehmen Sie Papier und Stift zur Hand und schreiben Sie so viele Verhaftungen auf, wie Ihnen einfallen. Ordnen Sie diese nach ihrer Wertigkeit. Dann stellen Sie sich vor, Sie lägen im Prozeß des Sterbens und ließen eine nach der anderen los. Beginnen Sie mit der einfachsten und arbeiten Sie sich weiter durch die Liste. Sie werden vielleicht entdecken, daß es relativ einfach ist, die ersten paar Punkte loszulassen – Butter auf dem Brot, ein Lieblingsbuch, die neue Vase im Wohnzimmer, Ihren Computer. Aber wenn Sie weitermachen, stellen Sie wahrscheinlich fest, daß der Prozeß schwieriger wird – Ihr Haustier, Ihre berufliche Stellung, Sonnenuntergänge, Ihr Augenlicht, Freunde, Kinder, Ihren Partner, Ihr eigenes Leben.

Vielleicht fragen Sie: »Warum sollte ich mich mit so einer krankhaften Übung beschäftigen? Wir müssen unser Leben leben; wir werden noch reichlich Zeit haben, über den Tod nachzudenken, wenn die Zeit kommt.« Vielleicht ja, vielleicht nein. Natürlich ist es möglich, in einer makabren Vorwegnahme des Todes steckenzubleiben. Aber uns seiner Gegenwart im Leben bewußt zu sein, kann uns dem Wert unserer Existenz und den Dimensionen von uns selbst öffnen, die jenseits unserer physischen Wirklichkeit existieren.

Viele spirituelle Praktiken beinhalten eine Konfrontation mit dem Tod als eine für die Transformation notwendige zentrale Übung. Das mittelalterliche Christentum, der Hinduismus, der Buddhismus, die Schule des tibetischen Vajrayana und andere enthalten kontemplative Praktiken über den Zyklus von Leben und Tod oder den Verfall des menschlichen Körpers als Lektion für das Annehmen unserer eigenen Vergänglichkeit und das Aufgeben von Wünschen. Buddhas Begegnung mit Krankheit und Tod war der Wendepunkt, an dem er sich von seinem Dasein als reicher Prinz ab- und einem Leben der Hingabe an das Spirituelle zuwandte.

Außerdem erkennen diese Systeme den Wert des Prozesses von Tod und Wiedergeburt an. Wir können sterben, während wir noch am Leben sind, und dann in eine spirituell orientierte Seinsweise hinein wiedergeboren werden. Jesus sagte: »Was vom Fleisch geboren wird, das ist Fleisch; und was vom Geist geboren wird, das ist Geist. Laß dich's nicht wundern, daß ich gesagt habe: Ihr müsset von Neuem geboren werden« (Johannes 3; 6-7). Außerdem wird unser unvermeidlicher Tod einfacher sein, wenn wir schon zu Lebzeiten unseren Verhaftungen entsterben. Abraham a Sancta Clara, ein Augustiner-Mönch des siebzehnten Jahrhunderts, schrieb:»Ein Mensch, der stirbt, bevor er stirbt, stirbt nicht, wenn er stirbt.« Wenn wir unsere Verhaftungen aufgeben, lassen wir unsere Begrenzungen los und öffnen uns unseren spirituellen Möglichkeiten. In der Selbsterfahrungstherapie, bei der Meditation und anderen Methoden zur Selbsterforschung stellen wir uns der Realität der Sterblichkeit, unserer Angst vor dem Tod und unserem Verlangen. In diesem Prozeß entdecken wir, daß wir uns über unsere Verhaftungen definiert und damit das Verständnis unserer eigentlichen Natur eingeschränkt haben. Unser Festhalten emotional aufzugeben, bedeutet nicht, daß wir uns automatisch von den Beziehungen, Rollen, Meinungen oder materiellen Dingen in unserem Leben abwenden; es heißt vielmehr, daß wir unser Bedürfnis loslassen, daran zu klammern.

Verhaftet-Sein und sich ergeben

Verhaftet-Sein, Sucht und Sich-Ergeben hängen eng miteinander zusammen. Alles, was wir über das Sich-Ergeben in Zusammenhang mit Sucht gesagt haben, gilt auch für das Problem des Verhaftet-Seins. Das Genesen von einer Sucht bedarf des ersten Schrittes des Sich-Ergebens, und dieser ist auch für die Freiheit von Verhaftungen erforderlich. Diesen Prozeß im täglichen Leben zu beobachten, ist eine sinnvolle Praxis. Wenn wir im Verkehr steckenbleiben, haben wir zwei Möglichkeiten: Wir können uns an den Gedanken klammern, daß wir um fünf Uhr irgendwo sein müssen, und uns dadurch Streß und Frustration schaffen, oder wir können uns entspannen und unseren Termin in dem Wissen aufgeben, daß wir irgendwann schon dahin kommen werden. Wenn wir loslassen, sind wir frei, die Musik aus dem Autoradio wirklich zu hören und auf den herrlichen Tag zu achten, uns über die strahlend bunten Blumen am Straßenrand und das niedliche Kind im Nachbarwagen zu freuen.
Dieser Ansatz wird in der Durchführung immer schwieriger, wenn er folgenreichere Aspekte unseres Lebens betrifft. Wenn das Gericht

Ihrem früheren Partner im Rahmen der Scheidung das Sorgerecht für die gemeinsamen Kinder zuspricht, stehen Sie vor der Herausforderung, Ihre Elternrolle aufzugeben. Das bedeutet nicht, daß Sie an dem Punkt aufhören, Mutter oder Vater zu sein, aber um das durch die Trennung verursachte intensive Leiden erträglicher zu machen, müssen Sie Ihre Vorstellung davon, was Vater oder Mutter sein sollten, loslassen. Wenn Sie an dem Konzept festhalten, gute Mütter oder Väter lebten mit ihren Kindern und sähen sie täglich, werden Sie nur von Ihrem Schmerz, Ihrem Kummer und Ihrer Wut aufgefressen werden. Sie könnten sogar feststellen, daß Ihre Sichtweise und Ihre schmerzhaften Emotionen Sie so einengen, daß Sie die Zeit, in der Sie mit Ihren Kindern zusammen sind, nicht wirklich genießen können.

Die Trennungsfrage ist offensichtlich komplex und hat viele Facetten, und wir beschäftigen uns hier nur mit einem Aspekt. Aber wir können eine Menge tun, wenn wir die bisher eingenommene Position aufgeben, die beteiligten Gefühle ansprechen und uns von unserem tieferen SELBST durch den Schmerz führen lassen. Wenn wir den Einfluß dieser größeren, weiseren Kraft in unserem Leben zu erfahren beginnen, erwächst uns Vertrauen in ihre Güte und Führung. Allmählich ergeben wir uns immer mehr und wissen, daß das tiefere SELBST da sein wird. In der Gemeinschaft derer, die von Sucht genesen, verwenden viele Leute den Ausdruck »Laß los und laß Gott« als Erinnerung daran, daß nicht wir über unser Leben bestimmen.

Bevor wir lernen, uns zu ergeben, denken wir vielleicht in Begriffen wie *meine* Rolle als Mutter oder Vater, *meine* berufliche Stellung, *meine* Sichtweise, *meine* Kinder, *mein* Mann oder *meine* Frau. Wenn wir unsere Verhaftungen loslassen, geben wir die Beschränkungen des kleinen Selbst auf und verstärken unseren Zugang zum tieferen SELBST. Wieder haben wir die Möglichkeit, über unsere sterblichen Begrenzungen hinaus in die Segnungen in uns und um uns herum zu schreiten. Wir stellen uns unserer begrenzten Selbst-Definition und sind dadurch besser in der Lage, die Welt und alles, was darin ist, sowie ein erweitertes Gefühl von uns selbst zu schätzen. Wir können immer besser ein Eis essen und es als das genießen, was es ist – einschließlich des Anflugs von Unzufriedenheit über seine vergängliche Natur. Und wir sind viel bereiter, die Weisheit des Lebensprozesses, so wie er sich entfaltet, zuzulassen und ihm zu vertrauen.

Eine Metapher für die Freiheit und das Gefühl von Verbundenheit, das daraus erwächst, daß man Verhaftungen losläßt, stammt von dem amerikanischen Astronauten Rusty Schweickart. Er spricht über den Flug mit der Apollo 9 Mondfähre von 1969 und beschreibt eine tiefgehende Erfahrung, die er auf dem Rückweg zur Erde machte. Auf dem ersten Teil der Reise waren die Besatzungsmitglieder so sehr mit einer Vielzahl von Aufgaben und Tests beschäftigt, daß sie keine Zeit hatten, aus dem Fenster zu schauen. Schweickart erlaubte sich erst dann, als sie in Vorbereitung ihrer Rückkehr den Globus umkreisten, die Sicht nach unten. Er beschreibt, wie er über dem Mittleren Osten und Afrika erwachte, über dem Mittelmeer frühstückte und dabei an die Zivilisationen dachte, die dort entsprungen sind, über Indien und Südostasien, den Pazifik, die USA und noch weiter flog. Von Sonnenaufgang bis Sonnenuntergang umkreisten sie immer wieder in jeweils etwa neunzig Minuten den gesamten Planeten. Schweickart stellte dabei fest, daß er sich zunächst mit jeder Region identifizierte und über ihre einzigartige Geschichte und Beiträge nachdachte. Nach einer Weile begann sich aber etwas zu verändern.

…du beginnst zu erkennen, daß du mit dem ganzen Planeten eins bist … Du schaust hinunter und kannst dir nicht vorstellen, wie viele Grenzen du überfliegst … Da töten Hunderte von Menschen einander – nur wegen einer imaginären Linie, die du noch nicht einmal sehen kannst. Von dort, wo du jetzt bist, erscheint der Planet als ein Ganzes. Er ist so schön, und du wünschst, du könntest jeden einzelnen Menschen an der Hand nehmen und ihm sagen: »Schau dir einmal die Erde von hier aus an. Schau einmal auf das, was wirklich wichtig ist.«

Wann immer ich diesen Bericht lese, berührt er mich, weil er so direkt über den Zustand des Menschen spricht. Wegen unserer Verhaftungen und der Angst, der Gier und dem Schmerz, die aus ihnen erwachsen, bleiben wir begrenzt und drücken unser eigenes emotionales Leiden anderen auf. Solange wir Gefangene unserer Begierden bleiben, unterdrücken wir unsere schöpferischen und mitfühlenden Fähigkeiten und halten uns abgeschnitten und verborgen. Wenn wir als Einzelwesen, Gemeinschaften oder Nationen unsere Verhaftungen aufgeben, reduzieren wir unsere Begrenzungen und unsere Starrheit. Wir bewegen uns in Richtung einer Identität mit »dem Ganzen«.

Heilung und der Weg zum Selbst

8 DAS VERSPRECHEN VON HEILUNG UND SPIRITUELLER REIFE

In den vorigen Kapiteln haben wir einige der dramatischsten Perioden unserer Geschichte durchreist, beginnend mit unseren göttlichen Wurzeln, dem Weg durch die zunehmende Trennung, die dunkle Nacht der Sucht und des Verhaftet-Seins bis nach ganz unten in den erniedrigenden Zustand des Sich-Ergebens. In diesem letzten Teil des Buches werden wir das Leben nach einer solchen Niederlage erforschen. Wir haben die schwerste Prüfung auf der Reise des Helden oder der Heldin bestanden und stehen nun an einer Weggabelung. Die eine Straße lockt uns zurück in die Dunkelheit, in das Leiden, die Entfremdung und die Begrenzungen unserer falschen, süchtigen Identität. Die andere bietet uns einen reichen, gesegneten Pfad der Heilung, Genesung und Selbsterforschung, der uns an die Quelle unserer Ganzheit zu führen verspricht. Wenn wir ihn wählen, entscheiden wir uns für den Weg zu unbeschränkten Möglichkeiten. Dieser Pfad wird uns die nächsten Hinweise bei der Schatzsuche liefern, die uns schließlich zum Schlüssel für den Himmel in uns und um uns herum führen wird.

Viele Menschen, die eine tiefgreifende Erfahrung des Sich-Ergebens oder eine Begegnung mit dem Tod machen, öffnen sich automatisch den spirituellen Dimensionen. Das ist der nächste Schritt. Der Zustand des inneren Sterbens hat zur Wiedergeburt geführt. Nun stehen sie vor einer ganz anderen Art des Daseins. Das alte Selbst ist untergegangen, und wenn sie nun zögernd in ihr neues Leben tauchen, verspüren sie oft sanfte innere Führung vom tieferen SELBST. Und sie stellen vielleicht fest, daß sie einige unbekannte Qualitäten in sich sehen, vielleicht sogar einen Blick auf ihren göttlichen Kern erhaschen. Sie entwickeln Interesse daran, ihre Spiritualität auszubauen, und beginnen, ein Gespür dafür zu entwickeln, in welche Richtung sie gern wachsen würden: in die eines bewußteren, hingebungsvolleren Lebens der Heilung und des persönlichen Wachstums.

Für manch andere sind die ersten Anzeichen ihrer Genesung schwierig und verwirrend. Sie sind vom körperlichen Verlangen nach der Droge ihrer Wahl geplagt, zögern, ihr früheres Leben zu verlassen, oder sind von den Hinweisen auf Spiritualität und Gott in ihren Genesungsprogrammen verwirrt. Wir werden uns später noch damit beschäftigen, daß der Pfad der Genesung nicht immer Inspiration und Antrieb zur Transformation bietet. Oft ist er herausfordernd, schmerzhaft oder entmutigend. Aber wer sich wirklich ganz am untersten Ende einer Suchtkarriere ergeben hat, der wird automatisch über die Schwelle zu einer neuen Lebensweise gehoben. Unabhängig davon, ob sie diesen Augenblick der Klarheit, der sie zur Genesung steuert, nun »göttliche Intervention« nennen oder auch nicht, zapfen Süchtige an diesem Punkt zuvor vergessene oder unbekannte Ressourcen jenseits ihres ichbezogenen Selbsts an.

In der ersten Zeit der Genesung kommt es häufig zu einem Stadium, das viele Betroffene *die rosarote Wolke* nennen. Das ist die Zeitspanne von Tagen, Wochen oder sogar Monaten, in denen die Welt wunderbar aussieht, und wir uns frei und wiedergeboren fühlen. Nicht jeder erlebt diese rosarote Wolke, aber wer es tut, der verspürt riesige Erleichterung darüber, daß er nicht mehr mit seinem Suchtverhalten weitermachen muß, daß er endlich die benötigte Hilfe erhält und erkennt, daß es einen Weg aus seinem Elend heraus gibt. Wenn wir bereiter und fähiger werden, die Wirklichkeit unserer Süchte zu akzeptieren, werden wir uns immer deutlicher der Straßen zur Heilung und zum Wohlbefinden bewußt, die früher durch unser selbstbezogenes Suchtverhalten verborgen waren.

Von chemischen Substanzen abhängige Süchtige spüren, wie sich ihr Kopf zu klären beginnt, und diejenigen, die nach bestimmten Aktivitäten oder Beziehungen süchtig waren, lenken ihre Aufmerksamkeit so um, daß sie ein breiteres Erfahrungsspektrum umfaßt. Manche Menschen erleben das, was sie den Zustand der Gnade nennen, eine Zeit unverdienter göttlicher Güte. Das führt dazu, daß ihre Wahrnehmung der Welt heller und deutlicher wird. Manche behaupten, sie fühlten sich vom Leben selbst ganz »high«, glücklicher denn je zuvor oder dankbar für das, was sie hätten. Sie sind glücklich, daß sie noch eine Chance im Leben bekommen haben, und erkennen oft zum ersten Mal , auf welch gefährlicher Bahn sie steckengeblieben waren. Andere haben wirklich, als sie ganz unten gelandet waren, lebensverändernde spirituelle Erfahrungen gemacht und baden sich nun, während sie ihr neues Bewußtsein und erweitertes Selbst-Konzept eingliedern, in dessen Nachglühen.

Wie viele andere Phasen der Genesung, ist auch die rosarote Wolke zeitlich begrenzt. Irgendwann taucht die offensichtliche Wirklichkeit des Alltagslebens wieder auf, nun begleitet von den Herausforderungen und der hingebungsvollen Arbeit des Heilens. Ohne unser Suchtverhalten sind wir nicht mehr durch die Puffer und Ausflüchte geschützt, die es uns möglich machten, schwer auszuhaltenden oder schmerzhaften Gefühlen auszuweichen oder sie zu vermeiden. Wir steigen aus unserer Oase der Klarheit und Einsicht in einen Zustand hochgradiger Verletzbarkeit ab. Wenn die rosarote Wolke verblaßt, meinen manche, sich für sie entschuldigen zu müssen. Sie war nicht dauerhaft, gilt daher auch nicht mehr als real. Da die Betroffenen nicht in der Lage sind, die ursprüngliche Intensität und Klarheit aufrechtzuerhalten, glauben sie, ihre Einsichten und Wahrnehmungen aus dieser Zeit seien ungültig. Zusätzlich sind sie vielleicht wütend und fühlen sich im Stich gelassen, weil sie diesen gesegneten Zustand nicht festhalten konnten.

Die rosarote Wolke ist eine wichtige Erfahrung, die weder ignoriert noch heruntergespielt werden sollte. Für manch einen ist sie eine heilige Pause, wenn er sie auch vielleicht nicht so bezeichnen würde. Dies ist eine Zeit des spirituellen Erwachens, ein kurzer Blick in das Reich der Möglichkeiten. Mit klareren Augen betrachtet man genauer die Wunder des Daseins. Wenn ich Menschen die rosarote Wolke beschreiben höre, denke ich an winzige Vögel, die ihre prägenden Wochen in einem geschlossenen System in ihrer Eierschale verbracht haben. Plötzlich durchbrechen sie die Schale und finden sich in einer riesigen, neuen Welt wieder, die Möglichkeiten in sich birgt, die in ihrem früheren Zustand jenseits alles Vorstellbaren lagen. Oder ich erinnere mich an den wunderbaren deutschen Holzschnitt aus der Renaissance, auf dem der Prophet Ezechiel (Hesekiel) die Grenzen des Himmels überschreitet und zum Geheimnis früher unbekannter Reiche durchbricht. William Blake beschreibt diesen Zustand mit den Worten, die Tore der Wahrnehmung seien gereinigt. Wir könnten die rosarote Wolke auch als eine Rückkehr zu einem kindlichen Bewußtsein der Welt, die frisch, unschuldig und unverdorben ist, sehen.

Eine ähnliche Art von erweiterter Sichtweise und Freiheit tritt häufig auch auf, wenn wir eine Verhaftung lösen. So lange wir verhaftet sind, richten wir unsere Aufmerksamkeit und Energie auf das Objekt unserer Begierde. Wir sind so ausschließlich auf diese eine Richtung gepolt, daß unsere Scheuklappen uns daran hindern, uns andere Möglichkeiten vorzustellen. Wenn wir die Aktivität, die Substanz oder Beziehung loslassen, nehmen wir plötzlich viele ehemals nicht verfügbare Möglichkeiten wahr. Der Schritt aus der unbefriedigenden Arbeitsstelle hinaus ins Unbekannte, läßt uns Aufgaben bewußt werden, die wir nie in Betracht gezogen haben, weil wir uns so intensiv auf die eine konzentriert haben. Wenn wir schließlich voller Befürchtungen, nie wieder eine andere zu finden, eine zerstörerische Beziehung aufgeben, werden wir für die Aufmerksamkeiten von Menschen offen, die wir bisher noch nicht einmal bemerkt haben.

Die wichtige Zeit der rosaroten Wolke weist uns auf ein erfüllteres Leben hin. Sie macht uns mit weiteren Möglichkeiten bekannt und verschafft uns einen Blick auf potentielle Ziele für unseren Heilungsprozeß. Wenn die Pforten der Wahrnehmung oder das kindliche Bewußtsein wieder von der Wirklichkeit unserer Begrenzungen verschleiert werden, beginnen wir zu verstehen, daß wir noch einige Arbeit leisten müssen.

Eine zweite Zeitspanne, die viele Menschen zu Beginn der Genesung erfahren, ist eine Phase des Trauerns und Bereuens. Wer sich ausschließlich auf eine Substanz, Aktivität oder Beziehung ausgerichtet hatte, bedauert deren Verlust. Das Objekt unserer Sucht oder Verhaftung mag noch so schwierig oder schmerzhaft gewesen sein, es war doch in vielerlei Hinsicht unser bester Freund, unsere Höhere Macht. Als Süchtige sind wir ganz im Alkohol, im Essen, im Spielen, in Drogen oder in der Suche nach Macht aufgegangen. Der Schritt davon weg ist ein wesentliches Ereignis in unserem Leben, und wir betrauern den Verlust so, wie wir den Tod eines Geliebten beklagen würden. So erleichtert wir auch darüber sein mögen, daß wir unser Suchtverhalten nicht fortführen, so verspüren wir doch auch eine gewisse Leere. Auf einer ganz weltlichen Ebene bleibt uns plötzlich viel Zeit übrig, die wir früher dem Objekt unserer Sucht gewidmet haben.

Dazu wechseln alle unsere Prioritäten. Wir stellen fest, daß wir uns selbst und unsere Genesung anstelle von Drogen, Alkohol, Essen, sexuellen Aktivitäten oder Beziehungen ganz oben auf die Liste setzen müssen, wenn wir in Richtung, Gesundheit, Glück und Freiheit wachsen wollen. Wir begreifen, daß wir nur dann erfolgreich Alltägliches oder Interaktionen mit anderen abwickeln können, wenn wir für unsere eigene Gesundheit und unser Wohlbefinden sorgen. Eine Weile haben wir nicht einmal eine klare Vorstellung davon, wer wir sind, gehabt. Wenn wir uns selbst mit unserer Sucht oder unserer Verhaftung und deren mit einbegriffenen Verhaltensmustern identifiziert haben, stehen wir vor einem vollkommenen Wechsel in unserer Selbstdefinition. Wer werden wir?

Wir beginnen außerdem zu erkennen, wie beschränkt und selbstzerstörerisch unser Leben war, wie viele Möglichkeiten uns wegen unserer Sucht oder Verhaftung entgangen sind, wie viele Menschen wir verletzt oder ignoriert haben, wie isoliert wir waren, wie viel Geld wir dafür ausgegeben haben. Wir zählen die Jahre und Monate verschwendeter und unproduktiver Zeit. Wir merken, wie unbewußt und selbstbezogen wir waren. Süchtige bieten auch hier Überzeichnungen für diese Art von Verhalten, aber die Einsichten aus solchen Handlungen gelten für uns alle, wenn wir uns unseren Verhaftungen stellen. Ein Alkoholiker wird sich dessen bewußt, daß er endlose Stunden auf einem Barhocker in dieser miesen Kneipe oder völlig zu im Bett hinter geschlossenen Gardinen bei abgestelltem Telefon verbracht hat. Eine Bulimikerin zählt die Stunden, die sie jeden Tag darauf verwendet hat, Essen herbeizuschaffen, zu verstecken, runterzuschlingen und wieder rauszuwürgen. Ein Glücksspieler erkennt, wieviel Mühe er aufgewendet hat, eine Gewinnserie oder den Haupttreffer auszurechnen. Eine Sexsüchtige läßt die verzweifelte, andauernde Suche nach dem perfekten Partner, der die Leere füllen soll, Revue passieren.

Das Dilemma dieser Süchtigen unterscheidet sich nur in der Intensität von dem derjenigen, die mit Verhaftungen ringen. Wenn wir den unbefriedigenden Arbeitsplatz oder die unglückliche Ehe verlassen haben, können wir es zutiefst bedauern, daß wir so viel Zeit und Energie in diese Angelegenheit gesteckt haben. Dann sagen wir vielleicht: »Ich habe denen die besten Jahre meines Lebens geschenkt.« Ob wir nun eine Verhaftung oder eine Sucht loslassen, immer ist da die Versuchung, auf uns selbst zu schimpfen: »Ich war so blöd. Warum habe ich mich überhaupt darauf eingelassen? Ich hätte sehen müssen, wie verrückt das war!« Oder wir werden wütend auf die jeweiligen Menschen und Umstände:»Thomas war ein grundlegend unmöglicher, selbstsüchtiger Mensch. Es war alles seine Schuld. Er hat mich dazu verführt, eine Beziehung einzugehen, und mich dann betrogen.« Diese Phase der Erkenntnis und Trauer ist Teil der natürlichen Entwicklung, weg von Süchten oder Verhaftungen. Für manche Menschen ist dies ein wesentlicher Schritt bei der Genesung, einer, den man voll erfahren und durchleben muß. Aber es ist wichtig, daß man nicht in Kummer, Selbstvorwürfen und Wut stecken bleibt. Sie können uns nur runterziehen, sogar übermächtig und selbstzerstörerisch werden. Und ganz gewiß können sie uns daran hindern, mit unserer Genesung und Heilung voranzukommen.

Bei vielen Menschen ist das nächste Stadium die Erkenntnis, daß jeder Schritt, bis zu diesem Punkt, in einem größeren Prozeß von Bedeutung war. Selbst die Jahre, in denen wir nur unbewußt und ungelenk am Leben teilgenommen haben, waren wichtige Bestandteile unserer Entwicklung. Unsere schmerzhaften Umwege haben uns gemäßigt, und wir haben durch Erfahrung Weisheit erlangt, die anders nicht zugänglich geworden wäre. Wie sollten wir aufwachen können, wenn wir nicht geschlafen haben? Diese Jahre, in denen wir vergessen haben, wer wir wirklich sind, sind ein absolut notwendiger Teil der Handlung, ein Hintergrund, vor dem das Wunder der persönlichen und spirituellen Entdeckung noch wirksamer ist. Wir können den Schmerz unseres früheren destruktiven und selbstzerstörerischen Lebensstils bedauern und alles in unseren Möglichkeiten Liegende tun, um unsere Untaten wiedergutzumachen oder abzumildern, aber wenn wir weiter wachsen wollen, können wir es uns nicht leisten, allzu lange darüber zu brüten.

Die Versprechen der Heilung

Wenn wir die Genesung oder ein spirituelles Leben angehen, brauchen wir Heilung auf jeder Ebene. Unsere Körper waren oft krank, unsere Emotionen und Gedanken sind in Aufruhr, und wir sind im Zustand des spirituellen Bankrotts. Heilen bedeutet wörtlich, wieder ganz zu werden, die Gesundheit wiederherzustellen, die wir einst hatten und dann verloren haben. Als wir ganz unten ankamen, haben wir die

Kontrolle aufgegeben. Wir haben unsere persönliche Machtlosigkeit eingestanden und alles losgelassen. Überraschenderweise haben wir das nicht nur überlebt, sondern sind uns auch einiger unserer inneren Ressourcen bewußt geworden. Als wir uns ergeben haben, als wir unsere wahrgenommene Kontrolle und unsere Begrenzungen losgelassen haben, sind wir nicht in irgendeine undefinierte Leere gefallen; als wir ins Unbekannte geglitten sind, hat eine Macht, die größer war als unser kleines Selbst, uns aufgefangen, umarmt und gestützt, auch wenn wir das vielleicht damals nicht erkannt haben. Sie hat uns zu einer größeren Kraftquelle sowie zu einer neuen, weiteren Identität geführt. Während der Phasen der rosaroten Wolken und des Trauerns werfen wir einen Blick auf die Straße zur Ganzheit. Vielleicht beginnen wir auch, Vertrauen in das tiefere SELBST, Intimität mit dem Prozeß des Sich-Ergebens und Verbundenheit mit anderen Menschen zu entwikkeln. Wenn wir den Einfluß dieser Macht in uns und um uns herum spüren, beginnen wir ihr und ihrer potentiellen Rolle in unserem Leben zu trauen. Der zweite Schritt der Zwölf-Schritte-Programme bringt das so zum Ausdruck »Wir kamen zu dem Glauben, daß eine Macht, größer als wir selbst, uns unsere geistige Gesundheit wiedergeben kann.« Das Versprechen des zweiten Schrittes heißt wörtlich, daß wir unsere Gesundheit, unsere Ganzheit, wiedererlangen werden. Der Wahnsinn unserer Suchthandlungen ist durch unser eigenes mutwilliges und zerstörerisches Verhalten verursacht worden; wenn wir erst zurücktreten und das tiefere SELBST übernehmen lassen können, werden unsere geistige Verfassung und unser Leben zunehmend stabiler. Wenn wir uns einmal ergeben und die Unterstützung unserer spirituellen Quelle gespürt haben, wird das vielleicht auch ein zweites oder drittes Mal klappen. Bald beginnen wir, das Potential einer allgemeinen Lebensstrategie des Sich-Ergebens zu erkennen.

Wir werden fähig, den nächsten Schritt zu tun: »Wir faßten den Entschluß, unseren Willen und unser Leben der Sorge Gottes – wie wir ihn verstanden – anzuvertrauen. Die Formulierung *wie wir ihn verstanden* läßt uns genügend Raum, unsere persönliche Definition der spirituellen Gegenwart in unserem Leben zu schaffen. Wir können daran denken, daß es viele Namen für das Heilige gibt, unser eigenes Konzept davon entwerfen, unsere Erfahrungen damit und unsere Beziehung dazu einbringen. Diese zwölf Schritte beschreiben, ob wir sie in einem Programm praktizieren oder nicht, die Einstellung des Sich-Ergebens und -Annehmens, die für das spirituelle Wachstum im allgemeinen und besonders für die Genesung entscheidend ist. Wie wir schon erwähnt haben, gehört es bei vielen spirituellen Traditionen entscheidend dazu, sich einer Kraft zu ergeben, die größer ist als wir. Durch die Aufgabe unserer Ich-Kontrolle beginnen wir eine Beziehung zum tieferen SELBST zu entwickeln, die uns wachsende Inspiration, Gesundheit und Ganzheit bringt. In Genesungsgruppen hört man oft den Scherz:»Religion ist für die, die nicht in die Hölle kommen wollen. Spiritualität ist für die, die schon dort waren und nicht wieder hin wollen.« Um von der Hölle unserer Süchte frei zu bleiben, schreiten wir auf eine direkte Erfahrung des Göttlichen und dessen Einfluß auf unseren Alltag zu. Auch hier ist wieder C.G. Jungs Formel vom *spiritus contra spiritum*, das Erkennen und Einsetzen des Seelisch-Geistigen gegen die Verwüstungen der Sucht, relevant.

Wenn wir unser tieferes SELBST berühren, verschwindet langsam unsere Erfahrung der Entfremdung. Wir haben mehr und mehr das Gefühl, hierher und dazuzugehören – und das oft zum ersten Mal in unserem Leben. Unser Getrenntsein schmilzt weg, und wir fühlen uns zunehmend mit anderen Menschen und der Welt im allgemeinen verbunden, erleben gelegentlich sogar ein tiefes Gefühl von Einheit. Als ich wegen meines Alkoholismus in Behandlung war, habe ich die ersten zehn Tage damit verbracht, mir selbst zu verdeutlichen, ich sei ganz anders als die anderen Patienten. Erst sagte ich mir aus meiner Position der Verleugnung heraus, sie alle hätten Suchtprobleme, ich aber nicht. Aber auch als ich zu akzeptieren begann, daß ich vielleicht ein»Alkoholproblem« hatte, war ich noch immer besser, denn ich war schließlich nur Trinkerin, und das war nicht annähernd so schlimm oder ernst wie Heroin- oder Kokainsucht. Außerdem war ich etwas Besonderes, weil ich ein spirituelles Leben und einen spirituellen Lehrer hatte, Yoga machte und meditierte.

Weise Menschen aus der Gemeinschaft der Genesenden nennen diese Einstellung »Endstation Einzigartigkeit«. Sich an die Illusion zu klammern, man selbst sei etwas Besonderes, kann todbringend sein, denn es hält davon ab, die Realität des eigenen Zustandes zu sehen. Bevor ich mich in Behandlung begab, hatte ich immer wieder das Kapitel über Alkoholismus in einem medizinischen Fachbuch studiert – und dabei nur die Gründe dafür gesehen, daß diese lebensbedrohenden Symptome für mich nicht galten. Diese Einstellung war tödlich. Im Laufe der beschämenden Erfahrung, ganz unten anzukommen, schmolz diese ichbezogene Haltung dahin, und ich begann Ähnlichkeiten wahrzunehmen, statt Unterschiede zu registrieren. Als ich an dem Nachmittag in die Gruppentherapie ging, verschwanden die Unterscheidungen zwischen mir selbst und den anderen. Einkommen, Ausbildung, Rasse, bevorzugte Droge, Berufung: Diese offensichtlichen Unterscheidungen wurden in meinen neuen Augen bedeutungslos. Ich gewann die tiefe Erkenntnis, daß wir alle Überlebende in demselben Rettungsboot waren, unabhängig von unseren individuellen Geschichten. Wir steckten alle zusammen in diesem Dilemma, rangen mit ähnlichen Dämonen und strebten verwandte Ziele an. Ich begann die Kraft der Liebe und der Unterstützung zu spüren, die wir einander zu geben hatten. Seit damals habe ich viele Menschen aus anonymen Genesungsgruppen vergleichbare Erfahrungen beschreiben hören. Sie geben ihre weltliche Identität an der Tür des Treffpunktes ab und betreten für eine Weile ein Reich, in dem alle dieselbe Grundlage haben und eine gemeinsame Sprache sprechen.

Die heilende Kraft der Gemeinschaft ist in vielen spirituellen und religiösen Traditionen, einschließlich der Zwölf-Schritte-Programme, bekannt. Fast alle spirituellen Situationen beinhalten irgendeine Form von Gemeinschaft, auch wenn sie in Funktion und Bedeutung variieren. Es gibt organisierte Orden oder Verbindungen, die nach bestimmten moralischen oder ethischen Prinzipien, Tradition und Ritual, einem inspirierenden Führer oder religiösen Einstellungen ausgerichtet sind. Außerdem gibt es losere, spontanere Versammlungen von engagierten Menschen, die zwanglos, aus einem gemeinsamen Bedürfnis heraus, zusammenkommen. Als einzelne können wir durch die Beispiele anderer Menschen, unabhängig davon, ob sie mit einer Gruppe verbunden sind oder nicht, sowohl Gemeinsamkeiten, die unsere eigene Erfahrung bekräftigen, als auch Liebe, Verständnis, Unterstützung und Kameradschaft entdecken.

Zusätzlich ist es für jemanden, der sich die meiste Zeit als anders oder getrennt empfunden hat, ein wesentlicher Schritt, wenn er Teil eines großen Netzwerkes von sympathisierenden Menschen wird. Wir lernen langsam, anderen zu vertrauen und sie in unsere isolierte Welt hineinzulassen. Wir fühlen uns weniger vereinzelt und einsam, wenn wir feststellen, daß ihre Geschichten den unseren ähneln. Und wir lernen, daß unser eigenes Leiden kleiner wird, wenn wir einem anderen Hilfe anbieten. Wenn die bisherigen Lebensereignisse uns gelehrt haben, der Umgang mit anderen Menschen sei bedrohlich, kann es einer Enthüllung gleichkommen, Kontakt zu anderen aufzunehmen, die Kraft ihrer Liebe zu spüren und wahrzunehmen, wie dadurch die Liebe in uns selbst hervorgerufen wird.

Bald beginnen wir, andere Menschen mit Eigenschaften zu treffen, die wir gerne in uns selbst aufbauen würden. Vielleicht strahlen sie eine gewisse Freiheit, Freude, Güte und Gelassenheit aus, die uns inspirieren. Sie scheinen mit sich in einer Weise im reinen zu sein, die uns abgeht. Es macht ihnen echte Freude, am Leben zu sein, und sie verkörpern oft die Art von Weisheit, die aus einem bewußten Umgang damit erwächst. Meist haben sie eine Zeit der Genesung oder eine andere Reise der Selbstentdeckung, der Heilung oder der Ansammlung von Lebensweisheit hinter sich – und wir wollen das, was sie haben. Ihre Geschichten sagen uns, daß sie Herausforderungen und Schwierigkeiten begegnet sind, die sich nicht sehr von den unseren unterscheiden. Wir entwickeln automatisch Beziehungen mit ähnlich Denkenden, und ihre Anleitung und ihr Beispiel helfen uns.

Außerdem beobachten wir die Veränderungen bei denjenigen, die sich der Heilung nähern, und profitieren davon. Ihr Wachstum schenkt uns Motivation. Jemand, der eine ähnliche Geschichte hat, wie wir selbst, und Eigenschaften aufweist, die wir gern in uns selbst sähen, schenkt uns Hoffnung. Vielleicht denken wir: »Wenn der das schafft, schaffe ich das auch.« Ganz allmählich, und oft sogar ohne es zu merken, entfernen wir uns vom gewohnten Zusammensein mit anderen, die ebenso »eng« sind, wie wir es auch waren. Sie sind gerade in einer Phase ihrer Entwicklung, und an der möchten wir nicht mehr teilhaben. Viele Menschen auf dem Weg der Genesung beschreiben die scheinbar kleinen sowie die beachtlichen Transformationen in sich selbst und anderen als etwas fast Wundersames. Es inspiriert uns, wenn wir andere ihre Geschichte erzählen, die Demoralisierung und die Tiefe ihrer Sucht und ihres Heilungsweges beschreiben hören. Wenn wir sehen, wie gelassen, voller Vertrauen, emotional zugänglich und humorvoll sie sind, fällt es uns schwer, uns vorzustellen, aus welcher

Verzweiflung und Entwürdigung sie kamen. Es gibt einen beliebten Autoaufkleber mit den Worten »Erwarte ein Wunder«. Die Verwandlungen, die wir regelmäßig während des Heilungsprozesses sehen und erfahren, sind tatsächlich Wunder.

Die Eigenschaften spiritueller Reife

Motiviert vom Schimmer ungeahnter Möglichkeiten in uns und durch die Beispiele anderer, beginnen wir, bestimmte Eigenschaften entwickeln zu wollen, die uns zu einem Leben der Nüchternheit und der spirituellen Reife leiten werden. In diesem Zusammenhang steht *Nüchternheit* nicht nur für die Unabhängigkeit von Alkohol, Drogen, Freßanfällen oder anderen Süchten, sondern auch von zwanghaftem, exzessivem Verhalten. Es bedeutet zunehmende physische, emotionale, mentale und spirituelle Gesundheit. Spirituelle Reife oder das, was die Anonymen Alkoholiker »spirituelle Fitness« nennen, entsteht durch eine lebenslange Förderung bestimmter gesundheitsdienlicher Eigenschaften und Handlungen. Wenn wir uns erst ihres Daseins, ihres potentielles Einflusses auf unser Leben und der Möglichkeit bewußt werden, sie zu erreichen, entsteht unser Interesse daran, diese zu erwerben.

Welches sind die Kennzeichen spiritueller Reife? Lassen Sie uns, wenn wir nun einige von ihnen betrachten, im Hinterkopf behalten, daß dies Ideale sind, denen wir Schritt für Schritt entgegenwachsen, und nicht etwas, das wir von heute auf morgen zu erreichen erwarten können. Obwohl es bei jedem von ihnen dauert, bis wir es entwickeln und voll praktizieren können, werden wir sehen, daß viele davon bereits in uns vorhanden sind.

Liebe und Mitgefühl. Liebe und Mitgefühl führen zu der Fähigkeit, uns auf ernste Intimität mit uns selbst, anderen Menschen, der Welt und Gott einzulassen. Sie nehmen in den meisten heiligen Traditionen eine zentrale Rolle ein. Das Öffnen des Herzens, die Geburt von wahrem Mitgefühl und Liebe von innen heraus, ist oft der Anfang des wahren spirituellen Lebens. Von diesem ersten Erwachen an wird es entscheidend, diese Eigenschaften das ganze weitere Leben hindurch weiterzuentwickeln. Wir alle kennen Sätze wie »Die Liebe währt ewig« oder »Gott ist Liebe«. Liebe ist ein grenzenloser Seinszustand, der sich auf vielerlei Weise Ausdruck verschafft: von erotischem Vergnügen über tiefe Zuneigung für und Achtung vor anderen bis zum vollkommenen Zustand göttlicher Gnade. Um die Liebe zu kennen und ihre Bedeutung zu erkennen, müssen wir sie direkt erfahren. Sie löst Verwirrung und Angst auf und führt zu Güte, Offenheit und Respekt. Wenn wir uns selbst nicht lieben und respektieren, können wir auch sonst niemanden lieben. Mit der wachsenden Offenheit für unsere eigenen Möglichkeiten ersetzen wir Scham, Selbstmitleid und Haß durch ein Gefühl von Selbstrespekt und Verständnis. Unsere Fähigkeit, uns selbst anzunehmen, spiegelt sich in der Art und Weise, wie wir die behandeln, die uns nahestehen. Wir lernen, wie wir anderen ohne Erwartungen, Bedingungen oder Forderungen geben können. Wir verpflichten uns uns selbst und anderen und gewinnen eine tiefe Loyalität.

Mitgefühl existiert über eine persönliche Form der Liebe hinaus. Es ist die Liebe zur gesamten Schöpfung. Manche nennen sie »kosmische Liebe« oder »Liebe zu allen Geschöpfen«. Sie ist mit der großzügigen, weiten Art unserer Beziehung zu uns selbst und anderen verwandt, die uns nicht das Gefühl gibt, etwas für jemand anderen zu tun, die keine Trennung zwischen »denen« und »mir« kennt. Mitgefühl ist ein reiner, reicher Seinszustand, der nichts mit Wettbewerb oder Leistung gemein hat. Er wird oft durch das Bewußtsein von Leiden ausgelöst und ist Ausdruck der Sorge, nicht nur um unser eigenes Wohlergehen, sondern auch das anderer Menschen und der Welt um uns herum.

Ehrlichkeit und Authentizität. Süchtige sind für Unehrlichkeit und Täuschungsmanöver während der Zeit der aktiven Sucht bekannt. Wir belügen uns selbst und andere darüber, was wir tun, wie sehr wir es tun, und was es für Konsequenzen hat. Zwar sind viele von diesen Lügengebilden bewußt, aber viele andere resultieren aus unseren Verleugnungen und unserer Abwehr. Über die Jahre haben wir Schutzschichten aufgebaut, die uns vor der Wahrheit abschirmen. Wir täuschen uns selbst über die Wirklichkeit unserer Geschichte und unserer gegenwärtigen Situation, über unser Selbst und unsere Verhaltensweisen. Wir schaffen uns eine falsche Identität, die sehr wenig mit unserer tatsächlichen Natur zu tun hat.

Im Rahmen der Genesung ist unser erster Schritt zur Rückgewinnung der Ehrlichkeit unsere Erfahrung des Sich-Ergebens in bezug auf die Tatsache unserer Sucht und unseres Mangels an Kontrolle. Allmählich beginnen wir zu erkennen, wie betrügerisch und unaufrichtig wir nicht nur gegenüber anderen, sondern auch zu uns selbst waren. Unsere Freunde, Familienangehörigen und Kollegen waren sich unserer Suchtaktivitäten vor uns selbst bewußt. Wir sind oft die letzten, die es begreifen. Nun stellen wir uns der Wahrheit unseres Verhaltens ehrlicher. Diese Art von aufrichtiger Haltung geht über die Summe dessen, was in der Gesellschaft als gesetzestreu, fair und glaubwürdig gilt, hinaus; sie schließt Ehrlichkeit gegen uns selbst und eine echte und wahrhafte Anerkennung der Muster, Verhaltensweisen und Stärken ein, die uns formen und motivieren. Durch offeneren und direkteren Kontakt zu uns selbst werden wir fähig, Beziehungen zu anderen aufzubauen, die zunehmend gerade und offen sind.

Physische, emotionale, mentale und spirituelle Klarheit. Beim Auftauchen aus einer ziemlich verhedderten und unbewußten Beziehung zum Leben lernen wir, daß wir uns unserer selbst und unserer Umgebung bewußter sein können. Das bedeutet, daß wir eine genaue, unterscheidende Art entwickeln, die frei von Verwirrung und gedanklichen Täuschungen ist. Dazu gehört mentale Klarheit, die Illusionen und Mehrdeutigket vertreibt. Andere Menschen verstehen unsere Kommunikation, und unser Leben spiegelt eine allgemeine unverstellte Einfachheit.

Unsere mentale und emotionale Klarheit wächst, wenn wir an unseren Gefühlen arbeiten. Nicht anerkannte Gefühle zu identifizieren und zum Ausdruck zu bringen, ist eine Grundlage für Heilung; sie bringt die Bereitschaft mit sich, Wut, Angst, Kummer, Schuld, Scham und andere schwierige Gefühle anzusprechen, die uns unglücklich machen und in denen wir feststecken, sowie Glück, Freude, Gelassenheit und Liebe zu erkennen und anzunehmen. Physische Klarheit bedeutet, der Gesundheit des Körpers durch Diät, Bewegung, Freiheit von Giften und ausreichend Ruhe Aufmerksamkeit zu zollen. Viele spirituelle Disziplinen bezeichnen den Körper als einen Tempel für das Göttliche, der dieselbe Hingabe und Verehrung verdient, die wir einem heiligen Bau zukommen lassen würden. Sie bieten spezifische Übungen, die zu größerer körperlicher Klarheit führen, Gifte und physische Blockaden entfernen und gefangene Energie freisetzen.

Spirituelle Klarheit schließt alle anderen Formen von Klarheit ein. Sie kann einem durch Gnade geschenkt werden, verlangt aber häufiger ein regelmäßiges und hingebungsvolles Bemühen darum, alle Aspekte unserer Persönlichkeit zu heilen. Wenn wir dann größere physische, emotionale und mentale Klarheit gewinnen, können wir die spirituelle Dimension deutlicher wahrnehmen.

Verantwortung und Disziplin. Nach einer Zeit der Desorganisation und Rücksichtslosigkeit beginnen wir, die Möglichkeiten zu schätzen, durch die wir uns selbst, einschließlich unseres moralischen Charakters, in eine andere Richtung lenken und formen können. Verantwortung schließt die Fähigkeit und Bereitschaft ein, Verpflichtungen und täglichen Aufgaben verläßlich nachzukommen. Sie heißt auch, daß wir unsere persönlichen Grenzen zu definieren beginnen, wodurch wir für uns selbst verantwortlich werden und uns von anderen lossagen.

Menschen, die eine Geschichte des Mißbrauchs hinter sich haben, mangelt es meist an inneren Abgrenzungen, an dem Wissen darum, wo sie aufhören und die Welt beginnt. Sie wissen nicht genau, für welche Emotionen und Handlungen sie selbst verantwortlich sind und welche zu anderen gehören. Sie übernehmen vielleicht die Schuld für Dinge, die sie nicht getan haben, oder halten jemand anderen für etwas verantwortlich, was sie selbst verursacht haben. Wenn wir spirituell reif sind, lösen wir die Verknotungen mit anderen und übernehmen die Verantwortung für uns selbst, statt uns für andere stark verantwortlich zu fühlen.

Disziplin ist mit Ordnung verwandt. Sie ist für die verläßliche Ausführung von Verantwortlichkeiten unerläßlich. Wir stellen in uns und um uns herum einen gewissen Grad von Strukturiertheit auf, durch den wir unsere Grenzen und Ausrichtungen bestimmen. Das ist etwas anderes als zwanghafte regelgebundene Systeme, die einengend und unterdrückend sind. Disziplin ist wie ein Fundament, von dem aus wir uns in kreative Richtungen bewegen können. Ohne diese Grundlage könnten wir wegen geistiger Verwirrung und Laschheit vielleicht nicht einmal die Möglichkeiten erkennen. Wenn wir früher immer alles vor uns her geschoben haben, lernen wir die Befriedigung aus stetem Bemühen und Aufmerksamkeit kennen.

Gelassenheit. Gelassenheit ist ein bei der Genesung von Sucht und in vielen spirituellen Disziplinen häufig diskutiertes Stichwort. Wenn wir in einem Leben des Verhaftet-Seins oder der Sucht gefangen sind, versetzt uns unser eigenes Drama leicht in Aufregung. Wir werden von ungezügelten Gefühlen gebeutelt, fühlen uns leicht überwältigt oder werden von Intensität abhängig. Eine andere Art, in der wir auf das reiche Chaos der Welt reagieren, ist die, es einfach zu leugnen. Wir schrumpfen hinter den Schutz unserer Abwehrmechanismen zurück und sind erregt und unglücklich.

Gelassene Menschen fühlen sich nicht leicht verwirrt und gestört. Sie genießen eine Erfahrung von physischer, emotionaler, mentaler und spiritueller Ausgewogenheit angesichts der Fluktuationen und Herausforderungen einer vergänglichen Welt. Gelassenheit ist ein Zustand des Gleichgewichts oder Gleichmuts im Kopf. Die Gesichter von heiligen Persönlichkeiten aus allen Traditionen strahlen diese innere Ruhe und diesen Frieden aus. Gedichte und spirituelle Metaphern beschreiben Gelassenheit als klaren, ruhigen See an einem windstillen Tag, nicht bedroht von Stürmen oder unangenehmen Veränderungen.

Persönliche Freiheit. Persönliche Freiheit ist etwas anderes als der Antrieb, sich vom Diktat einer äußeren Autorität zu befreien. Es ist vielmehr das, was die spirituellen Traditionen *innere Befreiung* nennen, und es entspringt der Fähigkeit, sich den Herausforderungen des Lebens undramatisch, ohne Flucht oder Vermeidung zu stellen. Freiheit bedeutet in diesem Fall, das Leben zu seinen eigenen Bedingungen zu akzeptieren. Das schließt einen Zustand des Sich-Ergebens ein, die Fähigkeit, mit den Hochs und Tiefs unseres Daseins ohne Widerstand, Verleugnung oder Zwanghaftigkeit mitzufließen. Befreiung erfordert, Verhaftungen, Beschränkungen und das mit ihnen einhergehende Leiden loszulassen; jemanden, der in Wahl und Handlungen frei, flexibel und auf Erweiterung bedacht ist, nicht starr und begrenzt.

Toleranz und Geduld. Toleranz ist das Gegenteil von Beurteilungen und Bigotterie, und sie schließt auch Akzeptanz und Sympathie ein. Wie alle anderen Eigenschaften, gilt sie sowohl für uns selbst wie für andere. Toleranz ist die Fähigkeit, unsere eigenen Fehler und Schwächen sowie unsere Gaben und Stärken anzunehmen. Das heißt nicht, daß wir sie gutheißen oder mögen müssen, sondern daß wir sie so akzeptieren, wie sie im Augenblick bestehen. Äußerlich bezeugt Toleranz die Fähigkeit, gegenüber Menschen, Glaubensvorstellungen und Aktivitäten, die von unseren eigenen abweichen, nachsichtig zu sein, ihnen als Teil einer komplexen, vielgestaltigen, dynamischen Welt Raum zu lassen, statt über sie zu richten und sie auszuschließen. Geduld besteht jenseits aller Ambitionen. Auf unserer Reise zur Wiederentdeckung widerfährt dem, der warten kann, alles Gute. Geduld ist die Fähigkeit, Ereignisse und Erfahrungen so zu nehmen, wie sie kommen, ohne Beschwerden oder Erwartungen. Wir können den Fluß nicht schieben, sondern müssen in seinem Rhythmus mitfließen. Geduld verlangt, daß wir einen Tag nach dem anderen leben. Wir lernen, einen Fuß vor den anderen zu setzen und uns um genau das zu kümmern, was vor uns liegt. Wir, die wir einst zwanghaft beschäftigt und stürmisch waren, werden bereit zu warten. Geduld hängt mit Vertrauen zusammen.

Glaube, Vertrauen und innere Sicherheit. Glaube wird als »eine gewisse Zuversicht des, das man hofft, und ein Nichtzweifeln an dem, was man nicht sieht« beschrieben. Obwohl dieses Zitat aus dem Neuen Testament stammt, gilt es nicht nur auch für andere spirituelle Systeme, sondern für das Leben im allgemeinen. Glaube ist die Fähigkeit, ohne Angst oder Zweifel an unserer gegenwärtigen Wirklichkeit teilzuhaben. Glaube, Vertrauen und Sicherheit haben alle etwas mit Zuversicht zu tun. Sie entwickeln sich mit der Zeit und Erfahrung, ob in Beziehung zu uns selbst, einem anderen Menschen, einer Gruppe, den Gegebenheiten unseres Daseins oder Gott.

Viele von uns haben den derzeit populären Rat gehört: Vertraue dem Prozeß. Das heißt zwar, Erwartungen und Ich-Kontrolle loszulassen, nicht aber, sich in blinde Abhängigkeit zu begeben. Glaube erscheint als Antwort auf eine direkte Erfahrung des Göttlichen. Vertrauen und Glaube sind kreative und positive Haltungen des menschlichen Geistes und Verstandes. Wenn wir aus Erfahrung gelernt haben, daß »auch dies vorübergehen wird«, daß sowohl Schwierigkeiten wie Zeiten ekstatischen Entzückens verblassen und der nächsten Erfahrung weichen, entwickeln wir ein Gefühl von Zuversicht hinsichtlich des Laufs des Daseins und Glaube an die Macht, die es lenkt. Aus unserem Glauben und Vertrauen erwächst eine gewisse innere Sicherheit und Erlösung von Angst und dem Zustand des Mangels.

Weisheit und Verständnis. Weisheit ist etwas anderes als intellektuelles Wissen, und Verständnis ist mehr als angesammelte Information. Weisheit wird durch Erfahrung gewonnen, dadurch, daß wir die jedem gebotenen täglichen Lektionen lernen und eingliedern. Verständnis entsteht, wenn wir ihre Bedeutung begreifen. Die indo-europäische Wurzel des Wortes *Weisheit* bedeutet »wahrnehmen« oder »sehen«. Die Weisheit eines Menschen ist das Ergebnis dessen, was er gesehen und daraus gelernt hat. Weise sagen, das gesamte Dasein sei ein Klassenzimmer, und es sei unsere Aufgabe, Schüler des Lebens zu sein. Viele Kulturen ehren und achten ältere Menschen wegen der tiefen Einsicht, die ihnen im Laufe der Jahre erwachsen ist. Auf spirituellem Gebiet kann jemand jedoch reif sein, ohne deswegen unbedingt alt sein zu müssen. Der Suchende kann durch die spirituelle Praxis oder eine Offenbarung ein tiefes und weitreichendes Verständnis der Verbindungen in der Menschheit und in der Welt erlangen. Weisheit offenbart sich als eine Seinsweise, die sich aus Einsicht entwickelt und in Alltagshandlungen zum Ausdruck kommt.

Dankbarkeit, Bescheidenheit und Bereitschaft. Dankbarkeit kommt als Wertschätzung der Geschenke und Vorteile, die auf uns zukommen, aus dem Herzen. Sie vertreibt Angst, Wut und Ablehnung. Menschen, die eine Begegnung mit dem Tod überleben, durch eine Sucht ganz unten anlangen oder sich plötzlich den Segnungen in ihrem Leben öffnen, fühlen sich oft dankbar. Dankbarkeit ist notwendig, wenn wir die Wunder erkennen wollen, die oft ungesehen bleiben, obwohl sie um uns herum und in uns existieren. Wer aus der dunklen Nacht der Sucht auftaucht, meint oft, er bekäme das Geschenk einer zweiten Chance, und ist dafür zutiefst dankbar.

Bescheidenheit ist das Gegenteil von Stolz, den viele spirituelle Traditionen als wesentliches Hindernis für die spirituelle Entwicklung betrachten. Bescheidenheit ist die Fähigkeit, Arroganz und Größenwahn zurückzulassen und zu einer ehrlichen Annahme unserer selbst mit all unseren Begrenzungen und Fehlern zu gelangen. Der Akt, sich zu ergeben, ist ein Akt der Bescheidenheit. Der erste Schritt bei den

Anonymen Alkoholikern, zuzugeben, daß wir letztlich unser Leben nicht selbst meistern können, ist ein Schritt der Bescheidenheit. Bereitschaft schließt das Aufgeben von Stolz mit ein. Sie bedeutet, daß man Sturheit und Ich-Willen hinter sich läßt und offen und bereit wird zu reagieren. Auch wenn wir vielleicht nicht wissen, was der nächste Schritt sein wird, gehen wir ohne Zögern weiter. Bill Wilson schrieb dazu: »Die Bereitschaft zu wachsen ist die Essenz aller spirituellen Entwicklung.«

Hoffnung, Glück, Freude und Humor. Hoffnung ist das Gegenteil von Verzweiflung. Es ist ein expansiver Seinszustand, eher eine Einstellung als ein Ziel. Wir können Hoffnung verspüren, ohne auf etwas Bestimmtes zu hoffen. Glück ist ein Zustand des Wohlbefindens und der Zufriedenheit; Menschen, die in Leid und Angst gefangen waren, haben oft Schwierigkeiten, ihn anzunehmen. Obwohl Glück oft das Ergebnis von etwas ist, das uns widerfährt, existiert Freude unabhängig von alltäglichen Ereignissen oder Taten. Freude erwächst aus Dankbarkeit. Sie entspringt einem tiefen Gefühl von innerem Reichtum, der nicht von den Geschehnissen des Alltagslebens beeinflußt wird. Hoffnung, Glück und Freude hängen alle mit einem offenen Herzen zusammen.

Humor bezeichnet in diesem Zusammenhang die Fähigkeit, liebevoll über uns selbst, unser Menschsein und das gesamte kosmische Spiel zu lachen. Es entstammt einem durchdringenden Gefühl der Freude, des Vermögens, das Lebensdrama nicht nur als extrem ernst, sondern auch als ausgesucht komisch zu sehen. Bei der Genesung von einer Sucht gibt es einen wunderbaren Wendepunkt, an dem wir über einige der Dinge, die wir als Abhängige gemacht habe, lachen können. Diese mitfühlende Einsicht in die Komödie innerhalb der Tragödie kann sehr heilsam sein.

Eine grundlegende Verbindung zur Erde und zum täglichen Leben. Das Leben eines spirituell reifen Menschen dreht sich nicht darum, die Welt zu verlassen; vielmehr ist eine jede seiner oder ihrer Handlungen Ausdruck des Göttlichen. Auch wenn wir in heiligen Systemen oder transzendenten Erfahrungen große Inspiration finden mögen, erkennen wir doch das Heilige in Alltagshandlungen, unserem eigenen Körper, anderen Menschen, anderen Lebensformen, unbelebter Materie und in der Natur. Statt überlegen abseits, abgehoben oder nur uns selbst dienend zu bleiben, erkennen wir den Reichtum und die Schönheit unserer Alltagsrealität an und bewegen uns in ihr mit Bewußtheit und Achtung. Wir nehmen aktiv und voller Verehrung für die Erde und die Umwelt an unserem Menschsein teil.

Die Fähigkeit, im gegenwärtigen Augenblick zu leben. Jemand, der im gegenwärtigen Augenblick lebt, ist hier und nicht sonst irgendwo. Die meisten von uns verbringen viel Zeit damit, uns mit der Vergangenheit zu beschäftigen oder in die Zukunft zu denken. Oder wir schweifen ab oder geraten in zwanghaftes Denken, um unsere Erfahrung des Hier und Jetzt zu ändern. Viele spirituelle Systeme haben bestimmte Praktiken entwickelt, die den Schüler darin unterstützen, für das da zu sein, was der Augenblick bietet. Die Zwölf-Schritte-Programme ermutigen uns, immer einen Tag nach dem anderen zu leben. Das ist schließlich alles, was wir wirklich haben. In der Gegenwart zu leben heißt, daß wir immer loslassen und neu beginnen können müssen. Wieder ist der zentrale Punkt vieler spiritueller Übungen der, unnötige oder störende Emotionen und unsere Verhaftungen aufzugeben.

Eine mystische Weltsicht. Auch wenn wir in Verbindung zu unserem Alltagsleben stehen, können wir eine kosmische Perspektive wahren, die direkten spirituellen Erfahrungen entstammt und nicht nur dem, was wir über Gott hören oder lesen. Eine mystische Weltsicht ist vereinend, umfassend und expansiv. Sie schließt ein Bewußtsein für die Verbundenheit der gesamten Schöpfung ein. Wenn wir jemandem anderen etwas antun, dann tun wir es auch uns selbst an. Wenn wir der Erde schaden, schaden wir auch uns selbst. Aus dieser Perspektive gibt es keinen Raum für Exklusivität, Vorurteile oder Aufteilungen. Diese spirituelle Sichtweise erkennt an, daß wir mehr sind als unsere stoffliche Identität. Das tiefere SELBST und das kleine Selbst bestehen nebeneinander, und wir wissen, daß beide entscheidende und wichtige Aspekte unserer Natur sind.

Die Strategie der Heilung

Die Kennzeichen spiritueller Fitness auf dieser Liste bilden nur einige verbreitete aber entscheidende Eigenschaften, die während spiritueller Transformation und Heilung zugänglich werden. Eine bestimmte spirituelle oder religiöse Interpretation mag die eine oder andere stärker betonen. Es ist wichtig, im Auge zu behalten, daß all diese Eigenschaften zwar als Möglichkeiten in uns vorhanden sind, daß wir uns aber nur selbst behindern, wenn wir sie zu erzwingen versuchen oder uns zu sehr anstrengen, sie zu erreichen. Wenn wir einer umfassenden Strategie des inneren Wachstums und der Heilung folgen, wenn wir weiter mit der Unterstützung durch andere unsere Arbeit tun, dann werden wir diese Eigenschaften automatisch entdecken und in unser Leben integrieren.

Wie sieht diese Strategie aus? Um sie zu beschreiben, müssen wir zum Bild des Menschen, der sich sowohl aus dem kleinen Selbst wie aus dem tieferen SELBST zusammensetzt, und zu der Geschichte zurückkehren, die uns als Individuen beschreibt, die von ihrer göttlichen Quelle getrennt sind. Die Rolle von Mißbrauch, Überlebensmechanismen und der dunklen Nacht der Sucht haben wir bereits erforscht. Alle dienen dazu, uns vom tieferen SELBST zu entfernen. Aber wie verborgen auch immer unsere spirituelle Identität während der Sucht blieb, sie war immer da; wir konnten sie einfach nicht sehen. Sie war nicht nur von der Tatsache unseres Menschseins, sondern auch durch unser Verhalten und unsere physischen, emotionalen, mentalen und spirituellen Wunden verdeckt. Bill Wilson meinte dazu: »Tief innen gibt es bei jedem Mann, jeder Frau und jedem Kind die fundamentale Vorstellung von Gott. Sie mag durch Unglück, Pomp oder Anbetung anderer Dinge verdeckt sein, aber in der einen oder anderen Form ist sie da.«

Zu heilen bedeutet, diese Vorstellung des Göttlichen, diesen Ort der Ganzheit in uns wiederzuentdecken. Unsere Aufgabe bei der Genesung oder auf der spirituellen Reise lautet, die Schichten zwischen uns und dem tieferen SELBST freizulegen. Stellen Sie sich ein riesiges Meer vor, das von einem Damm zurückgehalten wird. Der Damm hindert uns an dem Wissen darum, daß es dieses Meer gibt. Auch wenn unser Verstand lernen kann, daß es existiert, können wir es uns nicht vorstellen, da wir es nie direkt erfahren haben. Und dann überschreiten wir für einen Augenblick die Barriere; wir können das Meer direkt sehen und fühlen. Wenn das geschehen ist, werden wir stark motiviert, es noch einmal länger zu erfahren. Wie können wir das erreichen?

Der Damm zwischen uns und unserer Quelle besteht aus den ungelösten Emotionen, Erfahrungen und Erinnerungen, die uns steckenbleiben lassen und Leid und Verengung in unserem Leben verursachen. Während des Heilungsprozesses können wir mit der Zeit diese Barriere zwischen dem kleinen Selbst und dem tieferen SELBST entfernen. Das ist kein linearer Prozeß. Wir löschen nicht erst Angst, dann Wut, dann Erinnerungen an Mißbrauch und schließlich Scham in einer netten, geordneten Reihenfolge aus. Vielmehr hacken wir bei unseren spirituellen Übungen, bei der Genesungsarbeit oder in der Therapie so lange einzelne Bröckchen aus dem Damm, bis er ganz verschwunden ist. Mit jedem Schlag wird ein bißchen mehr vom tieferen SELBST zugänglich, so wie kleine Bächlein durch winzige Löcher im Damm tröpfeln. Wenn wir ausreichend viel vom Damm entfernen, fließt das Wasser frei. Dann können wir nicht nur in der riesigen Weite unserer Möglichkeiten schwimmen, sondern auch die Ressourcen des Meeres schmecken, kosten und nutzen. Auf einer praktischen Ebene werden wir uns, je weiter wir uns durch die Hindernisse in unserem Inneren hindurcharbeiten, desto mehr der leicht verfügbaren Eigenschaften der spirituellen Reife bewußt.

Diese Vorstellung ist vollkommen anders als einige frühere psychologische Theorien, die uns sagten, die menschliche Psyche würde immer schlimmer werden, je tiefer man in sie eindringe. Je weiter wir eintauchen würden, desto mehr würden wir die Negativität und Disharmonie in unserem Inneren, die Grundinstinkte und zerstörerischen Tendenzen entdecken. Bei unserem Heilungsmodell nähern wir uns, je tiefer wir tauchen, immer mehr unserem Potential: den positiven, leichten, freudigen, dankbaren, leidenschaftlichen Eigenschaften, die zuvor verborgen waren. Unterwegs begegnen wir der Bandbreite von Gefühlen, Impulsen und Verhaltensweisen, die Sigmund Freud, der Vater der Psychoanalyse, und andere so beredt beschrieben haben. Man sollte sie aber nicht mit unserer wahren Identität verwechseln. Dies sind nur die Materialien, aus denen der Damm gebaut wurde, der uns von unserer wahren Natur abschließt.

Dieser Ansatz unterscheidet sich auch wesentlich von dem starren Krankheitsmodell, der in großen Teilen der Psychiatrie und Psychotherapie vorherrscht. Ich spreche darüber recht ausführlich, weil ich der Ansicht bin, daß das beim Verständnis und bei der Behandlung von Sucht von großer Bedeutung ist. Das Krankheitskonzept von Sucht und Genesung hat das Thema revolutioniert, und dafür bin ich dankbar. Jahrzehntelang wurden Alkoholiker als drittklassige, verderbte Wesen ohne Selbstkontrolle oder ethische Standards betrachtet, aber dieses Bild begann sich zu ändern, als man erkannte, daß Trunksucht eine Krankheit ist.

Als Alkoholiker und später auch von chemischen Substanzen Süchtige nicht mehr als *böse*, sondern nun vielmehr als *krank* eingestuft wurden, waren viele Menschen sehr erleichtert. Die Entdeckung, daß sie es zum Teil mit einem biochemischen, genetisch bedingten Problem und nicht moralischer Verworfenheit zu tun hatten, entband viele Menschen einer schweren persönlichen Last. Statt als soziale Aussätzige wurden Menschen, die unter Abhängigkeit von chemischen Substanzen litten, nun als ehemals funktionsfähige Wesen betrachtet, die eine Krankheit entwickelt hatten. Dieses Modell ermöglichte es Süchtigen und ihrer Sucht, wieder in die Gesellschaft zurückzukehren und human behandelt statt bestraft zu werden. Im Verständnis und in der Behandlung von Süchten kam dies einer breitangelegten Revolution gleich. In diesem neuen Klima der Akzeptanz konnte selbst Betty Ford, die Frau eines amerikanischen Präsidenten, ihre Süchte eingestehen, so wie sie später auch öffentlich über ihren Brustkrebs sprach. Jemand von diesem Kaliber lief keine Gefahr mehr, als *böse* behandelt zu werden. Man sah in ihr vielmehr eine starke, mutige Frau, die bewundert und gelobt wurde, weil sie ihre Krankheit erkannt und sich ihr gestellt hatte. Ihr Mut machte es ihr möglich, gewaltige Veränderungen zu bewirken, besonders im Verständnis und in der Akzeptanz von weiblicher Suchtproblematik.

Das neue Konzept bot auch einen wichtigen Schritt für die Genesung: das Stadium, in dem sich Süchtige von ihrer Sucht getrennt sehen konnten, erkennen konnten, daß sie mehr waren als ihr Verhalten oder ihr Selbstkonzept. »Ich bin nicht meine Krankheit. Ich *habe* eine Krankheit. Meine Selbstdefinition ist weiter als meine Identität als Süchtige oder Süchtiger.«

Als sich jedoch unser Bewußtsein von Sucht dahingehend verschob, daß auch andere als chemische Abhängigkeiten eingeschlossen wurden, begannen wir, auf Schwierigkeiten zu stoßen. Menschen, die nach bestimmten Handlungen und Beziehungen süchtig waren, wiesen ähnliche Verhaltensweisen wie die von chemischen Substanzen Abhängigen sowie vergleichbare Aspekte der jeweiligen Familiengeschichte auf. Es mangelte diesen Süchtigen jedoch an den chemischen oder genetischen Komponenten von Alkoholismus und Drogensucht, und so wurden sie auch weiterhin als Krankheiten bezeichnet. Im Laufe der Zeit haben sich jedoch mehr und mehr Menschen gefragt, ob das »Krankheitsmodell« von Sucht wirklich paßt, wenn man es auf Kaufsucht, Religion oder Co-Abhängigkeit anwendet. Es ist leichter, eine Sucht, die den Körper direkt betrifft, etwa Eß-Brechsucht, Magersucht und einige extreme Formen von Co-Abhängigkeit, oder Verhalten, das offensichtlich pathologisch oder sozial unannehmbar ist, wie manche Arten von sexueller Sucht oder Zwangsdenken, als Krankheit einzuordnen.

Wenn Sucht eine übertriebene Verhaftung ist, und wenn wir alle mit Verhaftungen ringen, dann zeichnet die großzügige Anwendung dieses Modells auf jede Art von süchtigem Verhalten ein Bild einer allgemein kranken Menschheit. Diese Beurteilung spiegelt die überholte psychiatrische oder psychologische Ansicht, die menschliche Natur werde immer finsterer, je tiefer wir in die Psyche eindrängen. Gewiß schafft unser Suchtverhalten enormes Unwohlsein oder Leiden. Aber ich kann nicht glauben, daß wir alle krank sind. Außerdem ist diese Einstellung für all diejenigen, die bereits isoliert und beengt sind oder voller Scham stecken, möglicherweise abträglich. Das Krankheitsmodell funktioniert wunderbar für einen geradlinigen Verstand. Es bietet einen Haken, an dem man all die Vielschichtigkeiten unseres Suchtverhaltens und das daraus erwachsende Leiden aufhängen kann. Aber es versieht auch Menschen, die in ihrem Kern gesund und ganz sind, mit einem pathologischen Etikett.

Ich schlage eine etwas andere Sichtweise vor, die mehr mit den Gedanken und Einstellungen übereinstimmt, die die transpersonale Psychologie und spirituelle Ansätze bieten. Diese Sichtweise schließt die Vorstellung ein, daß wir Sucht dann als Krankheit definieren können, wenn diese Bezeichnung wirklich angebracht ist. Aber Sucht ist breiter zu sehen. Ich würde für das Verständnis und die Behandlung von Sucht lieber ein Gesundheits- als ein Krankheitsmodell sehen. Innerhalb des Krankheitsmodells bergen Menschen ein riesiges göttliches Potential in sich, das verborgen sein mag. In unserem verhafteten, süchtigen Dasein leben wir in der Illusion des begrenzten kleinen Selbst. Wir denken, das sei schon alles, was wir seien. Wir existieren in einem Zustand einer falsch verstandenen Identität. Wir haben vergessen, wer wir wirklich sind.

Im Heilungsprozeß versuchen wir, uns selbst wiederzuentdecken. Es ist ein Prozeß des Erinnerns, bei dem wir wieder Verbindung zu unserer Ganzheit aufnehmen. Genesung ist wirklich Wiederentdeckung. Wir erhalten unsere Ganzheit zurück. Wir bringen unser kleines Selbst mit unserem tieferen SELBST zusammen und machen daraus ein Ganzes. Genesung ist der Prozeß der Heilung von einer Krankheit, aber man kann damit auch das Wiedererlangen unserer wahren Natur beschreiben. Mir ist klar, daß ein Teil dessen, womit ich beschäftigt bin, eine Heilung von den physischen, emotionalen und mentalen Pathologien im Zusammenhang mit meinem Alkoholismus und anderen Aspekten meiner Geschichte ist. Ich bin mir auch bewußt, daß sie mehr ist als das. Hinter und jenseits meiner »Genesung« steht ein tieferer Prozeß; es ist der Pfad der Transformation, der mein ganzes Sein tief und nachhaltig beeinflußt. Es ist Heilung auf jeder Ebene, aber es ist auch die Suche nach dem Göttlichen, die schon seit Anbeginn der Geschichte unabhängig von kulturellen und ethnischen Unterscheidungen Teil der Menschheit gewesen ist. Ein wesentlicher Bestandteil dieses Prozesses des spirituellen Wachstums ist das Freisetzen oder die Transformation von Verhaftet-Sein und Sucht.

Bei einer echten Genesung arbeiten wir daran, die Schranken zwischen unserem kleinen Selbst und dem tieferen SELBST aufzuheben. Bei diesem Prozeß werden wir mit den wundersamen Heilkräften in jedem von uns bekannt. Der »innere Heiler«, wie er in verschiedenen ganzheitlich und transpersonal orientierten medizinischen und therapeutischen Richtungen heißt, ist die tiefe Weisheit und profunde Kraft unserer spirituellen Identität. Der innere Heiler weiß, was zu tun ist, wenn wir ihm Raum geben und ihn ermutigen. Statt uns für unsere Genesung auf äußere Kräfte zu verlassen, statt automatisch auf Techniken, Medikamente oder die Anweisungen von Fachleuten zu bauen, lernen wir, daß wir die Ressourcen in uns tragen. Das heißt nicht, daß wir die ganze Genesung allein bewältigen müssen – im Gegenteil. Wir brauchen die Unterstützung, Liebe und Anleitung von gut ausgebildeten Fachleuten und Lehrern und die Gemeinschaft mit anderen Suchenden. Aber innerhalb dieses unterstützenden Rahmens vollzieht sich die Heilung schließlich in uns selbst.

Im Bereich der westlichen Schulmedizin geht man, wenn man krank wird, zum Arzt, wird behandelt und zahlt die Rechnung. In der alten chinesischen Medizin bezahlten die Patienten den Arzt so lange, wie sie gesund blieben. Wenn jemand krank wurde, mußte der Arzt an sie oder ihn zahlen. Die Aufgabe des Arztes war es, Menschen zu lehren, durch Einsatz ihrer eigenen Ressourcen in einem Zustand von Gesundheit, Ausgewogenheit und Wohlbefinden zu leben. Ich glaube, dies ist das Versprechen der Genesung von Sucht. Viele von uns beginnen, den Damm zu durchbrechen, der uns davon abhält, unsere wahre Identität zu erkennen, wenn unser Suchtverhalten uns nach ganz unten treibt. Von da an haben wir die Möglichkeit, uns auf die Reise der persönlichen Genesung und Wiederentdeckung zu begeben, die letzten Endes zu Ganzheit und Gleichgewicht führt.

9 GENESUNG, WIEDERENTDECKUNG UND DER SPIRITUELLE PFAD

Frisch aus unserem hilflosen, kaum zu bewältigenden Ringen befreit, sind wir unsicher, fast noch roh und so verletzbar wie ein neugeborenes Kitz. Nachdem wir das Wunder unserer neuen Welt in uns aufgesogen haben, beginnt die Wirklichkeit alter Emotionen, Erfahrungen und persönlicher Muster sowie der Herausforderungen der äußeren Welt auf uns einzustürmen. Wir schweben noch auf unserer rosaroten Wolke und genießen unser neues Dasein, wenn wir uns einer gewissen Gegenströmung im Inneren bewußt werden. Unter der Erleichterung, der Dankbarkeit und dem Enthusiasmus über unsere zweite Chance spüren wir das Ziehen allzu vertrauter Gefühle. Aber wir klammern uns an unsere gnadenvolle Oase, ruhen uns dort so lange wie möglich aus und stärken uns. Wenn die rosarote Wolke verblaßt, sind wir weiterhin dankbar und erleichtert, daß der Kreislauf der Sucht durchbrochen worden ist. Aber wir entdecken auch, daß das Leben nicht automatisch deswegen einfacher ist, weil wir auf dem Weg zur Genesung sind.

Unsere bisher beiseite geschobenen physischen, emotionalen, mentalen und spirituellen Fragen bedrängen unser Bewußtsein. Die meisten Süchtigen unterdrücken, fliehen oder leugnen jahrelang schmerzhafte oder unannehmbare Gefühle, Erinnerungen und Erfahrungen. Essen, Glücksspiele, Sex, Alkohol, Drogen oder Machttrieb bilden ein Stoßpolster für die wirklichen Fragen und tragen zu der zwanghaften Suche nach Erleichterung bei. Die Verwendung dieser äußeren oder inneren Fluchtmittel löscht aber Schmerz, Wut, Schuld oder Scham nicht aus. Die Ausflüchte vertreiben die beunruhigenden Erinnerungen oder das niedrige Selbstwertgefühl nicht; sie verdecken sie einfach vorübergehend. Wenn wir alle Süchte verschwinden lassen, entfernen wir die Schutzschicht, die uns so gut vor unserem Kummer behütet hat, und all die Emotionen, Erfahrungen und Erinnerungen, die wir durch unser

Suchtverhalten unterdrückt hatten, werden an die Oberfläche geschwemmt.

Zudem haben wir uns ganz unten ergeben. Wir sind machtlos geworden. Wir ichbezogenen Individuen haben unsere Kontrolle aufgegeben und unsere Abwehr geschwächt. Das führt dazu, daß wir uns leichter des tiefen inneren Vorrats an zuvor ungesehenem Material bewußt werden. Wenn wir keine Möglichkeit finden, mit diesen Emotionen und Erfahrungen zu arbeiten und sie zu beseitigen, werden sie unser Verhalten direkt beeinflussen oder kontrollieren.

Ich erinnere mich noch an die Begegnung mit Glenn, einem vitalen, gutaussehenden Mann Anfang Dreißig, in den ersten Monaten seiner Genesung von Alkohol- und Kokainsucht. Wenn Glenn über seine Frau und seine kleine Tochter sprach, leuchteten seine Augen voller Stolz und offensichtlicher Zuneigung. Außerdem fühlte er sich seiner Genesung sehr verpflichtet. Er war in der Hölle gewesen und meinte, dorthin wolle er nicht zurück. Er war zu allem bereit, um sein neu entdecktes, sauberes und nüchternes Leben zu bewahren. Er hatte jedoch ein schwerwiegendes Problem, das ihm selbst und seiner Familie große Sorgen machte und auch seine Ehe ernsthaft gefährdete. Glenn litt unter gewaltigen Wutanfällen.

Er beschreibt das entsetzliche Dilemma, daß er als Mitglied eines Zwölf-Schritte-Programms zu den Treffen ging, über seine frühere Sucht sprach, sich der Genesung verpflichtete und dann nach Hause ging und mit seiner Frau stritt. Manchmal eskalierten seine verbalen und emotionalen Angriffe bis auf die körperliche Ebene. Er wußte, daß er dieses Verhalten nicht ohne bittere Konsequenzen für sich selbst und die Menschen, die er liebte, fortsetzen konnte, aber es gelang ihm nicht, seinen Zorn in den Griff zu bekommen. Er hatte mit einem Gruppenbetreuer gesprochen, der ihm riet, zusätzlich in eine entsprechende Männergruppe zu gehen. Dort konnte er über seine Zornausbrüche sprechen, und die Gruppe half ihm, rational einige der Ursachen des Problems zu begreifen. Aber die emotionalen Stürme tobten weiter. Schließlich erhielt Glenn die benötigte Hilfe durch seine Teilnahme an einer Form von erfahrender Therapie, bei der er aktiv die riesige Wut zum Ausdruck bringen konnte, die sich in ihm während vieler Jahre des Mißbrauchs als Kind angestaut hatte. Er machte weiter und konnte die Wurzeln seines Zorns entdecken und an ihnen arbeiten. Er meinte: »Darüber zu sprechen war nicht genug. In mir brodelte ein Wirbelsturm, und ich hatte keine Möglichkeit, ihn zurückzuhalten. Als ich endlich entdeckte, daß ich meine Wut bei einer Therapiesitzung rauslassen konnte, war das wie Dampf aus einem Drucktopf abzulassen. Wenn ich das in der Therapie oft genug machte, brauchte ich es nicht mit nach Hause zu nehmen.«

Auch wenn Glenns Geschichte dramatischer ist als viele andere, spricht sie doch das Schicksal an, vor dem die meisten genesenden Süchtigen stehen – unabhängig vom früheren Objekt ihrer Sucht. Wenn wir plötzlich mit den starken, früher ruhenden, betäubten oder übertriebenen Emotionen, Erinnerungen und Erfahrungen konfrontiert werden, haben wir die Wahl: Entweder gestatten wir ihnen, uns zu überwältigen und zu kontrollieren, oder wir arbeiten mit ihnen. Unsere Köpfe sind nun klarer, und wir können auf unsere Suchtkarriere zurückblicken und erkennen, auf welch destruktive und selbstzerstörerische Weise diese Unterströmung von unaufgelöstem Material uns und andere beeinflußt hat.

Unser eigener Schmerz, unsere eigenen Wunden können uns veranlaßt haben, andere Menschen, die wir lieben und die uns lieben, anzugreifen. Vielleicht haben uns unser Mangel an Kontrolle oder unsere Unzulänglichkeitsgefühle dazu getrieben, andere Menschen und uns selbst zu kontrollieren, zu überwältigen oder zu mißbrauchen. Unsere Einsamkeit und unser Mißtrauen mögen uns gezwungen haben, uns von unseren Partnern, Familien und Freunden zurückzuziehen und zu entfremden. Wer beispielsweise als Kind sexuellem Mißbrauch ausgesetzt war, ist vielleicht nicht fähig, einen anderen zu berühren oder selbst berührt zu werden, ohne daß Angst, Verwirrung, Scham und Wut die Liebe durchlöchern, die wir dem anderen entgegenbringen. So zu sein ist schmerzhaft, und der Kummer wird dadurch noch intensiver, daß wir bei der Genesung nicht so einfach weglaufen können.

Außerdem waren viele von uns so in unser Suchtverhalten verstrickt und so gut von unserer falschen Identität beschützt, daß wir nicht sehr ausgiebig wirklich an unserem Leben teilgenommen haben. Einige haben schon in der frühen Kindheit gelernt, daß die Welt kein angenehmer Ort ist und daß wir so oft wie möglich fliehen müssen. Und nun sitzen wir hier, inmitten unserer täglichen Routine, ohne unsere üblichen Abwehrmechanismen und Fluchtmöglichkeiten. In diesem ungeschützten und oft zerbrechlichen Zustand müssen wir uns aufraffen und in der Welt leben lernen, was für viele eine Premiere ist.

In den ersten Jahren meiner Genesung vom Alkoholismus habe ich Perioden durchlaufen, die der Entwicklung eines Kindes vom Säugling zum Jugendlichen entsprachen. An dem regnerischen Nachmittag, an dem ich das Behandlungszentrum verließ, schien meine unmittelbare Umwelt außergewöhnlich geschäftig und komplex. In meiner rohen und verletzlichen Verfassung schien das einfache Überqueren der Straße an jenem Tag wie eine neue Erfahrung, so, als lernte ich eben erst laufen. Nach einiger Zeit gelangte ich in die Phase der »schrecklichen zwei«, ein Spiegel des Stadiums, in dem das Kind seinen Platz in der Welt und seine Grenzen sucht. Wo hörte ich auf? Wo fing die Welt an? Wie sollte ich dieses neue Selbst definieren? Wo passe ich hin? Ich lernte »Nein!« und »Mein!« zu sagen, aber die Vehemenz, mit der ich mich äußerte, enthüllte das Ausmaß der Wut, die in meinem System kreiste. Und meine sture und vorwurfsvolle Art war natürlich auch meinen Beziehungen nicht gerade zuträglich.

Als nächstes kam eine Phase, in der ich sprechen lernte, mich mit der Frage fortlaufender Kommunikation beschäftigte. Wie kann ich zu mir selbst, zu anderen und zu meiner Umgebung ohne die Verleugnung und die Abwehr in Beziehung treten, die so tief in meinem Wesen verankert sind? Wie entdecke und drücke ich meine eigenen Bedürfnisse in Worten aus? Wie lerne ich zuzuhören? Und es gibt noch andere Fragen. Wie entwickle ich, nachdem ich mich wie in Handschellen an das Rettungsboot meiner Genesungsmethoden geklammert habe, genügend Vertrauen in mein tieferes SELBST, um ein wenig zu entspannen und ihm zu erlauben, mir zu helfen? Und wie nehme ich die Hilfe von anderen Menschen an?

Am Anfang der Genesung zog ich mich entschlossen in mein Zimmer zurück, um meine Meditationsbücher zu lesen, voller Inbrunst zu beten oder mich durch mein tägliches Fitnessprogramm zu schwitzen. Wenn mich jemand dabei störte, war ich sehr ungehalten. Obwohl dies eine notwendige Phase war, während derer ich mich mit dem Ablauf der Genesung vertraut machen konnte, brachte der daraus entstehende Mangel an Flexibilität mehr Streß als Trost oder Heilung. Nach einer Weile lernte ich, daß ich diese gesundheitsfördernden Aktivitäten beibehalten konnte, ohne ihretwegen starr und defensiv sein zu müssen.

In der Zeit der rosaroten Wolke haben wir vielleicht erkannt, daß die Welt nährend, schön und sogar wunderbar sein kann. Aber diese Wahrnehmung ist uns oft so neu, daß wir Zeit brauchen, um Vertrauen in uns selbst, in andere und in unsere Umgebung zu gewinnen. Es dauert, bis wir uns dem Rhythmus unseres Lebens überlassen können. In den ersten Monaten und Jahren der Freiheit von Sucht stürmen Themen wie diese sowie zuvor unbewußte Emotionen, Erinnerungen und Erfahrungen auf uns ein. Glücklicherweise gibt es viele Möglichkeiten, mit ihnen zu arbeiten und sie produktiv und konstruktiv in den Heilungsprozeß einzugliedern.

Genesung als spiritueller Pfad

Bill Wilson schrieb: »Ist Nüchternheit alles, was wir von einem spirituellen Erwachen zu erwarten haben? Nein, Nüchternheit ist bloß der Anfang; sie ist nur das erste Geschenk des ersten Erwachsens. Um mehr Geschenke zu bekommen, müssen wir weiter erwachen.« Er beschreibt den Prozeß, allmählich Stück für Stück unser altes Leben abzuwerfen und es durch ein neues zu ersetzen, das unter allen Umständen funktionieren kann. Um das zu tun, müssen wir bereit sein, die sehr notwendige Arbeit der Heilung zu machen. Der erste Schritt der Zwölf-Schritte-Programme, »Wir gaben zu, daß wir dem Alkohol gegenüber machtlos sind – und unser Leben nicht mehr meistern konnten«, ist der einzige, in dem die Sucht Erwähnung findet. Der Rest des Programms dreht sich darum, ein qualitativ hochwertiges Leben zu schaffen, das die Eigenschaften spiritueller Reife einschließt.

Genesung erfordert Hingabe, Mut und Geduld. Sie erfolgt nicht über Nacht; sie ist ein lebenslanger spiritueller Weg. Diese Tatsache mag zunächst entmutigend wirken. Genesung kann zuweilen eine sehr mühsame Sache sein. Nicht umsonst hört man in den Gruppen so häufig den Rat: »Immer einen Tag nach dem anderen.« Dieser Ansatz ermöglicht es uns, unsere Gedanken von »was wäre, wenn« und »das kann ich nicht« fernzuhalten. Wenn wir schlicht einen Fuß vor den nächsten setzen und in jedem Augenblick tun, was nötig ist, spüren wir vielleicht keine sofortige Veränderung, beginnen uns aber dessen bewußt zu werden, daß wir wichtige und notwendige Schritte in Richtung Wachstum ansammeln.

Unsere Reise der Transformation ist, wie Perlen auf eine Schnur aufzufädeln. Mit jedem kleinen Wunder, mit jedem Schritt zu Wachstum fügen wir der Reihe eine weitere Perle hinzu, bis wir im Laufe der Zeit ein herrliches Kunstwerk schaffen. Wenn wir eine Weile dabeigeblieben sind, beginnen wir zu erkennen, daß unsere Bemühungen zwar manchmal anstrengend und schwierig sind, daß sich die Ergebnisse aber summieren. All die einzelnen Augenblicke auf unserem Pfad der Wiederentdeckung ergeben zusammen ein begnadetes und schöpferisches Leben.

Wer seine Genesung weiter betreibt, stellt nach einiger Zeit fest, daß er nicht derselbe ist wie zu Beginn der Reise. Haben Sie je versucht, ein neues Hemd aus der Verpackung zu nehmen, es ausgebreitet und sich dann bemüht, es sorgfältig wieder genau so zusammenzulegen? So ist es auch mit Genesung und jeder Art von persönlicher Transformation: Wenn wir uns erst zu entfalten beginnen, ist es schwierig, wieder so zu werden, wie wir waren. Ich nähe gerne und denke an so etwas, wenn ich ein Schnittmuster aus dem Umschlag ziehe. Plötzlich halte ich verschiedene durchsichtige Papiere in der Hand, die eine Landkarte für mein neues Projekt bieten. Aber wenn ich sie am Ende des Tages wieder auf ihre ursprüngliche Größe und Form zurückfalten will, halte ich bald statt dessen einen Haufen Geknülltes in Händen. In dem Augenblick, in dem ich das Päckchen zu öffnen und den Inhalt auszubreiten begann, hat sich seine Natur verändert. Es gibt kein zurück zu dem, was es war.

Dieses Thema ist im Rahmen der Genesung wohl bekannt. Selbst wenn wir in einem herausfordernden Augenblick aus unserer Nüchternheit wieder in die relative Gewißheit unseres früheren Lebens zurückkehren wollten, könnten wir es nicht. Auch wenn wir wieder in unser Suchtverhalten zurückgleiten, ist es nicht dasselbe. Mein Betreuer hat einmal zu mir gesagt: »Selbst wenn du rückfällig wirst, werden die Behandlung und die Genesung deine Trinkerei ruiniert haben.« Jedes Mal, wenn wir ein oder zwei Schichten von Verleugnung auslöschen, werden wir uns stärker unserer Handlungen und ihrer Konsequenzen bewußt. Wir tun einen weiteren Schritt auf unsere neue Identität zu.

Die Werkzeuge der Genesung

Glücklicherweise gibt es viele Therapieansätze, spirituelle Praktiken und andere Formen der Selbsterforschung, die uns helfen können, unangesprochene Fragen zu klären und uns einer weiteren Identität zu öffnen. Manche Menschen waren noch nie an irgendeiner Form von Nach-innen-Sehen interessiert. Sie meinen vielleicht: »Das Leben ist einfach prima, danke. Warum daran rumpfuschen? Außerdem enden die Leute, die sich auf sowas einlassen, meist bei einer ausführlichen Nabelschau und taugen sonst nicht viel.« Wenn diese selben Menschen allerdings ganz unten ankommen und in die Genesung schreiten, erkennen sie oft, daß sie ein paar wesentliche persönliche Veränderungen vornehmen müssen. Zum ersten Mal werden sie dafür offen, an sich selbst zu arbeiten.

Andere sind schon in einer Therapie oder spirituellen Praxis, wenn sie in die Genesungsphase gelangen. Dann entdecken sie, daß vertraute Werkzeuge noch nützlicher und brauchbarer werden können. Eine Freundin sagte mir: »Ich habe ein bißchen Therapieerfahrung und Workshops zu verschiedenen Themen besucht. Ich habe ein bißchen T'ai Chi gemacht und mit Meditation herumprobiert, bevor ich nüchtern wurde. Aber so lange ich noch trank, hat eigentlich nichts so recht geholfen.« Unabhängig davon, ob wir uns je für Selbsterforschung und persönliches Wachstum interessiert haben, stehen wir bei der Genesung vor der Herausforderung, die notwendige innere Arbeit zu tun, um ein glücklicheres, erfüllteres Leben zu finden.

Was sind diese Werkzeuge für die Genesung? Ich werde ein paar allgemeine Kategorien erwähnen, von denen etliche zusammenpassend sind. Auch wenn wir einen bestimmten Ansatz vorziehen, muß das nicht der einzige sein, den wir für Heilung und Transformation einsetzen. Es stehen viele wirksame therapeutische und spirituelle Ressourcen zur Verfügung, und wir können kreativ die miteinander kombinieren, die für uns funktionieren. Eine Methode, die in einem Stadium oder Gebiet von Wachstum angemessen scheint, muß nicht unbedingt die beste für die nächste Phase sein.

Da es bei der Genesung und auf dem spirituellen Pfad darum geht, unsere wahre Natur zurückzuerobern, müssen die gewählten Ansätze ein breites Verständnis der Mechanismen der menschlichen Psyche aufweisen. Das heißt, eine Definition des Menschen, die umfassend ist und nicht nur unsere Identität als kleines Selbst, sondern auch unsere weitere spirituelle Identität einschließt. Wenn wir uns auf eine Form der Selbsterforschung einlassen, die sich ausschließlich auf unsere Rolle als materiell orientierte Individuen und auf unsere Biographie als einzige Quelle unserer Schwierigkeiten ausrichtet, beschränken wir uns selbst. Ansätze aus verschiedenen spirituellen Systemen, aus der Transpersonalen Psychologie und andere bieten eine ganzheitliche Sicht des Menschen, die unsere physischen, emotionalen, mentalen und spirituellen Eigenschaften und unsere weiteren Möglichkeiten einschließen.

Zwölf-Schritte-Programme

Die Zwölf-Schritte-Programme bieten jedem, der sich entscheidet, sie zu nutzen, eine anregende spirituelle Praxis. Sie haben seit mehr als fünfzig Jahren, seit der Gründung der Anonymen Alkoholiker im Jahr 1935, ihre Wirksamkeit bewiesen, und Millionen von Menschen haben von ihnen profitiert. Die Autoren der Zwölf Schritte haben eine verständliche Anleitung nicht nur für den Umgang mit Sucht, sondern auch für den Aufbau eines Lebens geliefert, das in ihren Worten »glücklich, freudig und frei« ist. Manchen macht die sehr christliche, männlich orientierte Sprache zu schaffen, die aus der Zeit stammt, als das Programm geschaffen wurde. Aber wenn wir uns die Zeit nehmen, über die Worte hinaus auf die breiteren Konzepte und Heilungsvorschläge zu blicken, finden wir einen Ansatz, der viele Gedanken enthält, die den altbewährten spirituellen Systemen innewohnen.
So betonen beispielsweise viele Formen des Buddhismus die Bedeutung des *dharma*, des *sangha*, des *Buddha* oder des *Weges* (oder der *Wahrheit*), der *Gemeinschaft* und unserer *göttlichen Natur*. Bei Naturvölkern stellen die erweiterte Familie, die Gemeinschaft oder der Stamm entscheidende Bestandteile des täglichen Lebens und der spirituellen Aktivitäten dar. Im Christentum beschreibt Jesus die Notwendigkeit der Gemeinschaft, wenn er sagt: »Da, wo zwei oder drei in meinem Namen versammelt sind, da bin ich mitten unter ihnen.« Dieselben wesentlichen Zutaten erscheinen in den Zwölf Schritten.

Die Gemeinschaft, *sangha* oder die Selbsthilfegruppe ist ein Eckpfeiler des Programms. Bei den Treffen erhalten die Mitglieder die Weisheit, Liebe und Unterstützung der anderen, die eine ähnliche Geschichte haben und eine vertraute Sprache sprechen. Außerdem suchen sie sich einen Sponsor aus, mit dem sie regelmäßig kommunizieren und arbeiten – Menschen, die schon länger im Genesungsprogramm sind als sie selber und ihnen Anleitung bieten können. Ein Sponsor dient auch als regelmäßiger Kontakt, als jemand, mit dem man eine beständige Beziehung unterhält.

Die Einsamkeit verschwindet, wenn die Genesenden in einer Atmosphäre von Angenommensein und Verständnis erkennen, daß ihre Probleme nicht einzigartig sind. Die Zwölf Schritte bieten zudem einen vorgezeichneten Weg oder *dharma* durch die Schritte, der den Ausübenden zu spirituellem Erwachen, zu einer Beziehung mit Gott (wie man Gott versteht) auf eine Straße zu einem glücklichen Schicksal zu führen verspricht.

In der buddhistischen Praxis beginnt der Pfad aus dem Verhaftet-Sein heraus mit der Erfahrung des Sich-Ergebens, die für die Genesung so entscheidend ist, wie sie auch in den ersten drei der Zwölf Schritte genannt wird. Auch viele andere Bestandteile dieser Programme tauchen an ebenso zentraler Stelle in verschiedenen spirituellen Ansätzen auf: Das Eingeständnis von Fehlern, das Heilen schädlicher oder selbstsüchtiger Vergehen aus der Vergangenheit, die Arbeit daran, »Charakterschwächen« zu reduzieren oder abzulegen und positive Eigenschaften zu entwickeln, regelmäßiges Gebet und Meditation und die Praxis des Dienens.

Um von den Zwölf Schritten zu profitieren, müssen die Teilnehmer beständig an den Schritten arbeiten und die Prinzipien des Programms in ihren Alltag einbauen. Im Laufe der Zeit reduzieren oder überwinden sie durch ernsthaftes Bemühen und den liebevollen menschlichen Kontakt zu einer sie annehmenden Gemeinschaft ihre selbstzerstörerischen und destruktiven Emotionen und Muster, und ihr spirituelles Dürsten läßt nach.

Spirituelle und religiöse Praxis

Da Genesung ein spiritueller Pfad ist, finden viele Menschen es nützlich, sich zusätzlich zu dem Programm, das direkt auf ihre Sucht zielt, auch mit einer bestimmten spirituellen Praxis oder religiösen Tradition zu beschäftigen. Der elfte der Zwölf Schritte spricht die Notwendigkeit »einer bewußten Verbindung zu Gott *wie wir ihn verstanden*« durch Gebet und Meditation an. Dies ist Ausdruck des Bemühens, mit dem tieferen SELBST zu kommunizieren, uns der Anleitung und Weisheit des göttlichen Einflusses zu öffnen. Das können wir auf vielerlei unterschiedliche Weise tun. Ich habe einmal sagen gehört: »Gebet ist, wenn wir mit Gott sprechen; Meditation ist, wenn wir auf Antworten lauschen.« Durch irgendeine Art von regelmäßiger spiritueller oder religiöser Praxis öffnen wir die Kommunikationsleitungen zwischen uns selbst und dem tieferen SELBST oder Gott.

Es gibt so viele unterschiedliche Gebets- und Meditationsstile wie es Menschen gibt, die sie ausüben. Jede und jeder von uns hat eine eigene Stimme. Ein religiöser oder spiritueller Rahmen bietet denjenigen, die das möchten, Struktur, Disziplin und Anleitung. Bei der Auswahl eines Pfades müssen wir darauf achten, daß dieser uns unseren persönlichen Kontakt zur Höheren Macht aufrechterhalten läßt. Die Heilung durch den Geist, *spiritus contra spiritum*, kann nicht einfach durch das Wissen um Gott aus Büchern, Vorträgen und Predigten erfolgen; sie bedarf einer unmittelbaren Begegnung mit dieser spirituellen Macht. Manche Menschen kehren wieder zur Religion ihrer Kindheit zurück, die sie im Laufe des Lebens irgendwann hinter sich gelassen hatten. Da sie die Erfahrung gemacht haben, sich auf einer ganz tiefen Ebene zu ergeben, können sie jetzt in einen religiösen Zusammenhang eintreten und jenseits der Beschränkungen des Dogmas, das sie früher gestört hat, echte Anleitung und Inspiration bekommen. Sich wieder mit der Tradition ihrer Wurzeln zu verbinden, macht ihnen tiefen Sinn, und innerhalb dieser heiligen Struktur können sie eine echte Beziehung zu ihrer spirituellen Macht aufnehmen.

Manch andere beschäftigen sich mit einer spirituelle Praxis, die zwar einem anderen kulturellen Zusammenhang entstammen mag, die ihnen aber für ihr spirituelles Leben sinnvoll erscheint und Methoden bietet, zu wachsen und Zugang zum tieferen SELBST zu finden. Wir leben in einer Zeit, in der viele spirituelle Disziplinen, von denen einige jahrhundertelang versteckt oder isoliert waren, zugänglich sind. Verschiedene Formen des Yoga, Sufismus, buddhistische Meditation, jüdische und christliche Mystik, die Praktiken der amerikanischen Ureinwohner und Schamanismus sind einige spirituelle Ansätze, die in den letzten Jahren an Verbreitung gewonnen haben.

Mythologen, transpersonale Psychologen und Bewußtseinsforscher haben die heiligen und mythologischen Themen und Symbole aus viele Traditionen beschrieben, die in dem reichen See der menschlichen Psyche oder dem bestehen, was Jung das *kollektive Unbewußte* nannte.

Jemand mit einem christlichen Hintergrund kann plötzlich Träume haben, in denen ausgefeilte Bilder aus dem Hinduismus oder von amerikanischen Indianern und Einsichten in die Bedeutung bestimmter Rituale vorkommen. Solche Erfahrungen können dazu führen, daß sich ein Mensch zu der Weisheit einer Kultur hingezogen fühlt, die seiner eigenen äußerlich fremd ist, die aber innerlich bei ihm Anklang findet.

Eines der wichtigsten Kriterien bei der Wahl der passenden Richtung ist die Frage, ob dieser Pfad unsere Herzen anspricht und nährt. Sind die Entdeckung und der Ausdruck von Liebe und Güte zentraler Bestandteil dieser Lehre? Welches motivierende Prinzip steht dahinter? Konzentrieren sich die Lehrer im wesentlichen darauf, das Wort zu verbreiten, eine exklusive Doktrin zu schützen oder Geld für teure Tempel aufzutreiben? Oder ist es eine mitfühlende, umfassende Tradition, die Wert auf Bescheidenheit, Dankbarkeit und Liebe sowie das Ausüben dieser Prinzipien im Alltag legt?

Therapie

Zusätzlich zu ihren spirituellen oder religiösen Bemühungen unterziehen sich viele Menschen irgendeiner Form von Therapie. Diese hat die Rolle, uns dabei zu helfen, unterdrückte Gefühle, Erinnerungen und Erfahrungen, die einem gesunden und glücklichen Leben im Wege stehen, herauszufinden und anzusprechen. Dadurch heilen wir die Wunden und entfernen Stück für Stück den Damm zwischen unserer individuellen Identität und unserem tieferen SELBST. Die menschliche Psyche ist vielschichtig und umfaßt mehrere Dimensionen, und

Psychologen, Psychiater und andere Fachleute haben festgestellt, daß es keine Therapiemethode gibt, die für jeden die richtigen Antworten bereithält. Glücklicherweise gibt es ein breites Angebot, das vielen Bedürfnissen und Wünschen gerecht wird. Außerdem können schon die verschiedenen Stadien oder Fragen im Heilungsprozeß eines einzigen Menschen unterschiedliche therapeutische Ansätze sinnvoll machen.

Einzel- oder Paararbeit mit einem zuverlässigen und engagierten Therapeuten kann entscheidend sein, wenn es darum geht, die Vergangenheit zu bearbeiten, emotionale Barrieren und Abwehrhaltungen aufzulösen und allmählich die Fähigkeit zu steigern, Vertrauen zu entwickeln. Wenn es sich jedoch um unausgedrückte körperliche und emotionale Erfahrungen und Probleme mit sehr intensiven Gefühlen handelt, ist ein aktiverer, erfahrender Ansatz wie Gestalt-Therapie, Wut-Arbeit, Reichianische Therapie oder die Holotrope Atemarbeit nützlich. Wer daran interessiert ist, tiefere Dimensionen im eigenen Inneren zu entdecken, könnte von den Methoden profitieren, die veränderte Bewußtseinszustände als Pfad zur Heilung einsetzen, etwa Traumarbeit, Katathymes Bilderleben, Rebirthing oder Holotrope Atemarbeit. Jede Methode, für die wir uns entscheiden, sollte bestimmte Bedingungen erfüllen. Zunächst einmal muß es eine persönliche Resonanz zwischen Klient und Therapeut geben. Die Therapie wird so gut sein wie der Therapeut. Das kann bedeuten, daß man vielleicht mehrere Gespräche führen muß, bis man den oder die gefunden hat, bei denen die persönliche Wellenlänge stimmt. Ein Therapeut mag beeindruckende fachliche Qualifikationen aufweisen oder wärmstens empfohlen worden sein, aber wenn wir nicht eine bestimmte Ebene von Vertrauen, Sicherheit und Geborgenheit spüren, wird die Arbeit nicht wirksam sein.

Zweitens muß der Therapeut innerhalb eines theoretischen Rahmens arbeiten, der breit genug ist, alle Aspekte des Menschen, einschließlich seiner spirituellen Dimension, aufzunehmen. Aus diesem Verständnis muß der Fachmann bereit sein, seinem Klienten überall dorthin zu folgen, wo er in sich hingehen muß. Das heißt: Wenn jemand in Erinnerungen aus der Kindheit eintaucht, konzentriert sich der Therapeut auf die biographische Geschichte. Wenn er auf Erfahrungen von Geburt oder aus dem pränatalen Leben stößt, ist der Therapeut bereit, sie ernst zu nehmen und zu unterstützen. Wenn er sich mythologischer, archetypischer oder spiritueller Einflüsse bewußt wird, erkennt der Therapeut sie als wichtig an und arbeitet mit ihnen.

Drittens weiß ein guter Therapeut, daß wir unsere eigenen Heiler sind. Ein Therapeut, der für die spirituelle Dimension offen ist, weiß, daß jeder von uns eine tiefe Quelle von Weisheit, Kreativität und Heilung in sich trägt. Die Aufgabe des Fachmanns lautet, eine sichere, unterstützende Umgebung zu schaffen, in der Klienten ihr eigenes Wachstum und ihre Evolution bewirken können. Ein guter Therapeut hält sich von der Einstellung fern, er als ausgebildeter Fachmann verfüge über die ultimativen Antworten und die Techniken, andere Menschen zurechtzurücken. Statt dessen weist er den Weg zu den eigenen Ressourcen des Klienten, wirft ihn auf seine angeborenen Heilungskräfte zurück und läßt ihn seine eigenen Lösungen finden.

Schließlich muß der Therapeut auch ethisch gesund sein und die Grenzen zwischen sich und dem Klienten als getrennte Wesen klar sehen. Ein Therapeut ohne starke Ethik kann einem Klienten, der schon unter den Wunden der Vergangenheit leidet, weiteren Schaden zufügen. Auch wenn die Medien in jüngster Zeit eine Anzahl von Fällen veröffentlicht haben, bei denen Therapeuten Klienten mißbraucht haben, ist doch die Mehrheit der Fachleute qualifiziert und moralisch einwandfrei. Ihre Arbeit hat schon auf viele Menschen positive Wirkung gezeigt.

Regelmäßig Zeit in der Natur verbringen

Die erfrischende Kraft der Natur ist allgemein bekannt. Viele von uns müssen »mit den Füßen wieder auf die Erde kommen«, besonders wenn sie zwanghaft mit Verhaftungen oder Süchten beschäftigt waren. Ein Spaziergang über die Wiesen, eine Bergwanderung oder ein Tag am Strand bringen uns frische Luft und Sonnenschein. Wir genießen auch eine Pause von der üblichen Routine, bei der wir entspannen und die Rhythmen und Zyklen der Natur aufnehmen können. Wenn wir uns Zeit nehmen, die Vielfalt der Pflanzen, Tiere und Insekten, die Wolkenformationen und die Schönheit des Tages zu beobachten, lernen wir auch die wunderbare Erfindungskraft der Schöpfung schätzen.

Und wir können auch ein tiefes Erkennen unseres eigenen Platzes in der natürlichen Ordnung spüren.

Naturvölker auf der ganzen Welt betrachten Erde, Sonne, Mond, Feuer, Wasser, Bäume, Berge und andere Formen in der Natur als Götter. Vögel und Tiere dienen als göttliche Boten oder geistige Führer, die uns mit den himmlischen Reichen verbinden. Wenn wir die tanzenden Flammen eines Lagerfeuers in einer sternenlosen Nacht betrachten, über die Majestät eines schneebedeckten Berggipfels sinnieren, die Anmut eines kreisenden Adlers bewundern oder uns dem Glanz des Himmels öffnen, wenn sich die Sonne ihren Weg nach oben bahnt, dann können wir die Heiligkeit der natürlichen Welt direkt erfahren.

Unsere Zeit in der Natur regeneriert nicht nur den Körper, sie bewegt auch die Seele. Selbst wer in städtischen Gebieten lebt, kann Möglichkeiten finden, Zeit draußen zu verbringen: sich im Park auf die Wiese legen, morgens zur Arbeit laufen, ein Picknick auf dem Dach veranstalten.

Schöpferischer Ausdruck

Genesung gewährt uns Zugang zu unserer Kreativität und Leidenschaftlichkeit, und das oft zum ersten Mal. Viele Menschen entdecken einen schöpferischen Impuls, der bisher vom Chaos und der Verwirrung eines Suchtlebens verdeckt war. Künstler, die früher Drogen oder Alkohol genommen haben, um ihre Musik, Dichtkunst oder Malerei zu stimulieren, erkennen oft, daß ihre schöpferischen Ausdrucksversuche durch diese Substanzen eher verschleiert waren. Aber kreatives Gestalten ist nicht nur auf diejenigen beschränkt, die sich als Künstler verstehen; es steht jedem offen.

Wir entwickeln im Laufe der Genesung einen klareren Kopf und eine schärfere Wahrnehmung und können Wellen der Inspiration spüren. Vielleicht fühlen wir uns zu Aktivitäten wie Malerei, Tanz, Schreiben, dem Verfassen von Gedichten oder Liedern, einem Musikinstrument oder dem Einbringen neuer Projekte in unser Fachgebiet hingezogen. Diese künstlerischen Bemühungen tauchen vielleicht zu dem Zweck auf, Erfahrungen und Entdeckungen auszudrücken, die sich im alltäglichen Gespräch schwer vermitteln lassen. Sie können aber auch spontane Antworten auf einen zuvor unerkannten, unbewußten Antrieb sein.

Schöpferischer Ausdruck kann Spaß machen, therapeutisch wirken und eine Möglichkeit sein, aus dem rein mentalen Bereich herauszutreten und einen intuitiveren Teil unserer Persönlichkeit zuzulassen. Wenn Sie sich je auch nur kurzzeitig ganz der Bewegung eines Tanzes, dem Rätsel eines wissenschaftlichen Projekts, dem Herstellen eines köstlichen Mahles oder dem Pflanzen winziger Samen überlassen haben, wissen Sie um die Freude und die regenerative Kraft schöpferischen Tuns.

Bei vielen Menschen sind sich der spirituelle Impuls und die kreative Kraft sehr ähnlich, wenn nicht sogar dasselbe. In den Yogasystemen heißt die kreative Kraft *shakti*. Shakti ist weiblicher Natur, der spirituelle Funke, der Schöpfung entzündet. Willis Harman und Howard Rheingold zitieren in ihrem Buch *Die Kunst, kreativ zu sein* viele berühmte Künstler und Wissenschaftler mit der Aussage, ihre Inspiration sei direkt dem Göttlichen entsprungen. Der große Komponist Johannes Brahms erzählte einem Biographen: »Sofort strömten die Ideen auf mich ein, direkt von Gott … Takt für Takt wird mir das fertige Werk geoffenbart, wenn ich mich in dieser seltenen, inspirierten Gefühlslage befinde.« Puccini beschrieb die Arbeit an seiner populärsten Oper, *Madame Butterfly*, so: »Die Musik zur *Butterfly* wurde mir von Gott diktiert.« Der englische Dichter Shelley sagte: »Die größten Schriftsteller, Dichter und Künstler bestätigen einer wie der andere die Tatsache, daß ihnen ihre Werke von jenseits der Schwelle des Bewußtseins zufließen.«

Natürlich gibt es diese Art von göttlicher Inspiration nicht die ganze Zeit. Wir bringen in unsere kreativen Bestrebungen auch all unser Selbst-Bewußtsein und Gefühle von Unzulänglichkeit ein. Als ich noch Kinder in Kunst unterrichtete, sah ich häufig den Augenblick, in dem ein niedergeschlagenes Kind den Zugang zum kreativen Fluß abstellte – meist dann, wenn ein Elternteil oder ein Lehrer ins Zimmer kam und sein neu geschaffenes Projekt kritisierte. Als ich es später bei der Holotropen Atemarbeit mit Erwachsenen zu tun hatte, machten wir Malen und Zeichnen zu einem Teil des Prozesses. In fast jeder Gruppe gab es einige Leute, die in Panik gerieten, wenn sie ein leeres weißes Blatt anstarrten. Ihre erste Reaktion war »Ich kann nicht« oder »Ich will nicht«. Dann erzählten sie mir von Kindheitserlebnissen wie dem obigen. Ich glaube, daß jeder von uns nicht nur das Potential besitzt, sein tieferes SELBST zu erfahren, sondern auch die Fähigkeit, seine Quelle der Kreativität anzuzapfen. Speziell in diese Richtung zielende Unternehmungen tragen dazu bei, dieser Möglichkeit Türen zu öffnen.

Auf vernünftige Ernährung, Bewegung und Ruhe achten

Die meisten Menschen brauchen zu Beginn ihrer Genesung dringend Aufmerksamkeit für ihren Körper. Manche von uns haben ihn mit Drogen, Alkohol, zu viel oder zu wenig Essen, Abführmitteln und anderen Methoden der Entledigung oder sexuellem Fehlverhalten mißbraucht; oder sie haben sich einfach nicht um seine grundlegende »Wartung« gekümmert. Von chemischen Substanzen Abhängige haben sich buchstäblich und willentlich vergiftet, ihren Körper mit Schadstoffen angefüllt. Co-Abhängige können so sehr auf andere ausgerichtet und so mit dem Versuch beschäftigt gewesen sein, eine unkontrollierbare Welt kontrollieren zu wollen, daß sie ihre persönlichen Bedürfnisse ignoriert haben. Arbeitssüchtige haben ihre körperlichen Ressourcen oft über vernünftige Grenzen hinaus beansprucht und sich Probleme wie hohen Blutdruck, Übergewicht, Magengeschwüre oder Dickdarmkatarrh zugezogen. Da die Wiederherstellung im Rahmen der Genesung alle Aspekte des Individuums ansprechen muß, ist es entscheidend, den körperlichen Belangen wie Ernährung, Bewegung und Ruhe Aufmerksamkeit zu widmen.

So viele von uns haben vor langer Zeit gelernt, den Körper zu verlassen oder zu mißachten. Vielleicht hassen, kritisieren oder mißhandeln wir ihn. Bei der Genesung stellen wir uns allmählich den Ereignissen, die geschehen sind, als wir nicht »da« waren, um an ihnen teilzunehmen. Im Laufe dieses Prozesses beginnen wir vielleicht, Mitgefühl ob all dessen zu entwickeln, was dieses arme körperliche Selbst ertragen mußte. Falls unsere Sucht in die Nähe des Todes geführt hat, erkennen wir oft das Wunder unseres Lebens und wie viel körperliche Widerstandskraft wir sogar unter schlechtesten Voraussetzungen haben. Das ist der Punkt, an dem wir merken, daß wir Glück haben, hier zu sein, und daß wir es verdienen, uns um uns selbst zu kümmern.

In den englischsprachigen Zwölf-Schritte-Programmen hört man häufig das Stichwort H.A.L.T. Diese Initialen stehen für Hungry, Angry, Lonely and Tired (hungrig, wütend, einsam und müde), und sie verweisen auf diese Warnleuchten, die einen möglichen Rückfall in süchtiges Verhalten andeuten. Zwei von ihnen beziehen sich auf unsere körperliche Verfassung, zwei auf unser emotionales Befinden. Wenn wir sie bei uns selbst registrieren, ist es Zeit anzuhalten und uns um sie zu kümmern.

Aufmerksamkeit für unsere körperlichen Bedürfnisse ist einfach und zahlt sich aus. Sie umfaßt nicht nur wirksame Heilung von den verheerenden Auswirkungen der Sucht, sondern schließt auch das tägliche Achten auf ausreichend Schlaf, gesunde Ernährung (möglicherweise mit zusätzlichen Vitaminen) und Bewegung im richtigen Maß mit ein. Die vielen Formen von körperlichen Tätigkeiten bieten anregende und zuträgliche Möglichkeiten, uns wieder selbst mit unserem Körper bekannt zu machen, uns mit seinen wunderbaren Fähigkeiten anzufreunden. Wir lernen, regelmäßige medizinische Kontrolluntersuchungen wahrzunehmen (was viele von uns in der Vergangenheit vermieden oder abgelehnt haben) und uns, wenn nötig, behandeln zu lassen. Manche profitieren von Akupunktur, Chiropraktik oder Ernährungsberatung, wenn diese von gut ausgebildeten Fachleuten angeboten werden. Körperarbeit wie Rolfing oder Massagetherapie kann dazu beitragen, physische Blockaden und somatisierte Traumen aufzulösen. Und vielleicht genießen wir einfach die tröstlichen und aufbauenden Stunden in einem heißen Bad, in der Sauna oder bei anderen wunderbaren körperlichen Verwöhnungen.

Die Praxis des Sich-Ergebens und die Befreiung vom Leiden

Wir haben uns in diesem Buch bereits ein ganzes Kapitel lang dem Thema des Sich-Ergebens zugewandt, es definiert und seine entscheidende Rolle in der spirituellen Praxis und insbesondere bei der Genesung erforscht. Lassen Sie uns nun zu diesem grundlegenden Bestandteil unserer Heilungsreise zurückkehren und erörtern, wie wir es in unseren Alltag eingliedern können. Ganz allgemein gesprochen sind es unsere Verhaftungen, die unserem Unglücklichsein und unseren Gefühlen von Beengtheit zugrunde liegen. Wir sehen sie überall. Wir sind unseren Emotionen wie Wut oder Stolz verhaftet. Wir klammern uns an Menschen: an unsere Partner und Kinder. Wir halten stur an einer Meinung fest: »Ich habe recht und du nicht.« Wir beschützen unsere sozialen Rollen wie unsere Identität als perfekte Ehefrau oder Spitzensportler. Wir kleben an Erwartungen, »Alle meine Kinder werden gute Noten heimbringen«, oder Zielen, »Ich werde dieses Projekt bis 16 Uhr durchgezogen haben«. An unserer Identität als Eltern oder Sportler ist nichts falsch, und wir alle brauchen Ziele und Träume. In Schwierigkeiten bringt uns nur, daß wir ihnen *verhaftet* sind.

Wie reagieren wir, wenn etwas geschieht, das die Erfüllung unserer Rollen oder Erwartungen verhindert? Wenn der Sportler sich kurz vor dem großen Spiel den Arm bricht, wenn das kreative Kind in Mathematik schlecht abschneidet oder ein kurzer Stromausfall uns daran hindert, ein Projekt fertigzustellen, sind wir dann so flexibel, daß wir loslassen können? Oder klammern wir an unserem Wunsch nach Kontrolle und fühlen uns dementsprechend miserabel? Wie oft haben wir schon so strikt auf unserer Meinung beharrt, daß es bei einer Auseinandersetzung keinen Raum für eine kreative Lösung gab? Wir wissen, daß wir die richtigen Antworten haben und unser Partner, Kind oder Freund die falschen. Obwohl wir zu Beginn vielleicht wirklich recht hatten, bestehen wir mit solchem Nachdruck auf unserer Haltung, daß wir die andere Seite unmöglich hören können. Noch komplizierter machen wir die Sache dann durch Selbstgerechtigkeit, Sturheit, Stolz und zunehmende Wut. Damit überschütten wir dann die ganze Angelegenheit, bis sie nichts mehr mit dem ursprünglichen Problem zu tun hat. Das führt dazu, daß beide Beteiligten leiden.

Während unseres Genesungsprogramms oder auf unserem spirituellen Pfad lernen wir, daß wir verhaftet sind, wenn wir Schmerzen haben. Wenn wir merken, daß wir leiden, halten wir irgend etwas fest. Das Ausmaß unseres Schmerzes wird zu einem Gradmesser für unser Verhaftet-Sein. Der schnellste Weg aus dem Leid ist der, sich zu ergeben. »Laß los und laß Gott«, hört man bei den Anonymen Alkoholikern. »Gott gebe mir die Gelassenheit, Dinge hinzunehmen, die ich nicht ändern kann«, heißt es in dem berühmten Gebet. Wir sind in unseren Verhaftungen gefangen, und der Weg zu Freiheit und Glück bedeutet, daß wir lernen loszulassen. Aus diesem Grund muß die regelmäßige Praxis des Sich-Ergebens ein Kernpunkt unseres Genesungsprogramms oder unseres spirituellen Pfades sein.

Neulich bin ich zum ersten Mal in meinem ganzen Leben Achterbahn gefahren. Ich war schon gut in den mittleren Jahren, bis ich genügend Vertrauen für dieses Unterfangen aufbrachte. Sobald sich die Bahn in Bewegung setzte, wußte ich auch warum. Als wir um die Kurven jagten und von oben hinuntersausten, konnte ich die Entzückensschreie meiner Mitfahrer hören. Ihre Körper schwankten mit den Bewegungen der Bahn. Ich hingegen saß starr und still da, hielt den Atem an und umklammerte den Sicherheitsbügel so fest, daß meine Knöchel ganz weiß wurden. Ich spürte, wie mein Rücken mit Schmerzen dagegen zu protestieren begann, daß ich unnachgiebig jede Bewegung bekämpfte. Mitten auf der Fahrt erkannte ich dann, was ich da trieb, und atmete aus.

Alle meine Probleme mit Kontrolle und die Angst, die mit ihnen einhergeht, waren schlagartig an die Oberfläche gekommen. Ich war in einer Situation, über die ich keinerlei Macht hatte. An den Kontrollhebeln saß jemand anders. Ich konnte mich noch so sehr festhalten und hilflos versuchen, meinen Wagen zu manövrieren, er blieb doch Teil eines größeren Systems, das sich meinem Einfluß entzog. Ich erkannte, daß ich eine Wahl hatte: Ich konnte weiter versuchen zu lenken und dadurch in Angst und Not steckenbleiben, oder ich konnte ein kleines Gebet sagen, mich entspannen, atmen und mit der Achterbahn mitgehen. Als ich wieder zu atmen begann, habe ich sogar laut gelacht. Mein Schrecken verwandelte sich in Vergnügen, und als ich aus dem Wagen stieg, schwor ich mir, die Fahrt zu wiederholen.

»Das Leben ist eine Achterbahn«, diesen Spruch kannte ich schon seit Jahren und hatte immer geglaubt, er hieße, im Leben gehe es auf und nieder. Aber an dem Tag erhielten die bekannten Worte eine neue Bedeutung. Sie wurden zu einer Metapher für die Notwendigkeit, sich inmitten der unvermeidlichen täglichen Schwankungen zu ergeben. Ich bin für die Dauer meines Daseins auf einer fremden Schiene. Das tiefere SELBST, die Höhere Macht oder Gott sitzt an den Kontrollhebeln. Ich kann nicht über die Wendungen und Biegungen in meinem Leben bestimmen. Das heißt allerdings nicht, ich hätte keinerlei Wahlmöglichkeiten. Ich kann mich dafür entscheiden, alles, was mir im

Leben widerfährt, zu bekämpfen, oder mich ergeben und mich im Laufe dieses Prozesses der Führung durch die göttliche Macht öffnen. Wenn ich die Ich-Kontrolle loslasse, entdecke ich Gaben und Fähigkeiten, die mir bisher nicht aufgefallen waren. Ich finde meine Rolle im Leben, meine eigene Form schöpferischen Ausdrucks, oder das, was Joseph Campbell »Seligkeit« nannte. Wenn ich *meiner Seligkeit folge*, aus einer Einstellung von Ehrlichkeit und Ergebenheit heraus alles tue, was mich inspiriert und mit Energie auflädt, werde ich dorthin geleitet, wo ich hin muß. Ich kann mich bemühen, meine Ziele zu erreichen. Einige davon werde ich verwirklichen, andere nicht. Aber wenn ich den Weg dorthin nicht genieße, habe ich den Kontakt zum kreativen Geist verloren, der mich antreibt und lenkt.

In seinem Buch *Gott* erzählt der Theologe Alan Watts die Geschichte von Maria Magdalena, die sich in Verehrung an Jesus zu klammern versuchte, als sie ihn nach der Auferstehung erblickte. Er reagierte mit den Worten: »Rühre mich nicht an.« Watts meint, das hätte so viel bedeutet wie:»*Halte* nicht an mir *fest*! Halte an nichts Geistigem fest!« Er schreibt: »Halte nicht an deinem Atem fest, dein Gesicht wird sonst blau und du erstickst. Man muß den Atem hinauslassen. Darin besteht das Vertrauen, im Ausatmen – und es wird zurückkommen. Das buddhistische Wort *Nirvana* bedeutet eigentlich ausatmen; loslassen ist die grundlegende Haltung des Vertrauens.«

Die Praxis des Sich-Ergebens öffnet die Tür zu Glauben und Vertrauen in uns selbst, andere Menschen und Gott. Wir können nicht vertrauen, ohne uns zu ergeben. Unseren Willen und unser Leben der Sorge Gottes anzuvertrauen, wie es beim dritten der Zwölf Schritte heißt, erfordert den Glauben daran, daß wir nicht in luftleeren Raum fallen. Wenn wir uns ergeben, stellen wir fest, daß unser Leiden nachläßt, und spüren die Führung durch das tiefere SELBST. Wenn wir das erst ein paar Mal getan haben, beginnen wir die Haltung des »Loslassens« in unseren Alltag zu integrieren.

Leicht ist das allerdings nicht immer. Wir haben uns ein Leben lang eingebildet, in Kontrolle zu sein, und brauchen nun Zeit, um darauf vertrauen zu können, daß jemand anders das Sagen hat und daß diese Tiefe Macht uns letzten Endes immer wohlgesonnen ist. Wir entdecken, daß sich unsere Fähigkeit, uns zu ergeben, langsam steigert, Stück für Stück. Mit der Zeit können wir unseren festen Zugriff auf einen

Menschen, eine Emotion, eine Angelegenheit oder ein Verleugnungsmuster in unserem Leben lockern. Wir lassen in Schichten los, jeden einzelnen Tag, jeden einzelnen Augenblick ein bißchen mehr. Wann immer wir das tun, erwächst ein bißchen mehr Vertrauen, und so können wir beim nächsten Mal schon ein wenig leichter auf Kontrolle verzichten. Das ist der Pfad des Sich-Ergebens.

Wenn wir die Praxis des Loslassens zu einem Teil unserer täglichen Routine machen, werden wir immer offener für die Schönheit, die Freude und die Kreativität in uns und um uns herum. Aber während unser Leben dadurch angenehmer wird, kann es zugleich schmerzhafter und schwieriger werden. Mit einem wacheren Bewußtsein für die Schönheit und Freude dieser Welt fühlen wir uns auch weniger vor ihrem Schmerz und ihrer Häßlichkeit beschützt. Wenn wir uns ergeben, schleifen wir auch die solide Festung aus Verleugnung und Abwehr, die uns davon abhielt, die Intensität unseres Daseins wahrzunehmen. Wir haben uns vielleicht aktiv vor der Wahrheit abgeschirmt, und wenn sie sich enthüllt, ist das oft schmerzlich.

So vergräbt beispielsweise ein Kind, das physischem oder sexuellem Mißbrauch ausgesetzt ist, diese Erinnerungen irgendwo tief innen und baut sich statt dessen Illusionen, die ihm das Überleben ermöglichen. Zur Zeit des Geschehens ist der Schmerz dieses überwältigenden Ereignisses zuviel für ein verletzliches, abhängiges Kind. Vielleicht kann sich eine junge Frau nicht an ihre Zeit als kleines Mädchen erinnern oder hat sich selbst weisgemacht, daß ihr Vater ein Held oder ein Gott und sie selbst im Vergleich ein schlechter Mensch war. Ein heranwachsender Junge mag an den konstruierten Mythos glauben, seine gewalttätige Familie sei den anderen Nachbarn überlegen, oder Onkel Jakob habe ihm seine Liebe gezeigt, als er ihn an geheimen Stellen berührte. Diese Illusionen sind leichter zu akzeptieren als die Wahrheit darüber, was tatsächlich geschehen ist.

Unser spiritueller Pfad der Genesung lehrt uns, daß Schmerz ein Indikator dafür ist, daß wir an einer Verhaftung zu arbeiten haben. Unser Leiden wird letzten Endes eine Gelegenheit, mehr Freiheit zu erlangen. Solange wir an unseren Rechtfertigungen und Rationalisierungen festhalten, leiden wir, entwickeln vielleicht sogar Schwierigkeiten wie Gesundheits- oder Beziehungsprobleme, niedrige Selbstachtung oder die Unfähigkeit, einen angemessenen Platz in der Welt zu finden. Viele

Menschen stellen fest, daß der Schmerz zunimmt, bis sie die Bereitschaft entwickeln, sich seinen Auslösern zu stellen. Als Erwachsene
sind wir nun stark genug, um in Sicherheit, mit Unterstützung und
Anleitung die vielen Schutzschichten abzutragen, die uns vor der Wirklichkeit unserer Geschichte, Emotionen und Verhaltensweisen bewahrt
haben.

Bei der aktiven Arbeit an uns selbst entfernen wir weiter die Schleier,
die unsere wahre Identität verbergen. Wir stellen uns den physischen,
emotionalen, mentalen und spirituellen Barrieren, die wir alle in uns
tragen und die zu einem großen Teil das Ergebnis von Ereignissen in
unserer Vergangenheit und den destruktiven und selbstzerstörerischen
Verhaltensweisen sind, die wir als Antwort darauf entwickelt haben.
Durch unsere Zwölf-Schritte-Praxis, unsere Therapie, durch Gebet,
Meditation oder andere Formen der Selbsterforschung entdecken wir
allmählich die zugrunde liegenden Ursachen für unsere Verhaftungen
und lösen sie auf. Mit der Anleitung von anderen beginnen wir, ehrlich
den Erinnerungen, Emotionen und Reaktionen zu begegnen, die uns
unglücklich gemacht und eingeengt haben. Ganz allmählich schälen
wir die Schutzschichten ab, mit denen wir uns selbst und unsere
Vergangenheit verleugnet haben. Wir arbeiten daran, die Masken der
Illusion zwischen uns und der Welt niederzureißen und die Schichten
des falschen Selbst freizulegen.

Mit Hilfe von regressiven Methoden erleben wir vielleicht unsere
Geburt wieder und erkennen, welche Wirkung sie auf unser Leben
gehabt hat. Wir fangen Gefühle wieder ein, die wir weggeschlossen,
mit unserer Sucht abgefedert oder völlig außer Kontrolle hatten wüten
lassen. Wir erkennen unsere Trauer und unsere Wut, unsere Scham
und unsere Angst und bringen sie alle zum Ausdruck. Wir akzeptieren,
daß auch die sogenannten negativen Emotionen Teil unseres menschlichen Repertoires sind, und finden heraus, wie wir sie auf gesunde
Weise erfahren und vermitteln können. Wir müssen Gefühle wie Wut,
Angst und Traurigkeit nicht mehr als unkontrollierbar oder unannehmbar abtun, sondern sehen darin nun normale, gesunde Reaktionen auf
bestimmte Situationen.

Wir entdecken, wie wir Verantwortung für unsere Gefühle übernehmen können, statt sie über anderen auszuschütten oder sie in uns
brodeln zu lassen. Wut wird in Kraft verwandelt. Überlebende von

Mißbrauch wissen, daß hinter ihrer Wut, Angst, Scham und dem Gefühl, betrogen worden zu sein, eine starke persönliche Kraft liegt, die darauf wartet, freigesetzt zu werden. Wir beginnen zu agieren, statt zu reagieren, aus unserem eigenen Willen heraus zu handeln, statt dauernd gegen äußere Situationen und andere Menschen anzugehen oder auf sie zu antworten.

Mit Unterstützung durch andere können wir zuvor unannehmbare oder »negative« Emotionen nun besser erfahren und gewinnen dadurch auch Zugang zu den »positiven«: Freude, Glück, Dankbarkeit und Liebe. Wir werden uns der Aspekte unseres Charakters bewußt, die uns im Leiden feststecken lassen. Die Praxis der persönlichen Bestandsaufnahme ist ein integraler Bestandteil der Zwölf Schritte und auch anderer Ansätze: unsere Unzulänglichkeiten wie Selbstmitleid, Haß oder Egoismus im Blick haben; sie zu erkennen, wenn sie auftreten, und sie zu korrigieren. Viele von diesen Mängeln (allesamt allgemein menschliche Gefühle und Züge) stehen im Gegensatz zu den Eigenschaften der spirituellen Reife: Unehrlichkeit, falscher Stolz, Intoleranz, Zaudern oder Selbstsucht. Wir lernen, sie zu beobachten, arbeiten täglich daran, sie abzulegen, und geben ihnen damit immer weniger Einfluß auf unser Leben.

Wir beginnen auch, mit dem Zustand unserer Beziehungen klarzukommen. Wenn jemand, der in einer Beziehung lebt, in ein Genesungsprogramm oder eine Therapie geht oder sich auf einen spirituellen Pfad begibt, wird sich die Dynamik der Beziehung mit großer Sicherheit ändern. Wenn ein Teil einer Freundschaft, Ehe, Familie oder Gemeinschaft zu wachsen beginnt, verändert sich die gesamte Struktur. Die mag auf ungesunde Annahmen gegründet gewesen oder um gestörte Verhaltensmuster gekreist sein, die einem Menschen im Prozeß der persönlichen Transformation und Heilung nicht mehr angemessen sind.

Diese Veränderungen in den Beziehungen führen unweigerlich zu Problemen. Unsere Familien und Freunde mögen noch so glücklich sein, daß wir die Sache endlich angehen: Fast jeder neigt dazu, an der Sicherheit dessen festzuhalten, was war. Unser früheres Leben mag wirklich jämmerlich gewesen sein, aber es hat sich doch innerhalb bestimmter vertrauter Muster abgespielt. Unsere aktive Beschäftigung mit unserer persönlichen Entwicklung scheint nun von anderen zu verlangen, uns in unbekanntes Gelände zu folgen. Das kann für Menschen, die sich selbst davon überzeugt hatten, daß wir das Problem in *ihrem* Leben waren, bedrohlich oder sogar angsteinflößend sein. Dabei lernen wir sehr schnell, daß wir das Verhalten eines anderen letzten Endes nicht beeinflussen können. Manche Freunde, Partner oder Familienmitglieder sind bereits mit ihrem eigenen Transformationsprozeß beschäftigt und freuen sich über einen neuen Begleiter beim Abenteuer der Selbsterforschung. Andere fühlen sich durch die Veränderungen, die sie bei uns sehen, angeregt und nutzen den Wandel in der Beziehung als Möglichkeit, selbst zu wachsen. Wieder andere beharren fest auf ihrer eigenen Art, mit den Dingen umzugehen, ihren eigenen Verhaltens- und Sichtweisen. Vielleicht widersetzen sie sich unseren Bemühungen aktiv, urteilen über uns oder werden sogar wütend. Wir erkennen, daß wir nur einen einzigen Menschen verändern können: uns selbst. Und auch wenn unser neu gefundener Pfad der Heilung und Wiederentdeckung die Sicherheit unserer Beziehungen bedroht, ist er es wert.

Im weiteren Verlauf unserer Arbeit beginnen wir, unsere ungesunden Beiträge zu Beziehungen zu untersuchen und zu ändern. Wenn wir fordernd und bedürftig waren, entdecken wir, wie wir loslassen und unseren eigenen Ressourcen trauen können. Wenn wir uns leicht gefangen, überwältigt oder verloren fühlen, lernen wir, zwischen der Wirklichkeit unserer Situation und unserer inneren Not zu unterscheiden. War es wirklich unsere Ehe oder diese Freundschaft, die uns eingewickelt hat, oder haben wir uns, unabhängig von äußeren Bedingungen, schon ein ganzes Leben lang so gefühlt? Haben wir das Gefühl, unnütz zu sein, weil uns jemand anders so behandelt, oder weil wir uns tief innen selber bedeutungslos finden? Falls die Antworten auf diese Fragen darauf hinweisen, daß etwas an unserer äußeren Situation nicht stimmt, bringen wir den Mut auf, sie zu ändern. Wenn das Problem in unserem Selbstbild liegt, finden wir eine Möglichkeit, uns selbst weiter zu erforschen.

Vielleicht haben wir Angst vor Verbindlichkeit; wir sind zu oft von anderen verlassen oder verletzt worden. Oder wir halten diejenigen, die wir lieben, auf Abstand oder stellen sie durch Zorn, Beurteilungen oder Kritik hinter eine emotionale Mauer. Vielleicht stellen wir unsere Eltern, Partner oder Kinder auf ein Podest und verlieren uns in diesem

Prozeß selbst. Sobald wir uns dieser und anderer Beziehungsfragen bewußt werden, sind wir auf dem Wege, sie zu ändern. Auch wenn uns die Versuchung, unseren Freund oder unsere Partnerin »zurechtzubiegen« oder zu ändern, gelegentlich von unserem eigenen Heilungsprozeß ablenkt, kehren wir doch immer wieder zu unserer Selbsterforschung zurück. Wir wachsen weiter und öffnen uns immer mehr dem Vertrauen, der Intimität und der Liebe für uns selbst und andere. Möglicherweise bemerken wir sogar unterschwellige und vielleicht unerwartete Veränderungen bei den Menschen in unserer Umgebung. Sich zu ergeben heißt, wie der tibetische Lehrer Chögyam Trungpa schrieb, »entblößen, auftrennen, öffnen, aufgeben«. Das bedeutet, daß wir »unsere Kleider ablegen, unsere Haut, Nerven, Herzen und unser Gehirn, bis wir uns dem Universum aussetzen. Es wird nichts übrig bleiben.« Nichts wird bleiben von den Schutzvorrichtungen und Beschränkungen, die uns daran hindern, voll an unserem Leben teilzunehmen. Während des Heilungsprozesses kämpfen wir nicht gegen unsere Sucht oder versuchen krampfhaft, Versuchungen aus dem Wege zu gehen, sondern neutralisieren und transformieren unser Verlangen. Außerdem lernen wir, das spirituelle Dürsten zu erkennen, wenn es auftaucht, und es auf nährende und erfüllende Art zu befriedigen.

Wenn wir loslassen, nehmen wir eher das gesamte Spiel des Lebens an, Freud und Leid, Schönheit und Häßlichkeit, Vergnügen und Schmerz. Wenn wir nicht fliehen oder bestimmte Aspekte der Achterbahnfahrt leugnen, uns nicht auf bestimmte Dinge fixieren oder uns an Leid oder Freude klammern, werden wir zunehmend freier. Wir können uns entspannen und die Fahrt mit dem Gefühl von Dankbarkeit, Bescheidenheit und tiefer Liebe für uns selbst, für andere und für denjenigen an den Kontrollhebeln genießen. Irgendwann wird der Prozeß des Aufdeckens und die Praxis, sich zu ergeben, spannend – manchmal sogar wunderbar. Auch wenn unsere Genesung zuweilen qualvoll ist, halten wir durch: Der Damm zwischen uns und dem tieferen SELBST fällt auseinander, und unser Leben verändert sich auf bedeutsame Weise.

Manchmal ist die Arbeit der Genesung, wie in eine heiße Wanne zu steigen. Erst überprüfe ich die Wassertemperatur mit meinem kleinen Zeh und entscheide mich, ob ich weitermachen soll oder nicht. Langsam strecke ich ein paar Zehen hinein, ziehe sie wieder zurück und wage mich weiter vor, bis ich den ganzen Fuß eintauche. Und so geht es weiter, eintauchen und wieder zurückziehen, ausruhen und wieder hinein, bis ich immer weiter eintauche und immer weniger Widerstand leiste. Im weiteren Verlauf dieses Experiments geschehen Dinge, die mich wissen lassen, daß ich auf dem richtigen Weg bin. Manchmal erlebe ich Übereinstimmungen, diese wunderbaren Zusammentreffen von Ereignissen, die mich daran erinnern, daß ich nicht die Lenkerin bin, oder Zeiten der Gnade, in denen ich mich geführt fühle. Während einer Ruhezeit oder auf einem Plateau auf dem Weg zeigt sich plötzlich ein neues Teilchen des Puzzles, eine vergessene Erinnerung oder eine bisher nicht erkannte Emotion, und ich krieche wieder auf den Rand zu oder raffe mein Vertrauen zusammen und schmeiße mich kopfüber hinein.

Das Ich und der denkende Geist

Viele spirituellen Traditionen sehen im menschlichen Geist sowohl einen unserer größten Aktivposten als auch unseren ärgsten Feind. In den Zwölf-Schritte-Gemeinschaften hört man oft die Bezeichnung »das Komitee«; gemeint ist damit die Legion innerer Stimmen, die uns dauernd beraten oder lenken, uns an unsere Ängste und Unzulänglichkeiten erinnern, in die Zukunft projizieren oder in der Vergangenheit weilen. Der Geist ist sehr hartnäckig und sehr schöpferisch.

Die Art, in der einige östliche Traditionen diesen Geist beschreiben, kommt der westlichen Definition des Ich oder des kleinen Selbst sehr nahe. Sie umfaßt nicht nur unsere Erkenntnis, sondern auch unsere Sinne, unsere Emotionen und unser Gefühl von persönlicher Identität. Den Kern seiner Funktionsweisen bildet der Prozeß des Denkens. Oft definieren wir uns über unser Denken, und wir müssen nur still sitzen oder uns nach innen wenden, um die ständige Parade von Ideen, Meinungen und Phantasien zu bemerken, die da abläuft. Ein Großteil der spirituellen Praxis des Ostens ist der Aufgabe gewidmet, den Geist ruhigzustellen, ihn zu kontrollieren oder zu zähmen, um ihn zu transzendieren. Von einem Punkt jenseits oder über dem Geist können wir Zeuge seiner gymnastischen Übungen werden. Dieser »Zeuge« ist die Kraft hinter dem Ich. Es ist das tiefere SELBST, das von der Dynamik des Geistes unabhängig und frei ist.

Swami Muktananda, ein vor einigen Jahren verstorbener zeitgenössischer Meister in der Tradition des Siddha-Yoga, pflegte eine Geschichte über einen armen Mann zu erzählen, der sich eines Tages in einem himmlischen Garten unter einem wunscherfüllenden Baum wiederfand. Dieser prächtige Baum erfüllte die Wünsche eines jeden, der darunter saß. (Aber »ganz gleich, wo wir hingehen, der Geist geht mit uns. Wir können ihn nie zurücklassen, und er läßt uns nie in Ruhe«, sagte Muktananda.)

Als er nun in dem schönen Garten saß, begann der Mann zu denken. »Ich würde diesen Ort noch mehr genießen, wenn die ideale Frau hier bei mir wäre.« Und plötzlich war sie da. Der magische Baum hatte seinen Wunsch erfüllt. Der Mann war momentan entzückt, aber als sich seine neue Gefährtin neben ihm niederließ, dachte er: »Dies ist wunderbar, aber es wäre noch besser, wenn wir ein großes Haus mit luxuriöser Ausstattung hätten.« Sofort erschien ein Haus mit allem, was der Mann und die Frau brauchen würden.

So ging es immer weiter, bis der Mann sich einen Stab Bediensteter gewünscht hatte, die dem Paar ein köstliches Mahl zubereiteten, und es am großen Tisch servierten. Gerade, als der Mann den ersten Bissen zu sich nehmen wollte, kam ihm ein weiterer Gedanke. (»Das ist die Natur des Geistes«, meinte Muktananda. »Er zweifelt immer.«)

»Was geht hier vor sich? Ich habe an eine Frau gedacht, und sie hat sich materialisiert. Ich habe an ein Haus und Möbel gedacht, und sie sind erschienen. Ich habe an Diener und ein üppiges Mahl gedacht, und nun sitze ich davor. Dies muß die Arbeit eines Dämonen sein!« Sofort ragte ein Dämon mit weit aufgerissenem Mund vor ihm auf. »O weh! Er wird mich fressen!« schrie der Mann. Und der Dämon verschlang ihn.

Diese Geschichte weist auf die enorme Macht des Geistes hin, Erfahrungen zu beeinflussen. Wir benutzen unseren Geist ständig, um uns aus positiven oder angenehmen Zuständen oder Aktivitäten herauszureden. Wie oft sind wir schon in einer idealen Situation gewesen, nur um dann von unseren Gedanken verfolgt zu werden? Nehmen wir einen wunderschönen sonntäglichen Spaziergang im Park, einen Tag mit einem guten Freund oder einen lang erwarteten Urlaub. Da sind wir nun, in einer perfekten Umgebung, allein oder mit der bestmöglichen Gesellschaft, und unser Geist beginnt zu rotieren. Wir stellen fest, daß wir über unfertige Projekte im Büro nachdenken, uns selbst Vorwürfe machen, was wir alles tun sollten, statt hier zu sein, oder ein Szenarium schaffen, in dem der Mensch, mit dem wir zusammen sind, uns heimlich ablehnt und uns zu verlassen plant. Als der Tag begann, waren wir glücklich, aber nun schlägt die Stimmung um, und bald sind wir vollkommen unfähig, ihn zu genießen.

In vielen spirituellen Systemen wird diese Tätigkeit des Geistes mit dem verwirrten Herumspringen eines Affen verglichen. Der undisziplinierte Geist hüpft wie toll in die Vergangenheit und in die Zukunft, in Phantasien und Illusionen, bis wir keine Hoffnung mehr haben, die Gegenwart zu genießen. Zudem kann er uns erfolgreich dazu überreden, ihm seine Fehlwahrnehmungen, Verleugnungen und Rationalisierungen abzunehmen. Bevor ich zu einer waschechten Alkoholikerin wurde, hatte ich eine Meditationspraxis kennengelernt, bei der es im wesentlichen darum ging, den Geist ruhigzustellen und zu kontrollieren. Ich meinte auch, ich wüßte ein wenig darüber, wie stark und autoritär er sein kann.

Aber erst als meine Genesung begann, bekam ich auch nur eine Ahnung davon, welche Macht der Geist hat. In meinen Trinkerzeiten, während derer ich mich jeden Tag auf jeder Ebene mit Alkohol zerstörte, sagte mir mein Geist immer wieder, es sei alles in bester Ordnung. Es gelang ihm, mich von der Wirklichkeit meiner Situation abzuschirmen, und er überzeugte mich davon, daß es viele andere Gründe als Alkohol dafür gab, daß mein Leben schieflief. Als ich während der Genesung das Ausmaß des wasserdichten Verleugnungssystems erkannte, das ich um meinen Alkoholismus herum erschaffen hatte, begann ich neue Achtung für diese mächtige Kraft zu empfinden.

Die Arbeit mit dem Geist oder dem »Komitee« ist ein entscheidender Bestandteil der Genesung oder jedes spirituellen Pfades. Wir bemerken seine Spiele und werden uns seiner Tendenz bewußt, zu verbergen, zu entmutigen oder zu wandern; wir verwenden Werkzeuge wie Meditation, um ihn zur Ruhe zu bringen. Viele meditativen Praktiken kennen wichtige Techniken, die den Schüler darin bestärken, den Geist zu kontrollieren, das mentale Geschnatter zu verringern oder abzustellen, oder sich von den Gedanken zu lösen und zu ihrem Zeugen zu werden. Da der denkende Geist eng mit dem Ich verbunden ist, ist es notwendig, ihn ruhigzustellen oder zu transzendieren, um über das kleine Selbst hinauszuschreiten. Diese Ruhigstellung öffnet uns der Erfahrung des tieferen SELBST, dem »seelischen Erwachen«, das der zwölfte Schritt verspricht. Sie fördert zudem die Gelassenheit, die eine so zentrale Rolle bei der Genesung spielt, da sie uns erlaubt, für unsere tägliche Erfahrung anwesend zu bleiben.

Gesunde Wünsche und Vorlieben

Die urewige Weisheit bietet uns zwei Rezepte für die Auseinandersetzung mit unseren Verhaftungen, durch die unser Mißbefinden im Leben geheilt werden kann. Allgemein gesprochen ist der eine Ansatz der, unsere Verhaftung an unsere Vorstellung von der Welt aufzugeben, um sie so sehen zu können, wie sie wirklich ist. Der andere richtet sich auf Möglichkeiten, unsere Verhaftungen in gesunde Wünsche und Hingabe an Gott zu verwandeln. Der Autor Ken Keyes meint dazu, wir könnten unsere Verhaftungen dahingehend reprogrammieren, daß sie zu Präferenzen werden, zu Vorlieben. Beide Ansätze, das Aufgeben und das Transformieren von Sucht und Verhaftung, sind auf unserem Pfad der Genesung anwendbar. In einem Augenblick mag die eine Strategie greifen, im nächsten die andere. Die Praxis des Sich-Ergebens und Aufgebens habe ich bereits erörtert. Lassen Sie uns nun die Verwandlung unserer Süchte und Verhaftungen zu gesunden Wünschen und Vorlieben erforschen.

Die Kehrseite von Verhaftet-Sein ist Liebe. Wie oft haben wir die beiden verwechselt? Gibt es einen Weg, unsere Verhaftungen und Süchte in Liebe zu verwandeln? Kehren wir zu unserem Ausgangspunkt zurück: Die Macht hinter unserer Sucht ist das Dürsten nach Ganzheit, nach der Vereinigung mit dem Göttlichen. Unser spirituelles Sehnen ist ursprünglich ein natürlicher und gesunder Impuls. Wenn wir dieses Verlangen in Sucht und Verhaftungen umleiten, verdecken wir sein positives Potential. Wenn wir dieses Dürsten nach dem tieferen SELBST wieder zurücklenken, gehen wir in Richtung Genesung oder Ganzheit. Wenn wir uns der Höheren Macht öffnen, vertreiben wir die Macht unserer Sucht. *Spiritus contra spiritum*. Wir zapfen die Quelle von Liebe und göttlicher Kreativität an. Wir ersetzen unser Verlangen nach Nahrung, Alkohol, Glücksspielen, Drogen oder Sex durch Liebe. Wir erkennen, daß sich das Göttliche nicht vor uns versteckt hat, sondern daß wir uns in unseren blinden Verhaftungen und Süchten von Gott abgewandt hatten.

Als wir unsere Sehnsucht nach Ganzheit in Verhaftungen und Süchte umgeleitet hatten, haben wir Schmerz, Beengung und Verfall erlebt. Wenn wir sie wieder auf die göttliche Quelle umlenken, wird sie möglicherweise erweiternd, vereinend und schöpferisch. Während unserer Suchtkarriere nahmen die Süchte den Platz unserer Höheren Macht ein. Wenn wir ganz unten ankommen, gibt die Kraft dieser verzerrten Hingabe der wahren, noch stärkeren Kraft des Göttlichen nach.

Die folgende Geschichte über einen Opiumsüchtigen stammt aus Indien: Am Tiefpunkt seiner Sucht ging der Süchtige zu einem berühmten Guru und bat ihn um Hilfe. Der weise Lehrer gab dem Mann am nächsten Tag eine Waage und ein Stück Kreide, zusammen mit einer Behandlungsanweisung für den allmählichen Entzug von seiner Droge. Er wies ihn an, die Kreide jeden Nachmittag zu wiegen. Genausoviel Opium, wie die Kreide jeweils wog, dürfe der Mann dann zu sich nehmen, nicht mehr. Aber, fügte der Lehrer hinzu, er müsse jeden Tag vor dem Wiegen der Kreide den Namen Gottes auf eine Tafel schreiben. Der Mann folgte dem Rat des Gurus, und mit jedem Namen Gottes wurde die Kreide kleiner, bis sie schließlich ganz aufgebraucht war. Inzwischen war auch das Verlangen nach Opium geschwunden, und der Süchtige war so auf Gott konzentriert, daß er seine Drogensucht in Gottesrausch transformiert hatte.

Wenn wir über die Sucht nach Gott sprechen, müssen wir zwei Dinge bedenken: Erstens bedeutet sie in diesem Zusammenhang keine spirituelle oder religiöse Sucht, und zweitens ist Gott nicht irgendein von uns losgelöstes, fremdes Wesen, das für uns unerreichbar ist. Das Verhaftet-Sein und die Sucht nach Spiritualität und Religion werden wir im nächsten Kapitel ausführlicher erörtern. Kurz gesagt, empfehlen wir im Rahmen der Transformation unserer Süchte in einen heftigen Wunsch nach Spiritualität nicht, eine Sucht gegen eine andere einzutauschen und zwanghaft und humorlos einem bestimmten Konzept von Gott verhaftet zu werden. Vertrauen heißt nicht, blinde Abhängigkeit von irgend etwas.

Wenn wir unsere Süchte und Verhaftungen in einen Impuls zum Göttlichen transformieren, lenken wir unser Sehnen nach Ganzheit wieder auf sein ursprüngliches Ziel zurück. Wir öffnen uns der direkten Erfahrung von etwas, das größer ist als unser kleines Selbst, und entwickeln Hingabe für die Kraft an den Kontrollhebeln. Wir legen unseren Willen und unser Leben in die Hände der Quelle aller Gesundheit und Kreativität, ob wir sie nun den Großen Geist, Christus, Liebe, die schöpferische Energie, die Große Mutter, unsere Buddha-Natur, das tiefere SELBST oder die Höhere Macht nennen. Wir können uns zwar dem transzendent Göttlichen oder der heiligen Kraft jenseits unserer Wirklichkeit weihen, schließen aber auch das immanent Göttliche, den Gott in uns und um uns herum, ein.

Mystiker und Dichter nennen neben diesem gesunden Trieb zum Seelischen auch die wohltuenden und vergnüglichen weltlichen Wünsche wie den, aus Güte, Liebe und Verständnis heraus zu handeln. Aus unserem tiefen Mitgefühl für das Leiden in der Welt heraus möchten wir anderen helfen und dazu beitragen, das Elend zu verringern. Wir möchten für uns selbst, unsere Familie, unsere Freunde, Mitglieder unserer Gemeinschaft und die Erde fürsorglich und nährend sein. Wir haben den Wunsch, ehrlich und respektvoll zu sein, für unsere eigenen Bedürfnisse und die anderer empfindsam zu bleiben. Wir möchten an der Fülle der Welt teilhaben und ihre Vielfalt genießen. Wir wollen voller Enthusiasmus an einem Samstag ganz früh aufstehen und einen Spaziergang in der frischen Frühlingsluft machen. Wir wollen dabei sein, um ihre Hand zu halten, wenn unsere Kinder ihre ersten Schritte tun oder wenn jemand Nahestehendes stirbt, um den Übergang leichter zu machen. All das sind gesunde Vorlieben, die ganz natürlich auftauchen, wenn wir das Unterholz, das sie überwuchert hat, wegräumen. Sie waren schon immer da, verdeckt durch unsere Suchtmuster und unerkannte Persönlichkeitsfragen.

In diesem Kapitel haben wir einige Eigenschaften und Werkzeuge der Genesung oder des spirituellen Pfades betrachtet. Jede Beschreibung dieses Prozesses der Wiederentdeckung wird naturgemäß unvollständig sein, auch diese. Jeder Mensch, der den Pfad betritt, ist einzigartig, hat eigene Bedürfnisse und Charakteristika, macht eigene Entdeckungen. Aus diesem Grund wird jeder Bericht darüber persönlich und anders sein. Ich glaube jedoch, daß jede und jeder auf dieser Reise einen gewissen Grad von Mut, Hingabe, Humor und Bereitschaft braucht, die Arbeit zu tun.

10 IRRUNGEN UND WIRRUNGEN AUF DEM WEG

Nun wandelt sich unsere spirituelle Reise oder Genesung und wird zu einer aktiven spirituellen Suche. Wir haben eine Ahnung vom Ziel und untersuchen die Möglichkeiten, dorthin zu gelangen. Wir genießen die ersten Vorteile unserer Heilung und verpflichten uns, mehr zu tun, immer einen Tag nach dem anderen. Wir erleben die stillen Wunder und erstaunlichen Veränderungen in uns selbst und unserem Leben. Unser Denken weist Augenblicke kristalliner Klarheit auf, und wir lieben die immer deutlicher werdenden Anflüge von Gelassenheit, die aus unserem Inneren aufsteigen. Manchmal fließt unser Herz vor Liebe für andere Menschen über oder schwillt vor Dankbarkeit für unser neues Leben an. Aber trotz all dieser Segnungen entdecken wir, daß das Leben nicht einfach deswegen plötzlich nur süß und voller Licht und Inspiration ist, weil wir auf dem Weg sind. Obwohl der spirituelle Pfad lohnend und wundersam ist, ist er naturgemäß auch voller Irrungen und Wirrungen, birgt Herausforderungen und Fallgruben. Wie jeder andere Aspekt unserer täglichen Existenz hat auch er das, was die Jungianer die Schattenseite nennen. Der Schatten ist ein üblicher, natürlicher Teil der Erfahrung. Manche Menschen, die gerade erst beginnen, einen Geschmack für Spiritualität zu entwickeln, bedrückt die Entdeckung dieser Tatsache sehr. Sie haben vielleicht Bücher mit Beschreibungen von herrlichen, transzendenten Zuständen gelesen, Geschichten über göttliche Intervention und mitfühlende Handlungen gehört und auf so verlockende Vorstellungen wie die von »Erleuchtung«, »Liebe«, »Ekstase«, »Frieden« oder »Gnade« reagiert. Zu ihrer großen Enttäuschung entdecken sie dann, daß das spirituelle Leben zwar all diese Erfahrungen und mehr bieten kann, daß es aber nicht ausschließlich strahlend, sanft und einfach ist. Es kann manchmal sogar extrem beanspruchend und schwierig sein. Der Schatten ist ein wunderbares Bild. Stellen Sie sich vor, wie Sie an einem lichten Sommermorgen auf einer ländlichen Allee wandern. Wenn Sie nach unten blicken, bemerken Sie, daß die Straße in Muster aus Licht und Schatten getaucht ist, in Strukturen, die sich mit dem Wind bewegen und verändern. Sie laufen weiter, durch die sonnigen Flecken und die Schatten, und betrachten die Variationen unterwegs als Teil Ihrer Gesamterfahrung. Der spirituelle Pfad und die ganze Reise durchs Leben sind nichts anderes. Auch sie bestehen aus Flecken von Licht und Schatten. Wir fühlen uns versucht, diese gegensätzlichen Elemente wertend zu beurteilen, weil wir uns oft eher zum Leichten als zum Schwierigen, zu Freude statt zu Schmerz hingezogen fühlen. Wir bezeichnen einige Aspekte unseres Lebens als *gut* und andere als *schlecht* oder verwenden Worte wie *positiv* oder *negativ*, um ein Gefühl, eine Erfahrung, einen Menschen oder ein Ereignis zu beschreiben. Natürlich möchten wir es lieber behaglich als unbehaglich haben, und wir müssen auch nicht alles mögen, was auf uns zukommt. Aber viele Leute entdecken, daß Urteile und Etiketten hinderlich sein können. Wenn wir uns nur an die »positiven«, lichterfüllten Ausschnitte unseres Lebens klammern, verleugnen wir einen sehr realen und vitalen Teil unserer Erfahrung. Spirituelle Lehrer, Theologen und Philosophen ringen schon seit Jahrhunderten mit der Frage der Gegensätze: das Gute und das Böse, Licht und Dunkel, Yin und Yang, das Hohe und das Niedere, das Positive und das Negative. Sie alle existieren als Teil des menschlichen Daseins. Die Fragen bleiben: Wie finden wir einen Sinn darin? Was tun wir mit ihnen? Wie reagieren wir darauf?

Ein Vorschlag, der mir Sinn zu machen scheint, lautet, sie als Ganzes zu betrachten, als integrale Bestandteile, die unserem Leben mehr Dynamik geben. Die »negativen« Vorfälle werden nicht verschwinden. Sie sind Teil des Spiels. Statt sie zu bekämpfen oder ihnen Widerstand zu leisten, läßt sich vielleicht unsere Beziehung zu ihnen verändern. Wir können sowohl die Schwierigkeiten wie das Schöne in unserem Leben ehrlich anerkennen, sie durchleben, aus ihnen lernen und sie in das eingliedern, wer wir sind. Dies ist eine Herausforderung. Können wir lernen, die Kontraste und den »Fleckerlteppich« des Lebens zu begrüßen? Können wir die Leidenschaft unseres Kummers und die Verzückung unserer Freude annehmen? Diese Haltung heißt nicht, daß wir blind unseren eigenen Schmerz oder das Leiden anderer akzeptieren müssen. Das heißt nicht, daß jemand, der als Kind mißbraucht wurde, glauben soll, diese vernichtenden Erfahrungen seien gut oder notwendig gewesen. Vielmehr werden wir bereit zu erkennen, *was ist*, das Dunkel wie das Licht.

Sri Aurobindo, der verstorbene indische Dichter, Philosoph und spirituelle Meister soll gemeint haben:»Die spirituelle Reise besteht daraus, daß man andauernd auf die Schnauze fällt, aufsteht, sich abklopft, verschämt zu Gott aufblickt und den nächsten Schritt tut.« Die Fallgruben und Verwirrungen auf dem spirituellen Pfad sind für viele von uns natürliche Entwicklungsstadien, wenn wir uns unseren neuen Möglichkeiten öffnen. Manche bleiben aufgrund ihrer Charakterstruktur, aus Angst, Unreife oder einem Gefühl spiritueller Bedürftigkeit in der einen oder anderen Fallgrube stecken. Wir alle stolpern und fallen. Das ist unvermeidlich und angemessen.

Schließlich nehmen wir als Reisegepäck ein ganzes Bündel ungelöster Persönlichkeitsfragen mit. Wir tragen Probleme mit dem Selbstwert, unsere Schuld- und Schamgefühle, unsere Projektionen, Verleugnungen und Rationalisierungen mit uns herum. Wir schleppen unsere Tendenzen zu projizieren oder zu idealisieren, unser Bedürfnis nach Kontrolle und nicht verheilte Wunden mit. Wenn wir ganz unten angelangt sind oder uns zutiefst ergeben haben, werden wir nackter denn je zuvor, bar aller Masken, Stützen und Fluchtmöglichkeiten. Das führt dazu, daß wir der Wirklichkeit unserer alltäglichen Gefühle und Ereignisse ohne die vertrauten Dämpfer und Vermeidungen ins Gesicht sehen müssen. Unser Ich ist noch gesund und munter und in seinem Kampf ums Überleben außerordentlich gerissen. Das Leben hat noch immer seine Höhen und Tiefen, unermeßlichen Schmerz sowie große Freude.

Wir erörtern die Fallgruben auf dem Pfad deswegen, weil sie oft verwirrend und beängstigend sind. Darüber hinaus bilden sie einen Teil der Landkarte: Schlaglöcher und Buckel, Kurven und Umleitungen, über die Bescheid zu wissen lohnt. Ich erkenne sie aus meinem eigenen Leben und habe sie auch bei vielen anderen gesehen, ob diese nun einem Zwölf-Schritte-Programm, buddhistischer Meditation, verschiedenen Formen von Yoga, dem christlichen oder jüdischen Glauben oder anderen Arten von spirituellen Praktiken verbunden waren. Es gibt so viele Variationen wie es Pfade und Menschen auf den Pfaden gibt. Lassen Sie uns unseren Sinn für Humor und ein wenig Bescheidenheit bewahren, wenn wir uns nun die Windungen der Straße anschauen. Wenn ich dabei über andere Menschen schreibe, meine ich auch mich selbst.

Irrungen und Wirrungen unterwegs

Lassen Sie uns damit beginnen, daß wir ein paar der Herausforderungen benennen, die dazu dienen, uns zu verwirren. Die erste ist die *Verwechslung von Spiritualität und Religion.* Man begegnet ihr in vielen spirituellen Zusammenhängen einschließlich einiger Zwölf-Schritte-Gruppen. Viele Menschen, die in ein Genesungsprogramm kommen, sind in Familien oder Gemeinschaften aufgewachsen, die sich an eine formale religiöse Struktur hielten. Als sie älter wurden, entfernten sie sich von ihr und beschäftigten sich mit anderen Aktivitäten, einschließlich ihrer Sucht. Wenn sie den Tiefpunkt ihrer Drogen-, Alkohol-, Freß- oder Beziehungssucht erreichen, machen sie eine starke Erfahrung von Tod und Wiedergeburt, durch die sie sich häufig der spirituellen Dimension öffnen. Dann finden sie sich plötzlich in einer Selbsthilfegruppe wieder, in der über Gott gesprochen wird, was sie an ihre Jugend erinnert. Oder sie hören ihnen fremde Gebete und eine unvertraute Ausdrucksweise, die für eine ganz andere Tradition stehen. Und sie wissen nicht, wie sie das alles zusammenbringen sollen.

Ich habe bereits in einem früheren Kapitel auf den Unterschied zwischen Spiritualität und Religion hingewiesen. Im allgemeinen betrifft Spiritualität die direkte Begegnung mit mystischen oder transpersonalen Reichen, Tatsachen, die unserem Leben dadurch Sinn und Bedeutung geben, daß sie eine heilige Dimension einbringen. Spiritualität bedarf keiner Vermittlung durch eine religiöse Autorität. Sie ist unser eigener, intimer, persönlicher Kontakt zu Gott und nicht das, was jemand anders vom Göttlichen zu erzählen weiß.

Spiritualität hat nichts mit blindem Vertrauen, einer Doktrin oder Glauben zu tun. Als ein Reporter der Zeitschrift *Time* C.G. Jung gegen Ende seines Lebens interviewte, fragte er den weisen Psychiater, ob er an Gott glaube. Jung antwortete:»Ich könnte nicht sagen, daß ich glaube. Ich weiß! Ich habe die Erfahrung gemacht, von etwas gepackt zu werden, das stärker ist als ich, von etwas, das die Leute Gott nennen.«

Obwohl die großen Religionen der Welt direkten mystischen Erfahrungen entsprungen sind, sind sie im Laufe der Zeit oft starr geworden und haben sich in Dogmen, Hierarchien und Politik verfangen. Organisierte religiöse Gruppierungen können etwas mit Spiritualität zu tun haben, oder auch nicht. Manche Menschen erfahren in Kirchen, Synagogen oder anderen religiösen Rahmenbedingungen echten Kontakt mit ihrer Höheren Macht. Andere, wie Jung, finden eine tiefe Verbindung zu Gott, wie sie ihn verstehen, außerhalb eines organisierten theologischen Zusammenhangs.

Eine zweite häufige Verwechslung ist die Vorstellung, *Gott oder die Höhere Macht sei außerhalb von uns*. Viele von uns sind in Religionen aufgewachsen, die auf einen Gott *da draußen* verweisen und sogar sprachlich die Entfernung betonen: Vater unser, der du bist im Himmel. Als Kinder nehmen wir an, gemeint sei der Himmel über uns, und fragen uns, ob wir Gott wohl erblicken könnten, wenn wir lange genug nach oben starren würden. Viele von uns werden verwirrt, weil wir diese männliche Figur da draußen nie finden, die Priester und die Schriften aber sagen, nur er könne uns erlösen. Wir gewinnen den Eindruck, daß Gott nicht nur vollkommen von uns getrennt ist, sondern auch unerreichbar. Wir schreiben das Wunder unseres Lebens oder unserer Genesung von der Sucht irgendeiner vagen Kraft zu, die wir nicht berühren können. Diese Haltung könnte sogar eine intime und unmittelbare Beziehung zum Göttlichen in uns und um uns herum verhindern.

In dieser Zeit durchaus sichtbarer religiöser Führer, spiritueller Lehrer und Gurus kann diese Verwirrung zu ernsten Problemen führen. Viele Leute werden von einem Priester, einem Prediger oder ihrem Meister abhängig. Die Vorstellung, daß das Göttliche außerhalb von uns liegt, macht deswegen so viel Sinn, weil wir selbst so voller Scham stecken. Dann kommt jemand daher, dessen hauptsächliche Identität die ist, ein Vertreter Gottes zu sein, und wir greifen sofort zu. Wir beginnen, besonders wenn die Praktiken und Lehren einen Ort der Inspiration in uns berühren, zu glauben, wir hätten die Antwort gefunden. Und wir kommen wieder, um mehr davon zu holen. Der Lehrer mag sogar Ratschläge geben wie:»Entdecke den Gott im Inneren« oder »Wenn du dich vor dem Guru verneigst, verneigst du dich vor deinem Höheren Selbst.« Aber wir verstehen nicht, worum es wirklich geht.

Sogar in der Beziehung zu sehr erleuchteten und moralischen Lehrern kann uns unser Verhaftet-Sein mit der Zeit großes Leiden bringen. Wir klammern uns so fest an den Boten, daß wir den Inhalt der Botschaft übersehen. Wir verwechseln den Wegweiser mit dem Ziel. Wir sind so von der Gegenwart dieser anderen Person gefangen, daß wir unsere eigene Unversehrtheit verlieren. Ein weiser und ethisch einwandfreier Lehrer wird dies als ein unvermeidliches Stadium unseres spirituellen Wachstums erkennen und uns sanft helfen, unsere äußere Hingabe und Liebe nach innen zu wenden, zu uns selbst. Ein spiritueller oder religiöser Führer, der moralisch verdorben oder prinzipienlos ist, kann diese Verwirrung zum eigenen Vorteil nutzen, um finanzielle Unterstützung, sexuelle Kontakte oder Macht zu erlangen – mit verheerenden Konsequenzen.

Die Geschichte, die ich hier erzähle, sagt, daß jeder von uns den Schlüssel in sich trägt. Gott ist in dem Zimmer gegenwärtig, in dem ich dieses Buch schreibe, und auch in dem, in dem Sie es lesen. Jeder einzelne Mensch ist göttlich, ebenso wie die Welt, in der wir leben. Vor einigen Jahren hatte ich Gelegenheit, Mutter Teresa kennenzulernen und sie in Kalkutta arbeiten zu sehen. Ich erlebte, wie sie leise und liebevoll ihre Morgenrunden durch Reihen von Leprakranken, Kindern mit amputierten Gliedmaßen, Sterbenden und Geisteskranken machte. Als ich sie dabei beobachtete und auch später, als ich sie sprechen hörte, fragte ich mich: »Wie kann sie ihre Arbeit unter solch offensichtlich schwierigen Bedingungen machen?« Nach einer Weile begann ich zu verstehen, daß sie sich nicht nur dessen bewußt ist, daß sie ein Instrument Gottes ist, sondern daß sie Gott durch die sichtbare Außenhaut ihrer Pfleglinge hindurch sehen kann. Sie vermag über Krankheit, Zerfall und Tod hinwegzuschauen und Kontakt mit dem herzustellen, was sie den »Christus« in jedem Menschen nannte.

Für weitere Verwirrung auf dem Pfad sorgt die *Verwechslung des kleinen Selbst mit dem tieferen SELBST*. Den Unterschied zwischen beiden haben wir auf den vorhergehenden Seiten immer wieder betont. Das kleine Selbst ist das ichbezogene Selbst, das durch eine materielle Form, eine individuelle Persönlichkeit und ein Leben von der Zeugung bis zum Tod begrenzt ist. Das tiefere SELBST ist der schöpferische, grenzenlose, ewige, freie und vereinigende Kern, der uns allen gemeinsam ist. Die Verwirrung entsteht, wenn wir diese beiden Aspekte durcheinanderbringen. Ich werde Ihnen ein paar Beispiele dafür geben. In den letzten zehn Jahren wurde es geradezu Mode zu sagen:»Du schaffst dir deine eigene Wirklichkeit.« Ich habe viele Variationen dieses Themas gehört:»Du hast dir deine Beziehungsprobleme oder deine schwierige Kindheitsgeschichte ausgesucht, damit du daraus lernen kannst.«»Du hast dir deine Familie ausgesucht.«»Du hast deine Krankheit erschaffen.« Meine Freundin Anne entdeckte kurz nach ihrem fünfzigsten Geburtstag, daß sie Brustkrebs hatte. In der Hoffnung auf Unterstützung und guten Rat besprach sie ihre Krankheit mit den Menschen, die ihr nahestanden, ganz offen. Eine wohlmeinende Freundin sagte Anne, sie hätte neulich ein Buch gelesen, aus dem zu folgern wäre, daß sie ihre Krankheit selbst geschaffen hätte. Anne war zunächst empört über den Gedanken, aber die Bemerkung blieb an ihr kleben. Allmählich sickerten Schamgefühle in ihr ohnehin bereits wackliges Selbstvertrauen ein, als sie zu akzeptieren begann, daß sie – jedenfalls vielleicht – direkt für ihre lebensbedrohliche Krankheit verantwortlich sein könnte. Vielleicht hatte sie etwas sehr Falsches getan. Möglicherweise hatte sie zu hart gearbeitet, sich falsch ernährt oder zu vielen negativen Gedanken nachgehangen. Der Schmerz über ihre Situation wurde immer schwerwiegender, als sie sich mit Scham und Schuld zu überhäufen begann.

Was dann deutlich wurde, war, daß diese Freundin zwei Aspekte von Anne verwechselt hatte. Sie hatte nahegelegt, daß Anne als ihr kleines Selbst oder Ich, ihren Krebs so produziert hätte, wie man einen handgestrickten Pullover herstellt. Auch wenn die Forscher die emotionalen und psychischen Faktoren von Krankheit sowie den Beitrag untersuchen, der aus ungesunden oder streßreichen Lebensweisen entstehen kann, heißt das nicht, daß ein Individuum eigenhändig seine Krankheit herbeiführen kann. Das bringt eine Logik von Ursache und Wirkung in einer Situation mit sich, die keiner wirklich versteht.

Die Vorstellung, daß »wir unsere eigene Realität erschaffen«, mag einer weitreichenden Erfahrung des tieferen SELBST entsprungen und dann auf unangemessene Weise in eine ichbezogene Aussage transformiert worden sein. In einem transpersonalen oder spirituellen Zustand könne wir zu der Einsicht gelangen, daß wir Teil eines göttlichen

Bewußtseinsfeldes sind, dem alles entstammt. Schöpfer und Schöpfung sind eins. Aus der Perspektive haben wir das Gefühl, wir spielten bei dem kreativen Prozeß eine Rolle. Aber wenn wir diese Einsicht auf den Alltag reduzieren und sie in eine Aussage über unser Verhalten in der materiellen Welt zu quetschen versuchen, kann das nur zu unnötiger Verwirrung führen.

Mit dieser Verwechslung zwischen dem kleinen Selbst und dem tieferen SELBST hängt auch *die Frage der Machtlosigkeit* zusammen, die nicht nur bei den Zwölf-Schritte-Programmen, sondern auch bei jeder Praxis des Sich-Ergebens eine zentrale Bedeutung hat. Bei meinen Vorträgen gibt es immer Nachfragen zu diesem Thema und Unruhe über das weitverbreitete Interesse an den Zwölf-Schritte-Programmen. Ich kann diese Sorge verstehen. »Besteht nicht die Gefahr«, so eine häufige Frage, »daß da eine Generation von schwachen, hilflosen Menschen geschaffen wird, die keine Entscheidungen treffen oder für sich selbst sorgen können? Sind das nicht hervorragende Kandidaten dafür, sich dem Diktat einer höheren Ordnung zu unterwerfen? Muß man nicht befürchten, daß sie sich in ihrem hilflosen Zustand blind irgendeinem spirituellen oder politischen Mandat unterordnen oder im Gleichschritt hinter irgendeinem diktatorischen Führer her marschieren?«

Wie wir gesehen haben, geht es bei den ersten drei der Zwölf Schritte darum, die eigene Machtlosigkeit über unsere Sucht und unser Leben einzugestehen und unser Leben in die Hände einer Höheren Macht zu legen. Ich habe einen genesenden Drogensüchtigen einmal sagen hören: »Ich bin mein ganzes Leben lang gelehrt worden, daß ich als Mann stark sein und mein Leben unter Kontrolle haben müßte. Genau das habe ich vierundvierzig Jahre lang versucht, und nun sagt mir dieses Programm, ich solle *machtlos* werden?«

Die Ironie liegt darin, daß das kleine Selbst oder Ich, wenn es beiseite tritt, dem tieferen SELBST Raum verschafft, zum Ausdruck zu kommen. Dieses göttliche Reservoir in uns ist buchstäblich unsere Höhere *Macht*, jene endlose, schöpferische und gütige Kraft, die mächtiger ist als unsere individuelle Stärke. Wenn wir den festen Zugriff auf unsere begrenzte Selbstdefinition lockern, zapfen wir die Reserven einer größeren an. Wir entdecken, daß wir letzten Endes nicht die Kontrolle über unser Leben haben Wer weiß schon, was ihn hinter der nächsten

Biegung erwartet? Wenn wir uns einer höheren Ordnung unterwerfen, dann ist das keine äußere.

Angespornt von der Führung, der Vitalität und der Weisheit des tieferen SELBST werden wir effektiver, leben einen Tag nach dem anderen, tun das, was jeweils vor uns liegt. Wir lernen, das hinzunehmen, was wir nicht ändern können, entdecken den Mut, das zu ändern, was wir ändern können, und entwickeln die Weisheit, das eine vom anderen zu unterscheiden. Während wir unsere Wahl treffen und die Entscheidungen in unserem Leben fällen, lernen wir, die Höhere Macht in uns anzurufen und einzusetzen, uns von ihr stärken und leiten zu lassen. Mutter Teresa beschreibt sich selbst als »einen Bleistift in der Hand Gottes, der einen Liebesbrief an die Welt schreibt«. Ihr Leben ist wirkungsvoll und kraftvoll, sie ist kein Schwächling. Und doch verkörpert sie den Zustand der Ergebenheit, der viel machtvoller ist als die scheinbare Stärke eines kontrollierenden Ichs.

Viele Leute werden von der Vorstellung verwirrt, *spirituelles Leben sei etwas anderes als das tägliche Leben oder laufe davon getrennt* oder *bei Spiritualität gehe es darum, »high« zu werden.* Manche betrachten das weltliche Dasein als zweitrangig, niedriger, oder als etwas, wovor es zu fliehen gilt. Da ist einerseits die spirituelle oder religiöse Praxis und dann andererseits der Rest des Lebens. Manche Menschen gehen in ihre Meditationsgruppen, Kirchen und Tempel, Workshops oder Zwölf-Schritte-Versammlungen mit der Vorstellung, daß sie spirituell sein werden, wenn sie genau das tun; sie sehen darin eine Art Heiligkeits-Versicherung. Und dann gehen sie nach Hause und schlagen die Kinder zusammen.

Manche lassen regelmäßig Freunde oder Familie im Stich, um zu religiösen Treffen oder Zwölf-Schritte-Versammlungen zu gehen. Diese Zusammenkünfte werden zum Mittelpunkt ihres Lebens, andere Menschen oder Aktivitäten bleiben außen vor. Aber sie verfangen sich so in ihren stürmischen Bemühungen, daß sie das, was sie lernen, nicht in ihre täglichen Interaktionen einbringen können. Diese sehr eingleisige Hingabe macht für manche Menschen in den frühen Stadien der Genesung allerdings noch Sinn; ihr Genesungsprogramm ist ihr Rettungsring, und an den klammern sie sich verzweifelt, weil sie Angst haben, wieder ihrer Sucht zu verfallen. Nach einer Weile laufen sie jedoch Gefahr, jedes Werkzeug der Selbsterforschung, einschließlich der Zwölf Schritte, als Flucht aus der Routine des Alltags zu nutzen. Dann gibt es auch diejenigen, die die spirituelle Praxis mit der Illusion aufnehmen, sie handle nur von Liebe und Licht und großen Höhen, die vom Rest des Lebens getrennt sind. Oft sind sie ausschließlich auf die positiven Bestandteile der menschlichen Erfahrung ausgerichtet und idealisieren diese, während sie die dunkleren und schwierigeren ignorieren oder leugnen. Ich habe schon mehrere sehr zornige Yogis getroffen, die sich alles so eingerichtet haben, daß sie sich selbst und der Welt erzählen können, sie seien zutiefst mystisch. Sie arbeiten daran, sich davon abzuhalten, sich irgend etwas anzuschauen, das sie an ihr eigenes Unbehagen oder ihre Negativität erinnert. Und während sie das tun, verleugnen sie automatisch einen großen Teil der Schöpfung.

Manche Menschen behandeln das spirituelle Leben als einen sehr vom Verstand gesteuerten Prozeß. Durch religiöse Studien, umfassendes Lesen oder Reisen häufen sie ein genaues und höchst anspruchsvolles Wissen um verschiedene Systeme und ihre Ziele an. Mit dem Kopf verstehen sie oft komplexe historische und theologische Konzepte, aber ihre Herzen sind relativ unterentwickelt. Andere sammeln verschiedenartige Erfahrungen, je ausgefallener, desto besser. Sie hüpfen von einer Technik zur nächsten, naschen von dem reichhaltigen Buffet der verfügbaren Ansätze und bleiben nie lange genug bei einem, um ihn wirklich zu verdauen. Diese spirituellen Feinschmecker sind daher unfähig, die Lehren, die sie geschmeckt haben, in ihrem Leben umzusetzen.

Wenn wir spirituell reif sind, wird alles, was wir tun, zu einem Teil des Pfades. Wir sind nicht nur heilig, wenn wir uns mit einer anerkannten spirituellen Praxis beschäftigen, sondern auch, wenn wir zu Hause oder bei der Arbeit Mitgefühl und Güte zeigen. Jack Kornfield hat das so formuliert: »Wenn du etwas über einen Zen-Meister wissen willst, dann frage einfach seine Frau.« Was geschieht hinter den Kulissen?

Außerdem können wir *den Pfad oder die spirituelle Praxis mit dem Ziel verwechseln.* Wir halten die Werkzeuge für das Ergebnis, die Landkarte für das Territorium. Manche Leute haben vielleicht das Gefühl, daß sie angekommen sind, wenn sie meditieren, beten, genau den Zwölf Schritten folgen oder die Bibel oder das große Buch der

Anonymen Alkoholiker in- und auswendig kennen. Sie klammern sich, oft um den Preis einer echten Erfahrung des tieferen SELBST, an Vehikel, die nur als Instrumente dafür entworfen sind, Suchenden beim Auffinden ihrer spirituellen Identität zu helfen. Wie der Anthropologe Gregory Bateson meinte, äße manch einer die Speisekarte statt des Mahles.

Hiermit verwandt ist eine gewisse zielorientierte Einstellung, die viele von uns aus unserer materialistischen kulturellen Prägung heraus ins spirituelle Leben hineintragen. Wir wollen nicht nur auf den Gipfel gelangen, wir wollen es *jetzt*. Auf unserer Suche nach sofortiger Belohnung erwarten wir die Erleuchtung über Nacht, wie per Luftpost-Eilbrief. Dummerweise funktioniert der Pfad der Selbstentdeckung nicht so. Unsere spirituelle Reise erfordert Geduld, Mut und die Bereitschaft, einen Fuß vor den anderen zu setzen. Nach einer Weile gelangen wir vielleicht zu der Einsicht, daß man nirgendwo hin und nichts tun muß. Wir erkennen, daß wir zwar versuchen, uns auf unsere Quelle zuzubewegen, daß diese aber bereits in ihrer ganzen Fülle und Leuchtkraft existiert. Das ist ein weiteres Paradox, eines von vielen: Wir arbeiten sorgfältig an uns selbst, wissen aber zugleich, daß alles jetzt schon da ist.

Viele Menschen verwirrt auch die *Frage des Loslösens*. Wenn wir unsere Süchte und Verhaftungen anerkennen und sie dann so eindeutig, wie es uns möglich ist, loslassen, lernen wir, wie wir uns lösen können. Sich zu ergeben bringt es mit sich, sich zu lösen. Manch einer denkt, dies hieße, wir müßten den Objekten unserer Verhaftung den Rücken zukehren und sie hinter uns lassen. Wenn wir uns einem materialistischen Lebensstil hingegeben haben, haben wir vielleicht das Gefühl, wir müßten unser Haus verkaufen, den einflußreichen Job aufgeben und das gesparte Geld verschenken. Wenn wir uns jahrelang an unseren Partner geklammert und in ihm die Höhere Macht in unserem Leben gesehen haben, meinen wir vielleicht, Loslösen hieße Scheidung. Vielleicht stimmt das manchmal, aber nicht notwendigerweise immer.

Natürlich müssen Alkoholiker und Drogensüchtige die Flasche und die Spritze ganz loslassen, um zu genesen. Das ist schon wegen ihrer Körperchemie notwendig. Aber viele andere Süchte und Verhaftungen weisen dasselbe Dilemma auf wie das, vor dem jemand mit einer

Eßstörung steht. Ein Zwangsesser oder ein Bulimiker hat eine zwanghafte, abhängige Assoziation mit Essen. Aber er muß Nahrung zu sich nehmen, um am Leben zu bleiben. Er kann es nicht ganz aufgeben. Um von seiner Sucht zu genesen, muß er seine zwanghafte physische, emotionale, mentale und spirituelle *Verhaftung* an Nahrung aufgeben. Er muß seine Beziehung dazu verändern, so wie eine Mutter, die besitzergreifend an ihrer Tochter klammert, den emotionalen Zugriff auf ihr Kind lockern muß. Das heißt nicht notwendigerweise, das Kind oder das Essen nicht zu beachten oder sich davon zu entfernen, sondern sich innerlich davon zu lösen.

Unglückseligerweise agieren manche Menschen in ihrer Verwirrung den Impuls aus, sich vollkommen aus einem ungesunden oder gestörten Umfeld zu lösen. Eine junge Frau, die durch ihre gewohnheitsmäßige Abhängigkeit von ihrem Ehemann ihre eigene Identität verloren hat, erkennt plötzlich, daß sie ihm hoffnungslos verhaftet ist. In dem ersten Wirrwarr ihrer Erkenntnis geht sie vielleicht davon aus, sie müsse die Ehe beenden, um ihre Situation zu verändern, obwohl sie ihren Mann liebt. Oder eine Geschäftsfrau merkt, daß ihre pausenlose Arbeitssucht zu häufigen Depressionen und andauerndem Streß geführt hat. Sie befürchtet, ein gesünderes Leben würde bedeuten, ihre schöpferische und wirksame Arbeit aufgeben zu müssen.

Vielleicht *ist* in einigen Fällen wirklich ein richtiges körperliches Loslösen notwendig, aber wir können die Natur unserer Beziehung zu der Quelle vieler Süchte und Verhaftungen verändern und dabei deren gesunde, positive Eigenschaften bewahren oder herausstreichen. Die ursprüngliche Situation, die Ehe oder der Job, bleiben intakt. Nun, da wir uns nicht mehr daran festhängen, können wir uns entspannen und die Liebe, den Enthusiasmus und die innere Kraft spüren, die wir durch unser Klammern verdeckt hatten.

Außerdem können wir *Sucht und Verhaftet-Sein verwechseln*. Stanton Peele schrieb in seinem Buch *The Diseasing of America*: »Alles kann eine Sucht sein. Diese bemerkenswerte Wahrheit… hat uns als Gesellschaft so überwältigt, daß wir völlig aus dem Häuschen geraten sind … Aus dieser Perspektive kann man sagen, daß fast jeder Amerikaner eine Sucht hat.« Peele weist damit auf ein ganz entscheidendes Problem hin. Ich würde es so formulieren: *Alles birgt das Potential, zu einer Sucht zu werden.* Das enorm gestiegene Interesse an Sucht und

Genesung in den USA heißt, daß wir das Leiden in unserem Leben und die Süchte und Verhaftungen, die dahinter stecken, anzusprechen beginnen. Jeder Amerikaner hat sehr wohl Verhaftungen. Jeder Mensch, gleich welchen nationalen, rassischen oder religiösen Ursprungs, ringt mit Verhaftungen.

Probleme entstehen, wenn wir unsere Verhaftungen für unsere Süchte halten. Das geschieht leicht. Wo läuft die oft sehr feine Linie zwischen einer Sucht, einer Verhaftung und einer Quelle des Vergnügens? In unserer Verwirrung sehen manche von uns ihr Leben durch einen Filter von Sucht, Gestörtsein oder Krankheit. Das fällt denjenigen besonders leicht, die ein schweres Bündel an Scham mit sich herumschleppen.

Während der ersten Zeit meiner Genesung begann ich, jeden meiner Schritte in Frage zu stellen. Meine Überlegungen lauteten etwa so: »Ich bin Alkoholikerin, daran gibt es nichts zu zweifeln. Außerdem habe ich einige recht ernsthafte Co-Abhängigkeiten zu behandeln. Wenn ich mich unwohl fühle oder ruhelos bin, kommt es vor, daß ich einen Keks, einen Einkaufsbummel oder einen Tanzkurs nutze, um mich zu befriedigen oder dem Schmerz zu entfliehen. Heißt das, daß ich freßsüchtig, einkaufssüchtig oder ein Tanzjunkie bin?« Ich schloß daraus: »Ich muß ganz allgemein süchtig sein. Gib mir irgendwas, und ich werde süchtig danach.« Bald konstruierte ich im Geiste lange Listen meiner tausendfachen Süchte. Das war kein schönes Bild. Ich fühlte mich ziemlich elend.

Diese Identifikation meiner selbst als ein Geschöpf der Sucht, bis ins tiefste Innere gestört, paßte zu meinem bereits reichlich niedergeschlagenen Selbstwertgefühl. Ich hatte die perfekte Entschuldigung, um mich selbst fertigzumachen, was ich sehr gut konnte. »Ich bin eine schreckliche Person, denn ich möchte nach dem Essen immer etwas Süßes. Ich bin süchtig nach Süßigkeiten.« Aber als meine Genesung voranging, begann ich meine Einstellung zu ändern: »Ja, ich bin ganz allgemein süchtig, aber einige meiner Süchte werden mich schneller umbringen als andere, also werde ich mich zunächst auf die schwerwiegendsten konzentrieren.«

Rätsel gab mir die Tatsache auf, daß nicht alle meine »Süchte« die hilflose, unkontrollierbare, fortschreitende und zerstörerische Natur des Alkoholismus aufwiesen, der beinahe mein Leben zerstört hatte. Die Substanzen, Beziehungen oder Aktivitäten, die ich als Süchte bezeichnete, hatten unterschiedlich viel Macht über mich. Außerdem paßte das Selbstbild einer kranken Allgemeinsüchtigen nicht zu dem gesunden inneren Kern, den ich zu entdecken begann. Als ich über die Beziehung zwischen Sucht und Verhaftet-Sein nachzudenken begann, wurde mir einiges klar.

Ich weiß, daß ich mich in der Tat ernsthaften, lebensbedrohlichen Süchten unterworfen hatte. Süchte waren sie deswegen, weil sie von ihrer Natur her fortschreitend waren, zwanghaftes, selbstzerstörerisches Verhalten mit sich brachten und mich vollkommen aller Kontrolle beraubten. Als normaler Mensch ringe ich auch mit meinen Verhaftungen, die in meinem Leben zu unterschiedlich ausgeprägtem Unwohlsein oder Leiden führen. Zusätzlich treibt mich ein tiefes Bedürfnis nach Ganzheit an. Wenn es sich rührt, signalisiert es mir, daß ich nicht in Verbindung mit meinem tieferen SELBST stehe. Wenn dieses Sehnen ungemütlich und offensichtlich wird, läßt diese Unterströmung mich wissen, daß ich mich um bewußten Kontakt zu meiner Höheren Macht bemühen muß. Dadurch, daß ich all das unter dem Begriff »Krankheit« faßte, entwürdigte ich es.

Eine Frage, die häufig bei Menschen auftaucht, die an ihren Problemen mit Co-Abhängigkeit arbeiten, lautet: Wie kann ich zwischen einem Akt des Mitgefühls und einem der Co-Abhängigkeit unterscheiden? Wenn ich jemandem helfe, weil ich ihm in seiner Not beistehen will, gebe ich mich dann in Wirklichkeit selbst auf oder versuche, das Leben des anderen zu kontrollieren? Letzten Endes hat jeder selbst die Antworten auf diese Fragen. Was gibt ihnen eine solche Handlungsweise? Was bleibt ihnen daraus: die vorübergehende Befriedigung, die daraus erwächst, sich selbst bewiesen oder die Anerkennung eines anderen gewonnen zu haben, oder das echte Gefühl von Liebe und Erfüllung, das mit mitfühlendem, selbstlosen Handeln einhergeht?

Ich möchte mit dieser Erörterung keineswegs die schwerwiegende Bedeutung der Sucht in dieser Welt mindern. Ich weiß schließlich aus eigener Erfahrung, wie stark und zerstörerisch eine echte Sucht sein kann. Es steht außer Frage, daß Millionen von Menschen unter schweren und gefährlichen Süchten leiden. Aber ich habe auch gesehen, wieviel unnötiger Schmerz, Schuld und Scham diejenigen drücken, die selbst jede ihrer Bewegungen als potentiell süchtig einstufen. Mit einem besseren Verständnis des Verlaufs von Sucht und Verhaftung, können wir bei unserer fortgesetzten Suche nach Freiheit von Sucht, Verhaftet-Sein und dem daraus entstehenden Leid, freundlicher umgehen.

Die Fallgruben auf dem Pfad

Die Fallgruben auf dem spirituellen Pfad sind die oft versteckten Schwierigkeiten und Schlingen auf dem Weg. Ich mag das Bild, das dieses Wort *Fallgrube* hervorruft: Ein leicht getarntes Loch in der Erde, das Jäger verwenden, um Tiere zu fangen, oder das eine Armee gräbt, um den Gegner auf diese Weise außer Gefecht zu setzen. Auf der spirituellen Reise stolpern wir in viele Fallgruben, und der Feind sind meist wir selbst. Während sich unser Ich weiterhin in der spirituellen Arena bemüht, rechtfertigen wir noch bestehende Persönlichkeitsprobleme oder agieren sie aus und sind dadurch eine Weile gefesselt. Was sind diese Fallgruben, vor denen so viele von uns stehen? Die erste Fallgrube ist die, *Spiritualität als Teil der Verleugnung zu nutzen.* Manchmal lassen wir uns auf destruktives oder selbstzerstörerisches Verhalten ein und entschuldigen es dann mit einem Hinweis auf unsere religiösen und spirituellen Bestrebungen und Interessen. Wir mögen in früheren Jahren echte, bedeutungsvolle Begegnungen mit unserer Höheren Macht genossen haben. Aber wenn sich unsere Süchte entwickeln, hindert unsere Selbst-Identifikation als »religiöser Mensch« die ehrliche Anerkennung unseres Problems: »Mein spirituelles Erwachen fand schon viele Jahre vor dem Beginn meiner Alkoholsucht statt. Also erzählte ich mir, während ich am Alkoholismus zugrunde ging, ich sei ein spiritueller Mensch. Ich ging regelmäßig zur Kirche, sang die Lieder und sprach die Gebete. Daher konnte ich kein gemeiner Alkoholiker sein.«
Menschen, die nach psychedelischen Drogen süchtig sind, stolpern häufig in diese Fallgrube. Die Substanzen können ursprünglich mystische Einsichten ermöglicht haben, aber in ihrem Wunsch, diese ersten Erfahrungen zu wiederholen und ihr Erforschen anderer Reiche weiterzutreiben, setzen die Anwender sie so häufig und zwanghaft ein, daß sich ihr Verhalten nicht von dem anderer Süchtiger unterscheidet. Schließlich sind ihre Beziehungen bedroht, ihr Leben beginnt ausein-

anderzufallen, und ihre Gesundheit leidet. Dennoch bleiben sie davon überzeugt, daß sie an folgenreicher kosmischer Arbeit beteiligt sind, die wichtiger ist als alltägliche Belange.

Sucht ist ein Zustand, der sich vor dem Süchtigen verbirgt, und diese Form der Verleugnung unter dem Vorwand von Spiritualität oder Religion ist besonders verführerisch und raffiniert. Wir schaffen Deckmäntel, scheinbar heilige Masken, die uns als ergebene Sucher ausweisen. Hinter unseren Verkleidungen agieren wir unsere Süchte und Verhaftungen aus und überzeugen uns dabei selbst, wir seien auf dem Weg zur Erleuchtung. In den Mantel unserer vorgeblichen Heiligkeit gehüllt werden wir sicher, daß wir einem höchst schöpferischen Unterfangen nachgehen, während wir in Wirklichkeit uns selbst und anderen schaden. Wenn wir dann in die Genesung kommen oder echte spirituelle Übungen aufnehmen, erkennen wir, daß unsere List nur dazu beigetragen hat, uns von echtem Kontakt zum Göttlichen in uns abzuhalten.

Eine zweite Fallgrube ist dieser ersten verwandt: *Spiritualität benutzen, um der Wirklichkeit des Alltags oder grundlegenden Lebensfragen auszuweichen.* Wir möchten uns zugunsten von sogenannten höheren, exotischeren Reichen von dem entfernen, was wir die weltliche Ebene des gewöhnlichen Daseins nennen. Wir meditieren, führen Zeremonien durch, beten oder beschäftigen uns mit anderen heiligen Aktivitäten, um unsere Emotionen zu transzendieren. In den sechziger und siebziger Jahren nannte man solche Leute »kosmische Kohlköpfe« oder »Ekstasedümpler«. Wir haben die Füße fest in der Luft verankert und entfliehen dem Schmerz der Alltagswirklichkeit, indem wir uns in den Trost unserer spirituellen Persönlichkeiten zurückziehen.

Viele von denen, die dem Impuls folgen, den Anforderungen des Alltags zu entfliehen, sind dünnhäutig und offenherzig. Vielleicht haben sie unter Mißbrauch gelitten und können seither das Leid in der Welt einfach nicht ertragen. Vielleicht haben sie als Kinder gelernt zu dissoziieren und fühlen sich später zu spirituellen, religiösen oder New-Age-Techniken und Gruppen hingezogen, die sich auf das Licht, auf die positiven und transzendenten Wirklichkeiten ausrichten. Dort pflegen sie bequeme und beständige Wege, Schwierigkeiten zu leugnen oder ihnen zu widerstehen, und werden dabei von einer größeren Gemeinschaft von Menschen unterstützt, die dasselbe treiben.

Selbst wenn so jemand in eine Therapie geht, fällt es ihm meist leichter, mit mythologischen Dämonen oder Peinigern aus früheren Leben zu ringen, als seinen gut geschützten Zorn gegenüber mißbrauchenden Eltern oder Geschwistern anzuerkennen und auszudrücken. Sie neigen dazu, den Streß oder die Herausforderungen in ihrem Leben astrologischen Einflüssen oder archetypischen Darlegungen zuzuschreiben, statt Verantwortung für ihre emotionalen oder physischen Ursprünge zu übernehmen. Sie fühlen sich in Beziehung zum Transpersonalen wohler als zum Personalen oder Zwischenmenschlichen.

In diesem Buch haben wir immer wieder die Betonung auf den ganzen Menschen gelegt, der aus dem kleinen Selbst und dem tieferen SELBST besteht. Eines ist nicht mehr oder weniger bedeutend als das andere. Jeder Aspekt dieser komplexen und wundersamen Konstruktion, die wir sind, ist wertvoll, und die ausschließliche Ausrichtung auf einen einzigen Teil kann sehr einengend wirken. Wenn wir uns nur auf unsere stoffliche ich-gebundene Identität konzentrieren, wird der Zugang zu unserem spirituellen und schöpferischen Potential begrenzt. Andererseits können transpersonale und spirituelle Bestrebungen als bequeme Möglichkeiten dienen, individuellen und Beziehungsfragen auszuweichen. Wir finden Harmonie und Ausgewogenheit, wenn wir fähig sind, alle Facetten unseres Seins zu erkennen, zu erforschen, anzunehmen und zu integrieren. Unser Leben mag von noch so vielen ekstatischen Erfahrungen gewürzt sein, aber wir werden nie die Vorteile spiritueller Reife erlangen, wenn wir nicht bereit sind, uns mit persönlichen Fragen auseinanderzusetzen.

Wir können auch in die Fallgrube des *religiösen oder spirituellen Perfektionismus* laufen. Viele von uns beginnen ihr spirituelles Leben als Perfektionisten und versuchen, sogar dem Weg einwandfrei zu folgen. Manche von uns entwickeln eine Co-Abhängigkeit von Gott: Für Gott sind wir brave Mädchen und Jungen, vorbildliche Kirchgänger oder perfekte Ergebene. Unser ungebremstes Verlangen nach unserem heiligen Ideal produziert nur unnötigen Streß und Frustration. Die Zwölf-Schritte-Programme legen mehr Wert auf »spirituellen Fortschritt als auf spirituelle Vollkommenheit«, auf eine tägliche und fortlaufende Praxis, die nicht unter der Belastung steht, sie perfekt zu beherrschen.

Gleichgültigkeit kann sich in der Maske von Gelassenheit oder An-

nahme präsentieren. Wenn wir gleichgültig sind, sind wir unnahbar und nicht betroffen, unfähig, unser Interesse an anderen oder unser Mitgefühl für sie auszudrücken. Wir halten gefühlsmäßige Distanz zu den Schwankungen in unserem Leben, unseren eigenen Bedürfnissen und denen der Menschen in unserer Umgebung. Wir bleiben unverbindlich und und brauchen deswegen nicht die Verantwortung für die Erfahrung zu übernehmen, in der Gegenwart zu sein, für Leid und Freude offen zu sein. Wir müssen weder unsere Gefühle noch unseren Schmerz spüren. Nichts erreicht uns. Innerhalb eines spirituellen oder religiösen Kontextes überzeugen wir uns vielleicht davon, daß wir Frieden, Ruhe und Annahme demonstrieren, wenn wir doch nur gleichgültig sind. Dadurch, daß wir uns nicht einlassen, scheinen wir alles zuzulassen, was ist. Aber diese Haltung ist eine Falle. Wirkliche Freiheit inmitten unseres menschlichen Dramas erfordert vollständiges Einlassen, die Bereitschaft, sich zu ergeben, und die ehrliche Annahme der Wahrheit der Realität einschließlich unserer unmittelbaren Erfahrung.

Wir können *Spiritualität als Mittel verwenden, unsere Scham oder Schuld auszuagieren.* Auf den ersten Blick mag Scham so aussehen wie Bescheidenheit. Bescheidenheit ist das Gegenteil von Stolz; ein wahrhaft bescheidener Mensch verkörpert einen bestimmten Grad der Selbst-Annahme ohne Arroganz. Ein Individuum, das sich bereits zutiefst brüchig fühlt, kann leicht in eine scheinbar bescheidene Rolle hineinschlüpfen. Vielleicht wird er zum »Märtyrer«: Er verzichtet, wird im Namen der Religion unterwürfig oder gibt anderen den Vorrang und opfert sich in diesem Prozeß selbst. Er gibt sein Geld oder seinen Besitz weg, läßt andere wichtige Stellungen einnehmen oder hilft denen, die in Not sind und scheint dabei die ganze Zeit Bescheidenheit auszustrahlen. In Wirklichkeit hat er das Gefühl, er habe nichts Besseres verdient. Das führt dazu, daß er oft nicht angemessen für sich selber sorgt. Und dennoch ist er vielleicht insgeheim stolz darauf, daß er so bescheiden ist.

Wenn er auf eine positive Erfahrung stößt oder ein Kompliment bekommt, kann der »Bescheidene« sie nicht aufnehmen. Das läßt seine Scham nicht zu. Er hat nicht das Gefühl, irgend etwas Lohnendes verdient zu haben. Er ist so mit seinem Drama, den Härten und dem Leiden identifiziert, daß er Angst hat, davon zu weit abzukommen, gar in Richtung Freude und Glück zu schweifen. Ich habe im Rahmen der Holotropen Atemarbeit viele Menschen gesehen, die eine ganze Sitzung damit verbringen können, darauf zu warten, daß die »richtige Arbeit« beginnt, obwohl ihr Unbewußtes ihnen eine Erfahrung der Glückseligkeit zu geben versuchte. Ihre mentale Einstellung sagt ihnen, daß sie sich mit schmerzhaftem Material herumschlagen müssen, wenn sie irgend etwas erreichen wollen, und selbst die allertranszendentesten Zustände sind für sie eine Enttäuschung.

Die Menschen, die übertrieben wachsam werden und jede Handlung genau beobachten, sie als Sucht ausmachen und sich maßregeln, habe ich bereits erwähnt. Auch das spiegelt Scham. Die Betroffenen leben bereits in dem Gefühl, ein Fehler zu sein. Sie achten völlig besessen auf ihre Verhaftungen und verurteilen sich selbst dafür, daß sie sie haben, wodurch sie die ohnehin vorhandene Selbstverachtung bestätigen und vertiefen.

Auch Selbstgeißelung kann sich als Perfektionismus äußern. Wenn wir bereits ein Bündel Schuld mit uns herumschleppen, können wir uns sagen, daß wir unser spirituelles Leben trotz größten Bemühens immer falsch leben. »Wenn mir die Übungen oder mein Verhalten nicht perfekt gelingen, bin ich ein schlechter Mensch.« Wir machen die Zwölf Schritte falsch; fast jeder andere im Programm macht sie richtig. Unsere Freunde drücken sich korrekt aus, sprechen bei den Versammlungen, führen eine richtige Beziehung mit ihren Sponsoren, und wir nicht. Sie wissen, wie man anderen hilft, und wir fühlen uns selbstsüchtig. Ihr Leben funktioniert gut, und unseres ist ein Schlachtfeld.

Mentale und emotionale Schuldtrips kann es überall geben, und religiöse oder spirituelle Rahmenbedingungen bilden da keine Ausnahme. Die anderen in der Kirche, Synagoge oder spirituellen Gemeinschaft beten inbrünstiger, singen klarer und nehmen ernsthafter an den Ritualen teil als wir. Die anderen Meditierenden im Ashram oder Zendo machen die Übungen regelmäßiger und haben eine engere Beziehung zum Lehrer als wir. Sie sind Kandidaten für die Heiligsprechung; wir sind Sünder. Wieder verpassen wir durch unsere Schamgefühle die Tatsache, daß schließlich jede und jeder von uns einzigartig ist und deswegen auch unterschiedliche spirituelle Bedürfnisse und Ausdrucksweisen hat. Wir ignorieren die Tatsache, daß jeder Mensch eine eigene Beziehung zu Gott (wie wir ihn verstehen) hat.

Die Fallgrube von *spirituellem Ehrgeiz und Konkurrenzdenken* säumt den Pfad in regelmäßigen Abständen. Der dauernde Vergleich mit anderen kann aus Schuld und Scham erwachsen und zu einem Gefühl von Wettbewerb führen. Neben uns macht jemand die Erfahrung, die wir suchen: »Wenn er die ganze Messe lang knien kann, kann ich das auch.« »Wenn die da eine Stunde bewegungslos auf ihrem Meditationskissen sitzen kann, dann kann ich es zwei Stunden.« Und wir können mit uns selbst wetteifern: »Wenn ich meiner Übung mehr Zeit widme, werde ich schneller erleuchtet werden.« – »Wenn ich doppelt so viele ›Gegrüßet seist Du Maria‹ sage, werde ich noch reiner werden.« – »Wenn ich morgens bete, öfter mit meinem Sponsor spreche und bei den Treffen mehr sage, dann werde ich *richtige* Genesungsarbeit leisten.«

Spiritueller Ehrgeiz erwächst aus unseren ich-bezogenen Erwartungen an den Pfad der Selbsterforschung, vermengt mit einem zielorientierten Gefühl von Dringlichkeit und unserer Suchthaltung von »mehr ist besser«. Mit Feuereifer machen wir uns daran, ein spirituelles Erwachen zu erlangen, erleuchtet zu werden oder Gelassenheit zu erreichen. Wir werden so versessen auf unser Ziel, daß wir uns selbst davon abhalten, ihm näher zu kommen. Wir sind so ernsthaft auf die Zukunft fixiert, daß wir die Möglichkeiten der Gegenwart übersehen. Ironischerweise beginnt sich uns der Weg zu unserem Ziel dann zu öffnen, wenn wir den Versuch aufgeben, den Verlauf unserer Reise zu kontrollieren. Unser denkender Geist und unser Ich hatten uns ausgebremst.

Etwas, das ich an den Zwölf-Schritte-Programmen sehr schätze, ist die Tatsache, daß sie diese Art von Wettbewerbsdenken und spirituellem Ehrgeiz aktiv ablehnen. Auch wenn spirituelle Konkurrenz in diesen Gemeinschaften, wie auf jedem Pfad, unvermeidlich sind, bleibt die Betonung doch auf der Fähigkeit jedes Individuums, seinen oder ihren eigenen Teilnahmestil am Programm zu entdecken. Sätze wie »Ein Tag nach dem anderen« oder »Immer langsam voran« erinnern alle daran, mit sich selbst sanft umzugehen und die eigenen zeitlichen und sonstigen Bedürfnisse zu respektieren.

Wer zu *Verantwortungslosigkeit oder Zaudern* neigt, könnte beschließen, daß sich Gott um alles kümmern wird, er selbst sich also zurücklehnen und entspannen kann. Vielleicht hat er die Einsicht gehabt, daß irgendeine göttliche Macht am Ruder ist und er daher in Gottes Hand ruht. Entsprechend richtet er dann sein Leben ein, schwört der persönlichen Verantwortung ab und delegiert alles an eine vage Höhere Macht. Zwanzig Jahre später wacht er dann möglicherweise auf und stellt fest, daß viele seiner Lebensträume nicht wahr geworden sind. Plötzlich erkennt er, daß er zwar vielleicht keine Kontrolle über die göttliche Ordnung hat, daß er aber dennoch seine Möglichkeit ausschöpfen muß, individuelle Entscheidungen zu treffen. Er muß eine Arbeit finden, einen Platz suchen, der ihm ein Zuhause sein kann, und in seinem Leben die Initiative ergreifen.

Wir können *in der spirituellen Welt auch auf Co-Abhängigkeit* treffen. Eine Gruppe von führenden Experten hat bei dem ersten nationalen amerikanischen Symposium über Co-Abhängigkeit 1989 folgende Definition geprägt: Co-Abhängigkeit ist »ein Muster von schmerzhafter Abhängigkeit von zwanghaftem Verhalten und Anerkennung von anderen in dem Versuch, Sicherheit, Selbstwert und Identität zu finden. Genesung ist möglich.« Zu den Erscheinungen von Co-Abhängigkeit gehören unter anderem: Sich für die Bedürfnisse und das Wohlbefinden anderer verantwortlich zu fühlen, für sie zu sorgen, niedrige Selbsteinschätzung, Verleugnung, Abhängigkeit, erhöhter Kontrollbedarf und Versuche, diesen auch bei anderen zur Anwendung zu bringen. Wenn wir diese Charakteristika genauer betrachten, stellen wir fest, daß viele Fallgruben auf dem spirituellen Pfad mit Co-Abhängigkeit zu tun haben. Lassen Sie uns ein paar von ihnen unter die Lupe nehmen.

Eine Form spiritueller Co-Abhängigkeit ist militanter Altruismus. Militante Altruisten sind Menschen, die mit Gewalt in das Leben eines anderen eindringen, um zu helfen, auch wenn sie keiner darum gebeten hat, ohne Rücksicht auf die Wünsche des anderen. Dieses »Helfen« ist etwas anderes als die mitfühlende Reaktion, selbstlos jemandem in Not die Hand zu reichen. Militante Altruisten reagieren auf die Bedürfnisse anderer, um ihre eigenen Bedürfnisse zu erfüllen. Sie sind oft kontrollierend und manipulativ, engagieren sich, um sich selbst zu beweisen oder Liebe und Anerkennung zu gewinnen.

Dem militanten Altruismus verwandt ist die Praxis, anderen zu dienen, um dem eigenen Schmerz aus dem Wege zu gehen. Wir hoffen, unser eigenes Leiden dadurch zu reduzieren, daß wir das anderer mindern.

Wenn wir uns auf die Kranken der Welt konzentrieren oder ausgefeilte Pläne entwerfen, andere zu retten, müssen wir unseren eigenen Kummer nicht spüren. Wir richten uns oft auf fremdes Elend oder Menschen aus, die noch mehr Schmerz zu ertragen scheinen müssen als wir. So werten wir unsere eigenen Qualen ab und vermeiden es, sie ernst zu nehmen. Wir denken etwa:»Meine Probleme sind wirklich nichts im Vergleich zu denen meiner Nachbarin Maria; was habe ich mich groß zu beschweren, wo doch so viele Menschen in der Welt verhungern, ganze Völker unter Kriegen leiden und es immer noch religiöse Märtyrer gibt.« Und so weiter. Vielleicht sind diese Beobachtungen sogar nach irgendeinem äußeren Maßstab wahr. Aber die Erfahrung eines jeden Menschen hat einen eigenen Wert und ein eigenes Gewicht, und das Bewußtsein für das Schicksal anderer braucht nicht das für unser eigenes zu verringern.

Das Bedürfnis zu manipulieren findet man in religiösen und spirituellen Kreisen immer wieder, bei auf ihren Vorteil bedachten Priestern wie bei verschiedenen Gurus. Es gibt Menschen in einer Machtposition, die im wesentlichen sagen:»Ich bin ein Repräsentant Gottes, und ich kann dein Leben steuern.« Diese Form von Zwang kann auch im Rahmen einer Therapie auftreten, wenn ein ethisch unsolider Therapeut die Rolle des Experten annimmt, der auf alles und jedes Antworten hat. Manipulative Lehrer und Therapeuten wirken wie Magneten auf Bedürftige. Sie spielen mit ihren unerfüllten Sehnsüchten sowie mit den Gefühlen von Scham, Schuld und Angst. Oft mißbrauchen sie Menschen, die ihnen vertrauen, beuten sie finanziell, sexuell, emotional und spirituell aus. Außerdem helfen sie, religiöse oder therapeutische Abhängigkeit zu schaffen. Jeder gute spirituelle Lehrer wird nur als Führer dienen, der uns immer auf uns selbst verweist, uns wieder und wieder auf unsere eigenen Ressourcen zurückwirft.

Wenn jemand seine eigenen Antworten gefunden hat und sie dann auf andere übertragen will, dann ist das genau dieses Bedürfnis zu manipulieren. Ich erinnere mich an Martha, eine Alkoholikerin, die sich um Genesung bemühte, aber schon einige Rückfälle erlitten hatte. Norbert, ihr Mann, war früher auch Alkoholiker, war aber nun schon seit einigen Jahren trocken. Er arbeitete als Therapeut und war zu einer bedeutenden Figur in seinen Genesungsgruppen geworden. Als seine Frau einmal mehr in ihr Trinkermuster verfiel, nahm Norbert eine überle-

gene Haltung ein und zeigte wenig Mitgefühl. Er sagte:»Es ist Gottes
Wille, daß es dir schlechtgeht.« Als ob er über spezielle Informationen
verfüge, die sie erst noch zu entdecken habe, fügte er hinzu:»Dies ist
eine Lektion, die du lernen mußt.« Martha fühlte sich in ihrer Suchthölle derweil vollkommen von jeder Erfahrung abgeschnitten, die man
als spirituell bezeichnen könnte. Ihre ohnehin stark ausgeprägten
Schamgefühle wuchsen unermeßlich, als sie sagte, sie werde Norberts
Erwartungen nie gerecht werden können. Schließlich fand sie einen
Therapeuten, der ihr half, sich auf sich selbst, ihre eigenen Bedürfnisse
und Schwierigkeiten zu konzentrieren statt auf die Gebote ihres Man-
nes. Nach einiger Zeit wurde sie für eine ganze Weile trocken.

Wie die Manipulation, bilden auch die Fallgruben von *Gier, Selbstsucht, Exklusivität und Intoleranz* schon seit Jahrhunderten wenig edle
Teile der Religionsgeschichte und des spirituellen Lebens. Es gibt allzu
viele Berichte über einzelne oder ganze Gruppen von Menschen, die
einen religiösen Zusammenhang zu ihrem eigenen Nutzen ausbeuten.
Nationen, die den unwiderlegbaren Gott anbeten, unterwerfen diejenigen, die eine andere Gottheit anbeten, und rauben die Länder und
Reichtümer der Ungläubigen. Könige und Kaiser haben Menschen im
Namen eines bestimmten Gottes gefoltert und getötet, weil diese Feinde einem anderen Glauben anhingen. Einige bekannte amerikanische
Fernsehprediger haben ihr religiöses Charisma dazu eingesetzt, ihren
Anhängern Millionen von Dollar aus den Taschen zu ziehen, mit denen
sie ihren aufwendigen Lebensstil bestreiten. Fundamentalisten verschiedener Religionen betrachten sich selbst als die von Gott Erwählten und verdammen all die, die ihren Glauben nicht teilen.

Die Neigung zu Exklusivität und Intoleranz kann auch in unserem eigenen spirituellen Leben auftauchen, auch wenn wir sie nicht auf einer so
großen Bühne ausagieren. Manchmal geraten wir in Versuchung, Urteile über Menschen zu fällen, die etwas anderes repräsentieren. Diese Tendenzen in uns selbst mögen wir noch so sehr leugnen oder ablehnen,
gelegentlich überkommen uns doch, besonders in den frühen Stadien
des spirituellen Lebens, Intoleranz oder Vorurteile gegenüber anderen.
Wir finden einen Ansatz, der für uns funktioniert, und das führt dazu,
daß sich unser Leben verändert. In unserer Begeisterung für unsere
neue Entdeckung neigen wir dazu, unseren für *den* Weg zu halten und
diejenigen, die ihn nicht teilen, als minderwertig zu sehen. Wir fühlen

uns von jedem System bedroht, das unser eigenes, solides, heiliges Glaubensmodell in Frage stellt. Unsere Praktiken, Überzeugungen oder Weltanschauungen mögen unser Leben gerettet oder große Veränderungen in uns bewirkt haben. Wir wollen nichts hören, was unseren Glauben erschüttern oder untergraben könnte. Diese Haltung von Gier, Selbstsüchtigkeit, Exklusivität und Intoleranz spiegelt den Grad unseres Verhaftet-Seins sowie unsere Angst, das zu verlieren, was wir haben. Wenn wir uns fieberhaft an unseren religiösen oder spirituellen Pfad als den einzigen klammern, sehen wir andere leicht als von uns getrennt oder anders.

Stolpern können wir auch in die Fallgrube des *spirituellen Stolzes*. Der kann sich in Gefühlen manifestieren wie: Da ich einen Guru habe, meditiere und an den Zwölf Schritten arbeite, da ich spirituell korrekte Kleidung trage oder eine spirituelle Sprache spreche, bin ich etwas Besonderes und besser als die anderen.« Oder: »Ich bin wichtig oder sogar außergewöhnlich, da ich eine spirituelle Erfahrung gemacht habe.« Vielleicht sind wir stolz auf unsere heiligen Leistungen stolz darauf, wie liebevoll und mitfühlend wir sind, wieviel wir für andere tun, wie rein oder gelassen wir geworden sind.

Im Extremfall hieße spiritueller Stolz vielleicht: »Ich bin Gott, und du bist es nicht. Ich hab's, und du hast es nicht.« Oder: »Ich hab's, und wenn du mir folgst, wirst du es, anders als die anderen, auch haben.« Die Einsicht, daß wir Gott sind, ist richtig und vernünftig. Die Schlußfolgerung, daß nur wir diese Erfahrung machen konnten, zeugt von einer egozentrischen Haltung gegenüber unserem neuen Bewußtsein. Nach einer Weile können wir sehr wohl zu dem Punkt gelangen, an dem wir erkennen: »Ich bin Gott, und jeder andere ist es auch. Jeder ist etwas Besonderes, und zugleich auch gar nichts Besonderes.«

Eine weitere Fallgrube heißt, *spirituell größenwahnsinnig und messianisch* zu werden. Spiritueller Größenwahn ist etwas anders als »Ich hab den Weg, und du hast ihn nicht«. Nämlich: »Ich habe einen direkten Draht zu Gott. Ich habe den Weg, und meiner ist der einzige Weg.« Eine Gruppe, die einem solchen Glauben folgt, betrachtet sich selbst als »auserwählt«. Sie erstarrt in dem, was der Journalist Daniel Goleman »eine gemeinsame größenwahnsinnige Täuschung, es gebe keinen Weg außer diesem einen« nennt. Und wenn jemand die Gruppe verläßt, wird er oft von den anderen Mitgliedern geächtet.

Diese Form von Größenwahn bekommt dann leicht auch noch einen messianischen Anklang:»Und außerdem sollte jeder über diesen Weg Bescheid wissen. Endlich haben wir die Antwort auf die globale Krise gefunden.« Wenn ein bestimmtes spirituelles oder religiöses System unser Leben entscheidend verbessert hat, fühlen wir uns natürlich versucht, es begeistert auch anderen zu empfehlen. Wenn es für uns funktioniert hat, wird es für sie auch klappen. Speziell solange wir unsere neuen Enthüllungen noch nicht in unsere Seinsweise integriert haben, macht uns das Nachglühen ihrer ersten Einwirkung stolz und erregt. Von diesem erhabenen Ort aus können wir nicht sehen, daß jede und jeder einen eigenen Pfad und jede Reise ihren eigenen Zeitplan hat. In Wirklichkeit können wir nur über unsere eigene Praxis und unsere Beziehung zu Gott berichten; wir vermögen letzten Endes nicht, den Verlauf der spirituellen Entwicklung eines anderen Menschen zu kontrollieren. Vielleicht sind wir damit zufrieden, uns in aller Bescheidenheit still mit unserer eigenen sinnvollen Arbeit zu beschäftigen, ohne allzuviel darüber zu sprechen.

Viele begegnen der Fallgrube, *Spiritualität und ihre Werkzeuge wörtlich zu nehmen oder zu dogmatisieren.* Wir können eine Schrift oder Doktrin als endgültige göttliche Autorität ansehen, ihre Aussagen anbeten und dabei ihre Bedeutung verpassen. Der heilige Paulus schrieb:»Der Buchstabe tötet, aber der Geist macht lebendig.« In unserer Begeisterung nehmen wir vielleicht die Bibel, das Buch der Zwölf Schritte oder eine andere prinzipielle Aussage wörtlich und betrachten seine Bildersprache als Tatsachen. Das ist ein Fehler, der einem leicht unterlaufen kann. Im oft unbeschreibbaren Reich des Spirituellen versucht unser denkender Geist ganz natürlich nach etwas Konkretem und nach Tatsachen zu greifen. Wir suchen in einem Zusammenhang, der so offensichtlich jenseits unserer Kontrolle liegt, nach Erklärungen und Richtungsangaben. Aber wir können uns so darin verfangen, eine Sichtweise zu interpretieren, auswendig zu lernen und zu wiederholen, daß wir uns darin verlieren. Wir sind unfähig, über die Doktrin hinaus das tiefere SELBST zu sehen. Jack Kornfield sagt:»Es ist besser, ein Buddha zu werden als ein Buddhist.« Es ist wertvoller, mit der höheren Macht zu verschmelzen, als sich mit endlosen Diskussionen über sie zu beschäftigen.

Die letzte Fallgrube auf meiner Liste ist die *spirituelle oder religiöse*

Sucht. Wer vollkommen und humorlos von Religion oder Spiritualität besessen ist, der ist süchtig. In seinem Buch *When God Becomes a Drug* erforscht Pater Leo Booth dieses Phänomen auf mutige und sehr einsichtsvolle Weise. Er definiert religiöse Sucht so: »Gott, eine Kirche oder ein Glaubenssystem als Flucht vor der Wirklichkeit nutzen, in dem Versuch, ein Gefühl von Selbstwert oder Wohlbefinden zu finden oder zu stärken. Das heißt, Gott oder Religion wie eine Droge zu verwenden.«

In diesem Zusammenhang ist es, glaube ich, wichtig, zwischen echter Sucht und einer Verhaftung zu unterscheiden. Manche Menschen können ihrem religiösen oder spirituellen System als ganz normales Stadium ihrer Entwicklung verhaftet werden. Der Pfad gibt ihnen so viel, daß sie eine Weile unerträglich begeistert oder hingebungsvoll werden. Wer neu in ein Genesungsprogramm kommt, klammert sich oft aus Angst, wieder in alte Gewohnheiten zurückzufallen, ganz fest an die Zwölf Schritte. Wenn man jedoch Religion oder Spiritualität so zu verwenden beginnt wie ein Süchtiger seine Droge, wenn all die destruktiven und selbstzerstörerischen Verflechtungen einer solchen Verwendung auftreten, dann hat man die Grenze von der Verhaftung zur Sucht überschritten.

Echte religiöse Sucht führt viele der bereits erörterten Fallgruben ins Extrem: Scham und Schuld, Exklusivität und Urteilen, besessenes Klammern an Dogmen oder Lehren, zwanghafte spirituelle Übung, Isolation vom Rest des Lebens, Größenwahn und andere. Unsere Reise hat dann nicht mehr die Form einer gesunden, spirituellen Suche, sondern wird zu einer zunehmend zerstörerischen Sackgasse. Wir leben unser Suchtverhalten aus (wenn eins gut ist, sind zwei besser), verschlingen gierig jede Übung und Lehre in Reichweite. Unsere religiösen Anliegen werden zum exklusiven Brennpunkt unseres Lebens statt zu einem inspirierenden Faden, der sich durch sie hindurchzieht. Wir begehren ebenso entschlossen Erleuchtung oder Erlösung wie ein Trinker seinen Alkohol. Unser Dürsten nach Ganzheit wird zu einem verzerrten, besessenen Beanspruchtsein mit dem *Pfad* zu jener göttlichen Quelle von Ganzheit.

Religiöse oder spirituelle Sucht kann sowohl bei einzelnen wie bei Gruppen auftreten. In den letzten paar Jahrzehnten sind unserer zeitgenössischen Kultur viele altbewährte, heilige Methoden wie die Religionen des Ostens, Schamanismus und mystische Praktiken des Westens zugänglich geworden. Sehr, sehr viele Menschen sind von ihrer stillen Beschäftigung mit diesen Disziplinen tief beeinflußt worden, und ihr Leben hat sich zum Besseren gewandelt. Andere sind diesen neuen Pfaden mit dem in unserer Suchtgesellschaft vorherrschenden zielorientierten spirituellen Materialismus begegnet. Dieser Ansatz hat, zusammen mit der Ichbezogenheit verschiedener spiritueller Führer, zu einem Gruppenverhalten geführt, das dem gestörter Familien ähnelt, und auch ähnlich schmerzhafte Konsequenzen mit sich bringt. Für die Presse waren die Skandale um spirituelle oder religiöse Gruppen ein gefundenes Fressen. Sensationsjournalisten prangerten freizügig Gruppen an, die diese Bezeichnung verdient haben mögen oder auch nicht, sprachen von »Kulten«, was oft auch liebevollen, relativ gesunden spirituellen Gemeinschaften zum Schaden gelangte. Das führte zu stärkerem öffentlichen Mißtrauen und Widerstand gegen alles, was nach unbekannten Gruppenaktivitäten riecht. Das ist, wie wenn man sich die gewalttätigsten Familien im Lande heraussuchen und daraus schlußfolgern würde, alle Familien würden derartigen Mißbrauch betreiben. Trotz der offensichtlichen Rückschläge war der öffentliche Hinweis auf gestörte religiöse oder spirituelle Gemeinschaften, ihre Führer und ihre Aktivitäten sehr nützlich. Diese Berichte haben die Symptome ehrlich herausgestellt und so dazu beigetragen, der Allgemeinheit die Fallgruben deutlicher bewußt zu machen.

In einem Artikel über die Begegnung mit dem Schatten im amerikanischen Buddhismus vergleicht Katy Butler das Verhalten innerhalb einiger spiritueller Gemeinschaften mit den Mustern von »Verleugnung, Scham, Geheimhaltung und Feindlichkeit, die einen an Alkoholiker- und Inzestfamilien erinnern. Sie erwähnt ihre frühere Mitgliedschaft in einem Zen-Zentrum, in dem ein Lehrer die ethischen Prinzipien der Disziplin verletzte. Aufgrund ihrer eigenen Erfahrungen erörtert Butler die Gruppentendenz, einem Leiter zu ermöglichen, sein eigenes Verhalten zu bemänteln. Dies »isolierte ihn von den Konsequenzen und beraubte ihn der Möglichkeit, aus seinen Fehlern zu lernen. Derselbe Prozeß schadete auch uns: Wir leugneten gewohnheitsmäßig das, was offen vor uns lag, fühlten uns machtlos und verloren die Verbindung zu unserer inneren Erfahrung.«

Ähnliche Phänomene gibt es auch in anderen spirituellen Gruppen. In den letzten Jahren haben Enthüllungen über den sexuellen Mißbrauch von Kindern durch katholische Priester die Öffentlichkeit aufgewühlt. Wir dürfen nicht aus dem Auge verlieren, daß sich Gestörtheit innerhalb religiöser oder spiritueller Zusammenhänge nicht auf bestimmte definierbare Glaubensrichtungen oder religiöse Gemeinschaften beschränkt. Wenn wir als Führer oder Anhänger einer Organisation beitreten, sei sie buddhistisch, christlich oder jüdisch, bringen wir das Verhalten ein, das wir in unseren Familien und Gemeinschaften erlernt haben. Wir tragen unsere Verletzbarkeit, Scham und Schuld, einen Mangel an persönlichen Grenzen, Abhängigkeit, Co-Abhängigkeit und das Bedürfnis, zu kontrollieren oder kontrolliert zu werden im Gepäck. Wir tragen unsere Projektionen, unser Machtbedürfnis, unsere Idealisierungstendenzen und unseren Widerwillen gegen Zweifel mit uns. Zudem scheinen eine spirituelle Gemeinschaft oder eine therapeutische Umgebung Zuflucht vor unserem eigenen Schmerz, unserer Vergangenheit und unserer Sucht-Kultur zu bieten.

So kann es sowohl in einem religiösen wie in einem therapeutischen Rahmen zu einer unterwürfigen Haltung gegenüber dem spirituellen Lehrer oder Therapeuten kommen. Der Schüler oder Klient betrachtet die Autorität als Experten. Dieser strahlt eine Aura von besonderem heiligem Wissen, Leistung und Bewußtsein aus, während sich die Grünschnäbel unter der Bürde von Scham und fehlendem Selbstwert beugen. Wenn sie in Familien aufgewachsen sind, in denen Geheimnisse sorgfältig gehütet wurden und Tabuthemen außerhalb des Diskussionsbereiches lagen, haben sie dieses Verhalten als Kinder vermutlich als normal akzeptiert. Finden sich diese Kinder nun als Erwachsene in einem anderen gestörten System wieder, unterstützen sie dieselbe Dynamik blindlings oder tragen sogar zu ihr bei. Wer früh in seinem Leben sexuell von älteren Familienmitgliedern oder Bekannten belästigt wurde, wiederholt diese Erfahrung oft als Erwachsener mit Leuten in Machtpositionen. Wenn ein Kind lernt, einen mißbrauchenden Elternteil zu idealisieren, um überhaupt überleben zu können, wird es das als Erwachsener leicht auch mit einem Therapeuten oder spirituellen Lehrer tun.

Obwohl die Zwölf Schritte ebenso Mißbrauch unterliegen können wie jeder andere Pfad, dienen doch viele seiner Traditionen als weise Richtlinien, die einige Probleme verhindern können, die in anderen spirituellen Gemeinschaften auftreten. Sie legen Wert auf Prinzipien statt auf Persönlichkeiten und betrachten Führer als Diener, die nicht herrschen. Sie vermeiden konsequent jede Verwicklung in andere Unternehmungen oder Angelegenheiten und akzeptieren keine Spenden von außen. Zudem ermutigen sie die Teilnehmer, die Teile des Programmes zu nutzen, die ihnen zusagen, und den Rest zu lassen; es gibt keinen Zwang. Außerdem glauben sie an »Anziehung statt Werbung« und öffnen ihre Tore allen, die den Wunsch haben, ihr Suchtverhalten zu überwinden.

Mit dieser Darstellung einiger Fallgruben und Verwirrungen im spirituellen Leben habe ich versucht zu berichten, was viele Menschen erleben und beschreiben, wenn sie ihrem Weg folgen. Einige von diesen Herausforderungen haben mehr Konsequenzen als andere; manche sind kurze Umwege, während andere eine gesunde, reife Spiritualität ernsthaft behindern können. Wie bei so vielen Aspekten unserer transformativen Reise gilt auch hier: Wenn wir erst einmal bereit sind, uns ehrlich den Verwirrungen und Fallgruben zu stellen, tun wir bereits den ersten Schritt, um sie anders anzugehen.

Unterwegs lernen wir, besser zu unterscheiden. Wir entdecken, entwickeln und folgen unserem eigenen ethischen Maß und lernen, persönliche Grenzen zu setzen, um unsere eigene Unversehrtheit und unser Wohlbefinden zu sichern. Wir kehren zu der Führung von innen zurück und beginnen, unsere Intuition zu achten und Vertrauen in unsere eigene Erfahrung zu gewinnen. Wir suchen und folgen dem weisen Rat vertrauenswürdiger Freunde und derer, die die Straße vor uns gegangen sind. Wir beginnen, sanft mit uns selbst umzugehen und erkennen, daß wir unser Bedürfnis, vollkommen zu sein, herunterschrauben können, ohne unsere eigenen Maßstäbe zu verletzen. Und dabei bewahren wir die ganze Zeit unseren Sinn für Humor.

11 ANNEHMEN UND VERGEBEN

Vor ein paar Monaten sprach mich nach einem meiner Vorträge über Mißbrauch, Sucht und den spirituellen Pfad der Genesung eine nett aussehende Frau an und sagte sehr freundlich:»Ihre Heilung wird wirklich beginnen, wenn Sie denjenigen verzeihen können, die Sie mißbraucht haben. Sie konnten nicht anders.« Sie reichte mir einige Broschüren aus ihrer religiösen Gruppe und fuhr lächelnd fort:»Irgendwann werden Sie ihnen allen für die Möglichkeiten zu wachsen danken, die Sie dadurch bekommen haben. Sie wären ohne diese Menschen heute nicht die, die Sie sind.«

Ich errötete und murmelte, daß ihr gedankliches Grundprinzip auf mich nicht passen würde und ich es als eine Überlebende von Inzest unpassend fände. Erst später erkannte ich, wie wütend ich über ihren Vorschlag war und malte mir rückblickend aus, welche Antwort ich gern gegeben hätte. Ich fragte mich: Hatte die Frau, die mich angesprochen hatte, recht? In gewisser Weise schon. Ohne die Einflüsse, die mich geformt haben, auch die negativen, wäre ich heute nicht die, die ich bin. War sie bösartig? Oder meinte sie es gut, fühlte sich aber mit meinen früheren Bedingungen extrem unwohl? Vielleicht wußte sie etwas, das ich nicht wußte. Oder vielleicht fühlte sie sich dazu getrieben, meine Situation zu richten, sie ordentlich zu machen und mit Zuckerguß zu versehen. Vielleicht mußte sie das auch für sich selbst tun. Ihr religiöses Glaubenssystem, das sich fast ausschließlich auf das Lichte ausrichtete, schien ihre Meinung verstärkt zu haben.

Stunden später schossen mir immer noch diese und ähnliche Fragen durch Kopf und Herz, Fragen, die mich begleiten, seit ich meinen eigenen Heilungsprozeß begann. Wie ist das auf einem spirituellen Pfad der Genesung mit der Vergebung? Was ist das? Ist sie unabdingbar? Ich weiß, daß ich mich sofort leichter, erleichtert und liebevoller fühle, wenn ich mir selbst oder anderen verzeihe, auch wenn es nur um Kleinigkeiten geht. Ich habe eine Ahnung, wie Verzeihen schmeckt, aber ich habe auch viele Menschen gesehen, die von dieser

Frage sehr verwirrt sind. Mir sind Männer und Frauen begegnet, die ein geschöntes Bild davon zeichnen, wie leicht Vergebung sei. In ihrem Bemühen, sie zu erzwingen, laden sie sich selbst und anderen weiteren Druck und noch mehr Scham auf. Und ich habe Leute sagen hören: »Soll ich jemandem vergeben, der mich meiner Kindheit beraubt und mir so viele tiefe Wunden zugefügt hat? Kann jemand ernsthaft vorschlagen, daß ich für ein Leben voller Angst, Scham, Verwirrung und Zorn dankbar sein soll?« Die Antwort hieß für mich »nein«. Nein, ich muß nichts tun.

Als ich die Struktur für dieses Buch plante, habe ich zunächst die Möglichkeit übersehen, besonders auf die Themen Annahme und Vergebung einzugehen. Aber zu meiner großen Überraschung tauchten sie dauernd auf – in meinem Leben, meiner Genesung und meinen Gesprächen über all das, womit wir uns hier beschäftigen. Ich glaube, sie verdienen nicht nur deswegen ein eigenes Kapitel, weil ihre Rollen im Rahmen des Heilungsprozesses so oft erörtert werden, sondern auch deswegen, weil es ein Gebiet ist, auf dem reichlich Verwirrung herrscht. Welche Funktionen haben Annehmen und Verzeihen in unserem Leben? Sind sie für jeden notwendig? Was sind die falschen Auffassungen über und die Unterschiede zwischen Annahme und Vergebung?

Annahme

Annahme ist in vielen spirituellen Systemen einschließlich der Zwölf Schritte ein wichtiges Thema. Im Rahmen unserer Diskussion heißt annehmen, etwas zuzulassen, damit einverstanden sein, die Wahrheit zu erfahren. Bill Wilson hat geschrieben: »Unser allererstes Problem lautet, unsere gegenwärtigen Umstände so zu akzeptieren, wie sie sind, uns selbst, so wie wir sind, und andere Menschen als das, was sie sind. Wir müssen uns eine realistische Demut zu eigen machen, ohne die kein echter Fortschritt beginnen kann.«

Annahme hat mit Sich-Ergeben zu tun, und ohne das können die meisten von uns nicht heilen. Annehmen erfordert Ehrlichkeit. Wenn wir annehmen, geben wir unsere ich-bezogenen Vorstellungen darüber, wie unsere Wirklichkeit sein sollte, auf. Wir machen den ersten

Schritt: Wir gestehen die Wahrheit über unsere Situation. Wenn wir während unserer Genesung, Therapie oder spirituellen Praxis die Verleugnungen, Erwartungen, Rationalisierungen und Ängste loslassen, beginnen wir das anzuerkennen, was ist (oder war). Wir bestätigen das, was wir anderen und andere uns angetan haben. Die Vergangenheit war real, und wir können sie nicht ändern. So ehrlich, wie wir es können, geben wir unsere Gefühle, Reaktionen und Verhaltensweisen zu. Das ist die »realistische Demut«, die Bill Wilson meinte.

Annahme ist der erste Schritt dahin, die Herrschaft einer Erinnerung, eines Gefühls oder eines Verhaltensmusters zu durchbrechen. Es heißt: »Ja, dies ist für mich wirklich. Mit allem, was das mit sich bringt.« In diesem Annehmen, das mit dem Sich-Ergeben kommt, beginnen wir, die unverstellte Wahrheit zu untersuchen. Wir decken das Unannehmbare auf, und seine Tyrannei in unserem Unbewußten kommt zu einem Ende. Wenn dies geschehen ist, können wir die Dinge zu ändern beginnen, die wir ändern können.

Wir müssen das, was wir akzeptieren, nicht mögen. Wir können die Tatsache, daß wir bei uns selbst und anderen während unserer Suchtkarriere wüste Verheerungen angerichtet haben, annehmen, ohne daran Gefallen finden zu müssen. Wir können die Wut oder die Trauer in uns annehmen, ohne enthusiastisch darüber zu werden, was sie uns antun. Und anzunehmen heißt nicht gutzuheißen. Ein Überlebender von Mißbrauch in der Kindheit kann die Wirklichkeit dessen annehmen, was ihm widerfahren ist, ohne dem zuzustimmen. Wir können unsere früheren destruktiven und selbstzerstörerischen süchtigen Tendenzen und Aktivitäten annehmen, ohne sie zu billigen.

Anzunehmen heißt auch, nicht aufzugeben, leidenschaftslos eine potentiell schädliche Situation zu ertragen. Es beinhaltet nicht, daß wir auf unsere Rechte verzichten und etwas tolerieren lernen, das nicht toleriert werden sollte. Annahme ist ein Schritt in Richtung Stärke, nicht in die Opferhaltung.

Viele von uns nehmen angenehme Erinnerungen, Emotionen und Geistesverfassungen eher an als schwierige. Andere klammern sich an den Schmerz und das Elend in ihrem Leben, statt Zeiten von Glück zuzugeben. Annehmen gilt für das gesamte Spektrum von Erfahrungen, positive wie negative, Freude und Kummer, Vergnügen und Schmerz. Wir nehmen die Fahrt auf der Achterbahn als das an, was sie wirklich ist, mit allen ihren Höhen und Tiefen, ihrer Angst und ihrem Übermut. Und wir müssen uns auf dieser Fahrt ganz entspannen, um den gegenwärtigen Augenblick wirklich genießen zu können.

Eine Form der buddhistischen Meditation lehrt Menschen, zu sitzen und alles, was ins Bewußtsein kommt, zu beobachten und zuzulassen, ohne einzugreifen. Wenn sie so still sitzen, reisen die meisten durch Zustände von Angst, Freude, Langeweile, Glück, Trauer, Wut, Erschöpfung, Übermut und Schmerz sowie durch Szenen aus ihrer Vergangenheit und ihrer Gegenwart. Während diese sich ständig verändernde Parade von Emotionen und Erinnerungen weiterläuft, lautet die Aufgabe, Raum für all seine Bestandteile zu schaffen, die Wahrheit unserer Wirklichkeit ohne Wertung anzunehmen. Viele Menschen bemerken nach einiger Zeit ein Aufblitzen von Mitgefühl und Humor in bezug auf ihr individuelles Dilemma. Gewöhnlich erstrecken sich diese Gefühle über das Persönliche hinaus auf unser menschliches Dasein, mit all unseren Unzulänglichkeiten, Sehnsüchten, Leiden und unserer Heiligkeit.

Die Annahme kommt durch unsere Lebenserfahrung und unsere innere Arbeit, welchen Pfad wir auch wählen mögen. Sie ist ein wichtiges Nebenprodukt von Genesung, Therapie und spiritueller Praxis. Sie verlangt von uns den Mut, Schichten von Verleugnung abzublättern, uns verborgenen Erinnerungen zu stellen und bisher nicht zugelassene Gefühle zum Ausdruck zu bringen.

Annehmen beginnt bei uns selbst. Wir können andere nicht akzeptieren, bis wir uns selbst akzeptieren. In den letzten paar Jahrzehnten hat das Thema der »Selbst-Akzeptanz« viel Aufmerksamkeit erhalten. Wie höre ich auf, mich mit den Models in den Zeitschriften, den großen Fußballhelden oder dem Moderator in der Talk-Show zu vergleichen und mit ihnen zu wetteifern, und nehme mich selbst so an, wie ich bin? Wie versöhne ich mich mit der Tatsache, daß ich klein oder groß, dick oder dünn, intuitiv oder rational, introvertiert oder extrovertiert bin? Wie nehme ich meine Fehler und meine Gaben an? Wie respektiere ich, wer ich bin? Auch ohne es notwendigerweise zu mögen, können wir »das hinnehmen, was wir nicht ändern können«, wie etwa unsere Körperlänge oder unsere Vergangenheit. Wenn wir sie ehrlich anerkennen, finden wir den Mut, das zu ändern, was wir ändern können, wie unsere Tendenz, andere Leute anzubrüllen, oder unsere Freßsucht. Durch wachsendes Mitgefühl für uns selbst können wir beginnen, andere so anzunehmen, wie *sie* sind.

Falsche Auffassungen von Vergebung

Manchmal verwechseln wir Annahme mit Vergebung. Auch wenn Annahme der erste Schritt zu Vergebung sein kann, sind die beiden nicht austauschbar. Vergeben heißt: meinen Groll aufgeben, verzeihen. Wenn ich vergebe, höre ich auf, wütend und bitter zu sein; ich entschuldige, und ich erwarte keine Gegenleistung von demjenigen, dem ich vergebe. Das ist leichter gesagt als getan, und doch fühlen sich viele von uns danach, genau das zu tun. Was ist Vergebung? Was ist sie nicht? Wie kommt sie zustande? Wann ist sie angebracht? Wie wird sie mißverstanden? Und wozu dient sie?

Wie viele andere Erfahrungen im Zusammenhang mit dem spirituellen Leben, ist auch Vergebung kaum auf geradlinige Weise zu erörtern. Gnade, Sich-Ergeben, mystische Zustände und eben auch Vergebung sind unbeschreibbar. Es ist unmöglich, sie in wirklich passende Worte zu kleiden. Aber wir versuchen, über einen sehr wichtigen und fruchtbaren Prozeß nachzudenken, zu schreiben und zu lesen. Vielleicht können wir für uns selbst eine Definition finden, indem wir uns anschauen, was Vergebung *nicht* ist, und einige falsche Auffassungen betrachten. Damit möchte ich ihr Potential für größere Freiheit, Freude und Mitgefühl nicht schmälern. Aber ich habe das Gefühl, daß es wichtig ist, einiges an konzeptionellem Unterholz wegzuräumen, bevor wir zu der Erfahrung selbst gelangen.

Lassen Sie uns mit den falschen Auffassungen beginnen. Viele von uns leben in einer Atmosphäre, die Vergebung als etwas befürwortet, das gute und liebende Menschen ausüben. Wir sind von starken Beispielen umgeben: Als Jesus qualvoll am Kreuze hing, setzte er sich für seine Henker ein: »Vater, vergib ihnen, denn sie wissen nicht, was sie tun.« In christlichen Kirchen und zum Schluß vieler Zwölf-Schritte-Versammlungen flehen wir im Gebet: »Vergib uns unsere Schuld, wie auch wir vergeben unseren Schuldigern.« Yom Kippur, der jüdische Bußtag, ist ein Tag der Vergebung, der Befreiung von Unrecht, das wir anderen und andere uns angetan haben. Manche buddhistische und hinduistische Meditationen sind darauf ausgerichtet, unsere eigenen Handlungen und die Taten anderer zu erkennen und dann Vergebung und Mitgefühl auszustrahlen, bis wir die gesamte Welt umarmen. Vielleicht betrachten wir Vergebung als ein religiöses und menschliches Ideal und denken:»Wenn ich mitfühlend sein will, muß ich vergeben. Wenn ich gut sein will, ist es meine Pflicht, die Missetaten anderer zu verzeihen.« Aber wir stellen fest, daß wir es nicht können. Wir sind noch immer wütend und verletzt. Vielleicht hassen wir das, was uns jemand angetan hat. Innerhalb unserer religiösen oder spirituellen Umgebung meinen wir vielleicht, wir seien böse, wenn wir nicht verzeihen können. Mit uns stimmt irgend etwas nicht. Wir sind nicht so heilig wie die anderen. Wenn Vergebung Liebe und Mitgefühl ist, dann müssen wir gefühllose und hartherzige Geschöpfe sein.

Wenn von außen Druck kommt zu vergeben, verinnerlichen wir ihn leicht. Fast alle kennen wir Sprüche wie:»Vergeben und vergessen.« Oder:»Irren ist menschlich, vergeben göttlich.« Man animiert uns mit Rechtfertigungen wie:»Sie haben es so gut gemacht, wie sie konnten«, »Sie haben es nicht so gemeint«, oder»Trotz allem hat er dich wirklich geliebt«. Die Psychiaterin Alice Miller zählt in ihrem Buch *Das verbannte Wissen* verschiedene Gebote von Therapeuten auf, die ihren Klienten Druck machen, ihren Eltern zu vergeben. Zu diesen erzieherischen Sprüchen, wie sie sie nennt, gehören Äußerungen wie:»Das war sicher sehr schwer für Sie, aber es liegt ja so weit zurück. Ist es nicht Zeit, es zu vergessen?«»Versuchen Sie, auch die positiven Seiten zu sehen: Haben nicht Ihre Eltern, die Sie jetzt als böse bezeichnen, Ihnen das Studium bezahlt?« – »Man wird nicht gesund, wenn man andere beschuldigt, man muß die Verantwortung des Kindes auch sehen.« – »Das Kind ist nicht ein Opfer, sondern Partner in einer Interaktion.« – »Eltern sind auch Menschen, sie können nicht fehlerfrei sein.« Diese speziellen Kommentare stammen zwar von Therapeuten, aber auch Freunde, Familienmitglieder oder religiöse Lehrer können sich in ähnlicher Weise äußern.

Wer als Kind mißbraucht oder mißhandelt worden ist, verfügt bereits über einen scheinbar bodenlosen Vorrat an Scham und Schuld. Wenn jemand daherkommt und uns aus Schuldgefühlen zur Vergebung treibt, ist das eine uns bekannte Erfahrung. Beschämende Bemerkungen machen für uns Sinn; als Kinder haben wir sie dauernd gehört, zu Hause, in der Schule, von unseren Freunden. Wir schämen uns jetzt schon über uns selbst und fühlen uns schuldig. Über Jahre ist es uns leichter gefallen, uns selbst zu bezichtigen, als uns der entsetzlichen Wahrheit über das Verhalten anderer zu stellen. Wir finden es einfacher, uns selbst zu verurteilen als unsere schmerzhaften Emotionen zu erkennen und zum Ausdruck zu bringen.

In Wirklichkeit ist der Zwang zur Vergebung jedoch beleidigend und tut weh. Er demonstriert einen Mangel an Achtung und Respekt für die Gültigkeit der einzigartigen Erfahrung eines Individuums sowie für dessen Gefühle. Außerdem kann er die Genesung oder die Therapie sabotieren. Alice Miller schreibt: »Da ich unter Therapie eine sensorische, emotionale und gedankliche Entdeckung der einst verdrängten Wahrheit verstehe, *sehe ich in der moralischen Forderung nach Versöhnung mit den Eltern eine unumgängliche Blockierung und Lähmung des therapeutischen Prozesses*«. Diese Aussage hängt direkt mit dem zusammen, was wir über das Annehmen und dessen Notwendigkeit in unserem Heilungsprozeß gesagt haben. Sowohl in der Therapie wie in der Genesung wird viel Gewicht auf die Entdeckung und die Akzeptanz lang unterdrückter Wahrheit gelegt. Wenn ein rechthaberisches Verlangen nach Versöhnung diesen Prozeß blockiert oder lähmt, behindert das unsere Fähigkeit, uns die Wirklichkeit unserer Situation einzugestehen.

Druck, durch verfrühte Vergebung eine Abkürzung zur Genesung zu finden, kann die Annahme untergraben oder behindern. In den Worten der Zwölf-Schritte-Programme mag es wie ein »leichterer, sanfterer Weg« klingen. Da es aber für Wachstum und Fortschritt entscheidend ist anzunehmen, kann unsere Genesung wieder zurück in die Verleugnung rutschen, wenn das untergraben wird. Und Verleugnung führt oft zum Rückfall.

Aber trotz der falschen Auffassungen von Vergebung fühlen wir uns von ihrem Versprechen angezogen. Sie muß etwas zu bieten haben, wenn die heiligen Traditionen sie schon immer als lohnend erachteten. Dag Hammarskjöld, der frühere Generalsekretär der UNO, ein für seinen Humanismus bekannter Mann, hat geschrieben: »Vergebung ist die Antwort auf den Kindertraum eines Wunders, durch das Zerbrochenes wieder ganz und Schmutziges wieder sauber wird.« Das klingt verlockend. Wer hat sich nicht schon gewünscht, etwas Gesprungenes würde wieder heil, etwas Geschehenes würde ungeschehen gemacht oder Flecken würden weggewischt werden?

Was Vergebung nicht ist

Ein Weg, uns den möglichen Vorzügen von Vergebung zu nähern, ist der, uns anzuschauen, was sie nicht ist Vergebung ist nicht unsere moralische oder religiöse Pflicht. Sie ist nichts, wozu uns andere zwingen könnten. Noch ist sie für jeden oder jede Situation Pflicht. Vergebung ist kein Weg, unsere Erfahrung zu leugnen oder unseren Schmerz, unsere Wut, Scham, Schuld und Trauer zu verdecken. Es geht nicht um Unterdrücken und Vergessen, sondern um Enthüllen und Erinnern. Es geht nicht darum, die Wirklichkeit zu vermeiden oder ihr zu entfliehen, sondern darum, sie anzunehmen. Unsere Erinnerungen und Gefühle mit einer Geste der Vergebung zuzudecken, ist wie der Versuch, eine alte, abgeblätterte Wand mit schlechter Farbe überstreichen zu wollen. Irgendwann scheinen die kaputten Stellen durch. Vergebung ist nicht zum Nutzen dessen, der uns geschadet hat. Noch erwächst sie aus Mitleid. Sie dient unserem eigenen Wohlbefinden. Es gibt häufig das Mißverständnis, wir würden anderen Menschen vergeben, weil sie uns leid tun, oder weil wir möchten, daß sie sich besser fühlen. Wir entschuldigen ihre Vergehen, um den anderen zu helfen oder sie zu heilen. Wenn wir sie in Schutz nehmen, werden sie sehen, daß sie unrecht tun und sich gemäß unseren Erwartungen ändern. Sie werden von ihrem mißbräuchlichen Verhalten geheilt und daher glücklicher sein. Dann wird alles wunderbar.

Vielleicht ändern sie sogar wirklich ihre Gefühle und ihre Einstellung zu uns; sie werden uns wieder mögen, möglicherweise sogar lieben und akzeptieren. Die Spannung wird nachlassen und »Zerbrochenes wieder ganz werden«, wie Dag Hammarskjöld sagte. Das ist eine co-abhängige Haltung zu Vergebung: der Versuch, andere zu kontrollieren oder uns auf unsere eigenen Kosten um sie zu kümmern. Nur sie selbst können sich helfen, sich heilen oder ändern.

So wie wir nicht um anderer Menschen willen vergeben können, so können wir uns auch nicht darauf verlassen, daß andere uns vergeben. Vielleicht tun sie es, vielleicht auch nicht. Es ist an uns, uns selbst zu vergeben.

Vergebung ist keine absichtsvolle Geste, kein Glaube und keine kognitive Entscheidung. Wir können nicht eines Morgens aufwachen und beschließen: »Also gut, heute werde ich meinem Vater, meinem Onkel oder mir selbst vergeben.« Wir können nicht über die Vorteile von Vergebung lesen und uns einfach entscheiden, ein eigenes oder fremdes Vergehen zu verzeihen. Wir müssen jedoch um unserer selbst willen für die Möglichkeit der Vergebung offen sein, auch wenn wir sie nicht zwingen können.

Vergebung ist keine abgeschlossene, endgültige Handlung. Sie ist nichts, was in einem Augenblick in der Zeit geschieht. Sie ist keine Grenze, die wir überschreiten: Auf der einen Seite haben wir noch nicht vergeben, und auf der anderen haben wir dann gründlich und für immer vergeben. Vergebung ist kein Ereignis, sie ist ein Prozeß.

Wie kommt es zu Vergebung?

Wir vergeben, wenn wir es können, zu unserem eigenen Nutzen und in der für uns richtigen Zeit. In den Gruppen ehemals Süchtiger kann man hören: »Genesung ist ein selbstsüchtiges Programm.« Das mag auf den ersten Blick im Gegensatz zu dem stehen, was uns unsere Familien, unsere Kultur oder Religion darüber sagen, andere zu lieben und ihnen zu helfen. Aber viele Menschen in der Genesung verstehen, daß sie ihre Arbeit von innen nach außen tun müssen. Besonders diejenigen, die nur knapp dem Tod entronnen sind, erkennen, daß sie nicht einmal überleben werden, wenn sie sich nicht um sich selber kümmern, und das häufig auf einer ganz grundlegenden Ebene. Haben sie einen bestimmten Grad von persönlicher Heilung erreicht, können sie beginnen, sich anderen zuzuwenden.

Jedes Individuum hat eine einzigartige Beziehung zu Vergebung. Wir vergeben leichter alltägliche Vorkommnisse mit relativ oberflächlichen Konsequenzen als tiefe Wunden, die wir selbst oder andere verursacht haben. Wir vergeben die weniger schweren Formen von Mißbrauch leichter als die extremen. Darüber hinaus gibt es viele Variationen davon, wie Vergebung tatsächlich verläuft. Wenn sie zustande kommt, macht sie unser Bündel leichter. Und gewöhnlich kommt zuerst das Annehmen. Lassen Sie mich das erklären.

Vergebung ist das Gegenteil von Verstimmung, Groll, Ressentiments. Ressentiment heißt »das Wiedererleben eines meist schmerzlichen Gefühls«. Das geschieht, wenn wir abnehmende Wut aufwärmen, wieder zirkulieren lassen oder uns daran klammern. Die Zwölf-Schritte-Programme sagen uns, Ressentiments seien eine tödliche Gefahr, die uns von dem Licht des Höheren fern halte. Ein Großteil der Genesungsarbeit kreist um das Auffinden und Loslassen von Ressentiments. Das macht Sinn. Unser alter Groll trennt uns von der heilenden Kraft des tieferen SELBST, von der Möglichkeit des *spiritus contra spiritum*. Ressentiments sind große Bausteine im Damm. Wenn wir sie loslassen, können wir nicht nur unser Leben voller auskosten, sondern uns auch letzten Endes dabei helfen, eine Wiedervereinigung mit unserem Wahren Selbst zu erreichen.

Jeder von uns schleppt ein Bündel unterschiedlicher Mengen von Schmerz, Angst, Scham, Schuld, Trauer, Groll und anderen Gefühlen sowie die Erfahrungen und Erinnerungen, die sich uns eingeprägt haben, mit sich herum. Diese Gefühle waren angemessene Reaktionen auf Situationen, die Leid in unser Leben gebracht haben, entweder durch unsere eigenen Handlungen, die Taten anderer oder die Lebensumstände. Ein Kind, dem man immer wieder sagt, es sei dumm und häßlich, trägt tiefe Scham und Wut darüber in sich, daß es nicht zurückschlagen kann. Ein Junge, dessen Vater starb, als er noch sehr klein war, hat vielleicht nie die Gelegenheit gehabt, diesen schmerzlichen Verlust wirklich zu betrauern. Kinder, die physisch oder sexuell mißhandelt werden, tragen die Last von Angst, Scham, Zorn und Verwirrung. Aber wenn die Kinder dann heranwachsen, werden die Gefühle oft giftig und beeinflussen ihr Leben auf eine Weise, die noch mehr Leid mit sich bringt.

Wir können, wie gesagt, von unseren nicht zum Ausdruck gebrachten Gefühle und unseren zugedeckten Erinnerungen kontrolliert oder verseucht werden. Eine liebende Mutter verspürt regelmäßig Wellen unkontrollierbaren Zornes, die ihr Familienleben und ihre berufliche Karriere überschwemmen. Ein neuer Angestellter fühlt sich dauernd von Angst und Mißbehagen überwältigt, weil er befürchtet, den Anforderungen seiner Position nicht gewachsen zu sein. Eine junge Braut mit einer Vorgeschichte sexuellen Mißbrauchs entdeckt, daß sie in intimen Momenten mit ihrem Mann von Scham, Angst und Ekel überrollt wird.

Wenn wir uns selbst erforschen, beginnen wir zuzugeben, daß wir mit einer unnötigen Last herumwandern, bei der nicht nur vergangene Gefühle und Erfahrungen fortdauern, sondern die auch den Einfluß der früheren Täter fest in der Gegenwart verankert hält. Die Macht der Vergangenheit hält uns davon ab, in unserem Leben weiterzugehen. Falls das Unbehagen darüber stark genug wird, entscheiden wir uns vielleicht, nach den Wurzeln dieses Schmerzes zu suchen. Wenn wir durch Therapie oder andere Formen der Selbsterforschung in uns herumbuddeln, entdecken wir unerklärte Gefühle und unerkannte Erinnerungen. Und wir erkennen, daß wir sie zum Ausdruck bringen müssen, wenn wir ihre Vorherrschaft abschütteln wollen. Wir müssen die alten Dämonen austreiben, sie ans Tageslicht holen, so daß wir sie sehen und verbannen können.

In einer sicheren Umgebung und mit der Unterstützung und Liebe anderer brüllen wir unsere Wut hinaus, reißen die Schleier von unserer Scham und erleben traumatische Erinnerungen noch einmal. Wir betrauern unsere Verluste und lassen unser Herz die uns geschlagenen Wunden spüren. Wir erleben die Schuld und Verwirrung und stellen uns dem vergrabenen Schmerz. Und wenn wir immer wieder etwas aus unserem verborgenen Vorrat hinaufzerren, erschöpfen wir ihn. Langsam lassen unsere Verleugnungen und Widerstände nach, und sie verlieren ihre Macht über uns. Unsere Last ist nicht mehr so schwer. Direkt hinter unserem Zorn liegt enorme Kraft, Kraft die uns hilft zu heilen. Bei unserer fortlaufenden Selbsterforschung untersuchen wir, wie wir zu Opfern gemacht wurden und andere und uns selbst dazu gemacht haben. Wir entdecken, wie wir anderen und uns selbst Schuld zugewiesen haben. Dadurch, daß wir uns der Wahrheit stellen, unsere Emotionen aufarbeiten und die Verantwortung der Betroffenen anerkennen, werden wir immer empfänglicher für die Wahrheit über uns selbst und unsere Umstände. Und unser Bedürfnis, Schuld zuzuweisen, wird durch zunehmendes Verständnis ersetzt.

Wir können nicht beginnen, unseren Nächsten zu lieben, bis wir uns selbst lieben. Die meisten von uns können anderen erst vergeben, wenn wir uns selbst vergeben und die Myriaden von Emotionen freisetzen, die zu selbstzerstörerischen Einstellungen und Verhaltensweisen beitragen. Uns selbst zu vergeben, ist nicht einfach. Vielleicht meinen wir, wir würden es nicht verdienen, oder die Aufgabe sei aufgrund unserer früheren Missetaten einfach zu überwältigend. Hier ist es ein wichtiger Schritt, zwischen dem Verhalten eines Menschen, einschließlich unseres eigenen, und ihrer oder seiner wahren Natur zu unterscheiden. Dann erkennen wir, daß wir uns selbst oder anderen vergeben können, ohne die Tat zu verzeihen. Im weiteren Verlauf unserer Genesung, Therapie oder spirituellen Praxis spüren wir automatisch Schritt für Schritt Wogen von Vergebung für uns selbst. Stückweise erteilen wir uns selbst Absolution für die Wut, die Scham und das Weh sowie für die von ihnen verursachten persönlichen Begrenzungen. Wir vergeben uns selbst für die Vorstellung, daß der uns auferlegte Mißbrauch unsere eigene Schuld war. Und wir verzeihen uns das anderen zugefügte Leid.

Wenn wir erkennen, daß andere durch uns gelitten haben, lernen wir, es an ihnen wiedergutzumachen. Wir übernehmen die Verantwortung für unser Handeln und bitten diejenigen, denen wir wehgetan haben, um Vergebung. So gut es geht, tun wir das, ohne ein bestimmtes Ergebnis zu erwarten. Wir gehen nicht davon aus, daß die Menschen, denen wir geschadet haben, uns sofort Amnestie gewähren, umarmen und alles vergessen werden. Unsere Wiedergutmachung dient unserem eigenen Wohlbefinden, befreit uns von der schwelenden Angst, dem Schmerz, der Scham und Schuld über Ereignisse, die vielleicht schon weit zurückliegen. Wir öffnen das Tor zu möglicher Kommunikation mit denen, die wir verletzt haben. Und unser Bündel wird weniger sperrig.

Wenn wir weitermachen, wenn unsere Last kleiner wird, fühlen wir uns zunehmend erleichtert, daß wir die Gefühle und Erfahrungen, die uns früher eingesperrt haben, nicht mehr mit uns herumschleppen müssen. Mit dieser Erleichterung gehen stärkere Gefühle von persönlicher Freiheit, Hoffnung und Gelassenheit einher. Bei unserer Arbeit hacken wir auch an dem Damm zwischen uns und dem tieferen SELBST herum. Wenn wir uns den Barrieren stellen und sie langsam entfernen, beginnt unsere innere Quelle von Liebe und Inspiration in unser Leben zu tröpfeln. Wir zapfen den inneren Strom des Mitgefühls an. Unser kognitives und emotionales Verständnis dessen, wer wir sind, vertieft sich zu einem einfühlsamen Verständnis jenseits aller Logik.

Durch dieses einfühlsame Verständnis beginnen wir im Herzen und tief in unserer Seele zu verstehen, warum die Ereignisse so waren, wie sie waren. Gelegentlich verspüren wir Mitgefühl für die Umstände, die Menschen, die wir vielleicht geliebt haben, dazu bringen konnten, uns zu mißbrauchen, oder uns dazu getrieben haben, uns selbst und andere zu Opfern zu machen. Das heißt nicht, daß wir dieses Verhalten allgemein entschuldigen oder verzeihen. In diesen Augenblicken sind wir vielmehr irgendwie in der Lage, die Handlungen eines Menschen von seiner wahren Identität zu trennen und Mitgefühl für ihn oder sie zu empfinden.

Vergebung ist das Werk Gottes. Sie mag wie ein Ergebnis der harten Arbeit der Heilung aussehen, aber sie kommt auch durch Gnade zustande. Von meinem Sohn Than habe ich die Definition, Glück habe man dann, wenn die Möglichkeiten mit den Vorbereitungen übereinstimmten. Über Vergebung läßt sich etwas Ähnliches sagen: Vergebung erfolgt, wenn die göttliche Gnade auf unsere Vorbereitungen trifft. Vergebung steigt spontan aus dem tieferen SELBST auf, manchmal dann, wenn wir sie am wenigsten erwarten. Wenn sich unsere Herzen weiten, können wir Wellen der Vergebung für andere zu fühlen beginnen. Wie das leichte Kräuseln auf einem Teich beginnt echte Vergebung in uns selbst zu wachsen und strahlt natürlich nach außen. Da sie von einem Ort jenseits des Ich stammt, kann sie nicht mit den Ressourcen der Logik und Absichten erreicht werden, die für das kleine Selbst spezifisch sind. Sie läßt sich nicht mit einer zielorientierten Haltung erzwingen. Wenn wir uns selbst dazu bringen wollen zu verzeihen, dann ist das so, wie wenn wir zu sehr versuchen, uns zu ergeben. Jeder Mensch hat seine eigene Zeitplanung, die von einer tiefen inneren Weisheit geleitet ist.

Aber was ist mit denjenigen, bei denen die von anderen zugefügten Wunden so tief sind, daß Vergebung unmöglich scheint? Unter solchen Umständen müssen wir akzeptieren, daß wir nicht vergeben können, und daß das in Ordnung ist. Wir würden uns nur noch mehr verletzen, wenn wir uns selbst dazu antreiben oder von anderen bedrängen lassen würden, etwas zu bewerkstelligen, das nicht natürlich kommt. Auch wenn wir einem anderen nicht vergeben können, hängt unsere Heilung davon ab, daß wir einen Ort des Mitgefühls und der Vergebung für uns selbst entdecken.

Sollen wir uns tatsächlich mit den Menschen konfrontieren, die uns geschadet haben? Auch das ist eine individuelle Entscheidung, die notwendigerweise Mitgefühl für uns selbst und Respekt für unsere eigenen zeitlichen und sonstigen Bedürfnisse spiegeln muß. Die Entscheidung, uns einem Täter zu stellen, muß zu unserem eigenen Wohl von einer Position der Kraft ausgehen, die erst dann gegeben ist, wenn wir schon viel Heilungsarbeit geleistet haben. Manch einer entdeckt große persönliche Kraft und Freiheit durch die ehrliche Konfrontation mit denjenigen, die sie verletzt oder mißbraucht haben, und bringen ihren unverhüllten Zorn, Schmerz und Kummer, ihre Schuld- und Schamgefühle zum Ausdruck. Was auch immer sonst noch geschehen mag, sie bringen die Last der auferzwungenen Gefühle und Handlungen wieder an ihre ursprüngliche Quelle zurück. Vielleicht tragen sie sogar zu der Möglichkeit verstärkter Kommunikation mit den Tätern bei, durch die diese dann die Verantwortung für ihr mißbrauchendes Verhalten übernehmen.

Unabhängig davon, ob die Täter willens oder fähig sind, Verantwortung anzunehmen, kann große Heilung daraus erwachsen, daß emotionale und psychische Barrieren niedergerissen werden. Zumindest fördert die Entfernung unserer eigenen Blockade das Auftauchen von Liebe und Vergebung für uns selbst.

In Fällen von extrem schädlichem Mißbrauch, etwa bei physischer oder sexueller Gewalt, fühlen sich viele Menschen verpflichtet, sich den Tätern zu stellen oder sie den Behörden zu melden, besonders, wenn sie weiterhin andere belästigen. Ihnen muß Einhalt geboten werden, damit sie nicht noch anderen antun, was sie uns angetan haben.

Die direkte Konfrontation ist nicht die beste Wahl, wenn sie weiteren Mißbrauch uns gegenüber fördern oder uns dazu bringen könnte, unseren eigenen Mißbrauch zum Schaden unseres Wohlbefindens fortzusetzen. Vielleicht ist es für uns besser, wenn wir in unserer Therapie oder spirituellen Praxis arbeiten, wo wir unsere Verletztheit und unsere Wut frei herauslassen können, ohne sie in eine bereits schmerzhafte Situation hineinzutragen. Manchmal scheint es zwischen einer Form von Ehrlichkeit, durch die Geheimnisse ans Licht gebracht und alte Muster aufgelöst werden, einerseits, und dem Handeln auf wut-motivierte, mißbrauchende Art, die nur dazu dient, unsere Qualen zu verlängern, andererseits, nur eine feine Grenze zu geben. Wenn wir es

273

ablehnen, die Verantwortung für sie zu übernehmen, laufen wir Gefahr, auf der falschen Seite der Grenze steckenzubleiben.

Es gibt viele Arten, innerlich an alten Gefühlen und Erfahrungen zu arbeiten. Wir können Briefe schreiben, die nie abgeschickt werden, uns vorstellen, daß die Menschen, die uns mißbraucht haben, in einem imaginären Stuhl vor uns sitzen, das ursprüngliche Ereignis in Form von Psychodrama ausagieren oder in Therapiesitzungen wiedererleben, Gestalt-Therapie, Holotrope Atemarbeit oder andere Formen von sich ausdrückender Selbsterforschung machen. Wichtig ist, daß wir die Gefühle freisetzen, uns den Erinnerungen stellen und diese Wahrheiten in dem Bemühen erleben, uns von ihnen zu befreien. Auf diese Weise können wir selbst dann, wenn wir nie mit den Tätern sprechen, uns aber der Möglichkeit der Vergebung öffnen, sogar denen verzeihen, die schon verstorben sind.

Ich habe mal jemanden fragen hören: »Werde ich vergeben können, bevor ich sterbe? Kann ich mein Leben mit einer sauberen Tafel beschließen?« Vielleicht ja, vielleicht nein. Die meisten von uns haben keine Ahnung, wann sie sterben werden. Es kann morgen sein oder erst in vielen Jahren. Was wir hingegen wissen, ist, daß wir uns selbst verpflichten können, einen Fuß vor den anderen zu setzen, unsere Heilungsarbeit mit der Unterstützung und Liebe anderer fortzusetzen und für diese Augenblicke der Gnade offenzubleiben.

Vergebung hängt mit Annahme zusammen, und anzunehmen erfordert, sich zu ergeben. Daher wird Vergebung durch die Praxis der Ergebenheit möglich. So wie es ein langwieriger, allmählicher Prozeß ist, sich zu ergeben, so braucht auch die Vergebung ihre Zeit. Sie stellt sich nicht über Nacht ein. Sie kommt und geht in Wellen und Tröpfchen. Wenn wir Ergebenheit und Annahme als wesentliche Bestandteile unseres spirituellen Pfades der Genesung sehen und uns in ihnen üben, machen wir unsere Last immer leichter und durchbrechen irgendwann den Damm. Mitgefühl und Vergebung werden zugänglicher. Durch Annehmen und Loslassen entdecken wir Freiheit: Freiheit von der Vergangenheit, von unserem Groll und unserer Selbsterniedrigung, von unseren Verleugnungen und den Geheimnissen, die wir vor uns selbst hatten. Allmählich beginnen wir, die heiligen Dimensionen in uns und um uns herum zu entdecken, die göttliche Erfahrung, ein Mensch zu sein.

12 DIE GÖTTLICHE ERFAHRUNG, EIN MENSCH ZU SEIN

Joseph Campbell folgt in seiner wunderbaren Beschreibung der Heldenreise dem Held oder der Heldin, die ihr Zuhause und die vertraute Wirklichkeit verlassen und sich in geheimnisvolle, unbekannte Territorien hinausgewagt haben. Wenn sie vielen Herausforderungen begegnet sind und viele Lektionen gelernt haben, kommt für sie oder ihn die Zeit, die Schwelle zur Rückkehr zu überschreiten. Die Heimkehr aus jenem Land der Initiation in den Alltag ist ein wichtiges und notwendiges Stadium des Abenteuers. Campbell nennt sie das Auftauchen »aus dem jenseitigen Bereich«. Nach einer oft schwierigen Zeit des Wiedereintritts in das gewöhnliche Dasein entdecken Held oder Heldin, daß die beiden Königreiche »in Wahrheit eins sind. Der Bereich der Götter ist eine vergessene Dimension der Welt, wie wir sie kennen.«

Ob wir von einer Sucht genesen oder unsere Verhaftungen angehen – wir alle reisen durch die Länder der Initiation. Wir haben uns auf dem Weg durch die Tiefen abgerackert und sind durch die Höhen geflogen. Wir haben uns in mühsamen Kämpfen ergeben, bedeutende Hindernisse überwunden und von der Süße des Sieges gekostet. Vielleicht haben wir während unseres Abenteuers, wenn wir einen Blick auf den Schatz unseres tieferen SELBST erhascht haben, zu erkennen begonnen, daß der Bereich der Götter genau hier und genau jetzt ist. Als Gefangene unserer falschen Identität haben wir ihn zuvor einfach nicht wahrgenommen.

Wenn wir in unsere vertraute Umgebung zurückkehren, fühlen wir uns von der Weisheit unserer Reise durchdrungen. Wir sehen uns um und finden uns inmitten der Weltarena wieder, lernen, oft zum ersten Mal, auf geerdete Weise am Leben teilzunehmen. Wenn unsere Füße die Erde berühren, fordert uns unsere neue Sichtweise heraus, das Leben mit mehr Bewußtheit zu leben. Unser spiritueller Pfad der Genesung schubst uns sanft, Tag für Tag, Sekunde um Sekunde, in den gegenwärtigen Augenblick. Hier entfalten wir uns zärtlich, ohne den Schutz unserer zerrissenen, abgetragenen Ausflüchte und Verteidigungen, in eine vielschichtige Umgebung hinein, die voller Freud und Leid, Wunder und Schmerzen ist.

Die Welt ist kein einfacher Ort. Ist die »göttliche Erfahrung, ein Mensch zu sein« vielleicht ein Widerspruch in sich? Schließlich ist die Wirklichkeit die, daß wir in einer Gesellschaft von Individuen leben, denen es an Ganzheit mangelt, in der »Menschen, die nur Fragmente des Menschen sind, sich vollkommen glauben«, wie Joseph Campbell schrieb. Wir leben in einer so noch nie dagewesenen Zeit einer globalen Krise, in einer Kultur, die viele wichtige Fragen, einschließlich die der Spiritualität, leugnet und weiterhin andere ausbeutet, ausschließt und kontrolliert.

Andererseits machen Millionen von Menschen durch ihre Lebenserfahrungen und mit der Hilfe vieler Werkzeuge zur Selbsterforschung und der liebevollen Unterstützung anderer dramatische Wandlungen durch. Sie wurden mutig genug, sich dem inneren Feind zu stellen, und haben dadurch innere Harmonie, Liebe und Gelassenheit angezapft. Mit der Zeit übertragen sie diese Eigenschaften auf ihre Lebensweise und die Art, wie sie andere behandeln und sich um die Umwelt kümmern.

Frisch aus dem Land der Initiation zurückgekehrt, treffen wir auf Gemeinschaften, in denen Familienstrukturen auseinanderbrechen oder als gestört zu erkennen sind. Es kann uns bei einigen Familienmitgliedern und Freunden schwerfallen, über unsere neuen Entdeckungen zu sprechen. Vielleicht meinen wir, wir könnten die Beziehungen nicht so fortsetzen, wie sie waren. Durch unsere Genesung erkennen wir die schädlichen Bande, die uns an Menschen gefesselt haben, die unsere Süchte oder Verhaftungen unterstützt, sich mit daran beteiligt haben und sich weiterhin auf eine Weise verhalten, die wir nicht mehr mit ihnen teilen wollen. Manche fühlen sich durch unsere neuen Interessen und Bestrebungen bedroht. Und wir erkennen, daß wir von diesen Beziehungen entweder abrücken oder sie neu ordnen müssen. Vielleicht knüpfen wir aber auch tiefere Bande mit anderen Familienmitgliedern, die uns uneingeschränkte Unterstützung gewähren. Manchen mögen unsere Kämpfe und Siege als Inspiration dienen. Es kann sogar den einen oder anderen geben, der sich schon vor uns auf den Weg gemacht hat, und nun von Herzen kommende Bestärkung, Führung und Erfahrungsweisheit bietet. Wenn wir in unserer Ursprungsfamilie keinen Rückhalt finden, schaffen wir uns eine »Wahlfamilie«, lauter Menschen, die liebevoll und mitfühlend sind und keine verborgenen Absichten auf uns abladen. Wir machen neue Bekanntschaften, aus denen echte Freunde werden, die den Umgang mit uns pflegen, weil sie uns wirklich mögen oder lieben, und die eine ähnliche Sicht des Lebens haben.

Auf einer persönlichen Ebene heißt, in der Welt zu leben, konkrete Verkörperung. Viele von uns haben jahrelang auf einer Wolke von Wegtreten oder Suchtverhalten geschwebt, die uns von unserer körperlichen Identität getrennt hat. Zusätzlich können wir uns in unseren leiblichen Körpern unwohl gefühlt, uns ihretwegen geschämt oder sie sogar wegen ihrer Größe, ihres Gewichts, ihrer Beschränkungen oder ihres Mangels an Vollkommenheit gehaßt haben. Nun inkarnieren wir, nach so vielen Jahren, in denen wir uns von unser Leiblichkeit abgeschnitten haben. Wir verpflichten uns unserem Leben mit all seinen ständigen Schwankungen. Wir lernen immer besser, einer Welt voller Gegensätze ins Auge zu sehen: dem Leid wie der Freude, dem Schmerz und dem Vergnügen, den Höhen und Tiefen. Selbst jetzt merken wir, wie gelegentlich vertraute Unruhegefühle in uns gären. Im Hier und Jetzt zu leben ist nicht immer einfach.

Aber wenn wir unsere Füße fest auf die Erde setzen, fordern wir unser Menschsein zurück. Wir stellen uns ehrlich unseren Wunden, unserem Verhalten und der Realität der Vergangenheit, und wir erwachen dabei langsam für die Wahrheit unseres Lebens. Zugleich entwachsen wir der Verleugnung unserer Spiritualität. Wir führen unsere Selbsterforschung weiter, durchbrechen den Damm, der uns von unserem tieferen SELBST abgeschnitten hat, und beginnen, uns mit unserer wahren Natur zu identifizieren. Kabir sagte: »Wenn du dein eigenes Selbst nicht gesehen, wenn du die Knoten in deinem Herzen nicht aufgelöst und den Schmutz in deinem Denken nicht weggespült hast, was spielt es dann wirklich für eine Rolle, ob du ein Mensch bist?« In dem Prozeß, die Schleier zwischen uns und unserem tieferen SELBST zu lüften, reinigen und heilen wir uns.

Die Kraft, die unseren Süchten oder Verhaftungen zukam, strömt nun von innen und gibt uns neue Stärke. Wir lernen zu lieben, statt zu besitzen, und die Heiligkeit anderer zu erkennen und zu achten, statt sie zu mißachten und zu vernachlässigen. Wir lernen, das Wunder unseres Körpers als heiliges Instrument zu schätzen, das es verdient, gut gepflegt und fein gestimmt zu werden. Güte, Offenherzigkeit, Vitalität und Gelassenheit nehmen zu, und wir beginnen, unser intensives inneres Verlangen nach Ganzheit zu befriedigen.

Zur gleichen Zeit nehmen wir das Wunder des Daseins, seine Vitalität und die Verbindungen zwischen allem und jedem besser wahr. Unser Horizont wird weiter, und unsere Wahrnehmung wird immer mehr geläutert. Der amerikanische Dichter e.e. cummings schreibt dazu in einem Dankgedicht: »ich danke dir, gott, nun erwachen die ohren meiner ohren, und meinen augen werden die augen geöffnet.« Dies ist häufig der Punkt auf dem spirituellen Pfad, an dem diejenigen unter uns, die jahrelang versucht haben, dem Schmerz des Lebens zu entfliehen, anhalten. Wir sehen uns um und beginnen, die Schönheit der Welt und unsere Teilnahme daran zu erkennen. Das Göttliche offenbart sich überall um uns herum. Vielleicht gelangen wir zu der Einsicht, daß die Lehren Jesu richtig waren, daß das Königreich Gottes auf Erden ist. Oder wir begreifen die Wahrheit von schamanischen Kulturen, die jeden Teil der Schöpfung als lebendig und heilig ansehen. Wir fangen an zu verstehen, daß das Außergewöhnliche das Gewöhnliche durchdringt, daß die stoffliche Welt vom göttlichen Geist durchtränkt ist. Unsere Lebensabenteuer werden spannender und lohnender, und jeder Aspekt bekommt Sinn. Langsam wird uns klar, daß wir nur hier bestimmte Erfahrungen machen können. Wir spüren, wie wichtig es ist, mit den Füßen in der Erde verwurzelt zu bleiben und nehmen dabei echt an der göttlichen Erfahrung des Menschseins teil. Wir »wandern mit praktischen Füßen auf dem mystischen Pfad«, wie es Angeles Arrien nennt. Dies ist die Reise nach Hause.

Alltagsspiritualität

Daß es sich bei der Vorstellung, Spiritualität sei etwas vom gewöhnlichen Leben Getrenntes, habe mit einem unerreichbaren, äußeren Gott zu tun, der die Welt transzendiert, um eine Fallgrube handelt, haben wir bereits zuvor in diesem Buch gesehen. Während unserer Genesung erkennen viele von uns das immanent Göttliche, die Höhere Macht in uns und um uns herum. Wir haben neue Lebenszuversicht und die Kraft, sie auch umzusetzen. Jeder Tag, jeder Augenblick bietet uns einen neuen Anfang. »ich, der ich gestorben bin, bin heute wieder lebendig, und dies ist der geburtstag der sonne«, schwelgt e.e. cummings. Aber wie steht es um die praktische Seite einer Lebensgestaltung, die die Lehren widerspiegelt, die wir gelernt haben und immer weiter lernen?

Die inspirierendsten und authentischsten spirituellen Lehrer scheinen meist ziemlich gewöhnlich zu sein. Sie leben nach außen hin ein einfaches Leben, unterrichten ihre Schüler und schreiben, kochen, gärtnern, füttern die Tiere, gehen spazieren, arbeiten mit anderen oder sitzen Tag für Tag am selben Platz. Ihr Beispiel ist eine fortwährende Unterweisung in Liebe, Bescheidenheit, Kraft, Gelassenheit und Weisheit. Die spirituelle Literatur ist voller Berichte über scheinbar schlichte Zen-Meister, Älteste, Rabbis, Heilige oder Yogis, die Suchende aufgrund ihrer Handlungsweise still und humorvoll zu ihrer eigenen Wahrheit führen.

Eine Geschichte beschreibt einen engagierten Schüler des Judaismus, der auf dem Weg zu einem großen Rabbi ist. Auf der Straße trifft er einen alten Bekannten und erzählt ihm, wo er hin will. »Was wirst du von deinem Meister lernen?« fragt ihn der Freund. »Ich werde nicht den Talmud studieren«, antwortet der Schüler, »ich werde sehen, wie er seine Schuhe zubindet«.

Es gibt viele solche Geschichten. Jede Handlung und jede Einstellung ist bedeutsam, unabhängig von ihrer Größe. Mahatma Gandhi hat einmal gesagt: »Mein Leben ist meine Botschaft.« Die Art und Weise, in der wir unser Leben leben, vermittelt unsere Botschaft an die Welt. Die Fürsorge und Aufmerksamkeit, mit der wir unsere täglichen Aktivitäten verrichten, mit unseren Kindern umgehen, unsere Mahlzeiten zubereiten, mit den Verkäuferinnen im Laden sprechen oder uns durch den Berufsverkehr kämpfen, demonstriert unseren inneren Zustand. Das Äußere spiegelt oft das Innere. Unser Verhalten gegenüber uns selbst, unserer Umwelt und den Menschen darin verrät, wie stark beunruhigt oder aufgeregt, ängstlich oder abgeschnitten wir sind. Wenn wir uns anderen zuwenden, zeigen wir unser Reservoir an Liebe,

Respekt und Mitgefühl. Als ich wegen meines Alkoholismus in Behandlung war, erzählte mir mein Berater, er könne sein Wohlbefinden immer am Grad der Unordnung in seinem Auto ablesen. Wenn die Sitze voller Prospekte und alter Kaugummipapiere lägen, oder es in seinem Kofferraum aussähe wie auf einem Schlachtfeld, wisse er, daß er auf seine Seelenruhe achten müsse.

Zu unserem spirituellen Pfad der Wiederentdeckung gehören tiefe, lebensverändernde Einsichten und Erfahrungen. Aber kein inneres Abenteuer, und sei es noch so spektakulär, hat irgendeinen Wert, wenn wir es nicht in unser gegenwärtiges Leben eingliedern können. Die Sufi-Geschichte warnt: »Bete zu Allah, aber binde dein Kamel an.« Machen Sie Ihre spirituellen Übungen, aber kümmern Sie sich um alltägliche Notwendigkeiten und Verpflichtungen.

In unserer neuen Welt zu leben, erfordert auch, daß wir wirklich lebendig werden. Viele von uns waren während unserer Sucht oder aufgrund unserer Verhaftungen wie taub, schlafend oder völlig abgehoben. Wir sind per Autopilot durchs Leben gekurvt. Wenn wir uns nun einem ehrlichen Leben der Ergebenheit und Annahme verpflichten, beginnen wir, aus unserem tiefen Schlummer zu erwachen. Wir erkennen, daß wir zwar gedacht haben, wir würden uns amüsieren, daß wir uns aber in Wirklichkeit innerhalb eines begrenzten Spektrums von Erfahrung bewegt haben. Und nun sind wir nicht mehr damit zufrieden, in einer wattegepolsterten Grauzone zu leben. Und wir erlauben unserem Gefühlsbarometer auch nicht, uns in außerordentliche Höhen oder Tiefen zu zerren. Wir nehmen von unserem eigenen Schwerpunkt Besitz, »die augen unserer augen werden geöffnet«, und unsere Begeisterung darüber, daß wir intensiver an unserem menschlichen Abenteuer teilnehmen, steigert sich.

Eine Frau hat es so formuliert: »Ich habe einen Großteil meiner fünfundvierzig Jahre mit Scheuklappen verbracht, die meine Sicht behinderten. Nun hat Gott mir eine zweite Chance gegeben, und mein Leben ist, mit all seinen Fehlern, ein Wunder. Ich habe mich dafür entschieden, es jeden Tag so gut wie möglich auszukosten. Ich habe genügend Zeit im Dunkeln verbracht.« Inzwischen wissen wir, daß eine hektische äußere Suche nicht zu Erfüllung oder Befriedigung führt. Wir sind immer fester im Grund unseres Seins verankert und betreiben unser äußeres Leben von innen heraus.

In die Ganzheit erwachen

Die Religionen und spirituellen Traditionen des Ostens beschreiben *Erleuchtung* als das letztendliche Ziel der spirituellen Reise. Erleuchtet zu werden heißt, »ganz wach, gewahr oder bewußt« zu werden. Die Erleuchtung erfolgt dadurch, daß man die Augenbinden Schicht für Schicht entfernt und für die Klarheit spiritueller Sicht, Einsicht oder Vision offen wird. Erleuchtete Wesen sehen die Welt ohne Verzerrungen durch Illusionen, Ignoranz, Wut oder Verhaftungen klar als das, was sie ist. Sie sind sich der Wahrheit der Realität vollkommen gewahr und für sie offen. Sie sind völlig bewußt und existieren frei von Verhaftungen, Haß und Ablehnung. Zwar haben sie Gedanken, Gefühle und einen leiblichen Körper, aber sie klammern sich nicht daran – keine Verhaftungen, nicht ein Fünkchen Ablehnung, keine Verleugnungen. Stellen Sie sich das mal vor.

Die meisten von uns werden dieses Ziel der Erleuchtung vermutlich nicht erreichen. Aber wenn wir unsere Sucht angehen und an unseren Verhaftungen arbeiten, werden wir freier und unsere tägliche Routine wird erleuchteter. Wir tragen die Schichten von Verleugnung ab, stellen uns unseren Süchten, lassen unsere Verhaftungen los und werden dadurch ehrlicher gegenüber unserem Leben. Wir umarmen die Wahrheit des Leids wie die der Freude und erwachen. Wenn wir das gesamte Spektrum des menschlichen Zustandes erkennen und annehmen, öffnet sich die Tür zu Mitgefühl. Wir sehen den Schmerz der Welt, Krankheit, Krieg, Tod und Elend, und sie gehen uns zu Herzen. Wir sitzen alle im selben Boot.

Chögyam Trungpa hat gesagt:»Ich fürchte, Liebe ist nicht wirklich ausschließlich die Erfahrung von Schönheit und romantischer Freude. Sie hängt ebenso mit Häßlichkeit, Schmerz und Aggression zusammen wie mit der Schönheit der Welt ... Liebe oder Mitgefühl, der offene Pfad, hat damit zu tun, ›was ist‹.« Durch das Annehmen dessen, was ist, zapfen wir die uns innewohnende Liebe an, ein tiefes Gefühl von Zugehörigkeit und Beziehung zu uns selbst, anderen und unserer Umwelt.

Außerdem fühlen wir uns freier. Unsere neue Freiheit heißt nicht, daß wir auf einem Berggipfel sitzen und abgeschnitten und entfernt andere Reiche genießen. Im Gegenteil: Wir stehen immer flexibler, gelassener, mitfühlender, humorvoller und bescheidener inmitten des reichen, dynamischen, ständig sich wandelnden Schauspiels des Lebens. Wir wandern mit mehr Leichtigkeit durch Stürme und sehen die Regenbögen. Wir schöpfen aus dem Licht in unserem Leben sowie aus den Eigenschaften der spirituellen Reife. Dadurch, daß wir unsere Süchte und Verhaftungen ehrlich betrachten, werden wir, in den Worten der Zwölf-Schritte-Programme »glücklich, freudvoll und frei«.

Je freier wir werden, je besser wir annehmen können, desto mehr erwachen wir für unsere Ganzheit. Das Wort *ganz* bedeutet gesund, frei von Wunden oder Verletzungen, geheilt. Ganzheit wird auch als die Einheit oder Totalität von vielschichtigen Bestandteilen definiert. Das ist es, wonach wir gedürstet haben – und es ist möglich, sie in unserer Alltagswelt zu finden. Wenn wir das spirituelle Erwachen erleben, das der zwölfte Schritt verspricht, vereinigen wir uns mit dem Göttlichen, erlangen den inneren Kern der Ganzheit wieder. Ein Leben in Ganzheit ist ein Leben in Gesundheit und Gleichgewicht. Im Laufe des Prozesses der Wundheilung beginnen wir, unsere physischen, emotionalen, mentalen und spirituellen Teile in Harmonie zu bringen. Während unserer Arbeit am elften Schritt oder unserer spirituellen Praxis und durch unser Handeln in der Welt integrieren wir das kleine Selbst besser in das tiefere SELBST. Das immanent Göttliche trifft auf das transzendent Göttliche, und wir werden uns des Wunders unseres Lebens bewußt.

Die Gedichte von D.H. Lawrence, besonders die späteren, sind voller Bilder vom Tod, von Wiedergeburt und Spiritualität. Sein »Pax« oder »Frieden« ist mir eines der liebsten. Ich denke daran, wenn ich meine Katzen gemütlich zusammengerollt oder gelassen ausgestreckt im Haus liegen sehe. Die ersten Zeilen vermitteln die Atmosphäre von Gelassenheit und Einheit, die wir kultivieren, wenn wir nach Hause kommen:

Alles, worauf es ankommt, ist, eins zu sein mit dem
lebendigen Gott,
ein Geschöpf zu sein im Haus des Gottes des Lebens.

Wie eine Katze, die auf einem Stuhl eingeschlafen ist,
friedlich, in Frieden
und eins mit dem Herrn des Hauses, mit der Herrin,

daheim, daheim im Haus des Lebendigen,
schlafend am Herd und gähnend vor dem Feuer.

Wir ruhen in unserem göttlichen Haus, gähnen vor dem Feuer. Wir sind eins mit Gott, der uns umfängt und durch die einfachen Aufgaben des Alltagslebens führt.

Und was ist mit den Fallgruben?

Bei unserer täglichen Routine gibt es Zeiten, in denen wir uns zufrieden und verbunden fühlen. Außerdem treffen wir unterwegs auch auf holprige Stellen, Fallgruben und Schlaglöcher. Träume von Alkohol oder Drogen erinnern uns daran, daß unsere Suchttendenzen noch irgendwo unter der Oberfläche stecken. Was machen wir mit der allzu vertrauten Ruhelosigkeit, die uns manchmal durchströmt, oder den Zeiten, in denen unser Kopf Überstunden einlegt? Wenn wir auf unserer Reise zwei Schritte vorwärts tun, was ist mit dem einen Schritt zurück? Was tun wir, um diesen Fallgruben auszuweichen oder sie hinter uns zu lassen? Hier ein paar Vorschläge von Freunden, Führern und Kollegen auf dem Weg.

In bewußtem Kontakt zur eigenen Höheren Macht bleiben, und zwar durch regelmäßige spirituelle Praxis, die die Elemente des Sich-Ergebens, der Annahme und der Liebe enthält. Jeden Tag Zeit für Gebet, Meditation, Spaziergänge, Zwölf-Schritte-Treffen, schöpferische Tätigkeiten, oder alles andere schaffen, was den Kontakt zum tieferen SELBST fördert. Wir müssen uns sicher sein, daß unser Pfad einer des Herzens ist, daß wir das Mitgefühl und die Güte leben, die wir in uns selbst entdecken. Uns jeden Tag ergeben. Uns anvertrauen, wie es in den Zwölf Schritten heißt. Das tiefere SELBST oder die Höhere Macht durch unsere Handlungen wirken lassen. Manche spirituellen Lehrer sagen, in der spirituellen Praxis ginge es nicht darum, irgendwohin zu gelangen oder irgend etwas anzusammeln, sondern ums Loslassen. Jeden Augenblick so voll wie möglich auskosten und dann weitergehen. Akzeptieren, daß »auch dies vergehen wird«, daß Zeiten des Glücks wie die des Schmerzes vorübergehend sind. Auf den Wellen der Veränderungen reiten.

Ruhelosigkeit als Zeichen dafür nehmen, daß Arbeit am elften Schritt zu tun ist, um bewußten Kontakt zur eigenen Höheren Macht herzustellen. Unser Sehnen nach Ganzheit wird aktiviert, wenn wir uns vom tieferen SELBST abgeschnitten oder losgelöst fühlen. Als Teil unserer Praxis lernen wir, die Sehnsüchte zu erkennen, wenn sie auftreten. Wenn wir diesen tiefen Hunger verspüren, muß unsere Seele gefüttert werden. Er signalisiert uns, daß wir vom geschäftigen Leben ablassen und wieder Verbindung aufnehmen sollen. Wir müssen die fehlgeleiteten und potentiell süchtigen Versuche, unsere Sehnsucht zu stillen, durch gesunde und nahrhafte Bemühungen ersetzen. Selbst wenn wir unsere Höhere Macht nicht immer direkt spüren, können wir uns daran erinnern, daß sie da ist.

Gesunde Beziehungen zu anderen Menschen entwickeln. Eine Ebene unserer lebenslangen Sehnsucht ist der Wunsch nach Beziehungen zu anderen Menschen, zu lieben und geliebt zu werden. Viele von uns haben sich so gefühlt, als ob sie vom Rest der Menschheit abgeschnitten, entfremdet wären. Unsere Einsamkeit und unser Verlangen, dazuzugehören, haben zu ungesunden, manchmal süchtigen Beziehungen geführt. Nun arbeiten wir daran, uns zu ändern. Wenn wir unseren Wunsch bemerken, dabei zu sein, strecken wir die Hand aus. Wir überwinden unsere Angst vor Ablehnung und treten in ehrliche, aufmerksame Interaktionen mit Menschen ein, denen wir vertrauen können. Das geschieht nicht über Nacht. Das Vertrauen in andere wächst, wenn sich das in uns selbst entwickelt. Beziehungen werden leichter, je länger wir an unserer eigenen Heilung arbeiten.

Auf das hören, was andere zu sagen haben. In den Zwölf-Schritte-Programmen sagen sie: »Nimm die Watte aus den Ohren und stopf sie dir in den Mund.« Sich nicht mehr ausschließlich mit sich selbst beschäftigen und beginnen, die anderen in unserem Umfeld wahrzunehmen. Ihre Bedürfnisse, ihre Geschichten, das, was sie uns lehren können, hören. Dem Drang widerstehen, Ratschläge zu geben und Urteile zu fällen; statt dessen Mitgefühl und Freundlichkeit anbieten.

Mit einem spirituellen Führer, Lehrer oder Förderer arbeiten, der oder die schon viel für die eigene Heilung getan hat und versteht, daß jeder Mensch eigene Antworten in sich birgt. Einige Richtlinien für die Auswahl eines Therapeuten haben wir bereits erörtert. Diese können uns auch bei der Suche nach einem Führer oder Förderer helfen: ein

Gefühl von Verständnis für den einzelnen und das offensichtliche Verständnis, das die Spiritualität, das Wissen, daß wir unsere eigenen Heiler sind, und Respekt für die beidseitigen Grenzen einschließt. Die Rolle dieser Co-Abenteurer kann sich mit wechselnden Bedürfnissen in verschiedenen Stadien unserer Entwicklung auch verändern.

Die spirituelle Praxis durch Therapie oder andere Formen der Selbsterforschung verstärken. Das wird dazu beitragen, den Damm zwischen uns und unserem tieferen SELBST gründlicher zu entfernen. Wir können die Spiritualität in unserem Leben nicht voll erfahren, ohne unsere persönlichen Angelegenheiten anzugehen. (Dieses Thema haben wir im achten Kapitel ausführlich besprochen.)

Lernen, zwischen Isolation und Alleinsein zu unterscheiden. Viele von uns haben ein isoliertes Leben gelebt, obwohl wir von Familie, Freunden, Schulkameraden und Mitgliedern unserer Gemeinschaft umgeben waren. Wir hatten das Gefühl, weniger zu sein als andere Leute, anders, als ob wir nur von draußen hineinschauen würden. Diejenigen, die mißbraucht und betrogen wurden, haben oft so reagiert, daß sie sich vom Rest der Welt zurückgezogen und Schutzschichten geschaffen haben. Aber wenn wir uns isolieren, bleiben wir mit unseren Grübeleien allein. Wenn wir Scham, Angst oder Wut empfinden, täuscht uns unser denkender Verstand oft. Wir überzeugen uns selbst von unseren Unzulänglichkeiten, rechtfertigen schädliche Handlungen oder beurteilen und kritisieren Dritte. Wir erzählen uns selbst Geschichten, die wahr sein können, aber nicht sein müssen.

Aus unserer Isolation aufzutauchen, ist ein wichtiger Teil unserer Genesung. Während wir unsere Wunden heilen und unsere Stärken entdecken, entwickeln wir immer mehr Vertrauen in uns selbst und andere. Wir riskieren Kontakte mit anderen Menschen, und unsere Beziehungen werden angenehmer. Wenn unser Leben schmerzhaft wird, kommen wir in Versuchung, wieder in die Isolation zurückzukehren. Das aber hieße, erneut in Mißtrauen, Bitterkeit und den Illusionen unseres denkenden Geistes zu versinken.

Einsamkeit im Sinne von Alleinsein ist etwas anderes als Isolation. Isolation aktiviert das Denken, Einsamkeit öffnet das Herz. Allein mit uns selbst zu sein, getrennt vom Rest der Welt, und unsere eigene Gesellschaft zu genießen, hat eine eigene Qualität. Einsamkeit ist eine freiwillige Handlung; Isolation ist eine Reaktion. Einsamkeit ist während unserer spirituellen Praxis und anderen Zeiten der Regeneration, Selbstbeobachtung und Wiederverbindung notwendig. Sie ist eine gesunde Art des Rückzugs. Wir beten, meditieren, gehen spazieren und träumen nachts allein.

Sowohl mit dem denkenden Geist als auch mit der Intuition weiterarbeiten. Die mentale Gymnastik, wenn sie auftritt, zu beobachten und als das erkennen zu lernen, was sie ist. Der inneren Stimme trauen und sie nicht mit dem »Komitee« verwechseln, dem »mentalen Geschnatter«, das nur dazu dient, uns zu verwirren. Hören wir lieber auf unsere Intuition als auf unsere Gedanken oder unsere Logik; wir haben sie alle, ob wir es wissen oder nicht. Achten wir auf die Botschaften des Herzens, statt auf die des Kopfes. Wahre Intuition ist Ausdruck der tieferen Weisheit, nicht des Ichs.

Uns regelmäßig mit Dingen beschäftigen, die uns erden und ein Gefühl von Verbundenheit mit der Welt geben, und daran arbeiten, unsere spirituellen Einsichten ins tägliche Leben zu tragen. Gartenarbeit, wirklich mit den Händen im Boden zu wühlen, hält uns im Hier und Jetzt verwurzelt und verstärkt unsere Achtung vor der Natur. Physische Aktivitäten wie Laufen, Tanzen oder körperliche Arbeit halten uns in unserem Körper und unsere Füße auf der Erde. Das gilt auch für einfache Aufgaben wie Kochen, Putzen und andere häusliche Tätigkeiten.

Merken, wenn wir aus dem Gleichgewicht sind und das in Ordnung bringen. Unseren physischen, emotionalen, mentalen und spirituellen Bedürfnissen gleichermaßen gerecht werden. Einige von uns sind mehr rational als emotional, mehr körperlich als spirituell oder mehr spirituell orientiert als intellektuell entwickelt und umgekehrt. Heute mag ein Aspekt von uns stärker nach Aufmerksamkeit rufen, morgen ein anderer. Lernen, alle Teile unserer Natur als wichtig zu achten und uns täglich um die zu kümmern, die schwach zu sein scheinen. Wenn wir uns ausruhen müssen, ein paar Stunden schlafen oder einige Zeit freinehmen. Wenn wir besorgt sind oder uns eines bestimmten Problems in unserem Leben bewußt werden, jemanden finden, der uns helfen kann, die Wurzeln unseres Unbehagens zu finden. Wenn wir gelangweilt sind, handeln: etwas Stimulierendes lesen, eine Sprache lernen oder uns bei einem kreativen Projekt engagieren.

Erkennen, wann wir Hilfe brauchen und bescheiden genug sein, darum zu bitten und sie anzunehmen. Wir haben uns jahrelang auf uns selbst verlassen. Wenn andere demonstriert haben, daß sie unzuverlässig waren, wußten wir wenigstens, daß wir uns selbst trauen konnten. Wenn alles andere versagte, konnten wir auch allein zurechtkommen. Dies mag ursprünglich eine wesentliche Überlebensstrategie gewesen sein. Aber wie bei so vielen kreativen Lösungen begannen die dahinterstehende Angst und das Mißtrauen irgendwann, unsere Entwicklung zu behindern. Auch wenn wir wissen, daß andere uns helfen können, fällt es uns schwer, darum zu bitten. Dazu kommt eine bestimmte Maske des Stolzes, die vielleicht unsere Scham und unser niedriges Selbstwertgefühl verdeckt. Wir werden niemanden an uns heranlassen, weil wir alle Antworten haben. Was könnte er schon hinzufügen? Dummerweise beraubt uns diese Haltung des Verständnisses, der Weisheit und der Führung, die andere zu bieten haben. Sie fördert Isolation. Wenn man diese Haltung ändern will, ist es wichtig, sich eine »Wahlfamilie« zu suchen, eine Gemeinschaft von mitfühlenden und unterstützenden Menschen, die auf demselben Pfad reisen wie wir selbst. Das sind Leute, die wir anrufen können, wenn wir einen schlechten Tag haben, ein freundliches Ohr oder ein liebevolles Wort brauchen. Das sind Freunde und Familienmitglieder, die uns sein lassen, wer wir sind, ehrlich auf uns reagieren und uns lieben. Wenn wir um Hilfe bitten und die Antwort bekommen, die wir brauchen, lassen wir jemanden in unsere Welt hinein. Wir öffnen die Tore zu unserer Isolation mit Bescheidenheit und Vertrauen.

Annehmen, daß wir menschlich sind, und daß menschlich sein auch verhaftet sein bedeutet. Wir sind so hart gegen uns selbst. Wir können diszipliniert und verantwortlich werden, ohne selbstkritisch zu sein. Wir müssen mit uns selbst sanft umgehen und unser Bestes tun, jeweils im Augenblick. Wir finden Zufriedenheit, wenn wir Fortschritte machen, nicht wenn wir uns in Richtung Perfektion zwingen. Mitgefühl für unser eigenes Dilemma und unseren eigenen Pfad entwickeln. Uns selbst vergeben, wenn wir Vergebung brauchen.

Regelmäßig dienen üben. Dies ist ein Eckstein vieler spiritueller Traditionen, einschließlich der Zwölf Schritte. Anderen helfen, ohne dem Ergebnis verhaftet zu werden. Einen Teil von dem zurückgeben, was wir bekommen haben. Die Arbeit des zwölften Schrittes tun, die in diesen Programmen so wichtig ist. Wissen, daß wir, wenn wir etwas für einen anderen tun, es auch für uns selbst und Gott tun. Durch mitfühlendes Handeln die Lehren vermitteln, die wir unterwegs lernen. Wir müssen nicht die Welt retten oder etwas Spektakuläres tun. Vielleicht ist Dienen so etwas Einfaches wie auf die Bedürfnisse unserer Familie, Gemeinschaft oder Kollegen zu achten.

Unseren Sinn für Humor entwickeln und spielen lernen. Leichter werden. Nicht alles so ernst nehmen. Über uns selbst, unser Drama, den Tanz lachen, den wir alle miteinander aufführen. Angeles Arrien sagt, daß dort, wo es keinen Sinn für Humor gibt, Verhaftungen sind. Wir können unseren Pfad ernst nehmen, ohne ihm verhaftet zu werden.

Unsere Rolle entdecken und sie so gut wie möglich spielen. Herausfinden, was unsere Seligkeit ist, unsere Nische finden. Bestimmen, was uns inspiriert und unsere Kreativität freisetzt. Das hat nichts damit zu tun, jemand anderen nachzuahmen. Auch wenn andere als Rollenmodelle dienen oder Eigenschaften aufweisen, die wir gerne nachahmen würden, können sie uns letzten Endes nicht sagen, wo wir hinpassen. Dieses Wissen entsteht daraus, daß wir nach innen blicken und lernen, wo wir uns am lebendigsten fühlen, und daraus, daß wir den Mut und das Selbstvertrauen finden zu handeln. Das Theater des Lebens braucht eine große Vielfalt von Charakteren, um dynamisch und bedeutungsvoll zu sein. Mir ist klar, daß ich nicht Martin Luther King oder Mutter Teresa werden kann. Aber ich lasse mich von ihnen inspirieren und blicke nach innen, um meinen einzigartigen Sinn zu finden.

Weiter für das Hier und Jetzt wach werden. Dies ist eine Fortsetzung all unserer spirituellen Praxis und therapeutischen Arbeit. Aufmerksam sein. Die Zeiten bemerken, in denen wir gemütlich in der Grauzone faulenzen oder in den Äther entschweben. Risiken eingehen, mutig genug sein, uns durch all das fortzubewegen, was das Leben uns bringt. Unsere Gaben erkennen und sie nutzen. Für jeden Akt des Stückes anwesend bleiben.

Es einfach halten, ein wunderbarer Spruch der Zwölf-Schritte-Programme. *Einfach* und *leicht* sind nicht immer dasselbe. Sich nicht von den Übertreibungen und Vielschichtigkeiten der Welt oder unseres Denkens verlocken lassen. Langsam werden. Die Zeiten bemerken, in denen wir zu stark beschäftigt, überengagiert oder schwierig werden. Mit der Botschaft unseres Herzens und unseres Körpers in Verbindung bleiben, die Verwicklungen unseres Lebens mit einfachen Tätigkeiten ausgleichen. Eine Freundin, die als transpersonale Beraterin arbeitet, sagt, daß sie nach intensiven Interaktionen mit einzelnen oder Gruppen oft nach Hause kommt und die Böden schrubbt – auch wenn die es gar nicht nötig haben. Diese praktische, geerdete Tätigkeit bringt sie wieder ins Lot, führt sie zurück zu einem Gefühl von Harmonie und Einfachheit.

Diese Prinzipien in all unseren Angelegenheiten praktizieren, ist ein weiterer Spruch aus den Zwölf Schritten. Alles, was wir tun, unsere sich entwickelnden Eigenschaften spiritueller Reife spiegeln lassen. Wir wollen unsere Art zu leben zugleich einen Spiegel unserer spirituellen Wahrheit sein lassen, ob wir nun Gemüse putzen, unsere Kinder versorgen oder eine Rede an die Vereinten Nationen halten. Die Prinzipien sind immer dieselben, auf der individuellen Ebene ist es nicht anders als auf der familiären, nationalen oder planetarischen. Der frühere Präsident der ehemaligen Tschechoslowakei, Vaclav Havel, sprach in einem Interview mit der Zeitschrift *Time* das Bedürfnis nach bewußter Teilnahme an der Welt an: »Ich glaube nicht, daß man noch mehr technische Tricks oder systemische Maßnahmen schaffen kann, um die globalen Bedrohungen der Menschheit zu beseitigen. Es sind gewisse Veränderungen in der menschlichen Mentalität notwendig, um die Gefühle der globalen Verantwortung zu vertiefen. Die Erneuerung der globalen Verantwortung ist nicht ohne einen gewissen Respekt für ein Höheres Prinzip jenseits meiner eigenen persönlichen Existenz denkbar.«

Wir leben in einer Zeit, in der vielleicht ein archetypisches Wettrennen stattfindet. Auf der einen Seite stehen die persönliche und kollektive Freiheit, die Einheit, Liebe und das Verständnis, die überall auf der Welt aufbrechen. Auf der anderen Gewalt, Haß, Trennungen, Unterdrückung und Mißbrauch von uns selbst, anderen und der Welt. Welchen Ausgang das Rennen nimmt, das könnte sehr wohl von jedem und jeder einzelnen von uns abhängen, von der Art, in der wir an unserem Leben teilnehmen, und dem Bewußtsein, mit dem wir es tun.

Diese Liste ist keineswegs vollständig. Auch wenn viele Traditionen diese Richtlinien in irgendeiner Form wiederholen, so hat doch jede ihre eigenen unterscheidbaren Prinzipien, Vorstellungen und Werte.

Jede und jeder von uns findet die eigene Richtung und schneidert sich nach den eigenen Bedürfnissen einen individuellen spirituellen Stil. Mit Hilfe einiger neuer Werkzeuge reisen wir weiter auf unserem Pfad nach Hause, machen mit der Unterstützung einer Gemeinschaft gleichgesinnter Begleiter zunehmend selbstsicherere Schritte.

Durch unsere Praxis, uns zu ergeben und anzunehmen, genießen wir jeden Tag die Begnadigung von unseren Süchten. Mit der Hilfe, die wir in neuen psychologischen und spirituellen Landkarten finden, mit der aus Erfahrung gewonnenen Weisheit und der Unterstützung von anderen bestehen wir immer wieder neue Abenteuer. Wir leben unser Leben, einen Schritt nach dem anderen, machen Fortschritte, erwarten aber keine Perfektion. In dem Prozeß, die Blockaden zu entfernen, die uns am Wissen hindern, stillen wir unsere intensive Sehnsucht nach Ganzheit und füllen unsere existentielle Leere.

Während wir uns im Fluß unseres Lebens entspannen, spüren wir Wellen von Gelassenheit, Annahme und Freude. Wir finden den Schlüssel zum Himmel wieder, und wenn wir die Tür aufschließen, entdecken wir das Zuhause, von dem wir nicht wußten, daß wir es haben. Wir merken, daß die vergebliche, quälende und zerstörerische äußere Sinnsuche die falsche Strategie war. Ohne es zu wissen, haben wir die ganze Zeit alle Fragen und alle Antworten in uns getragen. Kabir schreibt:

> *Wo suchst du MICH denn, mein Diener?*
> *Schau, ICH bin neben dir…*
> *Wenn du ein wahrer Gottsucher bist,*
> *dann wirst du MICH ganz plötzlich sehen;*
> *du sollst MIR in einem einzigen Augenblick begegnen.*
> *Kabir sagt: »O Sadhu! Gott ist der Atem allen Atems.«*

Unser ganzer Lebensweg nach Hause ist eine Heldenreise. Wenn wir zum Wahren Selbst zurückkehren, erkennen wir, daß das Objekt unserer Suche die ganze Zeit hier war. Am Ende unserer Abenteuer können wir sehr wohl genau dort landen, wo wir hergekommen sind. Wie T.S. Eliot in den »Vier Quartetten« schreibt:

Werden wir nicht nachlassen in unserem Kundschaften
Und das Ende unseres Kundschaftens
Wird es sein, am Ausgangspunkt anzukommen
Und den Ort zum ersten Mal zu erkennen.

DANK

Dieses Buch bringt viele Fäden meines Lebens zusammen, und es hätte nicht ohne die unschätzbare Hilfe und Unterstützung vieler anderer Menschen geschrieben werden können. Dank an meine Schwestern: Kathy für ihre Liebe, Offenheit und Bereitschaft, zu mir zu stehen, und Peggy für Jahre voller Humor, Fürsorglichkeit und liebevolle Begleitung durch viele Stadien dieses Berichts. Dank an Lisa Livingston, die meine Hand gehalten, immer die perfekten Fragen gestellt und unfehlbare Einsichten beigetragen hat.

Dank an meine Lektorin, Barbara Moulton, die dieses Projekt schon früh betreut und durch seine vielen Phasen gelenkt und mir Raum gelassen hat, meine eigene Stimme zu finden.

Auch Cary Sparks, der Freundin und fabelhaften Assistentin, deren beständige Bereitschaft, stille Anwesenheit und hingebungsvolle Arbeit mein Leben leichter und fröhlicher gemacht haben, bin ich dankbar. Ebenso meinem Freund Tav Sparks, der mir bei der Entwicklung der Gedanken für dieses Buch ein einsichtsvoller Ratgeber und Landsmann war. Dank auch an Kathy Altman und Lori Saltzman für ihre Zuneigung, laserartigen Wahrnehmungen und fachmännische Anleitung.

Spezieller Dank gebührt Jack Kornfield, einem mitfühlenden und liebevollen Freund, Kollegen und Lehrer, der mir geholfen hat, etwas über einige Themen in diesem Buch zu lernen. Besonderen Dank an Kit Wilson für ihre liebevolle Führung, Weisheit und klugen Kommentare zum Manuskript; an Frances Vaughan für Jahre voll sanfter Freundschaft und unerschütterlichen Vertrauens; an Eileen Sanchez für ihre persönliche Inspiration, ihre Ermutigung und ihr Feedback zum Manuskript; an Angeles Arrien für seine enthusiastische Unterstützung und sein lange vor meinem eigenen entstandenen Vertrauen, daß ich es schaffen würde; und an Mondy Bridges, die mir einen sicheren und warmen Zufluchtsort bot.

Ich bin auch vielen anderen Freunden, die mir vor und während dieses

Projekts ihre großzügige und liebevolle Unterstützung zuteil werden ließen, dankbar: Wyatt Webb, Roger Walsh, Bruder David Steindl-Rast, Micky Reny, George Nash, Betty Monaghan, Jane Middleton-Moz, Pater Thomas Matus, Roquelle Lerner, Pauline Kirby, Helen Gitkind, Patricia Dimitrios, John Buchanan, Susie Bower, Leroy Bishop, Kathy Coletti-Bishop, Anne Armstrong, Rod Allison und Brigitte Ashauer für den Begriff »militanter Altruismus«.

Und schließlich möchte ich aus tiefstem Herzen der Gemeinschaft all derer danken, die sich von allen möglichen Arten von Sucht erholen. Ich habe die ausdrückliche Hoffnung, daß ich durch das Schreiben dieses Buches auch nur einen winzigen Bruchteil dessen zurückgeben kann, was sie mir geschenkt haben.

LITERATUR

»Alcohol Practices, Policies, and Potentials of American Colleges and Universities«. Washington, DC: Office of Substance Abuse Prevention; Alcohol, Drug Abuse and Mental Health Administration; U.S. Department of Health and Human Services, 191.

Anonyme Alkoholiker. Das blaue Buch. München, Gemeinsames Dienstbüro der Anonymen Alkoholiker, 1983.

Arrien, Angeles: The Fourfold Way. San Francisco, Harper San Francisco, 1993.

Augustinus: Bekenntnisse. Übers. und hrsg. von K. Flasch und B. Mojsisch. Stuttgart, Reclam Verlag, 1989.

Aurobindo, Sri: Das göttliche Leben. Mirapuri. 1993.

Bass, Ellen und Davis, Laura: Trotz allem. Wege zur Selbstheilung für sexuell mißbrauchte Frauen. Berlin, Orlanda Frauenverlag, 4. Aufl. 1992.

Bateson, Gregory: Ökologie des Geistes. Anthropologische, psychologische, biologische und epistemologische Perspektiven. Frankfurt a.M., Suhrkamp Verlag, 1985.

ders.: Geist und Natur. Eine notwendige Einheit. Frankfurt a.M., Suhrkamp Verlag, 1987.

Beattie, Melody: Mut zur Unabhängigkeit. Wege zur Selbstfindung und inneren Heilung. Das Zwölf-Schritte-Programm. München, Heyne Verlag, 1992.

Bhagavad Gita. Zit. nach der Übersetzung von P. Deussen: Der Gesang des Heiligen, Leipzig, Brockhaus, 1991. In: Campbell, Joseph: Der Heros in tausend Gestalten. Frankfurt a.M., Suhrkamp Verlag, 1978.

Bolen, Jean Shinoda: Tao der Psychologie. Sinnvolle Zufälle. Basel, Sphinx Verlag, 1989.

Booth, Father Leo: When God becomes a Drug: Breaking the Chains of Religious Addiction and Abuse. Los Angeles, J.P. Tarcher, 1991.

Bradshaw, John: Wenn Scham krank macht. Ein Ratgeber zur Überwindung von Schamgefühlen. München, Droemer Knaur Verlag, 1993.

ders.: Mut zur Selbstverantwortung. München, Heyne Verlag, 1992.

ders.: Das Kind in uns. Wie finde ich zu mir selbst? München, Droemer Knaur Verlag, 1994.

Butler, Katy: »Encountering the Shadow in Buddhist America«. In: Common Boundary, 8:3, Mai/Juni 1990.

Campbell, Joseph: *Der Heros in tausend Gestalten*. Frankfurt a.M., Suhrkamp Verlag, 1978.

ders.: *Lebendiger Mythos. Wissenschaft, Musik, Poesie – Gedanken über die inneren Horizonte*. München, Goldmann Verlag, 1991.

Carnes, Patrick: *Out of the Shadows: Understanding Sexual Addiction*. Minneapolis, Comp-Care, 1983.

Carroll, Debra: »Angeles Arrien, Native Basque and Anthropologist«. In: *Shaman's Drum*, Sommer 1986.

Dürckheim, Karlfried Graf: *Der Alltag als Übung. Vom Weg zur Verwandlung*. Bern, Hans Huber Verlag, 1987.

Eliade, Mircea: *Handbuch der Religionen*. München, Artemis Verlag, 1991.

Feldman, Christina und Kornfield, Jack: *Stories of the Spirit, Stories of the Heart: Parables of the Spiritual Path from Around the World*. San Francisco, Harper San Francisco, 1991.

Friedlander, Ira (Hrsg.): *Wisdom Stories for the Planet Earth*. New York, Harper & Row, 1973.

Gib es weiter: Die Geschichte von Bill Wilson und der AA-Botschaft. Übersetzung aus dem Amerikanischen (*Pass It On*) derzeit in Vorbereitung beim Gemeinsamen Dienstbüro der Anonymen Alkoholiker, München.

Goldstein, Joseph und Kornfield, Jack: *Einsicht durch Meditation. Die Achtsamkeit des Herzens – Buddhistische Einsicht-Meditation für westliche Menschen*. München, Scherz Verlag, 1989.

Goleman, Daniel: »Early Warning Signs for the Detection of Spritual Blight«. In: *Yoga Journal*, Nr. 63, Juli/Aug. 1985.

Grof, Christina: »Rites of Passage: A Necessary Step Toward Wholeness«. Vortrag beim New Yorker Legislature Symposium Rites of Passage: A Comprehensive Approach to Adolescent Development, Albany, NY, Februar 1992.

Grof, Christina und Grof, Stanislav: *Die stürmische Suche nach dem Selbst. Praktische Hilfe für spirituelle Krisen*. München, Kösel-Verlag, 1991.

Grof, Stanislav: *Das Abenteuer der Selbstentdeckung. Heilung durch veränderte Bewußtseinszustände. Ein Leitfaden*. München, Kösel-Verlag, 1987.

ders.: *Die Welt der Psyche. Neue Erkenntnisse aus Psychologie und Bewußtseinsforschung*. München, Kösel-Verlag, 1993.

Grof, Stanislav und Grof, Christina: *Jenseits des Todes. An den Toren des Bewußtseins*. München, Kösel-Verlag, 1986.

dies.: *Spirituelle Krisen. Chancen der Selbstfindung*. München, Kösel-Verlag, 1993.

Hammarskjöld, Dag: »1956«. In: *Zeichen am Weg*. München, Droemer Knaur Verlag, 1967.

Harman, Willis und Rheingold, Howard: *Die Kunst, kreativ zu sein.* Bergisch-Gladbach, Lübbe Verlag, 1991.

Hofsess, Diane: »Lick Toads at Your Own Risk«. In: *Marin Independent Journal*, 2. Nov. 1989.

Hundert Gedichte Kabirs. Hrsg. von R. Tagore. Freiburg i.Br., Hyperion Verlag, 1978.

Huxley, Aldous: *Moksha.* München, Piper Verlag, 1984.

James, William: *Die Vielfalt religiöser Erfahrung.* Olten, Walter Verlag, 1979.

»Jung, C.G.: Brief an Bill Wilson«. In: *Pass It On.* (Erscheint demnächst in *Gib es weiter* beim Allgemeinen Dienstbüro der Anonymen Alkoholiker in München.)

Jung, C.G.: *Erinnerungen, Träume und Gedanken.* Aufgez. und hrsg. von A. Jaffé. Olten, Walter Verlag, 1992.

Kabir: *Im Garten der Gottesliebe. Gedichte.* Heidelberg, Hermes Verlag, 1993.

Kapleau, Philip (Hrsg.): *The Wheel of Death.* New York, Harper & Row, 1971.

Kasl, Charlotte Davis: *Women, Sex and Addiction.* New York, Ticknor & Fields, 1989.

Keen, Sam: *Gesichter des Bösen.* München, Heyne Verlag, 1993.

Kornfield, Jack: *A Path with Heart: A Guide Through the Perils and Promises of the Spiritual Life.* New York, Bantam Books, 1993.

Kornfield, Jack und Breiter, Paul (Hrsg.): *A Still Forest Pool.* Wheaton, IL, The Theosophical Publishing House, 1985.

Kübler-Ross, Elisabeth: *Über den Tod und das Leben danach.* Neuwied, Verlag Silberschnur, 1989.

Kurtz, Ernie: *Not God: A History of Alcoholics Anonymous.* Center City, MN, Hazelden Publications, 1969.

Leonard, Linda Shierse: *Der Ring der Liebe. Selbstwerdung und Seelenhochzeit. Auf dem Weg zur erfüllten Beziehung.* München, Kösel-Verlag, 1987.

Levine, Stephen: *Sein lassen. Heilung im Leben und im Sterben.* Bielefeld, Bodewig und Kamphausen Verlag, 1992.

Maslow, Abraham: *Psychologie des Seins. Ein Entwurf.* München, Fischer Taschenbuch, 1992.

ders.: *Religions, Values and Peak Experiences.* Cleveland, State University of Ohio, 1964.

May, Gerald G.: *Sehnsucht, Sucht und Gnade. Auf der Abhängigkeit zur Freiheit.* Claudius Verlag, 1993.

Merton, Father Thomas: *Im Einklang mit sich und der Welt.* Zürich, Diogenes Verlag, 1992.

Middleton-Moz, Jane: *Children of Trauma: Rediscovering the Discarded Self.* Deerfield Beach, FL, Health Communications, 1989.

dies.: *Shame and Guilt: Masters of Disguise.* Deerfield Beach, FL, Health Communications, 1990.

dies.: *Will to Survive: Affirming the Positive Power of the Human Spirit.* Deerfield Beach, FL, Health Communications, 1992.

Miller, Alice: *Das verbannte Wissen.* Frankfurt a.M., Suhrkamp Verlag, 1990.

dies.: *Das Drama des begabten Kindes und die Suche nach dem wahren Selbst.* Frankfurt a.M., Suhrkamp Verlag, 1983.

dies.: *Der gemiedene Schlüssel.* Frankfurt a.M., Suhrkamp Verlag, 1991.

Mirabai: *The Devotional Poems of Mirabai.* Delhi, Motilal Banarsidass Publishers, 1980.

Moody, Raymond: *Leben nach dem Tod.* Reinbek b. Hamburg, Rowohlt Verlag, 1977.

Muktananda, Swami: *Kundalini: Die Erweckung der geistigen Kraft.* Bern, Origo Verlag, 1984.

ders.: *The Mystery of the Mind.* South Fallsburg, NY, SYDA Foundation, 1981.

ders.: *The Perfect Relationship.* South Fallsburg, NY, SYDA Foundation, 1980.

ders.: *Satsang with Baba.* Bd. 1, Ganeshpuri, Indien, Shree Gurudev Ashram, 1974.

Pearce, Joseph Chilton: *Die magische Welt des Kindes.* Köln, Diederichs Verlag, 1978.

Peele, Stanton: *The Diseasing of America: How the Addiction Industry Captured Our Souls.* Lexington, MA, Lexington Books, 1989.

Peterson, Betsy: *Dancing with Daddy.* New York, Bantam Books, 1989.

Ram Dass und Gorman, Paul: *Wie kann ich helfen? Segen und Prüfung mitmenschlicher Zusendung.* Berlin, Sadhana Verlag, 1988.

Ring, Kenneth: *The Omega Project: Human Evolution in an Ecological Age.* New York, William Morrow, 1992.

Ring, Kenneth und Rosing, Christopher J.: »The Omega Project: An Empirical Study of the NDE-Prone Personality«. In: *Journal of Near-Death Studies* 8,4 (Sommer 1990).

Sanders, Joanne (Hrsg.): »Why Spiritual Groups Go Awry«. In: *Common Boundary*, 8:3, Mai/Juni 1990.

Sargant, W.: *Battle for the Mind.* New York, Random House, 1957.

Satir, Virginia: *Meine vielen Gesichter. Wer bin ich wirklich?* München, Kösel-Verlag, 1988.

Schaef, Anne Wilson: *Co-Abhängigkeit.* München, Heyne Verlag, 1992.

dies.: *Die Flucht vor der Nähe. Warum Liebe, die süchtig macht, keine Liebe ist.* München, Deutscher Taschenbuch Verlag, 1992.

dies.: *Im Zeitalter der Sucht. Wege aus der Abhängigkeit.* München, Deutscher Taschenbuch Verlag, 1993.

Schweickart, Russel L.: »Das Zeitalter der Weltraumfahrt und planetarisches Bewußtsein«. In: Stanislav Grof (Hrsg.): *Die Chance der Menschheit.* München, Kösel-Verlag, 1988.

Seymour, Richard B. und Smith, David E.: *Drugfree: A Unique, Positive Approach to Staying off Alcohol and Other Drugs.* New York, Sara Lazin Books, 1987.

Singer, June: *Boundaries of the Soul: The Pracitice of Jungs Psychology.* Garden City, NY, Anchor Books, 1973.

Sogyal Rinpoche: *Das tibetische Buch vom Leben und vom Sterben. Befreit leben im Bewußtsein der eigenen Vergänglichkeit.* Bern und München, O.W. Barth/Scherz Verlag, 1993.

Sparks, Tav: *The Wide Open Door: The Twelve Steps, Spiritual Tradition and the New Psychology.* Center City, MN, Hazelden, in Vorbereitung.

Steindl-Rast, Bruder David: *Die Achtsamkeit des Herzens. Ein Leben in Kontemplation.* München, Goldmann Verlag, 1992.

Trungpa, Chögyam: *Spirituellen Materialismus durchschneiden. Wie die Selbstäuschung auf dem geistigen Weg zu erkennen ist.* München, Theseus Verlag, 1993.

V., Rachel: *A Woman Like You: Life Stories of Women Recovering from Alcoholism and Addiction.* San Francisco, Harper & Row, 1985.

dies.: *Family Secrets: Life Stories of Adult Children of Alcoholics.* San Francisco, Harper & Row, 1987.

Vaughan, Frances: *Die Reise zur Ganzheit. Psychotherapie und spirituelle Suche.* München, Kösel-Verlag, 1990.

Walsh, Roger und Vaughan, Frances: *Psychologie in der Wende.* Bern und München, Scherz Verlag, 1985.

Watts, Alan: *Gott.* Basel, Sphinx Verlag, 1976.

Wegscheider-Cruse, Sharon: *Choicemaking.* Pompano Beach, FL, Health Communications, 1985.

Weil, Andrew: *Natürliche Gesundheit – natürliche Medizin.* Düsseldorf, Econ Verlag, 1993.

Whitfield, Charles L.: *Alcoholism, Other Drug Problems, and Spirituality: A Transpersonal Approach.* Baltimore, The Resource Group, 1985.

ders.: *Codependence: Healing the Human Condition.* Deerfield Beach, FL, Health Communications, 1992.

ders.: *A Gift to Myself.* Deerfield Beach, FL, Health Communications, 1990.

ders.: *Heilen des inneren Kindes. Entdecken und Wiedererwecken Sie den Teil in sich, der lebendig, kraftvoll, schöpferisch und erfüllt ist: Ihr wahres Selbst.* Wessobrunn, Medizin & Neues Bewußtsein, 1993.

Wilber, Kenneth: *Das Spektrum des Bewußtseins. Eine Synthese östlicher und westlicher Psychologie.* Reinbek, Rowohlt Taschenbuch, 1991.

ders.: *No Boundary.* Boulder, CO, Shambhala Publications, 1979.

Wilson, Bill: *Wie Bill es sieht.* Auszüge aus den Schriften des Mitbegründers der Anonymen Alkoholiker. Anonyme Alkoholiker deutscher Sprache, 1978.

Woititz, Janet G.: *Sehnsucht nach Liebe und Geborgenheit. Wie erwachsene Kinder von Suchtkranken Nähe zulassen können.* München, Kösel-Verlag, 1991.

dies.: *Um die Kindheit betrogen. Hoffnung und Heilung für erwachsene Kinder von Suchtkranken.* München, Kösel-Verlag, 1991.

Woodman, Marion: *Heilung und Erfüllung durch die Große Mutter. Eine psychologische Studie über den Zwang zur Perfektion und andere Suchtprobleme als Folgen ungelebter Weiblichkeit.* Interlaken, Ansata Verlag, 1988.

dies.: *Leben aus der Kraft der Göttin. Eine psychologische Studie über die Neugeburt des Weiblichen.* Interlaken, Ansata Verlag, 1988.

Zwölf Schritte und Zwölf Traditionen. Hrsg.: Anonyme Alkoholiker deutscher Sprache, 1978.

BÄRBEL WARDETZKI

Weiblicher Narzißmus
Der Hunger nach Anerkennung
269 Seiten. Kartoniert

Viele Frauen besitzen kein stabiles Selbstwertgefühl. Nach außen hin zeigen sie eine intakte, selbstbewußte Fassade, hinter der sich jedoch eine verletzte, unsichere Frau verbirgt. Die innere Leere und Einsamkeit wird durch die Sucht (meist Eßsucht, Bulimie, Medikamentenabhängigkeit, Alkoholismus) ausgefüllt. Aber auch ohne Sucht leiden viele Frauen unter Verlassenheitsgefühlen, Trennungsangst, Verschmelzungswünschen oder ängstlicher Distanz.

Bärbel Wardetzki befaßt sich erstmals mit dem »**weiblichen Narzißmus**«, der Spaltung zwischen Grandiosität (Ich bin die Tollste) und Minderwertigkeit (Ich bin häßlich, zu dick, nichts wert...). Sie zeigt, wie alte Konflikte und Traumatisierungen nachwirken und weist Wege zur Überwindung auf.

KÖSEL

JANET G. WOITITZ

Sehnsucht nach Liebe und Geborgenheit

Wie erwachsene Kinder von Suchtkranken Nähe zulassen können

143 Seiten. Kartoniert

Besonders bei Kindern, die in einer Suchtfamilie aufgewachsen sind, fehlt ein Rollenbild von funktionierenden Beziehungen. Meist sind sie unsicher und suchen allzurasch die Schuld bei sich. Die Autorin zeigt, wie wichtig es ist, von diesen Verhaltensmustern loszukommen.

JANET G. WOITITZ

Um die Kindheit betrogen

Hoffnung und Heilung für erwachsene Kinder von Suchtkranken

173 Seiten. Kartoniert

KÖSEL

Der Alltag für Kinder von Suchtkranken ist bestimmt von Angst, Scham und Wut. Wie sich das auf die Millionen von erwachsenen Kindern auswirkt, beschreibt die Autorin und zeigt darüber hinaus Möglichkeiten zur Verarbeitung.